Hashimoto Eri
橋本栄莉

エ・クウォス

南スーダン・ヌエル社会における予言と受難の民族誌

九州大学出版会

はじめに

アフリカ最長とも言われる凄惨な内戦、平和構築と開発援助、待ち望んだ新国家の誕生とその後の新たな紛争、運命の人との出会いや親しい友人の突然の死——自分の力ではどうすることもできないこのような出来事や困難に直面したとき、南スーダンに暮らすヌエル（Nuer, ヌアー）社会の人びとは、その驚きを「エ・クウォス」（*ɛ kuɔth*）と表現する。このヌエル語を直訳すれば、「それはクウォスである」という意味になる。「クウォス」（sing. *kuɔth*, pl. *kuuth*）という語は少々やっかいで、場面によって「神」や「霊」や「精霊」などと訳すと、わたしたちにとって理解しやすくなるかもしれない。本書で問題にされるのは、数々の社会変動や政治動乱を生き抜いてきたヌエルの人びとが「クウォスである」と語る出来事と、一〇〇年以上前になされた予言を通して、彼ら自身が位置づけてゆく経験のありようである。

予言（預言、以下「予言」と表記。表記の区別については序章脚注2を参照）は、古来より人類の関心の的となってきた。一般に予言とは、現在や未来の言い当てを指すものである。これは何も、ノストラダムスの予言、マヤの予言や卑弥呼の託宣という、何やら怪しげなものに聞こえる言述や、ムハンマドやイエス・キリストの預言という宗教的事象を指すばかりではない。わたしたちが日常的に触れる占いや性格判断、天気予報、株取引、緊急地震速報、医師の余命宣告、世界保健機構の非常事態宣言など、こういったものはすべて現在や未来の言い当てに相当する。自身の関わる未来や現在に関心を持つ限り、わたしたちはこれらの言明に耳を傾けざるを得ない。この意味で予言は、わたしたちに不安や恐怖、楽しみ、ひと時の安心や快楽、そして絶望をもたらすものである。しかしながらその一方で、わたしたちはできることなら自分の人生を、自分自身の「合理的」と思われる判断や努力、そして理解によって「主体的」に選択したいと思っている。だからわたしたちは、何ものかが「予言されている」などと聞いた時、そこに生ずる若干の疑惑から逃れることもできない。どうしても聞いてしまうがどうしても疑ってしまう、こんな特性を「予言」は持っている。

本書は、予言の正しさを科学的に証明しようというものではない。また、本書で描かれる人びととは、過去の予言を盲目的に信じ、行動する人びとでもない。予言とは、あくまでも過去や現実、そして未来について語るための一つのオプションである。

もしかしたら、「予言されていたもの」として自分の経験や運命を語ることは、「間違った」現実の理解の仕方だと考える人もいるかもしれない。では、わたしたちが「当たり前」や「しょうがない」ものとして受け入れている現実やその説明の仕方は、どれほど「正しい」ものなのだろうか。もしそれが「正しい」のなら、その「正しさ」とは、何によって担保されているのだろうか。本書を読み進めていくと分かるように、「クウォスである」と語られる出来事は、何も南スーダンに暮らすヌエルの人びとが独自に経験するものではない。うまくいかない現実や、突如として変わってしまった自分の運命、隣に暮らす他者への不信といった問題は、わたしたち人間の誰もが経験しうることである。こうした出来事に直面してはじめて、わたしたちはそれまで当然のものとしてきた現実理解の仕方を疑い、新たな理解や経験の可能性について考え始める。本書で取り上げるのは、人間の多様な現実との向きあい方や、未来や運命について語る方法である。これらを知ることで、わたしたちが普段当たり前のように語り、受け入れている現実もまた、一つのオプションにすぎないことが見えてくるかもしれない。

凡例

原語表記

本書において用いられる言語は（口語）アラビア語[1]とヌエル語であり、文中ではイタリックで示した。ヌエル語は声調（tone）が語彙的にも文法的にも弁別的な言語である。J・P・クラゾラーラ[2]（J. P. Crazzolara）やJ・キゲン[3]（J. Kiggen）、ヌエル・リテラシー・プログラム（Nuer Literacy Programme）やヌエル文化振興財団（Nuer Culture Foundation Trust）などにより、いくつかのヌエル語正書法（orthography）が提案されているが、すべてのヌエルの人びとにより受け入れられているものはない。本書におけるヌエル語表記は、基本的にはヌエルの翻訳者が用いている正書法（個人的な方法に基づく）に従っている。方言について、ヌエルの人びとの間では大別すると西ヌエル方言と東ヌエル方言があると言われているが、本書では特に区別はしない。個人名の表記、地名は英語のアルファベット表記に基づいている。名詞の単数形（sing.）、複数形（pl.）については、本書の議論において重要となる単語についてのみ表記する。またヌエル語の名詞は所有格を示す接尾辞と結合することがある。その場合は必要に応じて名詞と所有格を示す接尾辞の間にハイフン（-）を挿入した。

人名

本書では、調査地の人びとの名に言及する必要がある場合、原則として仮名あるいはイニシャルを用いる。公人および本人から了承が得られている場合のみ実名を記す。

写真

本書で用いられている写真は、出典が示されているもの以外は筆者が撮影したものである。

引用・補足など

以下、本書で取り上げる語りの丸括弧内は筆者による補足であり、筆者による省略は角括弧（[…]）で示すこととする。傍線部は筆者による。以下、文献の引用中にある［…］は、筆者による本文の省略を指すこととする。丸括弧内は筆者による補足である。

本文中の語りについて

本書で紹介する語りは、インタビューや参与観察の中で筆者が聞き取ったものである。語りは、聞き取りを行った年、月、場所の順に記載する。分析にあたり特に必要があると判断した場合のみ、語られた日付や言語を記載する。

スーダン地域の地図

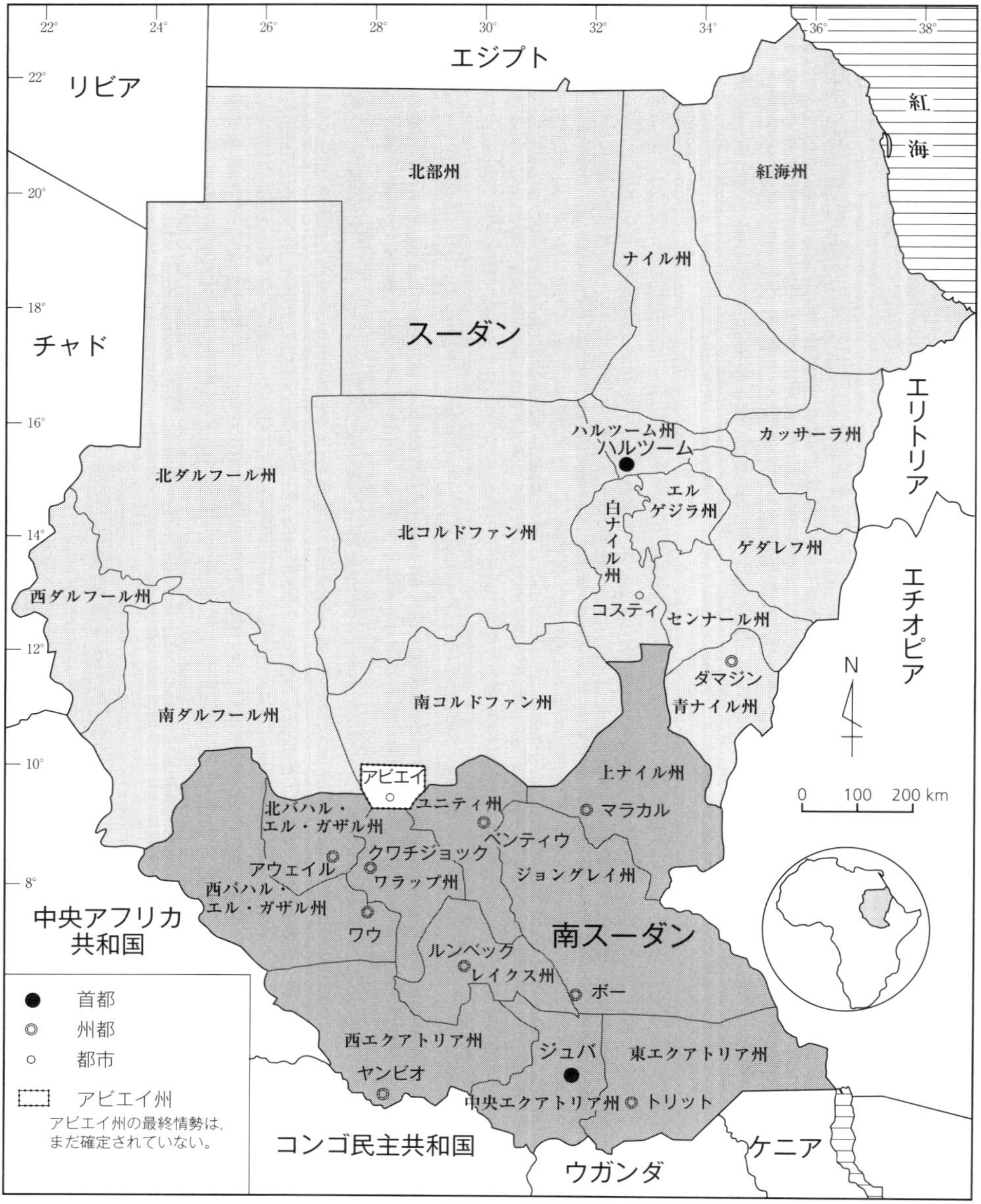

出典：United Nations, “Sudan”（September 2000, Map No. 3707 Rev.5）および United Nations Office for Coordination of Humanitarian Affairs, “Sudan-Reference map”（26 September 2011）をもとに筆者作成。州境界は 2013 年末時点のもの。

南スーダンの地図と調査地

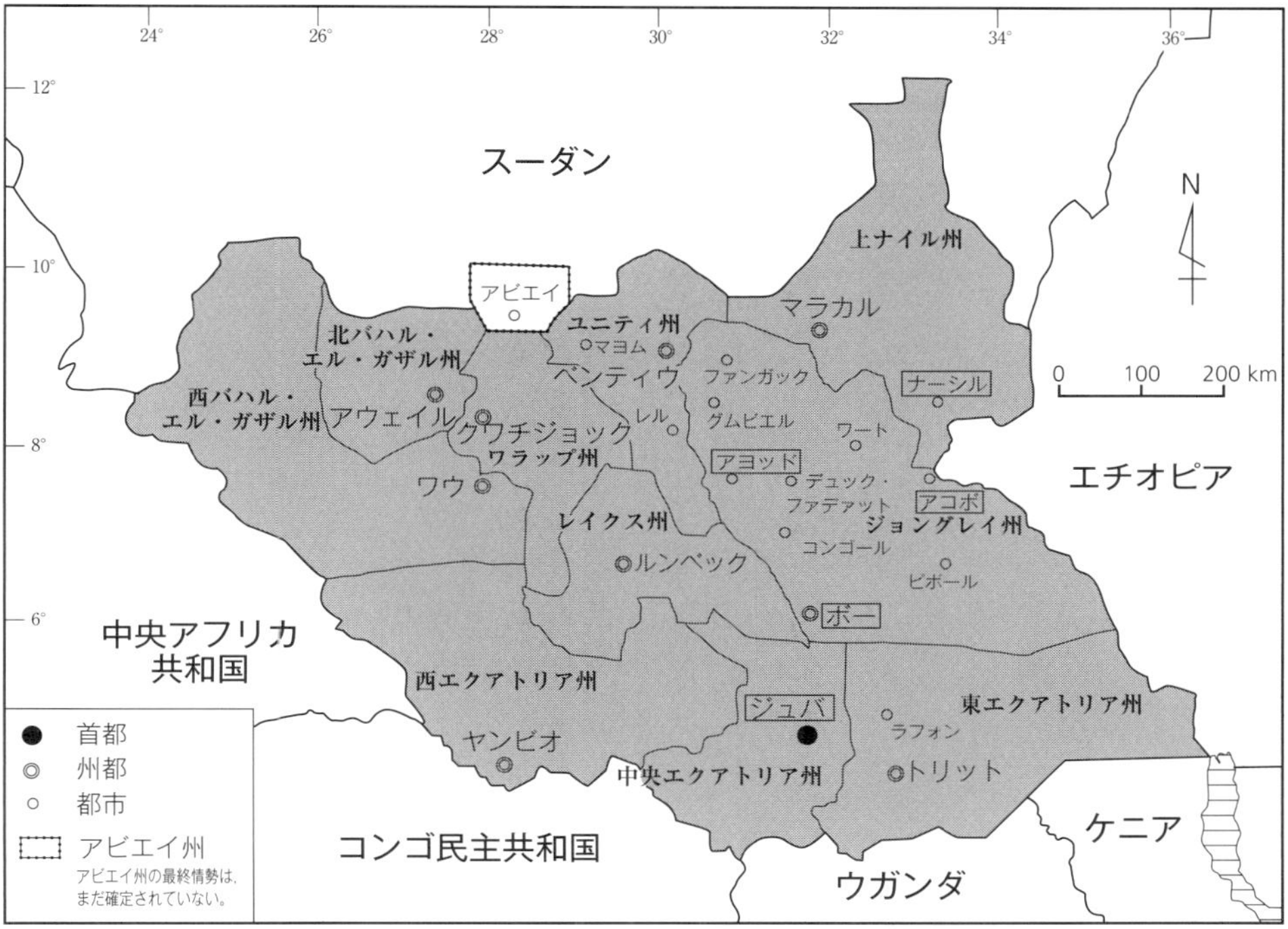

出典：United Nations Office for Coordination of Humanitarian Affairs, 26 September 2011 “South Sudan-Reference map” をもとに筆者作成。州境界は 2013 年末時点のもの。
□ は調査地（ジュバ，ボー，ナーシル，アコボ，アヨッド）を指す。

エ・クウォス——南スーダン・ヌエル社会における予言と受難の民族誌／目次

雨期のナーシル（上ナイル州）

乾期のはじめのバサイ（ジョングレイ州）

序　章　動乱の時代と予言

第1節　予言を語る人びと

クウォスと呼ばれる出来事

「ヌエル（Nuer, ヌアー）三部作」として名高い社会人類学者エヴァンズ＝プリチャード（Evans-Pritchard）の民族誌[1]が出版されてからおよそ六〇年が経過した。その後、さまざまな社会変化を経験してきたヌエルの人びとと、そのユニークな文化・社会変容のありかたは、今なお多くの人類学者の関心の的となっている。人類学者のみならず、近年では南スーダン共和国の独立や凄惨な「民族紛争」という時事問題で、ヌエルという民族集団は世界的に知られるようになった。

今日の南スーダンには、実に多様な背景を持つヌエルの人びとが暮らしている。わたしが調査の中で出会ったのは、例えば次のような人びとである。ウシを飼いながら村落部で生活を送る者、紛争でウシや家族を失い人生の岐路に立たされている者、出稼ぎのために都市と村落を行き来する者、国外難民としての生活を余儀なくされる者、就職難や学位の取得に悩む若者、博士号取得者、社会進出する女性、内戦で夫を亡くした寡婦、政府関係者、NGO職員、韓国ドラマに夢中になる若者、毎夜のようにクラブに出かける中年、などなど。

さまざまな背景を持つヌエルの人びとが特に注目しているのが、近年頻繁に生じている「エ・クウォス」、つまり「それはクウォスである」と表現される出来事である。「エ・クウォス」という表現は、過去になされた予言[2]が成就する、という意味合いでも用いられている。現在「クウォスである」と多くのヌエルの人びとの議論の的となっているのは、一九世紀末に存在していたある予言者によってなされた予言と、その成就の問題である。[3]

さまざまな出来事に対して人びとが「クウォスである」と言って驚いているのは、彼らが初めて経験したはずの出来事や困難は、実は、かつてングンデン（Ngundeng Bong 1830'-1906）という人物の言動や歌の中にすでに示されていたからである。ングンデンの死後、数多くの予言者が「ニセモノ」や「魔術師」と見なされコミュニティから駆逐されていく中で、一九〇六年にすでにこの世を去っているングンデンだけは、「本物の予言者」と見なされることが多い。ングンデンは、人びとにゴック（*gok*）あるいはグワン・クウォス（*gwan kuɔth*）と呼ばれている。それぞれ「クウォスの詰まった皮袋」、「クウォス持ち」という意味である。本書では、これらのヌエル語を暫定的に「予言者」と翻訳している。

ヌエル語の中に、「予言」あるいは「予言の成就」に該当する語を見つけることは困難である。わたしたちが言うところの「予言」は、「予言者の言ったこと」（*ruacni gok*）や「予言者の仕事」（*latdɛ gokɛ*）と表現される。あるいは単に、「それはクウォスである」（エ・クウォス）や「予言者の言ったことが来た」（*ruac ni gok cɛ bɛn*）などと言われる。ングンデンの過去の言動や歌は、「ングンデンの仕事／成したこと」（*latdɛ Ngundeng*）や「ングンデンの歌」（*diit Ngundeng*）、「真実」（*thuɔk*）と説明される。

ングンデンの過去の言動は、これまで民族集団の境界を超えて広く流通し、多くの人びととの言動に影響を与えてきた。同時に、ングンデンに対する信念は、南スーダンの政治状況とも緊密に関わってきた。一世紀以上ものあいだ語り継がれてきた「ングンデンの言ったこと」は、内戦時には人びとを戦地へと誘い、国家の独立の際には自らの運命や未来への希望を語るすべとなった。その決め手となったのが、「ングンデンの言ったこと」が今まさにここに顕現している、と多くの人が感じることができるような「エ・クウォス」の経験である。

一〇〇年以上前になされた予言や現在の予言者は、どのように今日のヌエルの人びとの経験を形作り、また彼らが直面する現実に働きかけているのだろうか。本書では、ひとまず「予言」や「予言の成就」という語を用いて議論を進めてゆく。議論を進めるうちに、この「予言」という訳語もどこまで適切で、どのように適切でないかが見えてくるだろう。

「予言」とは何か

「予言」という言葉で想起されるのは、はじめに予言者による何らかの発言やテクストがあり、その後にそれらと合致する（と判断される）出来事が発生し、それが「予言の成就」として人びとに認められ、解釈されてゆくというプロセスである。しかし、ヌエルの人びとが語る予言は、必ずしもこのプロセスや諸概念によって十分に説明することはできない。

ヌエルの人びとのあいだで、ある人物が真の予言者であるかどうかが判断されるときは、その人物が「クウォスを持っている」（*tɛ kuɔth*）か、「クウォスに捕まえられた」（*kuɔth cɛ käp*）と判断できる言動をしているかどうかが十分に吟味される。しかし、ヌエルの人びとは同時に、ある人物が「予言者」であるかどうかは、究極的にはクウォスのみが知ることであると主張する。したがって、人間が「真実」を知るのは、予言者と目される人物がこの世を去ってから一〇〇年後であるかもしれないのだという。現に、本書での議論の中心となる予言者ングンデンの言動や予言の歌は、彼の死後一〇〇余年を経てようやく「予言らしく」なってきたと言える。それでも彼を「予言者」と呼ぶのに反対する声も聞かれる。「予言者」たちは、語り手によって「悪魔」（*sheitan*）、「魔術師」（*kujur*）、「薬持ち」・「呪医」（*gwan wal*）、「悪さ持ち」（*gwan mi jiek*）、「自称・予言者」（self-proclaimed prophet）、「スピリチュアル・リーダー」（spiritual leader）などと呼ばれうる。

したがって、本書で「予言者」と呼んでいる人びととは、一時的に予言者としての素質を秘めている人物と見なされているにすぎない。しかし、これらの人物が「予言者でない」ともまた言い切ることはできない。本書で描かれるのは、本来なら一〇〇年かけて、あるいは人間の判断を越えたところで定義されるべき「予言者」の一つの局面、すなわちある人物が人びとの間で「予言者」として浮沈する場面とそのプロセスである。

「予言」の語り口

ングンデンの予言の多くは、彼によって作詞作曲されたという歌（*diit*）を通して知られている。その歌は「ィアーーーーーーッ、アーーーーーーィアァァーーーーーー」という甲高い声から始まる。わたしたちには「奇声」や「雄叫び」としか聞こえないものまでも、歌の最中には含まれている。[4] 予言の歌は、年配者や特定の歌手以外には歌うことができず、また歌い手によって調子や音頭も異なっている。ヌエルの人びとにとってすら、歌の歌詞や歌詞の「意味」を正確に捉えることは難しいものであるという。実際、ングンデンの歌を忠実に書き起こそうと思っても、作業を手伝ってくれたヌエルの友人はお手上げ状態であった。不思議なことに、歌詞や歌の意味が分からないにもかかわらず、その友人も含め、人びとはその「奇声」や「雄叫び」が指すものを聴く（*ling*）[5] ことができるのだという。

都市部・村落部にかかわらず、わたしが予言のことを知りたいとヌエルの人に話すと、大抵「物知り」とされる年配者のところに連れて行かれる。「物知り」の年配者への聞き取り調査は、わたしにとっても、翻訳を手伝ってくれる助手にとっても大変骨の折れるものであった。というのも、「物知り」のインフォーマントへの聞き取り時間のほとんどが、インフォーマントが歌を歌うのに費やされるからである。ジョングレイ州アコボ（Akobo）に滞在していたわずかな間、わたしの住んでいたトゥクル（*tukl*, 円型で土壁、藁葺屋根のスーダン地域の伝統的な家屋）には、予言について調べる者の噂を聞きつけた年配者たちが毎日のように訪れ、「自分の歌うングンデンの歌を録音してほしい」とせがんできた。訪問は大抵突然で、連れだってきた友人とお茶を飲みながら、数時間にもわたるン

資料 1　ある年配者に対する聞き取りの様子

時間	調査者	インフォーマント	調査助手	抽出できた予言の内容
0：00：00	訪問，録音開始	ングンデンの歌を歌う ↓	解説 一緒に歌う ↓	①副大統領のリエク・マチャールについて
0：05：00	予言について質問	調査者の質問に答える	翻訳	
0：10：00	歌について質問	ングンデンの歌を歌う ↓ 歌について説明	翻訳	②ムルレ（民族集団）について
0：15：00		ングンデンの歌を歌う ↓	一緒に歌う ↓	
0：20：00			解説	③「アラブ」について ④ムルレについて ⑤不明
0：25：00	歌について質問	調査者の質問に答える		
0：30：00	独立後の問題について質問	ングンデンの予言の説明	翻訳	⑥「一つの手」について
0：35：00		ングンデンへの祈りの説明	解説	⑦ムルレについて
0：40：00		ングンデンの歌を歌う ↓	解説	⑧大統領サルバ・キールについて ⑨エチオピアのことについて ⑩「アラブ」について
0：45：00			解説 翻訳	⑪ムルレについて ⑫「食べかた」について
0：50：00	質問	質問に対する回答	解説	

（2012 年 12 月，アコボ）
出典：筆者作成

グンデンの歌を歌い、談笑しては満足そうにして帰ってゆく。そしてさらに後日、わたしが録音した自分や仲間の歌を聞かせてほしいと訪ねてくる。そしてまた同じだけの時間を、仲間たちと予言の歌を聴いて「ングンデンの仕事」について議論をするのに費やして帰ってゆく。予言の意味や解釈を欲していた当時のわたしは、調査が進んでいないと感じ、時としていらだっていた。予言の解釈のようなものを説明してもらったところで、それらはひどく断片的なものに思われ、いったいどの部分が「解釈」にあたるのか分からないまま、気がつけばその説明も歌に戻っている。こんな具合で日々の調査は行われた。

資料1は、インフォーマントであるニャナル（年配女性）がどのようにングンデンの予言について「説明」しているのかを示したものである。わたしが彼女のトゥクルの家囲い（*kal*）に入った途端、彼女は予言の歌を歌い出した。

資料1からは、約五〇分間にわたる聞き取りの多くの部分が、彼女の歌で占められていることが分かるだろう。しかも歌についての解説はほとんどなされず、インフォーマントに頼んで説明してもらっても、その説明は大抵わたしや調査助手の友人にとっても理解できるようなものではない。多くの人がインフォーマントを囲んで歌を聴いている中、いちいち歌の「意味」や「解釈」などを気にするわたしは、たいそう場違いな存在であったに違いない。調査助手も自分が知っている歌になると説明をやめ、一緒に歌ってしまう。このような予言の語り口に出会うたび、わたしが「予言」という語で想定していた、予言というテクストと、その意味内容・解釈との関係は大きく揺らぐことになった。

年配者らに比べ、都市に住む高等教育を受けた若者たちへの聞き取りは、わたしにとって大変容易なものであった。若者たちは、ングンデンの歌のあるフレーズを切り出し、「ングンデンの歌にあるXというフレーズはYの出来事を指している。というのも、YはA年に起こったBと対応しており、Zという風に解釈できるからだ」という予言とその「適切な」解釈について説明してくれた。また、キリスト教の聖書（*bok, bok ruac ni kuɔth,* 直訳すると

「クウォスが言ったことについての本」の意）を持ってきて、聖書の章や節と、ングンデンの予言との類似性について説明してくれる者もいた。

首都ジュバ在住で、ヌエル文化の再興に力を注ぐ三〇代の男性は、北欧の大学で講師を務めた経験を持つ「インテレクチュアル」、つまり知識人である[6]。彼はスポンサーを随時募集している「ヌエル文化信託財団」（Nuer Culture Foundation Trust）の代表であり、敬虔なキリスト教徒でもある。彼の胸には常にロザリオがかかっており、オフィスの机には聖書が置かれていた。彼は次のようにングンデンの予言について教えてくれた。

資料2　三〇代男性が語った予言

（調査者：最も有名なングンデンに関するストーリーについて尋ねる）

政府の話だね。エチオピアの人びとがある運動に加わるらしい。（ングンデンは）エチオピア人は雄牛や牝牛、そしてライオンを（スーダンに）持ってくると言い、そしてさらに南（スーダン）については、エチオピア人は空からやってきた機械を持ってくるが、三日で帰ってしまうだろうと言った。また髪が黒い人をもたらすであろうとも言った。（ングンデンは）髪の黒い子供は生まれてくるだろうが、すべて死ぬだろう、そしてすべての南部スーダンの人の髪は黒くなるだろうと言った。（頭を指さして）そしてこのとおり、（南部スーダン人の髪は黒く）なった。また、（キリスト教の）聖書を読めば白人が来て、聖書を読まなければアラブが来るとも言ったのさ。「スーダン」という言葉の意味は分かる？　ほら、「黒い人びと」さ。ングンデンは彼の妻がビエ（*biɛ*：「ングンデンの作った塚」の意）に来たとき、すべての南部スーダンの人びとのために食べ物を用意するんだとも言っていてね、ングンデンは彼自身で、南部スーダンの政府の「トライブ」の続きを「アレンジ」することも考えていたんだ。ングンデンは一つのスプーンで食べ物を食べるために順番に一つずつ「トライブ」を呼んだ。順番はこう。アニュアク（Anyuak, 民族集団）出身のアニャニャI（Anyanya I, 第一次スーダン内戦時の反政府勢力）のチェアマン、エクアトリア（地方）出身のジョセフ・ラグ、ボル・ディンカ（Dinka）出身のジョン・ガラン、バハル・エル・ガザル（地方の）ディンカ出身のサルバ・キール。

残っているすべての食べ物はヌエルのもの――彼はスプーンとともにヌエルをリヤク・マチャールに捧げた。[…]そして、彼は「もしあなたが独立を手にするなら、東側のほとんどのアフリカ人が南スーダンになるだろう、南スーダンはヨーロッパとアジアにも向かっている」と言ったんだ。さらに「どうか、語らせておくれ、もしあなたがブッシュに行く（戦いに行く）のなら、帰ってくる人びとは南部スーダンでしあわせになるだろうこと、そして父と母は泣くであろうことを。それを、自分たちの父と母を自由にすることのできる人びとは知っている。」と言っていたのだ。[…]平和が来れば、仕事も見つかり、現金も手に入れられるし、外国の企業も入ってくる。英語の読み書きも。これもングンデンの言ったことだよ。

（二〇一〇年八月、ジュバ）

彼の語りでは、「ングンデンはXと言った――そして今（かつて）Yが起っている（起こった）」という説明が繰り返されている。彼のように、特に高等教育を受けた若者たちのングンデンの予言的言動の「解釈」は、非常に「明確」かつ具体的なものであった。彼らの話を聞くと、その場では大変納得したような気になる。しかし、あとでノートを読み返すと、そこに書き込まれている予言と出来事の対応関係は、必ずしもわたしにとって明瞭なものではなかった。資料2の語り手は、第一次・第二次スーダン内戦と南スーダンの独立がかつてングンデンによって予言されていたということを述べている。わたしが調査の中で出会った予言の語り手は、ここで見たように予言の語り方も理解の仕方も全く異なっていた。それでも人びとは、新しい状況に面すると、「ングンデンの言ったこと」についてクウォスという語とともに語っている。ヌエルの予言に関する調査は、これまでわたしが前提としてきた予言という形式とその意味内容、そしてその解釈という枠組みによって対象を説明することの難しさと向き合うことからはじまった。

予言を「知っている」とは

わたしはさまざまな予言の語りに出会う中で、「予言を知る」ということが指し示す意味が、語り手それぞれによって異なっていることに気づいた。年配者のように、ングンデンの歌を歌うことができる若者は多くはない。少なくともジュバやボーなどの都市部で、わたしはングンデンの歌が歌える若者に出会ったことがない。そんな若者たちに、ングンデンの歌を歌えるようになりたいと思わないのかと尋ねても、歌を聴くことはするが、歌うのは年配者のやることだと彼らは答える。若者たちは、わたしに予言を「知って」もらうために年配者のところに連れて行くが、その一方で歌ばかり歌ってその意味を十分に説明しない年配者らを、しばしば批判してもいた。若者たちは、予言の「正しさ」について知るためには、もっと現実の政治や歴史の中で何が起っているのかを知らなければならないのだと主張する。年配者にとって、若者は予言の歌を歌うことができない（あるいは歌を知らない）がゆえに「予言を知らない」者となり、一方、若者にとって年配者は予言の「正しい意味」を知らないがゆえに「予言を知らない」者たちとなる。わたしが調査開始時から疑問に思っていたのは、なぜこのように予言をそれぞれのやり方で「知らない」者たちが、ある出来事に直面した際、一斉に「それは予言されていた」と語ることができ、またその「正しさ」を把握することが可能なのかということであった。

「予言」を理解するためには、まずアフリカの「予言者」と呼ばれている人びとについて理解する必要があるだろう。ところが、他の多くの「伝統」がそうであったように、アフリカ各地で「予言者」が誕生する大きなきっかけとなったのは、西洋社会との接触、植民地支配だった。次ではアフリカの社会変動と予言者や予言がこれまでどのような観点から研究されてきたのかを概説しよう。

第2節　社会変動と予言的な力

閉鎖的世界観から開かれた共同体へ

アフリカ諸社会が経験してきた幾多の社会変動の中、予言をはじめとする「在来」の神話や諸宗教的実践は、共同体の成員間の精神的つながりや特定の世界観を基礎とするモラル・コミュニティを形成するものとして捉えられてきた。[7] しかし、アフリカ諸国の植民地統治、すなわち西洋社会との接触の中で、予言者をはじめとする宗教的指導者が台頭したという歴史を踏まえると、必ずしも伝統的世界観によってのみ予言とモラル・コミュニティの生成が説明されるわけではない。この背景を踏まえた研究においては、既存の静態的・閉鎖的共同体観を前提とするモラル・コミュニティ論は批判され、代わって予言者や宗教的職能者をとりまく歴史的文脈に重きをおく観点が導入される。

その後、予言をはじめとするアフリカの神話や民話、口頭伝承と社会変動に関する研究では、コスモロジー分析と歴史的文脈化を組み合わせた総合的なアプローチが中心となってきた。簡潔に言えば、前者は村落的共同体内で共有される神話的イディオムやそれを操作する宗教的職能者の役割を明らかにしてゆく手法、後者は共同体の宗教・神話的諸観念が生成されてきた歴史的政治的文脈を解析してゆく手法である。[8]

本書では、この統合的アプローチを①還元論、②多元的近代論、③接合・相互作用的モラル・コミュニティ論の三つに類別し、第Ⅰ部から第Ⅲ部までの各部で、具体的な事例を挙げつつ、各アプローチを検討してゆく。ここでは簡潔に、それぞれのアプローチの特徴だけを押さえてゆく。

還元論

還元論とは、端的に言えば、アフリカの宗教的職能者の登場を、社会変動時におけるアフリカ側の反応やアフリカ的世界観の表出として捉える視点である。

一九六〇年代までの多くの研究では、アフリカの共同体内における宗教的実践の政治的重要性が指摘された。特に、東アフリカ諸社会の宗教的職能者に関する研究では、地域において宗教的職能者が果たす政治的役割や、彼らによって操作される神話的要素の分析が中心となり、宗教的職能者の行為が村落共同体の中で果たす機能が論じられた。[9]

一方で、「ヨソモノ」的特性を持つ者として共同体に存在していた宗教的指導者が、ひとたび共同体が危機的状態に陥るとカリスマ的指導者として影響力を持つという特性に着目した研究もある。[10] 宗教的指導者の外部性・周縁性は、共同体内の秩序の揺らぎとともに逆転し、人びとをまとめあげることを可能にする。[11] これらの研究で強調されたのは、共同体内の秩序とその逆転を象徴するという宗教的指導者の構造的重要性である。この観点は、植民地政府に対する抵抗運動に関する研究において、より注目を浴びるようになった。[12] 以降の研究においては、それまでの周辺の民族集団や商人たちとの交流だけでなく、植民地状況をはじめとする大規模な社会変動と既存の秩序の揺らぎという観点が一層強調されるようになる。

スーダン、タンザニア、ケニアなど東アフリカの各地で生じた植民地政府に対する抵抗運動の中で、宗教的職能者たちは地域住民を運動へと導く大きな力として台頭した。[13] その結果、各地の宗教的指導者らは植民地政府の弾圧の対象となった。

一九六〇年代以降の研究では、抵抗運動における宗教的職能者は、そもそも当該社会の「文化」や世界観を体現する者というより、歴史的状況下で「発明」されてきた側面が指摘されるようになった。[14] 植民地期の抵抗運動に関わるアフリカの宗教的実践は、人びとの植民地支配に対する感情の反映やイデオロギー生成のための装置とされた。

国家の独立以降、各地で展開した宗教的職能者を奉じた運動には、政府や政府軍、反政府軍、ゲリラ運動に加わる民兵、キリスト教教会などの新たなアクターが参与することとなる。一九〇〇年代初期の抵抗運動は、アフリカのナショナリズムの萌芽としても指摘され、「国家」という新しいコミュニティ建設と既存の村落共同体との関係が注目を集めるようになった。[15] 宗教的職能者の影響力が、国家の政治情勢の中で増したり衰退したりするようになった事実は、彼らをある地域社会においてのみ機能する「伝統的」な存在として捉えることはもはやできないことを意味している。

宗教的職能者がその能力を発揮しうる歴史的文脈は一九六〇年以降に詳しく描かれるようになったものの、予言者および彼らの操作する諸宗教的観念は、依然としてアフリカ社会「特有」の規範や世界観を表象するものでしかなく、分析の中心にはなってこなかった。植民地状況という文脈で前提とされている社会変容は、西洋とアフリカ、国家と村落共同体という二元的な枠組みに基づき分析されている。この枠組みに基づく分析では、西洋や国家がもたらす「変化」は、アフリカ村落社会の世界観、既存の構造に収斂してゆくものとして描かれてきた。

これらの研究の背景にある文化接触のありかたは、その後、複数のアクターが織りなすアフリカのモダニティ（近代性）をめぐる議論の中でさらに複雑化してゆく。

多元的近代論

一九九〇年代になると、アフリカの宗教的諸実践の近代性をめぐる議論が盛んになった。西欧列強による支配以降、アフリカにも「グローバル」や「市民社会」をはじめとする西欧起源のさまざまな概念が流入した。その代表的な論者と言えるのが、コマロフ夫妻（Comaroff and Comaroff）である。彼らは、中心と周辺、あるいは植民者と被植民者間の弁証法的な相互作用の中で持続してきた宗教的諸実践の特徴から、「複数の世界システム」のありようを人びとの実践から描き出そうと試みた。[16]

近代性の問題を背景に、アフリカ諸社会の研究においては、植民地状況だけでなく、キリスト教、資本主義、国家的状況などさまざまな外部的要素が分析の対象となる。[17]

B・マイヤーとP・ペルズ（B. Mayer and P. Pels）が編集した論集『呪術と近代性』（Witchcraft and Modernity）（2003）では、コマロフ夫妻やゲシーレ（Geschiere）らが中心となって取り組んできたアフリカの宗教的諸実践の近代性に対する試みが評価され、それまでの西欧社会に流通していた一種の偏見——自分たちには理解できないような「非合理的」な考え方としての呪術的実践や、「近代」の正反対の意味での呪術という見方——からの脱却が試みられた。[18] 同書では、呪術の「再生」[19]や「創造的な儀礼の（再）開発」[20]などをキーワードに、伝統から近代、あるいは野蛮から文明へという社会システムの一方向的な変化や、西欧近代社会をモデルとした単数的な近代性のありかたが否定された。論者らが繰り返し強調したのは、発展・進化モデルに従属しないアフリカのモダニティの複数性・多元性であった。

これらの議論において提起される複数的・多元的な近代性とは、西洋やアフリカどちらか一方にそのありかたを求めるような閉鎖的なものではなく、それぞれのアクターのあいだで実践や知識の貸し借りが行われる、あくまでも開かれたものである。たしかにこの観点は、それまで別個のものとして扱われてきた呪術と、資本主義をはじめとする近代的な現象を同時に説明することを可能にしたかもしれない。しかし、この分析枠組みは、対象社会が歩んできた歴史や地域・社会的特性との関係で注意深く検討されるべきである。

その後、コマロフ夫妻らにはさまざまな批判[21]が寄せられたが、その問題の根底にあったのは、分析者が「近代的」あるいは「オカルト的」という彼らが批判してきたはずの進化論的価値観に立脚したかのような表現や分析枠組みしか持たなかったことであった。[22] この翻訳の問題を避けうるのは、「西洋的近代」／「アフリカ的近代－伝統」の枠組みに現象を還元し得ない、あるいはその双方の「世界観」を同時に問題化しうるような、新しい理解の枠組みと比較の観点である。

一方、東アフリカの予言者に関する研究では、一九八〇年代に批判された、モラル・コミュニティという閉鎖的で静態的な共同体を喚起させる概念が再び注目されるようになる。次では、古くから用いられてきたこのモラル・コミュニティという概念の特徴を概括する。

接合・相互作用的モラル・コミュニティ論

モラル・コミュニティという分析概念は、もともとは村落共同体における宗教的・神話的諸概念によって媒介される人びとの心的な結びつきを指すものとされてきた。これはフランスの社会学者E・デュルケム（E. Durkheim）の「宗教」の定義に用いられた概念である。彼は「宗教」を、「神聖すなわち分離され禁止された事物と関連する信念と行事との連帯的な体系、教会と呼ばれる一つのモラル・コミュニティに、これに帰依するすべての者を結合させる信念と実践」[23]と定義した。ここで彼が説明した「宗教」とは、特定の宗教団体や信仰体系を指すものではなく、人間一般に当てはまる特性の一つであった。デュルケムによれば、人間は集合的なものの一員であるがゆえに宗教的であり、どのような個人、集団も宗教すなわちある種の道徳的制約がなければ存在することができない。しかし、のちの社会学では、モラル・コミュニティは社会的統合と道徳的統合（道徳性や行動に関する共有された信念の装置）によって特徴づけられ、この性質を持つ宗教的セクトや軍事的ユニットのような比較的小規模な集団を指すときに用いられている。[24]

モラル・コミュニティは分析概念としては注目されなかったものの、さきに述べた①還元論的アプローチ、②多元的近代論においても、社会変容の中で維持される宗教的諸実践を説明する用語として用いられてきた。モラル・コミュニティの用語の使い方や概念は、それぞれの分析者の分析枠組みによって異なっている。

例えば①では、村落共同体内の成員で共有される、モラル・コミュニティを構成する要素として神話や民話、歌が説明された。②において、例えばコマロフ夫妻は、人・モノ・資本の移動の波の中で創り出される非同一性を前提とした新しい多元的な共同体のありかたとしてモラル・コミュニティという語を使用した。コマロフ夫妻にとって、モラル・コミュニティは村落共同体的なものではなく、「市民社会」や「公共性」とも並置される西洋近代的諸概念の一つであった。[25] ①、②いずれにしても、モラル・コミュニティの概念は、変化が「アフリカ的」な世界観に収斂してゆくか、「西欧近代的」なコミュニティの現れの一つになるという、どちらかの社会に属するものとする還元論的な傾向に陥りがちであった。

一方、③D・アンダーソン（D. Anderson）とD・H・ジョンソン（D. H. Johnson）は、①の観点を引き継ぎつつも、地域社会の変化と持続とを前提とする新しいモラル・コミュニティ論を展開した。[26] アンダーソンとジョンソンは、東アフリカ諸社会の大きな歴史変動のあとも、人びとのあいだで力を持ち続ける宗教的指導者の影響力に注目した。アンダーソンとジョンソンが編集した論集『顕れる（明らかになる）予言者』（Revealing Prophets）の論者らは、歴史的状況や特定の民族集団の価値規範に規定されつつも、社会変化の要素を取り込み、調整され、維持されてゆく予言と、それを介して形成されるモラル・コミュニティの流動性を浮かび上がらせようとした。[27]

そのために、論者らは対象社会の人びとの間で育まれてきた神話や口頭伝承を含む「予言的伝統」（prophetic tradition）と、文化接触の中で刷新されてきた、さまざまな社会的・宗教的要素の共存状態を前提としながらも持続する「予言的イディオム」（prophetic idiom）の相互の関係を捉えようと試みた。論者らは、既存の研究では十分に検討されてこなかったキリスト教的・カリスマ的預言者観を相対化し、社会の変化と持続を示すものとして予言やその解釈を重視するという立場を表明する。[28] この視点を導入することによって彼らが注目したのは、流動的な予言的イディオムが、持続的な予言的伝統とどう接合され、歴史的にどのように相互に作用しながら展開してきたのかという点であった。

さきの①、②の方法で十分に明らかにならなかったのは、人びとが村落共同体的世界観やコマロフ的「多元的近代」を含む複数の実践を往来し、実践や観念が貸し借りされる中で形成される新たなリアリティや、それを支える人びとの経験のありようである。人々のミクロな言説や実践を捉える上で、③のアンダーソンとジョンソンが提示したモラル・コミュニティの概念は重要となるであろう。

しかし、時空を超えた予言の影響力について検討する上で、その分析対象に問題点がないわけではない。③の論者らが分析対象としたのは、口頭伝承や神話といった、社会における特定の「知識人」の持つ専門的ないしは正統的な「伝統」に関する知識である。こうした伝統的知識を分析対象としたことで、テクストレベルでの接合状況や相互作用について論じることはできるだろう。しかし、テクスト上での接合や相互作用が、予言を語る人びとにとっての予言の「正しさ」やその経験をどう支えているかは判断できない。

例えば、口頭伝承上で神話的イディオムとキリスト教的イディオムが接合されているとしても、その「接合」自体によって予言が「正しい」ものとされ、受け止められうるものになっているとは考えにくい。人びとは自分たちの神話とキリスト教的神学とが接合されているから予言を信じているわけではない。むしろ問われるべきは、その接合自体が、彼らの信念の軸となる部分をどのように支えているのかという点である。また、このアプローチでは、個々人の経験の差異にもかかわらず獲得・維持されるような予言をめぐる信念は十分に説明されず、あたかも特定の集団を代表するかのような人物として、ある予言的知識を有する「専門家」の語りが取り上げられている。だが、予言についての伝統的・専門的知識を有する者だけが予言を語っているわけではない。

接合や相互作用は、ある現象や経験のあとになって、分析者が枠づけるものである。接合や相互作用は事象の説明にはなるかもしれない。しかし、人びとが認める予言の「正しさ」の根源として、接合や相互作用を結論づけることは難しい。そもそも、「予言」という概念すらも、ある経験にあとになって説明づけとして与えられるものである。時として紛争などの大きな運動にも関与する「予言」をめぐる信念のありようを捉えるには、結果的に観察される「接合」、「相互作用」の部分や、予言「特有」のコスモロジカルな側面を明らかにするのでは十分ではない。そうではなく、予言が人びとにある「真実」として腑に落ちるような経験を与え、その経験が他人やコミュニティへと感染し、共有され、時空を超えて維持されてゆくプロセスを捉える必要がある。ヌエル社会の場合、この腑に落ちるという経験こそが、冒頭で紹介した「エ・クウォス」という表現、その表現に付随するであろう経験にあたると考えられる。

しかし、これまでアフリカの諸宗教的現象の説明に長らく用いられてきたモラル・コミュニティという概念にはまだ可能性がある。本書の視座を据えるため、次ではこの「モラル」という概念を検討してみよう。

「モラル」という語と概念

さきに紹介したように、モラル・コミュニティあるいはモラルという語が用いられてきた多様な文脈を考えると、その定義は使用者の数だけあると言ってもいいだろう。モラルという用語を用いて民族誌を記述する際、多くの論者が、自身が持つ「モラル」という枠組みを相対化し、対象社会に当てはめることができるかどうかを吟味した。[29]それは、モラルという語があまりも西欧社会で一般的に使われており、意味をわざわざ解説せずとも通じてしまう、それこそ、同じモラル・コミュニティ内に属する者のみに一定の意味を持つものとして理解されうる語だからかもしれない。

日本語話者には、「モラル」は、社会一般が有するような規範、つまり「道徳」として捉えられる。例えば、「モラルの低下」などと言われるとき、それはこれまで特定の社会で共有されてきた規範からの逸脱の傾向を指す表現として理解されるだろう。

人類学における対象社会の記述においても、モラルという用語は、ある社会「固有」の規範として用いられるか、単に人間一般が普遍的に持っているような「心的な」ものというニュアンスを持つものとして使用されてきた。[30]このモラルという用語が持つニュアンスの問題点は、そのままさきのモラル・コミュニティの問題にも当てはまる。前述した①～③のモラル・コミュニティの観点で問題だったのは、社会変動と予言との関係をアフリカ社会か西洋社会的な諸概念に還元するか、あるいはその差異を強化しうるような分析枠組みの設定であった。本書で用いる「モラル」は、「かけ離れた文化」を表すものでもなければ、日本語の「道徳」という語から喚起されるような、人類に普遍的に共有される一般原理でもない。極端な普遍化と個別化を避けるには、このモラルという用語を、所与の概念や規範としてではなく、行為者たちの相互のやり取りの中で生み出されつつあるような一つの実践と捉える必要がある。

「モラル」を当該社会独自のものでもなく、また普遍的な一般原理を指すのでもなく、双方の間を行き来する「想像力」の問題として民族誌の中で捉えたのが、東アフリカ・カグル社会（Kaguru）の詳細な民話・儀礼研究を行ったバイデルマン（Beidelman）である。

彼は一九八六年に出版した『カグルの思考様式におけるモラル・イマジネーション』（Moral Imagination in Kaguru Modes of Thought）において、「モラル」を、他者と相互に関わる中で、他者への期待とともに自らをイメージするという、社会的相互作用の観点に立つ概念として捉えた。[31] バイデルマンは、モラルの語源とされるラテン語の「モス」（mos）を参照し、モスには、「自身をうまく合わせるやり方」（a way of comporting oneself）という意味が含まれていることに注目した。[32] 彼はモラルを、対象社会の成員に限らない、対象社会に関わる人間すべてに双方向的に働きかける観点を含むものとして位置づけた。つまり、他者と関わる相互作用的な視点がなければ、「モラル」は成り立ち得ない。これは一見すると新しい宗教的要素と伝統との接合・相互作用を捉えようとするジョンソンらの試みと通じるようにも思われる。しかし、バイデルマンが着目したのは、研究者によって分析される接合や相互作用よりも、対象社会の人びとが未知の他者との出会いの中で、既存の知識や新しい要素のあいだで試行錯誤しながらも状況に対処し、それらに自身を「合わせる」方法や思考のモードである。なによりも、バイデルマンが「モラル」という用語を用いることで問題視していたのは、対象社会の分析を通じて、人類学者や人類学者の属する社会が有する前提に問いを投げかける、比較の観点であった。[33]
本書の各章では、このバイデルマンの観点を手がかりとしつつ、①から③までの論者によって使用されてきたニュアンスの異なるモラル・コミュニティの概念を事例とともに検討し、それぞれの議論の可能性と限界について論じてゆく。

第3節　生と他者を想像する方法

これまでの研究で言及されてきたモラル・コミュニティ概念の特質は、さきの①、②、③のアプローチに対応する形で次の通り分類できる。

モデル1：一元論的モラル・コミュニティ
モデル2：近代多元的モラル・コミュニティ
モデル3：接合・相互作用論的モラル・コミュニティ

端的に言えば、モデル1はある単一の共同体の中で共有される宗教的諸概念を見いだす立場、モデル2は、コマロフ夫妻らが前提としたような社会を複数のモラル・コミュニティの混淆状態と捉える立場、モデル3はアンダーソンとジョンソンに代表されるような接合や相互作用のプロセスを検証する方法である。それぞれのモデルの可能性と限界については各章で検討する。ここでは、各モデルの有効性を検討する際の手がかりとなる「想像力」という概念について、さきのバイデルマンの議論を参照する。
カグル社会の人びとは、さまざまな出来事や社会変化を彼らの神話や祖先との関係で捉えている。バイデルマンはカグルの人びとの経験と密接に結び付いた神話的時間や民話を分析するにあたって、「モラル・イマジネーション」（moral imagination）という観点を提起し、それがいかに人びとのリアリティを補完しうるのかを描き出した。その基礎となったのが、さきに紹介したモラルの概念である。少し長くなるが、彼が説明する想像力の概念を引用しよう。

> まず、それ（想像力）は人びとが自らの生きている世界のイメージを構築するための方法に関わっている。［…］ここで、それぞれの人間（person）は、世界の独特な様式を経験していると指摘することもできるだろう。しかしその一方で、人びとが共有している社会生活で認められている明白な事実や言語は、こうした異なる人びとが、互いに相互に関わることを可能にするような、そして次世代へと受け継いでいるような、ある共通されている図の存在を暗示している。［…］この共有された、文化的に育まれた世界図（world-picture）は、このような想像力が生み出すもの、そして人びとが、自分たち自身や自分たちを取り囲んでいるものに対する見方を形作るものである。また反対に、その世界図は人びとが自分たちの経験のリアリティを図り、評価し、反映するような図をも形作るようなコスモロジーである。
>
> 次に、想像力は、可能性として存在するかもしれないような、あるヴィジョンを拡張する方法を与えてくれるものである。少なくとも、はじめにこうであろうと思われたものごと、あるいはこうあるべきとして提示されるようなものごとについて、それだけがすべてではあるまい、と人びとが望んだり恐れたりした時には、その方法を与えてくれる。ならば、この二番目の想像力の意義は、社会が変化しうる方向だけではなく、その成員が、自分たちの世界から距離をとり、それを精査し、熟考し、判断するやり方を教えてくれることにある。この意味で、想像力を実践することは、社会秩序の批判、捻じ曲げ、破壊すらもたらす方法になる場合もありうる。この想像力は、想像力自体のもとにあるような、システムの様式のある部分に対してすら、問いを投げかける場合もある。[34]

ここでバイデルマンが「コスモロジー」という語で表現しているのは、モデル1の一元的モラル・コミュニティが前提としてきた閉鎖的・静態的なものではない。バイデルマンが主題としたのは、あくまでもカグルの世界観であったが、その想像力は、カグルの神話的時間に参与しうる自己、他者などすべての人間の間で双方向的に作用するものである。そして彼はその想像力を実践することこそが、カグルの神話的世界のリアリティを生成する力に深く関わっていることを主張した。[35] 彼は、この想像的思考は、自分たち自身や他者への気づきと期待を含むものであるとし、人びとは、他者と相互に関わるために、推定と内省を繰り返しながら自身のありかたを想像していることを指摘する。[36]

バイデルマンの言う想像力は、社会変化をカグル社会の世界観に還元して説明する語ではなく、また西欧近代的な概念に吸収されるものとして説明する語でもない。さらに想像力はテクスト上の接合や相互作用を指すのではなく、むしろ、個々人の経験の不安定さを含みつつ、個の経験を他者に共有されうる経験として方向づけてゆくものであると捉えることができる。

「想像力」が個人の空想や妄想にとどまるような概念ではありえないことは、すでにこの用語を用いて対象社会を記述してきたいくつかの民族誌において指摘されてきた。[37] 確かに、その点で想像力とは、歴史的・文化的に生成されてきた極めて社会的で公的なものと言えるかもしれない。しかし、バイデルマンが想像力やモラル・イマジネーションという概念を使うことで意図していたのは、それらが社会的なものであることを主張することではない。彼がモラルと想像力という語を組み合わせることで狙ったのは、むしろ、ある想像力が「個人」のものか「社会」のものか、という議論や、個人と社会という区分そのものに対して問いを投げかけることであった。

冒頭に述べたように、さまざまな出来事に面したとき、多様な立場にあるヌエルの人びとが口にするのが予言であり、またその契機となる「エ・クウォス」という表現である。これらを、人間が次々と出会う他者や、自身を襲う未知の出来事と関わるために、他者の見方を想像し、自分たちの生のありかたを想像する方法の一つとして捉えることはできないだろうか。

この想像力を支えるのは、例えばある社会でのみ共有される常識や規範であったりするかもしれないし、個人が人生の中で培ってきた経験や、折々触れてきた「科学的」・「合理的」知識、宗教的イディオム、それらに基づく予知や予測であったりするかもしれない。本書では、想像力のこのような可能性——ある社会で共有される一枚岩的なものでもなければ、単に「精神的・心的」なものでもない——に着目し、さまざまな位相の想像力の運動の中で生み出されている予言をめぐる事態を問題にしたい。ここではバイデルマンにならって、「伝統的村落共同体」と「近代社会」、「持続」と「変化」、「対象社会」と「調査者の社会」の単純な接合論や相互作用論、極端な還元論とは距離を置きつつ、想像力の動きと予言の経験について検討する。そうすることによって、一見すると複雑で重層的に見える諸概念や実践を、いかに人びとが他者への／からのまなざしとともに自らの経験を位置づけ合っているのかという視点から追求していきたい。

そのために検討しなければならないのが、人びとを予言への「信仰」に向かわせるような、それぞれの「予言の成就」の経験の成り立ちである。そのための手がかりとなるが、すでに言及した「エ・クウォス」の経験であり、それに付随し、その「正しさ」を支える想像力なのではないだろうか。

本書では、次の問題を中心に事例を分析してゆく。

第一に、対象社会の人びとに限らない複数の想像力が、いかにヌエルの「予言者」の成立に関わってきたのかを明らかにする。第二に、ヌエルの人びとが新しい状況や他者に出会ったとき、それを自分たちの経験として想像する方法を明らかにするとともに、この方法と深く関わる予言と、新しい経験とが相互に生成されてゆく過程を捉える。第三に、ある出来事に対して人びとが「腑におちる」経験——ヌエルの場合は「エ・クウォス」——と複数の想像力とがいかに予言の「成就」を作ってゆくのかを検討する。

写真1　乾期のはじまりのアコボの様子。奥に見えるのはアコボ川（2011年12月）

第4節　調査の概括

南スーダン共和国

二〇一一年七月に独立国家として誕生した南スーダン共和国（Republic of South Sudan）は、東アフリカに位置する。二〇〇八年の国勢調査によれば、人口は八二六万人程度である。[38]ただし、二〇一一年の住民投票に合わせて多くの国外難民が帰還し、その後の武力衝突で生じた避難民数を考慮に入れると、人口は当時より大きく変動していることが予想される。

南スーダン共和国は、一〇の州から成っている。[39]州以下の行政区画は郡レベルのカウンティ（county）、町レベルのパイヤム（payam）、さらに村レベルのボマ（boma）に分かれている。[40]国際連合の発表によれば、人口の八三パーセントが村落部に居住し、全体の七八パーセントもの人びとが農耕・牧畜に依存した生活をおくっていると言われている。[41]スーダン地域（旧スーダン共和国）は気候的には砂漠地帯である北部、砂漠・草原地帯の広がる中部、そして湿地と熱帯雨林を

写真 2（上）　ピエシ *piec*（またはアラビア語でワルワル *walwal*）と呼ばれる料理。モロコシを粉末にして成型した，もっとも一般的なヌエルの料理（*kuan nuerɛ*）。新鮮なミルクや酸乳をかけて食べる。地域によって育つモロコシの種類は異なり，赤黒いモロコシは「ヌエルのモロコシ」（*bɛl nuerɛ*），白いモロコシは「アラブのモロコシ」（*bɛl jallaba*）と呼ばれている（2011 年 12 月）。

写真 3（下）　コップ *cop* とよばれる料理。魚や肉，野菜などを成型したモロコシと共に油で炒める。かつては男性のみが食べていた食事。現在でも村落部では儀礼があったときなどに食べる。第Ⅱ部，第Ⅲ部で述べられるように，「食べ物」（*mieth, kuan*）や「食事」「食べること」（*cam*）は，ヌエルの価値規範にとって非常に重要な要素であり，「予言の成就」の物語においても重要な役割を果たす（2010 年 7 月）。

有する南部に分けられる。スーダン地域全域では標高は三〇〇～九〇〇メートル、ナイル川の支流が横切る低地である南スーダンには、その主流の一つ白ナイル川（The White Nile）の支流が多く流れている。[42]季節には雨期と乾期がある（写真1）。最も雨量が多いのは四月～一〇月で降雨量は九〇〇ミリメートル前後である。[43]雨期の開始時期は地域によってばらつきがあり、南スーダンの南部（エクアトリア地方）は三月中旬、上ナイル州などが含まれる北部は五月初旬より始まる。首都ジュバの一年を通した平均気温は三〇度から三八度とあるが、一日の気温差は激しい。[44]

南スーダンの公用語は英語であるが、日常的にはスーダン・アラビア語、スーダン・アラビア語がピジン化したジュバ・アラビア語とその他の在来言語が使用されている。多くはナイル＝サハラ語族であり、ディンカ（Dinka）語、ヌエル語、バリ（Bari）語、ザンデ（Zande）語など六〇以上の言語が話されている。

今日のヌエル社会

本研究が対象とするのは、南スーダンの都市部と村落部におけるナイル語系ヌエル社会である。現在、ヌエルは南スーダンで二番目に大きな民族集団と位置づけられている。[45]ヌエル語はナイル＝サハラ語族西ナイル諸語に分類され、隣接する民族集団の言語であるディンカ語と系統的に近い。

ヌエルの人びとの多くは、南スーダンの北東部に位置するユニティ（Unity）州、ジョングレイ（Jonglei）州、上ナイル（Upper Nile）州に居住しているが、ジュバやスーダンのハルツームに居住している者も多い。また南スーダンのみならず、国境を越えたエチオピアにも多くのヌエルの人びと（東ジカニィ・ヌエル）が居住している。村落部における生業は半農半牧が中心であり、居住区からは少し離れたところではモロコシやトウモロコシなどが栽培されている。また季節に応じて漁撈、狩猟採集も行っている。[46]

ヌエルの人びとの多くが居住する南スーダンの北東部に位置する三州はサバナ気候であり、降雨量が少なければ干ばつ、多ければ洪水となる厳しい自然環境である。西エクアトリア（Equatria）と高地の東エクアトリアの年間降雨量は一二〇〇ミリメートルから二二〇〇ミリメートルなのに対し、上ナイル州からジョングレイ州周辺の低地は七〇〇ミリメートルから一三〇〇ミリメートル程度である。[47] これらの地域は基本的には平坦な土地であり、雨期には背の高い草に覆われる。[48]

　村落部では、人びとはモロコシやウシ・ヤギのミルクを主食としている（写真2、写真3）。二〇一一年以降、上述の三州ではウシの収奪を伴う武力衝突のためにジョングレイ州のヌエルが所有するウシの数は激減していることが予想される。都市部に住む者であっても、村落部に自分のウシの群れを持っていることが多い。わたしはよく、自分のウシを略奪されてしまった都市の若者が、婚資であるウシを用意することができずに「結婚が遅れてしまう」などと嘆いていたのを聞いた。[49] また、都市部の比較的裕福な家庭では、キスラ（*kisra*）[50] や米、チャパティが肉や野菜のシチューなどと一緒に食されることも多い。

　第一次・第二次スーダン内戦を通して、多くのヌエルの人びとがハルツームやエチオピア、ウガンダ、ケニアなどの隣国に避難した。またアメリカ合衆国、オーストラリア、カナダ、イギリスなどに渡り、高等教育を受けた者も多い。[51]

　南スーダンに暮らすヌエル語話者は、日常的にはヌエル語やアラビア語（ジュバ・アラビア語）を使用する。しかし居住している地域や教育の程度によって、英語、アムハラ語、[52] ディンカ語やムルレ（Murle）語[53] などを話す者もいる。また国外での難民経験が長く、ヌエル語を話すことのできない者もいる。しかしわたしが出会った範囲では、このような人びとも、自分たちはヌエルの出身であるというアイデンティティを持っていた。したがって、ヌエル語話者と「ヌエル」の人口は必ずしも同じではない。ジュバではヌエル文化信託財団や南スーダン政府の若者文化スポーツ省が主体となり、ヌエル語での教育や書籍の出版、ヌエルの「伝統」である歌やダンスの訓練に励んでいる。また南スーダン国内のテレビでは、ヌエル語で歌を歌う歌手が活動している。[54] ポップ・ミュージックを含むこれらの音楽は、ラジオや携帯電話を通じて村落部でも親しまれている。

ヌエル社会に関しては、エヴァンズ＝プリチャードの業績以前にも、宣教師や植民地行政官らによって多くの民族誌的な資料が提供されてきた[55]。これらの資料は、政治体系から親族関係、そして宗教的諸観念など多岐にわたる。しかし、第1章で述べられるように、特に宗教的職能者に関する分析は、西洋人や当時の行政官が抱いていた「アフリカの宗教的指導者」に対するバイアスを色濃く反映したものであった。こうした資料を参照しつつ、エヴァンズ＝プリチャードは、自身のフィールドワークに基づきヌエルの社会構造から政治体系、親族のシステムや宗教的諸概念などを体系的に明らかにした。彼の分析に対しては、当時のイギリス社会人類学で主流であった構造機能主義的な枠組みを持ち込んだことによる批判もある[56]。しかし、本書の第3章で論じられるように、その一部は現在のヌエル社会の変容や予言の信仰を支える原理を捉える上で未だに有効な分析枠組みを提供してくれる。そのほか、彼の業績について、のちにヌエルの移動や、隣接民族集団との関係、象徴体系などの観点からさまざまな再解釈が加えられた[57]。

その後、スーダン内戦などの社会変動によって大規模な移動が生じ、それに伴いヌエル研究もまた新たな局面を迎えた。植民地期から第二次スーダン内戦期にかけての南スーダンで居住するヌエルの日常的実践の変容については、S・E・ハッチンソン（S. E. Hutchinson）の業績が参考になる[58]。その後、アメリカやエチオピアなどで暮らすヌエルのディアスポラに関する研究も多く出版されている[59]。また内戦や避難民の状況に関しては、国際連合やNGO関係者による出版物も多い[60]。一方で、ヌエルが経験した社会変容や移動を扱った論文・著作の中では、ヌエルの人びと自身がその変化をどのように語り、どのような経験として位置づけているのかという観点からは十分に議論が行われていなかった。

これまであたかも実体的な民族集団として議論されてきたヌエルだが、では果たして「ヌエル」とはいったい誰のことを指すのだろうか。次では、南スーダンの複雑な「民族」をめぐる状況を踏まえながら、本書が対象とする

「ヌエル」の人びとの自集団に対する認識を取り上げる。

ヌエル社会における「民族」概念とアイデンティティ

南スーダンに暮らす民族集団の数は、およそ六〇以上であるとよく説明される。しかし、民族集団の説明については注意が必要である。[61] というのも、既存の民族集団の境界は、植民地統治期に設定され、押し付けられてきたものであり、その境界は人びとが生きる現実において完全に機能しているわけではないからである。また、「ヌエル」という「民族」自体も、スーダン地域の植民地支配の中で区画化されてきたものである。実際には、隣接する民族集団であるディンカ、シルック（Shilluk）など他の民族集団とのあいだで婚姻関係が結ばれることも多く、明確な境界や人口を把握することはできない。植民地期には、間接統治のために各地で「部族の発明」のためのプロジェクトが推進され、以降の歴史的・政治的文脈の中でそれぞれの民族的アイデンティティは形成されてきた（第1章参照）。このような「民族」概念は、その後のスーダン内戦の中で想像力のもとで政治や紛争に「運用」されていった（第2章参照）。「民族」は発明・創造されたものであるという、文化人類学ではおなじみの議論をあえて持ち出したのは、「民族」が自律的な集団として存在するという想像力こそが、現在に至るまで、南スーダンで悲劇的な状況を生み出し続けてきたとも言えるからである。[62] もちろん、本書も「ヌエルの人びと」として彼らを対象化している限り、過去に「発明」された民族区分を現実化、あるいは再生産する一助となっているという誹りから逃れることはできないだろう。

本書でわたしがヌエルと呼んでいるのは、わたしが調査の中で出会った、自分のことを「ヌエレ」（*nuerɛ*：「ヌエルの人間」の意）と呼ぶ人びとのことである。本書を読み進めてもらうと分かるように、「ヌエル」の内部にもさまざまなグループや区分が存在する。また、隣接する民族集団出身の人びとも、彼らの親族や友人として登場し、神話や予言の中では原初的な紐帯があるものとして語られる。もともと、ヌエルは自分たちのことを「人間」を意味する「ナース」（*naath*）、あるいは「ネイ・ティ・ナース」（*nei ti naath*：「人間の中の人間」の意）と呼んでいた。しかしわたしが観察した限り、現在、ナースという語はもっぱら「人間」という意味で使われており、「ヌエル」を意味する語として使用されることはほとんどなかった。自分たちのことを「ナース」とはもう呼ばないのかとある若者に尋ねたところ、「ナース」と呼ぶこともできるが、そうすると「ナース」以外の人に「あいつらは自分たちのことだけを『人間』と呼んでいる」などと悪口を言われてしまうから使わない、ということだった。現在多くの人は「ヌエル語」をソク・ナース（*thok naath*：「人間の口」の意）ではなく、ソク・ヌエレ（*thok nuerɛ*：「ヌエルの口」の意）と表現する。

ヌエルの人びとは、ヌエルに隣接するディンカの人びとのことを「ジャーン」（*jaang*）と呼ぶ。初期の行政官の報告やエヴァンズ＝プリチャードの民族誌では、この二つの民族集団は対立・敵対関係にあることが指摘されてきた。この理解を踏襲して、内戦以降の「民族対立」が説明されてしまうこともしばしばある。しかし、少なくともエヴァンズ＝プリチャードが民族誌の中で強調したのは、ディンカとヌエルのあいだの対立関係と共生関係、およびそのダイナミズムであった。この流動的な対立・共生関係は、初期の報告の中にも見いだすことができる。

同じ「ジャーン」でも、「ジャーン・ドゥオル」（*jaang dhuol*：「外側のディンカ」の意）、「ジャーン・チエン」（*jaang cieng*：「チエンのディンカ」の意）という区分があり、前者は生活をともにしえないディンカの人びとを指し、後者はヌエルと生活をともにしうるディンカを指すものである。[63]「ヌエレ」という自称は、いつ頃から頻繁に使われるようになったのかは不明だが、[64]この状況を見ると、もともとの自称と、外部から与えられた他称とが重なり合いながら使用されてきたと考えられる。

わたしがフィールドワークの中で観察したかぎり、人びとの日常生活の場においては、「ヌエル」、「ディンカ」、その他の民族集団の違いや宗教の違いはほとんど意識されていなかった。[65]わたしが長期滞在していたジョングレイ州の州都ボー（Bor）の家の周囲はディンカの人びとばかりであったが、彼らは日常的に物の貸し借りをしたり、おしゃべりをしに互いの家を訪れたりしていた。子供たちはお互いの言葉を覚え合い、わたしが近所を歩いているときには、ディンカの人びとはヌエル語であいさつをしてくれた。ボーに居住しているヌエル出身者に聞いたところによれば、ボーでヌエルとディンカの間に緊張関係が生じるのは、何らかの政治的対立や「民族」に関わる国家的な紛争が生じた時だけであるという。古くからヌエルとディンカがともに居住しているジョングレイ州のデュック地方（Duk）では、ヌエルとディンカのあいだで頻繁に婚姻関係が結ばれ、「昼はディンカ語、夜はヌエル語」を話す人びとであるとも言われている。人びとの日常生活においてより重要となるのは、外部から規定された民族・部族の境界よりも、人びと自身が用いる集団を区別する方法である。

南スーダンのいくつかの民族集団では、瘢痕《はんこん》が身体に刻まれ、それが一つのエスニック・バウンダリーとしても機能している。この瘢痕は彼らのエスニック・アイデンティティと深く関わっている。しかし、瘢痕は必ずしも植民地期に設定された「部族境界」に沿うものではない。ヌエルは、男児の成人儀礼にガール（*gaar*）と呼ばれる六本の平行線を額に刻む。ただし、ヌエルとディンカの境界地域に暮らすディンカの成人男性も同じ六本の平行線の瘢痕を持っている[66]。ディンカ内でも瘢痕の種類は多様である。例えばディンカ・ボーは眉間に小さなVの字、ルンベックに住むディンカは四本の平行線、バハル・エル・ガザルのディンカは額から後頭部まで引かれたVの字など、その形状は異なっている。

本書では民族・部族境界についてこれ以上の詳しい議論は行わないが、過去の内戦時の「民族対立」、そして二〇一三年末以降の「民族虐殺」とも呼べる状況を鑑みれば、既存の民族境界を自明のものとして議論をすることについては注意深くあらねばならない。アフリカの民族論を展開した松田の言葉を借りれば、今日のスーダン地域の集団間関係は、「民族を実体化しようとする力と脱構築しようとする力が、交錯しぶつかり」合いながら形成されてきたものと言えるだろう[67]。本書が取り上げる数々の予言の語りからは、彼らが語り継がれてきた伝承や歌の中で、互いの「民族」をどのようなものとして捉えてきたのかについても垣間見ることができる。

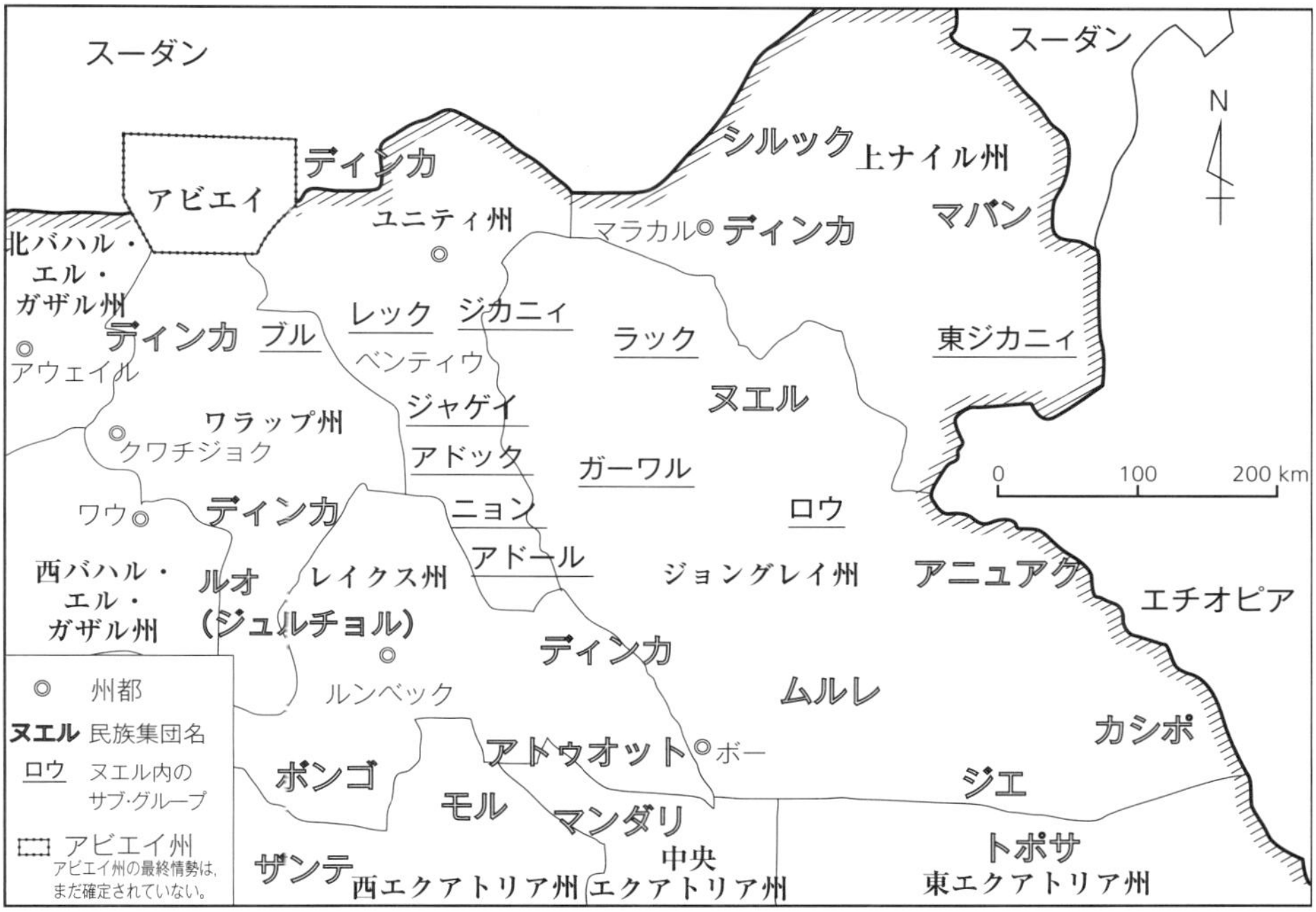

図1 ヌエルの近隣集団とサブ・グループ*

＊図1で示したサブ・グループは、ヌエルの第1セクション（最も大きなサブ・グループ）のみである。

出典：UN OCHA, "Distribution of ethnic groups in South Sudan"（24 December 2009. Code: SS-0132）および（Hutchinson 1996: 24）をもとに筆者作成。

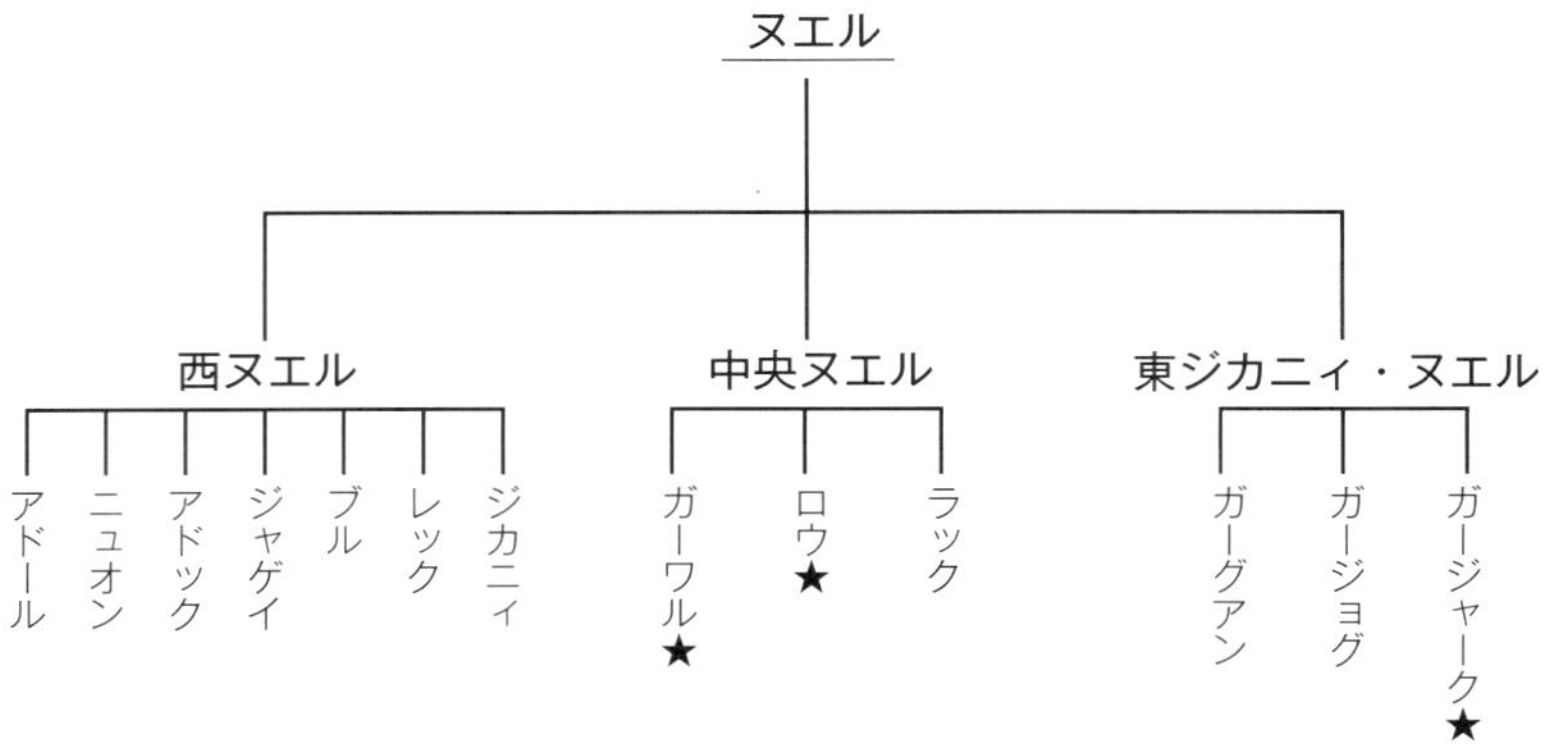

★：インフォーマントの主な出身地
ほか，インフォーマントにはディンカ（なかでもドュック，ボー出身者）が含まれる

図2　ヌエルの下位集団

ヌエル社会の区分

ヌエル社会はまず地理的に三つの集団に大別される。ユニティ州を中心とする西ヌエル（Western Nuer）、ジョングレイ州を中心とする中央ヌエル（Central Nuer）、上ナイル州からエチオピアにかけて広がる東ジカニィ・ヌエル（Eastern Jikany Nuer）である（図1および図2）。

本書の第Ⅱ部、第Ⅲ部で基本的に用いるのは、ヌエルの人びとがヌエル内部の集団を区別するときの名称を用いる。例えば中央ヌエルはロウ（Lou）、ガーワル（Gaawar）、ラク（Lak）、東ジカニィはガージャク（Gaajak）、ガージョク（Gaajok）、ガーグワン（Gaagwan）にというサブ・グループに分かれる（図2）。それぞれのサブ・グループはさらに大リニィジ、小リニィジ……と特定の祖先を共有する集団に分節される。[68] それぞれの集団は、この相対的な集団関係の中で流動的な友好―敵対関係を結んできた。ヌエル、ロウ、さらにその下位集団へと細分化されてゆくそれぞれの集団は、ある特定の祖先を共有する人びとの集合であるとヌエルの人びとには捉えられている。現在でも、都市部・村落部にかかわらず、ヌエルの人びとは自分がどの祖先に属する人間であるかを知っており、必要に応じて祖先間の関係を把握する（第3章参照）。

ヌエル内外の集団間関係、特に隣接する民族集団との関係は、度重なる内戦や武力衝突の中で操作され、変化していった。[69] しかし、今でもヌエルの神話や口頭伝承、そして予言の語りには、ディンカやムルレ、そしてヌエルの内のサブ・グループは、さまざまな性格——例えば勇敢、ずるがしこい、おちゃめ——を持つ人びととして登場している。語りからは、かつての流動的な集団間関係を窺い知ることができる。また本書で示されるように、その語りは必ずしも人びとにとって「過去」のものとしてあるわけではない。

わたしが調査の中で出会った人びとの多くが、ロウ・ヌエル、東ジカニィ・ヌエルの出身者であった。これはわたしが調査を行った地域も関係しているだろうが、ングンデンがその生涯においてロウや東ジカニィの人びとと多く関わったことも一つの理由であると考えられる。[70]

各地での調査状況

二〇一一年の独立前後、南スーダンには、内戦時に難民として国外に居住していた多くのヌエルの人びとが帰還していた。内戦以後は、教育や出稼ぎのために都市や国外に出てゆく若者も多く、村落部—都市間の移動は激しい。現在は、ナイル川流域だけでなく、首都ジュバをはじめとする各都市にも多くのヌエルの人びとが集住している。各都市をつなぐ交通機関としては四輪駆動車やバスが一般的である。例えばジュバ—ボー間（約二〇〇キロメートル）では毎日バスが行き来している。[71] しかし村落間をつなぐ交通機関は発達しているとは言い難い。粘土質の土壌のため、雨期にはあらゆる交通機関が麻痺し、特に湿地帯であるジョングレイ州北東部のヌエルの村々は陸の孤島となる。

本書の冒頭で示したように、わたしの関心は、内戦以後さまざまな人生をたどるヌエルの人びとが、どのように予言を語り、経験しているのかという点にある。したがって、調査は一つの村や町で行うのではなく、複数の土地で多様な生き方をする人びとに対して行った。しかし、村落部に関しては治安上の問題があり長期間滞在することができなかったため、村落部で暮らす人びとの生活や予言に関する調査については十分とは言い難い。

① ジュバ（Juba）

ジュバは中央エクアトリア州に位置する南スーダンの首都である。ジュバの人口は約三七万人である。[72] ウガンダ、エチオピア、ケニアや中国やインドからの出稼ぎ移民が多く暮らしている。この背景として、隣国と比べて南スーダン全体の物価や賃金が高いことが挙げられる。[73] わたしが出会ったジュバに暮らす南スーダン人のあいだでは、南スーダン人の就職先が移民に奪われていることに対する不平不満が聞かれた。ジュバには国際連合をはじめとする国際機関の拠点がそろっており、ホテルやレストランなども多い。市内ではジュバ・アラビア語や英語、その他数多くの民族集団の言語が話されている。マーケットの数も多く、ウガンダから届く野菜や、中国製の衣服などが売られている。ジュバ市内であれば、郊外であってもバスやバイクタクシーで移動が可能である。

ジュバではヌエルの人びとは郊外に集住することが多く、西ヌエル、中央ヌエル、東ジカニィ・ヌエルなどのあらゆる地域出身のヌエルの人びとが暮らしている。都市部では基本的には現金によって経済活動が行われている。ジュバにおけるヌエルの人びとの職業は、政府関係者、国際連合・NGO関係者、教員、医師、兵士、商人、薪売りなど多岐にわたる。

② ボー（Bor）

ジョングレイ州には六つの民族集団に属する人びとが居住している。ナイル語系のヌエル、ディンカ、アニュアク（Anuak）、スルマ語系であるムルレ（Murle）、カシャポ（Kashapo）、東ナイル語系ジエ（Jiye）である。ジョングレイ州の州都であるボー[74]に暮らすのは、ディンカ出身者が大部分を占めるが、上記の民族集団出身者も多く暮らしている。ジョングレイ州は南スーダンで最も大きな州（約一二万五〇〇〇平方キロメートル）であり、州全体の人口は約一三六万人である。[75]

州都のボーにもともと居住していたのはディンカ・ボー（Dinka Bor）というディンカのサブ・グループの一つであった（写真4）。中心となるボー・タウンには、ハルツームやダルフール地方、エチオピア出身の商人も多く働いている。ボー・タウン内であればバイクタクシーで移動が可能である。バイクタクシー運転手の多くはウガンダ人やケニア人である。ボー・タウン市内の言語はアラビア語とディンカ語が中心となるため、出稼ぎに来ている人びともアラビア語やディンカ語を学んでいる。

ボー・タウンでは、ヌエルの人びとは特定の地域にまとまって居住している。なかでも二〇一一年から新しく開拓された通称「シ・ヌエル・ベン」（*ci nuer bɛn*：「ヌエルが来た」の意、写真7）地区は、その名前からも分かるように、居住者のほとんどがヌエル出身者であった。このようにヌエルの人びとがボーで集住するのには理由がある。ボーには、第二次スーダン内戦のさなかの一九九一年、ヌエルを中心に構成された軍がディンカ住民を虐殺したという歴史がある。このため、ボーに暮らすディンカの中には、ヌエルを良く思わない者も多い。現在も時として両集団間で緊張が高まることがある。[76]

ボー・タウン内には宗教関係施設も多く（写真6）、モスクも二ヵ所存在する。[77]予言者ングンデンを祀ったングンデン教会も、このシ・ヌエル・ベンの中に新しく建設された。ボーに住むヌエルの人びとの経済活動は基本的には現金によっているが、小さな家庭菜園を持ち、カボチャ、ナス、トマト、オクラなどを育てている家庭も多い。結婚などでウシが必要な場合は、ディンカやムルレの人びとが行っているウシの競売マーケットで購入する。

③　アコボ（Akobo）

アコボはボーから四〇〇キロメートルほど離れたジョングレイ州の北東部、エチオピア国境近くに位置する。アコボ川、ピボール川、ニャンディン川など多くの川と接しており、漁撈が盛んである。アコボのマーケットには、

表 1　各調査地の人口と主な民族集団

	人口	面積（km²）	人口密度（1km² あたり）	民族集団
ジュバ（中央エクアトリア州）	368436	18396.15	20.03	バリ，ディンカ，ヌエル，ザンデなど
ボー（ジョングレイ州）	221106	14115.27	15.66	ディンカ，ヌエル，アニュアクなど
アコボ（ジョングレイ州）	136210	9056.67	15.04	ヌエル（ロウ）
アヨッド（ジョングレイ州）	139282	13463.72	10.34	ヌエル（ガーワル）
ナーシル（上ナイル州）	210002	5147.96	40.79	ヌエル（ガージャーク）

出典：Southern Sudan Commission of Census 2009; FAO 2014 をもとに筆者作成

ジュバやボーのマーケットではあまり見かけない、魚のフライを提供する店もあった。マーケットの商品の多くは、エチオピアから運ばれ、エチオピア人の商人によって販売されている。アコボは、中央ヌエルの内でもロウ (Lou) と呼ばれる人びとが住む町である。隣接するウロル郡、ニロル郡も同様にロウ・ヌエルの居住区である。ロウ・ヌエルは、古くから近隣の東ジカニィ・ヌエル、アヨッドのガーワル・ヌエル、ディンカ、ムルレなどの集団と、ウシの収奪をめぐるレイディング (raiding) を繰り返してきた。ウロル郡とニロル郡の境界にはングンデンが築いたとされる、「ビエ」(*biɛ*) と呼ばれる塚の跡地が存在する。

④ アヨッド (Ayod)

アヨッドはボーの北約二〇〇キロメートル、ジョングレイ州の中部に位置する。中央ヌエルの内でもガーワル (Gaawar) と呼ばれる人びとが住んでいる。二〇一一年末以降に生じた民族集団間の武力衝突により、多くの国内避難民が流入した。国内避難民の多くはロウ・ヌエルの人びとであり、しばしば地元住民であるガーワルと衝突していた。

⑤ ナーシル (Nasir)

ナーシル[78]は上ナイル州の州都マラカルから約一七〇キロメートル南東にある、エチオピア国境と隣接している町である。ヌエルの内でも東ジカニィ

写真 4（上） ボーの野菜のマーケット。野菜を売っているのはディンカ女性（2012 年 12 月）
写真 5（下） 雨期のナーシル。奥に見える白い建物は WFP の食糧庫（2010 年 9 月）

写真6（上） ボーの野外のカトリック教会における祈りの様子。ヌエルの多くは長老派教会の所属だと言われている。
写真7（下） 主要調査地の「ヌエルが来た」村に唯一ある携帯電話の充電ショップ。ヌエルの集住地区であるこの村は，2013年末の紛争の際に襲撃された。

（Eastern Jikany）と呼ばれる人びとが住んでいる（写真5）。東ジカニィはさらにガージョク（Gaajok）、ガーグアン（Gaaguang）、ガージャーク（Gaajak）というサブ・グループに分けられ、ナーシルにはガージャークの出身者が多い。また、エチオピア人の商人も多く、たいてい家族単位で暮らしている。

調査方法

本書で提示される資料は、二〇〇八年から二〇一三年にかけて南スーダンの都市部と村落部における約一九カ月間に渡る現地調査[79]と、イギリスのダーラム大学のスーダン文書館（Durham University, The Sudan Archive）、オックスフォード大学ピット・リヴァーズ博物館（University of Oxford, Pitt Rivers Museum）、南スーダンのジュバ大学平和開発研究センター（University of Juba, Center for the Peace and Development Studies）における史資料調査で収集した。

現地調査の方法は、参与観察とインタビュー調査を中心としている。ジュバとボーでは、ヌエルの家庭とングンデンを祀った「ングンデン教会」（*luak kuɔth Ngundeng, dwil kuɔth Ngundeng*：第4章参照）に住み込んで参与観察を行い、短期滞在の際はジュバ大学の宿舎（ジュバ）、ホテル（ジュバ、ボー）、コミッショナーのゲストハウス（アコボ）やＮＧＯ施設（ナーシル、アコボ、アヨッド）内に滞在し、インタビュー調査などを行った。言語は基本的に英語とヌエル語によるが、ヌエル語については十分に理解できているとは言い難く、特に年配者への聞き取りの際などは、大学生である友人や滞在先の家族、語り手の周囲にいた英語を話すことができる者などに通訳を頼んだ。

わたしの調査に大いに協力してくれたのが、ジュバの西ヌエル、東ジカニィ・ヌエル出身者の混合家族であるシュオル家の人びとと、ボーのロウ・ヌエル出身のショット家の人びとである。調査の大半、わたしはこの二つの家族とともに暮らしながら調査を行った。シュオル家の家主である夫は兵士であり、ショット家の家主である夫は病院の看護師であった。両家は、物価の高い都市部での生活と、政府から支払われる給料の低さを考えれば、特別豊かでも貧しくもない家庭であった。都市部の家庭には、村落部から多くの親族、姻族が経済的支援を求めて殺到する。このため、彼らは多くの成員の学費や病気の治療費などを負担していた。人の移動が激しい両家の家囲いの中には、少ないときでも一〇人以上、多いときは二〇人を超えるほどの親族が滞在していった。わたしの調査には、シュオル家、ショット家の人びとのみならず、一時的に彼らの家に滞在しては他の場所へと移動してゆく、さまざまな背景を持つ人びととの交流が欠かせなかった。

この二つの家族は、わたしがいくら宿代や食費を払おうとしても「なぜ妹から金をもらわなければならないのか」と言って頑として聞き入れてはくれなかった。それどころか、時折、家主や兄たち、通りすがりの自称「親族」がお小遣いをくれることすらあった。それを断っても、「どうして断るのか、（言うことを聞く）いい娘になりなさい」と怒られる始末だった。わたしが彼らにその理由を尋ねても、彼らは「それがヌエルのやり方／チエン（sing. *cieng*; pl. *ciɛng*）だから」と答えるばかりであった。はじめこそ申し訳ないという思いでいっぱいだったが、一時的な滞在者たちがふらりと現れて特に現金を支払うでもなく、しばらく気ままに滞在しているのを見て、次第に気にしなくなっていった。

わたしはニャジャル・ングンデン・ボン（Nyajal Ngundeng Bong）というヌエル名をもらって生活していた。[80] 自分の名、父の名、祖父の名、と続いてゆくヌエルの名前のシステム（第3章参照）からも分かるように、わたしは「ングンデンの娘」を意味する名前をもらうことができたのである。調査を始めたばかりのとき、わたしがヌエル文化信託財団を訪れ、ングンデンのことを調べに日本からやってきたことを伝えた。その場にいた年配者らにとって、どうやらこの出来事は大きな「エ・クウォス」であったらしい。そしてわたしの訪れはングンデンの意思に違いない、とのことから、この名前が与えられた（第7章参照）。

この名前を持ったこと自体が、ヌエルの人びとのわたしに対する態度に影響を与えたとは考えにくい。というのもわたしが観察した範囲では、遠方からやってきた親族にも滞在先の人びとは同じような態度——滞在を歓迎し、衣食住を提供する——で接していたからである。その他、滞在先の近隣住民（ヌエル、ディンカ出身者）には、わたしは「ニャデンクー」(Nyadengkur：「ングンデンのウシの娘」)、「ニャデン」(Nyadeng：「デンの娘」)、「ニャマンデン」(Nyamandeng：「デンの母の娘」)、「ニャクウォス」(Nyakuoth：「クウォスの娘」)、「ニャマンドン」(Nyamandong：「おばあさんたちの娘」)という愛称で呼ばれ、[81] ングンデンの子孫たちにはウェイダ(*weidä*)、「わたしの父方オバ」などとも呼ばれた。

　これだけを述べると、わたしの滞在がさも全面的に歓迎されていたかのようだが、もちろんそれだけでは済まなかった。「妙」な質問ばかりを繰り返すわたしは、グワン・ソアン(*gwan thoan*)——「質問に憑かれた人」——というもう一つのあだ名で呼ばれ、人びとの敬遠を得たり、また「女の仕事」(第3章参照)も満足にできない女として、しばしば滞在先の妻／女(*ciëk*)たちと衝突したりした。それよりも調査の障壁となったのは、治安の悪さと冠水による交通麻痺であった。この状況の中で、他者と相互に関わり、自身の世界を捉え直す想像力は、誰よりもわたし自身にとって必要なものであった。

第5節　本書の構成

　本書は三部構成となっている。第Ⅰ部ではスーダン地域における予言者の歴史、第Ⅱ部ではヌエルの人びとの日常と宗教実践の変容、そして第Ⅲ部では二〇一〇年以降に生じたさまざまな「予言の成就」的出来事と予言の語りを取り上げている。

　第Ⅰ部では、ヌエルの予言者が歴史的に生成されてゆく過程を事例として、複数の想像力が、いかに「土着の宗教的職能者」の成立に関わってきたのかを主に歴史資料に基づき検討する。具体的には、植民地統治期(第1章)および第一次・第二次スーダン内戦から現代(第2章)にいたるまでの過程で、ヌエルの「予言者」が台頭し、弾圧・利用されるさまと、その中で流動する予言のありかたに注目する。

第Ⅱ部では、南スーダンでの現地調査に基づき、内戦後ヌエル社会のさまざまな局面で人びとに参照される、新しい経験の想像の方法を明らかにし、社会変容の中で人びとがどのような原理に基づいて自らの経験を位置づけてゆくのかを描く。さまざまな他者との出会い（第3章）や宗教実践の変化と接合（第4章）が、それぞれどのように現在の予言信仰を支えうるのかを捉える。

そして第Ⅲ部では、語り継がれてきた予言とさまざまな出来事の関係を事例に、人びとが日常を震撼させるような出来事——国家の独立（第5章）やその後の紛争（第6章）——に遭遇した際、冒頭で述べた「エ・クウォス」の経験がどのように動き、またそれまでの現実が想像力とともにどう変動してゆくのかを指摘する。そして最後に調査者であるわたし自身の想像力が、ヌエルの人びとの想像力と交わる場面を記述する（第7章）。以上の事例を通して、多様な背景を持つ人びととの想像力が統合、分離する過程を捉え、予言を介してアクセス可能な新たなモラル・コミュニティがどのように編成されるのかを考察する。

第Ⅰ部

「予言者」の歴史的生成過程

写真 8　仮面をつけた男（1990 年代初頭）
出典：ダーラム大学スーダン文書館（SAD_A31-098）

第1章　予言者／魔術師の成立

第1節　植民地支配とアフリカの宗教的指導者

植民地統治と「予言者」

東アフリカ諸社会において「予言者」が誕生するきっかけの一つとなったのは、西欧列強による植民地支配であった。そもそも、「予言者／預言者」をはじめ、ある種の霊的な力を持つとされる人物を表現するのに用いられた、シャーマン、ウィッチ・ドクター、霊媒（spirit medium）などの名称は、当時の植民地行政官や研究者の印象に基づいて与えられたものであった。植民地政府は、統治のために在来の信仰をどう管理し、廃絶させるかに苦心していた。これらの信仰は、アフリカ人の「野蛮さ」や「未開さ」の象徴とみなされたのだった。のちに「首長」（chief）の称号を与えられるようになった現地社会の権力者や宗教的職能者も、はじめは西洋人にウィッチ・ドクターなどと呼ばれていた。このような一方的なラベリングに、当人たちは「大変迷惑をして」いたという報告もある。[1] 一九世紀末以降のイギリスによる植民地支配状況下で、各社会で見いだされた「予言者」は、首長や祭司と並ぶ伝統的権威の一つとして注目された。「土着」の権力者の特徴と地域住民に対する影響力を理解すること、そして彼らを「適切」に活用することは、植民地政府にとって統治の成功の鍵となったのだった。[2]

本章のねらい

イギリスの社会人類学者エヴァンズ＝プリチャードが報告したヌエルの予言者の性格は、当時の植民地状況という歴史的文脈に大きく影響されていた[3]。歴史学者D・H・ジョンソン（D. H. Johnson）の一連の研究によって[4]、スーダン地域の宗教的指導者に対する植民地政府の態度は、ヌエルの予言者の民族誌的・歴史的解釈を形成するのに大きな影響を与えたことが明らかとなっている。

本章では、ヌエル社会の統治を担当したイギリス人行政官と「アフリカの宗教的指導者」、すなわちヌエルの予言者との出会いを、植民者と被植民者の想像力が交叉する場として捉える[5]。

一八八〇年代後半から一九三〇年代にかけて、南部スーダンの上ナイル地方（Upper Nile Province）地域では、植民地政府に対する現地住民の抵抗運動がたびたび展開していた。本章では、この社会情勢の中で、イギリス人行政官らが有していた在来の宗教的職能者に対する想定と解釈を取り上げる。行政官の中でも注目するのは、一九二〇年代後半にヌエル社会の統治を担当したC・A・ウィリス（C. A. Willis）である。

ウィリスは、アフリカ社会の統治の経験と試行錯誤の末、当時、植民地行政に「クジュール」（*kujur*）と呼ばれていたヌエルの「予言者」の討伐を、プロジェクトの一つとして推進した。「クジュール」とは、スーダン・アラビア語で「魔術師」・「ペテン師」を意味するものである。植民地期には、在来の宗教的指導者の多くが「クジュール」と行政官らに呼ばれていた[6]。ウィリスのプロジェクトに色濃く反映されたのは、北部スーダンで生じたマフディーの反乱（1881-1899）以降、スーダンの地域社会の統治において問題視され、時として「邪魔者」扱いされてきた「クジュール」のイメージであった。

本章の前半部では、ジョンソンの記述・分析[7]とウィリスの書簡を頼りにしながら、マフディー反乱の発生から植民地政府による南部スーダンの統治、そしてヌエル社会の統治に至るまでの過程を概観しその特徴を抽出する。続いて、「クジュール」討伐プロジェクトが履行される前後のイギリス人行政官の試行錯誤や、ウィリスの想像力の動きを捉え、ウィリスがどのような分析枠組みを用いることによって、不可思議な存在であった「クジュール」を位置づけ、飼い慣らそうとしていったのかを検討する。そして最後に、弾圧されていたヌエルの人びとの「クジュール」に対する解釈を捉えることで、ヌエルの人びとと行政官の想像力がどのように重なり、またずれながら「予言者」・「クジュール」の性格をそれぞれが規定していったのかを描き出す。[8]

第2節　反乱者マフディーの影響

マフディーの反乱

地域社会の宗教的職能者に対する植民地行政官の想像力に大きく働きかけることになったのは、北部スーダンで生じたマフディーの反乱である。一八八一年、ムハンマド・アフマド（Muhammad Ahmad bin Abd Allah）は自らをマフディー（*mahdī*）[9]、つまり「イスラーム救世主」――この世に最後に現れて理想の社会を実現する者――であると宣言した。その後、ムハンマド・アフマドは真のイスラーム共同体を築こうと北部スーダンの大勢のムスリムを扇動し、当時の植民地政府に対し反乱を起こした。彼はマフディーを名乗ると同時に、「アッラーの使徒のカリフ」、つまりイスラームの救世主ムハンマドの後継者であるとも名乗っていた。マフディー軍は一八八五年にイギリス・エジプト連合軍を破って首都ハルツームを陥落させ、マフディー国家を建設した。このマフディー国家は、イギリス・エジプト連合軍によって一八九八年には壊滅させられることとなる。

当時、統治を担当するイギリス人行政官らにとって何よりも脅威となったのは、マフディー軍が示した「残忍さ」であった。以下の引用は、一八七七年、スーダン全土の総督であったイギリス人、チャールズ・ゴードン（Charles Gordon）の非業の死の模様を描いたものである。

彼（筆者補足：ゴードン）の遺体の首は切断され、マフディーの宿舎に運ばれた。首無しの遺体はそのまま放置され、通りすがりのマフディストの槍に何度も突き刺され、最後には井戸に放り込まれた。首の方は、木の枝にさらされ、通りがかりの者は呪いの言葉を吐き、石を投げつけた。[10]

一種のメシアニズム運動の形をとって展開したマフディー反乱は、植民地政府には、アフリカの「伝統的」で「宗教的」な考え方に立脚した革命と捉えられた。[11]

マフディーを奉ずる抵抗運動は、他の地域でも発生していたが、その多くは圧倒的な植民地政府の軍事力に敗れてきた。その中で最も成功を収めたのが、ハルツームを中心とした北部スーダンの抵抗運動であった。植民地行政コミュニティは、前述の引用に見られるようにマフディー軍の「残虐性」や、「性的な奔放」さなど、その「前近代性」を強調した。[12]マフディー軍の悪評が広まる中で、統治を妨害する「アフリカの宗教的指導者」のイメージは、イギリス人行政官の敵愾心と恐怖心とを煽るものとなっていったのである。

イギリス植民地政府は、北部のマフディー反乱で受けた痛手を引きずったまま、南部スーダンの統治に踏み切ることとなる。このとき、南部の統治を担当することになった行政官らが抱いていたのは、北部スーダンで植民地政府が直面した「マフディー」が南部にも存在し、再び統治を脅かすのではないかという懸念であった。[13]結果、統治の過程の中で、南部の多様な宗教的指導者や職能者、例えば雨乞いや占師、ウィッチ・ドクターなどは、「マフディー」の残像の中で理解されていくこととなる。

次では、南部スーダンとヌエルの人びとが居住する上ナイル地方の統治がどのように進められていったのかを見ていこう。

ヌエル社会の統治へ

植民地統治下の南部スーダンでは、一九三〇年から「南部政策」(the Southern Policy) と呼ばれる政策が施行されていた。この政策は、広義の「原住民自治」(native administration) 体制の一環をなすものである。[14] この政策によって、北部人・南部人はそれぞれ南部・北部スーダンの出入りを制限された。そして北部ではアラビア語、南部では英語が公用語として指定された。この政策は、のちに南北スーダンの対立の一つの土台を作り上げることとなった。[15]

当時、知事や監督官(のちのディストリクト・コミッショナー)はイギリス人が務め、彼らの下で働くマムール(mamur)、副マムール、警察にはエジプト人やスーダン人が割り当てられた。南部政策に先んじて行われていたのは、各地域において現地住民のあいだで力を持つ「在来の権威」を探す試みである。統治の基本的な方針とされたのは、まず税の支払いや司法的制度を現地住民や在来の権威的人物に強いることによって政府の権力を示し、統治者の命令がいきわたるような「土着のネットワーク」(native chain) を探し出すことであった。[16] それと並行して計画されていたのは、「在来の権威」にとって脅威となりうる者たちの排斥であった。

一八九八年、イギリス・エジプト連合軍の侵略によってマフディー国家が崩壊した頃、アングロ・エジプト軍を率いていたイギリス人の将校は、すでにヌエルの人びとのことを「戦士種族」(warrior race) であると警戒していた。[17] 一九〇〇年代初期の上ナイル地方では、植民地政府に対する抵抗運動が相次いでいた。植民地政府に対して抵抗運動を展開したのはヌエルが初めてではなかったものの、ヌエル社会における植民地行政は、ほぼ軍事的なアプローチによって行われていた。

当時、南部スーダンのみならずスーダン地域全域では、「権限委譲の原則」(devolutionary principle)、つまり徐々に行政主体を現地住民に段階的に移行する政策が進められた。上ナイル地方では、一九二一年以降、各地域で様式化された構造を有する「部族組織」(tribal organization) を作り上げることが正式なプロジェクトとして掲げられた。

写真９　ヌエルの人びとと植民地政府軍との出会い
出典：ダーラム大学スーダン文書館（SAD_484-016-043）

「部族組織」を作るための手早い方法は、すでに特定の地域集団内に存在しているリーダーと思しき者たちを、植民地行政側に吸収してしまうことだった。一九二〇年から二六年まで、上ナイルの各地域の担当となったディストリクト・コミッショナーや警察は、時折村落部を訪れては、自分たちが受け入れることができそうなヌエルのリーダーを探しだそうとしていた。[18]当初、植民地行政官らは北部で見つけた「王」（*mek*）やスルタン、シェイク（*sheikh:*「シャイフ」）などを南部でも見つけられることを期待していた。

しかしながら、南部スーダンには、王が存在する階層的な社会もあれば、特定の宗教的職能者を除いてリーダーを持たない平等主義的な社会もある。在来の社会構造のあまりの多様性に、スーダン全域で統一できるような「原住民行政」の構造を見いだすことは困難を極めた。植民地政府は、上ナイル州のシルックとスーダン西部のザンデ（Zande）においては、王を軸とするトップ・ダウン式の権威の体系を見いだすことができた。しかしその他の地域では、政府が期待していたようなリーダーを見つけることができなかった。

ヌエル社会には、特定の場面でのみ重要性を持つ「大地司祭」（*kuaar muon*）やウシの男（*wuut ɣɔɔk*）、「予言者」（*gok*）を

写真 10　1917 年の懲罰パトロールの様子
出典：ダーラム大学スーダン文書館（SAD.718-3-50）

写真 11　懲罰パトロールに伴う焼き討ちの様子
出典：ダーラム大学スーダン文書館（SAD_484-016-054）

除いては「首長」らしき者は存在しなかった。したがって、ヌエル社会には、植民地政府が一方的に雇用した「雇われ首長」を介した統治法が採用されていた。

当時、植民地政府は地域社会の「伝統」や「慣習」を重んじた行政を行うことを宣言していた。しかし、「雇われ首長」が採用された地域において、実際に政府と同盟を組んだ者は、必ずしも対象社会において「伝統的」な権力者ではなかったのである。[19]

以上に述べた通り、植民地行政は現地住民の「伝統」や「慣習」に沿って進められることとなったものの、その中身はあくまでも当時のイギリス植民地政府が掲げていた「正義」や「ヒューマニティ」の考え方に反しない範囲の話であった。[20]新しい統治の中で重視された「法」とは、植民地政府やイギリス人が「合理的」と判断するものに沿わなければならず、「部族組織」は、ヒエラルキーと指揮系統を持つよう（再）構築されなければならなかった。[21]

クジュール／予言者（太字）に対する政策や態度
ングデン・ボンに対して税の支払いを命ずる **ングデン・ボン**が応答しなかったため彼が住む村を攻撃（1902 年）
デン・ラカを訪問 **デン・ラカ**のカリスマ的存在には見えない奇妙な言動を報告（1907 年）
ヌエルとディンカの境界の設定にあたり，ストゥルべら行政官と**デン・ラカ**の息子，ロウ・ヌエルのリーダーらと会議を行う
クジュール／予言者に統治を任せる可能性について報告 **ングデン・ボン**の息子**グエク・ングデン**に接触
マシューズとともに**デン・ラカ**を訪問（1907 年） ヌエルとディンカの境界設定についての会議を行う。 境界を設定（1909 － 1910 年）"
ブオム・ディウに「首長」になるよう説得を試みる
軍事的パトロールの中で**グエク・ングデン**を殺害（1929 年）

表 2　ナイル地方に派遣されたイギリス人行政官と統治の特徴

行政官	職名	地域	期間	統治の特徴
A. ブレウィット	知事	上ナイル	1900 — 1902	ヌエル社会に対して最初の軍事作戦を行う 軍事パトロール政策を推奨する
G.E. マシューズ	知事	上ナイル	1902 — 1910	軍事を縮小 法によって統治された生活を重視する（のちにストゥルベによって引き継がれる） 法体系を整えるための徴税を行う
H. オサリヴァン	知事	上ナイル	1910 — 1911	ヌエルとディンカの間の境界線を設定（1909 年から 1910 年にかけて） 治安の維持と交易路を開くために現地住民に対し支配力を強化することを目指す 徴税のため軍事的なパトロールを提唱
F.W. ウッドワード	知事代理 知事	上ナイル	1911 — 1913 1913 — 1916	オサリバンの軍事的政策を継承 税の支払いに対する抵抗運動がラク・ヌエル，スィアン・ヌエル，ロウ・ヌエル，ガーワル・ヌエル，東ジカニィ・ヌエルの居住区で生じる
O.H. スティガンド	知事	上ナイル	1916 — 1919	軍事的な統治方法の有効性について懐疑的な見方 「原住民組織」確立の必要性を提唱　政府の権威を印象付けるために初期に軍事作戦を立てる必要を提唱（ストゥルベが知事の際に実行される）
H.O. ジャクソン	上級調査官	上ナイル他	1907 — 1931	
K.C.P. ストゥルベ	知事	上ナイル	1919 — 1926	「部族的組織」設立のために現地住民を代理として雇用（1921 年に正式な政策となる） 軍事作戦を好むワイルドの政策を採用しようとしたウィリスに対して警告
V.H. ファーガソン	ディストリクト・コミッショナー	バハル・エル・ガザル	1919 — 1927	現地の首長による統治を予定していたものの，実際の首長の影響力のなさに落胆し，「クジュール」に統治を任せることを提案 1927 年にヌエルによって殺害される。当初，殺害は「クジュール」によるものと報告された。
P. コリアット	ディストリクト・コミッショナー	アヨッド	1922 — 1931	ヌエル語を学び，現地住民と友好的な関係を築く
J. W. G. ワイルド	ディストリクト・コミッショナー	ボー	1926 — 1931	軍事的パトロールに基づき「部族」を創出することを提案（ウィリスに受け継がれる）
C.A. ウィリス	知事	上ナイル	1926 — 1931	「ヌエル・セトゥルメント」の提案・実施

Johnson 1994: 3-34 をもとに筆者作成

このアプローチは、統治に適した「慣習」を現地社会から括り出して再編し、それ以外の「不都合」な要素は排除するべきとする論理を正当化するものとなった。言い換えれば、正当な「慣習」の取捨選択は、西洋社会のモラルに沿って行われた。この背景の中、統治にとって都合が悪いと考えられた人物は、「排除されるべき者」としての性格を付与されていったのである。

懲罰パトロールと行政官

実際には、植民地統治下のヌエル社会の変化は、前述した行政上の理論によってではなく、最終的にヌエルが暮らす地域を担当した行政官によってもたらされた。[22] 広範囲にわたるヌエル社会の統治方法は、担当した行政官により異なっている。統治方法は、行政官の性格やアフリカの地域社会、宗教的指導者に対する個々人のイメージ、当時の治安などが色濃く反映されたものとなった。上ナイル地方のヌエル社会の統治方法は、軍事的アプローチと民政的アプローチに大別できる（表2参照）。

例えば、G・E・マシューズ（G. E. Matthews）、C・H・スティガンド（C. H. Stigand）、K・C・P・ストゥルベ（K. C. P. Struvé）は、比較的現地住民による行政を重視したのに対し、A・ブレウィット（A. Blewitt）、オサリヴァン（O' Sallivan）、F・W・ウッドワード（F. W. Woodward）、ウィリスは、強制的な徴税、労働力の搾取、税を払わない者たちに対する懲罰パトロール（写真10、11）に特徴づけられるような軍事的な統治方法を採用した。

一九〇〇年代初め、他の南部の地域と同じように、ヌエル社会周辺でも植民地政府に対する抵抗運動が各地で生じていた。[23] これらの抵抗運動の多くは、行政官たちからは「ウィッチ・ドクター」によって率いられていたと見なされていた。「ウィッチ・ドクター」らは、軽蔑的な意味を込めて行政官らに「クジュール」と呼ばれ、共同体を統治する首長や政府に対する反逆のリーダーかつ統御不能な破壊分子と認識された。

しかし、同時にこの際行政官らが直面したのは、政府に雇われた「首長」よりも、意外にも「クジュール」たちの方が人びとの間で力を持っているという事実であった。軍事的介入を行う行政官にとっては、「クジュール」は統治の邪魔者であったが、「慣習」に基づく統治を考えていた行政官にとっては、彼らこそが統治に利用できる「慣習」そのもののはずであった。

次では、弾圧・利用のいずれにしても統治の要となったクジュールに対し、行政官が具体的にどのような試行錯誤を繰り返していたのかを見てみよう。

第*3*節　植民地行政官の想定と現実

行政官とヌエルの「クジュール」

当時、ヌエルの村落社会には、行政官からすればさまざまな「クジュール」――首長とも、宗教的職能者とも、狂人ともつかない人物――が多く存在していた。ヌエルのゴック（*gok*）、のちに「予言者」と呼ばれる人びとは、行政官の前では奇妙な言動を繰り返していた。生前の予言者がよくそう表現されるように、現地住民は、「クジュール」たちをただの「狂人」であると行政官らに説明していた。

しかし、観察力のある幾人かの行政官は、何か困ったことが起ったとき、人々が決まって強力な「クジュール」のところを訪れ、相談事をしていることを発見した[24]。この点に気が付いた行政官らは、地域住民のあいだで強力な力を秘めていると考えられる「クジュール」たちを、なんとか統治に利用できないかと考えを巡らせるようになった。

例えば、西ヌエルの統治を担当したV・H・ファーガソン（V. H. Fergusson）は、就任当時、現地の「首長」による統治を目論んでいたが、「クジュール」の影響力の大きさを目の当たりにし、以下のような弱気な報告をしている。

残念なことに、首長の地位はクジュールによって奪われており、こんなときに、人びとが満足のいくような解決策を提示するクジュールの働きを止めることはできない。[25]

そこで、ファーガソンは西ヌエル地域の「クジュール」として知られていたブオム・ディウ（Buom Diu）を訪ねてイギリスによる統治について説明し、彼の協力を得ようと試みた。ブオムは、政府が当時自分たちの「敵」であったディンカに対して攻撃をしてくれると信じ、政府に従ったという。[26] 以降、ファーガソン大佐は他の「クジュール」にも積極的に接触を図るようになる。そしてその地域の「クジュールの男」（man of *kujur*）と目される者を見つけては、「首長」になってほしいと要求した。その結果、西ヌエル地域では、各地の「クジュール」と政府は共に地域コミュニティの秩序を維持しようと協力関係を築きあげた。ファーガソンは、「クジュール」に対する態度を転換することによって、統治の困難を乗り越えていったのである。

上ナイル上級調査官のH・O・ジャクソン（H.O. Jackson）[27] は、統治において「クジュール」、彼の言葉を借りれば「ウィッチ・ドクター」の役割について二つの可能性を提示した。示されたのは、統治のためにクジュールを利用することの有効性と、彼らが政府への抵抗を生み出すという二つの側面である。

［…］重要なのはウィッチ・ドクターだ。迷信に対するヌエルたちの信仰は、神やある人物への本当の尊敬などでは全くなく、行政における中心的な困難として横たわっているものだ。同時に、その人物（筆者注：ウィッチ・ドクター）は、人びとの迷信的な無知さに働きかける方法を知る、口先だけで無節操な魔術師である。［…（ヌエルは）］困難に直面したり、妻の不妊が明らかになったり、狩りの遠征で成功を望んだり、自分が怠惰すぎたり弱すぎたりしたとき、自身の救われない力で何か満足感を得たいと思ったとき、たびたびウィッチ・ドクターのところへ行く。名ばかりの首長は、ウィッチ・ドクターに比べてほとんど、あるいは完全に影響力を持っていない。[28]

この状況を鑑みたジャクソンは、しぶしぶ次のような統治の可能性を提案した。

クジュール（ウィッチ・ドクター）はロウ（筆者補足：ヌエル）のあいだでのみ力を持つ者であり、政府はやむを得ないがこの人間たちを雇い、なんとか政府の観点を引き継がせた方がよいだろう［…］クジュールに立ち向かうことのできないマヌケを（首長として）任命するよりも。[29]

このように、行政官たちの思惑は、「クジュール」の利用と弾圧のあいだで揺れていた。前述の通り、一九〇〇年以降の上ナイルの統治において、はじめの一〇年は軍事的アプローチが中心であった。それに対し、一九一〇年以降は「クジュール」に対して懐柔策が取られる傾向にあった。この方針の転向の背景には、「部族組織」を設立するため、植民地政府と現地住民の双方に受け入れられるような「首長」を早急に見つけなければならないという焦りがあったのかもしれない。

この軍事政策から懐柔策へという傾向を覆したのが、行政官ウィリスであった。前任者ストゥルベが「クジュール」が「首長」となり代わりうる可能性を秘めたものとして捉えていたのに対し、ウィリスは「マフディー」の残像の中で「クジュール」を捉え、彼らを除去する方向へとその態度を移行していった。まずは、ウィリスが掲げた具体的な政策から紹介しよう。

ウィリスの統治の方針

表2からわかるように、マシューズによる統治期を除く一九〇〇年～一九一六年までの上ナイルの知事は、現地住民に対して軍事的なアプローチを採用していた。だが、その後は、現地住民による行政を確立するために軍事的作戦には慎重な態度が取られた。基本的にはウィリスもこの「原住民行政」の確立に力を注いでいたものの、その

ための方法、特に「クジュール」に対する方針は、他の行政官のものとは異なっていた。

一九一九年から上ナイル地方の統治を担当した行政官のストゥルベは、「クジュール」を含む現地社会に存在する「在来の指導者」を任命して、彼らの活動を統制してゆくプロセスを政策に組み込んだ。しかし、後任のウィリスは、自らが「不適切」であると見なした「慣習」を取り除いていくという態度で統治に臨んだ。その結果、「クジュール」を積極的に排斥してゆく政策を提案することとなる。ではなぜウィリスは、主流の統治方法から外れてまで、軍事的アプローチにもとづく「クジュール」排斥を推進していったのだろうか。その理由の一つとして考えられるのが、ウィリスが当時置かれていた立場である。

ウィリスは、ハルツームで一九二四年に生じた謀反（通称「一九二四年革命」）[30]を予測することができなかったために責任を問われ、中央政府を追われることとなった。その「左遷」先となったのが、当時最も開発の遅れた地域と言われていた上ナイル地方であった。

知事になると、ウィリスはさまざまな政策や軍事行動を中央政府に打診した。まず彼は、ストゥルベ統治期に提案されていたプロジェクト――首長の決定権を強化するために慣習法によって事件を裁かせることと、「部族的組織」設立のために「首長の警察」（chief's police）の骨格となる「土着の首長」の組織化――のペースを速めることを申請した。さらに、政府のプロジェクトの範囲の拡大や道路の建設、公衆衛生、行政事務官の能力の向上など、予算や行政上の規則を必要とする事案に積極的に取り組もうとした[31]。しかし、このうちの多くの提案書は、資金がかかりすぎることや、その地域の地方行政を犠牲にしようとしているなどの理由から拒否されてしまった。歴史家のジョンソンは、プロジェクトに対するウィリスの積極性を、左遷の汚名払拭と業績稼ぎのためであるとも指摘している[32]。

ヌエルによる反乱が差し迫っている、という一方的な見解をウィリスがハルツームに報告したのは、まさに彼が提出した提案書が拒否されたすぐ後であった。ウィリスは反乱に対応するためとして、多大な費用と、提案書に記述したプロジェクト内容をすぐさま履行しなければならないことを訴えた。その後彼は、統治に使えそうな人物やプロジェクトを次々に取り入れてゆくこととなる。

ヌエル・セトゥルメント

一九二七年から二八年にかけて、植民地政府は道路建設のためにロウ・ヌエルの地元住民を動員することを計画していた。政府は、地元住民の組織化に「クジュール」が協力してくれることを期待していた。この期待を裏切ることとなったのが、ロウ・ヌエルの「クジュール」、グエク・ングンデンであった。グエク・ングンデンは、もっとも著名なヌエルの予言者、ングンデンの息子である[33]。

一九二九年の終わりに、政府は大規模な強制的定住化のための軍事的パトロールを終えた。そしてヌエルとディンカの居住区のあいだに誰も住んでいない土地をつくり出すことを決定した。これが、「ヌエル・セトゥルメント」(1929-1930) として知られるプロジェクトである。当時の行政理論は、行政的な境界区分の問題に沿って正当化されるものであった。バハル・エル・ガザル (Bahr el-Ghazal) 地方から上ナイル地方にかけての広範囲に居住していたディンカやヌエルの人びとは、それぞれ一つの「部族」として一つの行政区域のもとに置かれようとしていた。行政上の境界区分の設定は、同時に「部族」の設定でもあり、その端緒となったのが「部族組織」の開拓であった。「部族組織」の開拓によって行政が期待していたのは、「部族」がそれぞれの「慣習」に基づき行政を行いつつ、一つの「国家」としてもまとまることができるシステムの創出であった。ヌエル・セトゥルメントの中心となったのは、「部族的規律」の確立と部族境界の設定に加え、「クジュール」の排除、および「首長」の権威の確立であった。

ウィリスは提案書の中で、ヌエルの統治政策の目的を次の通り掲げた。

写真 12（上） ウィリス夫妻
出典：ダーラム大学スーダン文書館（SAD. 210-13-32）
写真 13（下） 植民地政府の軍隊とヌエルの捕虜
出典：ダーラム大学スーダン文書館（SAD_484-016-042）

部族民（tribesmen）を政府の下に連れ出し、彼らの部族組織を見つけ出し、その「無法さ」[34]を把握しつつ強化すること。権威への抵抗についてはそれが深刻な状況になる前に、最初にその傾向が現れたときに処理しておくこと。[35]

つまり、ウィリスは、権威の確立・創造と除去とを同時に達成しようとしたのである。

この頃、多くの「クジュール」に関する情報がウィリスのもとに寄せられていた。ウィリスは、ボーのディストリクト・コミッショナーであったワイルドの軍事的アプローチを気に入り、その一部を「ヌエル・セトゥルメント」に組み込んだ。ジョンソンの解釈によれば、ワイルドが推進していた部族境界の設定と「部族の発明」は、左遷によって失われていた信用を取り戻すには良い機会であるとウィリスは判断したと考えられるという。[36]ウィリスは、ワイルドが報告したロウ・ヌエルの「ウィッチ・ドクター」、すなわち「クジュール」の陰謀に関する情報を[37]受け入れ、さらなる軍事力の強化をハルツームの政府に要請した。

一方、前任者のストゥルベは、ウィリスへの引き継ぎのために作成した書簡の中で、ワイルドの極端な見解に対しては次のように苦言を呈していた。

時々、彼（筆者補足：ワイルド）は彼が経験したようなチーフのありかたにやや縛られていて、いらいらしているみたいだ。そしてそれは無駄なことだよ。[38]

このストゥルベの助言にもかかわらず、結局ウィリスが採用したのは、ワイルドが提案した「部族を発明する」方法であった。ワイルドは、「部族の構造」を作り上げ、現地の新しい「首長」や「役人」たちを創り出した。ウィリスがこの方法を取り入れたのは、彼の担当区域に首長的な権威を持つ人物がいないことに加え政府のプロジェクトに協力し、また命令を出す者の存在を必要としていたからでもあった。[39]以降、ウィリスの統治下では、

「首長」を中心とした「部族的規律」(tribal discipline) の確立が理想的な統治のありようとして掲げられるようになった。

一九二七年のウィリスの提案書

「ヌエル・セトゥルメント」の先駆けとなったのが、ウィリスが一九二七年に提出した提案書である。[40] 一九二七年八月六日に提出されたこの書簡の中で、ウィリスはまず、軍事的パトロールの必要性を訴えた。この理由として彼は次の二点を挙げる。第一に、すべてのクジュールの影響力を破壊することは、首長の権威を高め、ヌエルのあいだで最も優れた「部族的規律」を確立するのを可能にすること、第二に、これによって人びとが首長たちの命令に従うようにだけでなく、首長が自分たちの地位にプライドを持つようになることである。

ウィリスが就任した頃、ロウ・ヌエルの人びとは、政府が命ずる強制労働に対してあまり熱心に取り組む態度を見せなかった。だからといって、ヌエルの「雇われ首長」たちは政府に歯向かうようなこともしなかった。そんな折、ウィリスはワイルドからの手紙で、当時クジュールと見なされていたングンデンの息子グエクが道路工事に反対であることについて、武力的な手段で政府に訴えようとしているという情報を得た。ロウ・ヌエルの人びとのやる気の無さ、非協力的な「首長」に直面していたウィリスにとって、ワイルドからの情報は、「政府に対して反動的なグエク」という理解の枠組みを強化するものとして働いたのだった。

さらにウィリスは、一九〇二年にクジュールとして討伐されたングンデンの塚の破壊を提案した。[41] 当時、この塚は、植民地行政には「デン・クー(*dɛng kur*:ングンデンのウシの名であり、この場合は「ングンデン」の意)のピラミッド」と呼ばれていた。ヌエルの人びとはこの塚をビエ(*biɛ*)と呼ぶ。エヴァンズ゠プリチャードは、彼が調査を行った当時の「ピラミッド」の様子を次の通り描写する。

このピラミッドは、高さが五〇フィートから六〇フィートほどあって、底辺の周囲と頂上には巨大な象牙が差し込まれていた。［…］建造用に用いられた材料は、灰、泥、家畜キャンプ地で掘り起こされた岩屑である。ロウ地方や東ジカニィ地方の各地から人々が供犠のための雄牛をつれて、建造を手伝うためにやってきた。ヌアー族（筆者補足：ヌエル）によれば、このピラミッドは天空の神デンにちなんで、またその予言者であるングンデンを称えて建造されたものだという。[42]

ウィリスは「ピラミッド」を、その地にクジュールの影響力があることを証明するモニュメントと見なした。彼は報告書の中で、グエク・ングンデンが反政府的な態度を取っており、現在は政府の道路工事のプロジェクトに対するプロパガンダを作っているなどの噂について触れた。そして最終的には、グエク・ングンデンの除去とデン・クーの「ピラミッド」の破壊、政治的な動きの気運のあるところに軍隊を派遣する許可を政府に要請した。[43]

前任者であるストゥルベの引き継ぎの文書には、「ピラミッド」の破壊が「クジュール」の失墜につながるという見解は示されていなかった。[44] しかし、あくまでもウィリスは、「クジュール」たちの陰謀説を主張したのだった。不思議なことに「クジュール」に関するウィリスの報告は、たとえどんなに疑わしいものであったとしても、ハルツームの政府には真剣に受け止められたという。[45]

その結果、一九二九年の植民地政府による爆撃の中でグエク・ングンデンは殺害され、ングンデンの塚は破壊された。グエクを殺害した際、ングンデンの遺物であるとされる太鼓（*bul*）、パイプ（*tony*）、聖なる杖（*dang*）などが奪われた。一九三〇年には、アヨッド地方の予言者ドゥアル・ディウも逮捕されている。[46]

最終的に、「ヌエル・セトゥルメント」は、ロウ・ヌエルとガーワル・ヌエルの「クジュール」の死、ないしは追放をもって終了したものとされた。そして「クジュール」の死と追放は、のちの「原住民行政」において、ヌエルの役人が「宗教的な存在」を奉ずることから離れて「世俗化」してゆく先駆けとなったのだった。[47] 幾人かの行政官は、ウィリスが行っていた「クジュール」や現地住民の抑圧は、かえって住民のあいだに不満を引き起こし、抵抗運動を生み出す可能性を懸念していた。

例えば、ある行政官は、ウィリスに彼らの「未開心性」を受け入れるようにたしなめた。その後、彼はウィリスについて次のような報告をしている。

> 彼（筆者補足：ウィリス）は部族的思考を支配しそれに影響力を与える軍隊を使用したがっているにちがいない。もし彼が、自分のことをクジュールを打つ槌（hammer）であると宣言するのならば、深刻な問題を引き起こすことになるだろう。［…］わたしはクジュールの敵対心に対処する準備は完全にできている。同様に、わたしは彼が、自分に肩書きを与える（手段である）原住民行政の中に居場所を見つけることができるかどうか心配してもいる。[48]

ウィリスはその偏った見方について数々の批判を受けていたが、[49]それでも彼が「クジュールを打つ槌」であり続け、また政府が彼の提案を認めざるを得なかったのは、やはり北部のマフディーの経験を髣髴とさせる「クジュール」の脅威であった。

第4節　亡霊との対峙

ウィリスの戦略

他の行政官から忠告があったにもかかわらず、なぜウィリスは「クジュール」の排除にこだわったのだろうか。あるいは、ウィリスが実際に対峙していたのは、本当に彼や植民地政府が思い描いていた通りの「クジュール」であったのだろうか。もしそうでないのなら、業績稼ぎとも疑われたウィリスの報告が植民地行政に信用を与えたものは一体何だったのだろうか。

ウィリスの報告から見えてくるのは、ハルツームにある政府を納得させるために強調した次の二つの事項であった。まず、①「クジュール」の外来性、そして②「クジュール」の「マフディー」的性格である。ウィリスはこの二点を、ヌエルの「クジュール」のみならず、他のスーダン地域で生じていた事例と比較することで、当時の植民地行政コミュニティで共有されていた想像力に訴えることに成功した。以下、そのプロセスを詳しく見ていきたい。

①「クジュール」の外来性の強調

すでに述べた通り、一九二〇年から三〇年代にかけて、少なくとも行政理論上は現地の「慣習」や「伝統」に沿いながら南スーダンの統治は進められていった。植民地行政が期待していた「部族的規律」を創出するにあたり、在来の「慣習」と見なされた事柄は、外的影響から保護されるべきものとして扱われた[50]。行政官らが吟味していたのは果たして「クジュール」という不可思議な存在が、現地住民のあいだで力を発揮しうる「在来の慣習」であるかどうかであった。「クジュール」がヌエルの「慣習」の内部か、外部かという観点は、「クジュール」を「部族的規律」に組み入れるかどうかを判断するための重要な要素であったのである。

ウィリスは、彼が一九二八年に出版した「デンのカルト」(The Cult of Deng) という論文の中で、ヌエルの「クジュール」はもともとヌエル社会の中にあった「伝統」や「慣習」などではなく、外来の「カルト」であることを強調した。同論文では、マフディーの時代に現れた「デンの男」(Deng man) によって、ヌエルランドでも「デンのカルト」が広まったことが指摘される[51]。この「デンの男」や精霊デンは、ヌエルやディンカに、人間を超自然的な力で治癒し、魔術で人間を殺す者の存在を伝えたのだという[52]。また論文では、「デンのカルト」の広まりによって、ヌエル社会における大地司祭 (*kuaar muon*) などの既存の権力が衰退したことが示唆される[53]。

またウィリスは、「クジュール」と見なされたグエク・ングンデンがヌエルの「部族的慣習」に反するような態度をとっていることを報告した。そしてこのような魔術師（magician）によって「部族的慣習」が覆されているのであれば、どうにか対処法を講じるべきであることを指摘した。[54] さらに、他地域ではマフディーのような「魔術を用いる者たち」によって政府に忠誠的な「首長」が殺害されたこと、魔術師（wizard）を取り除くことで、在来の「王」に対する現地住民の尊敬の念が増したことが観察されていると報告した。ウィリスは、デンの「カルト」という表現を繰り返すことで、「クジュール」に対する信仰は外来的なものであることを印象づけようとしたと考えられる。

ウィリスが示した予言者の外来性は、既存の慣習を脅かす「カルト」の鎮圧を正当化するものとなった。[55] 結局、ハルツームの政府は、事態の緊急性を主張するウィリスの要請を受け入れ、軍事遠征と関わる資金を拠出した。[56] ウィリスのプロジェクトが承認されることになったのも、「クジュール」の特徴として指摘されていた外来性が、ウィリスだけの想定ではなかったからであろう。[57] 上ナイルの統治を担当した経験を持つジャクソンも、南部「ウィッチ・ドクター」は北部スーダンの政府に対して反動的な「ファキ」[58] と同類であること、そしてこの信仰は北部のイスラーム神秘主義者が来た頃から現れたものであることを指摘していた。[59]

ほかにも、ウィリスの認識とプロジェクトを正当化する一助となったのは、この時期にスーダン各地で相次いでいたイギリス人行政官の殺害である。次に取り上げるように、ウィリスは植民地政府にとって痛ましいこのような事件を効果的に用いつつ、「クジュール」の性格を規定してゆく。

②「クジュール」の性格規定

一九二七年一二月に生じたバハル・エル・ガザル地方におけるファーガソン大佐[60] の殺害は、事件発生当初、西ヌエルの「クジュール」によってなされたものであると誤解されていた。[61] 行政官ワイルドは、この事件は現地住民に対し「ウィッチ・ドクターの威信を印象づけることになった事件」であると分析した。[62] 同様に、この事件は行政官にとっても衝撃的なものとなった。歴史学者ジョンソンは、この出来事がウィリスの「クジュール」に対する立場を確定させたと指摘している。[63]

一九二七年に提出されたウィリスの提案書では、ファーガソンの試みの失敗について次のように述べられている。[64]

［…］ファーガソンは何年もの間「平和的侵攻」を推進するプロジェクトに従った。しかし、一九二三年まで継続的にみられる「クジュール」（筆者補足：雨乞い、魔力の男 jujumen）らの政府に対する妨害的な態度につき、我々は、軍隊を投入せざるを得ない状況にある。［…］一九二三年の（クジュールに対する）パトロールは、実際には失敗したのであり、続く一九二四年のクジュールに対する同様のパトロールも失敗した。［…］一九二五年一二月、ついにクジュールは政府と（会合の場を持って）再び（統治に関する）結論を出すことを望み、（その際）できる限り多くの他のクジュールの支えを得て、政府軍を攻撃した。そして、（この攻撃は）すべてのクジュールを含む多大な犠牲者を出すこととなったのである。[65]

そしてウィリスは、「ヌエルの原住民行政の成功はクジュールの除去にかかって」おり、「クジュールたちが繰り返す（統治に対する）妨害的な態度は軍隊を率いて取り除かなければならない」と主張した。次いで、ウィリスは、クジュールの死は、首長の権威を強化することにつながり、すなわち「部族的規律」の確立を可能にすると述べ、次のように結論づけた。

クジュールは北部の障害物、ファキと並べて考えることができる［…］やつらの富と地位は、（筆者補足：現地の）人びとを無学のままにし、その超自然的な力によって（現地住民を）怯えさせることによって支えられている――必然的

> に、やつらは政府が提案するような進歩的な政策に反対し、反動的にならなければならない［…］クジュールを除去することによって、首長たちは権威を獲得し、顕示することができる。[66]

以上の通り、ウィリスは「クジュール」を除去することは、「原住民行政」を開始する良い機会であることを述べた。ウィリスが南部の「クジュール」、あるいは「ウィッチ・ドクター」を理解するために持ち出していたのは、常にマフディーや、マフディーに類する者として捉えられていた「ファキ」の例えであった。[67]

他にも、ウィリスは「アングロ・エジプト研究にかんする付帯的情報」（n.d.）という記事で、北部スーダンと南部スーダンで生じた植民地政府に対する抵抗運動の比較分析を行った。この報告の中で、彼はいかに軍事役人たちが、統治の際に「聖なる男」による運動の意味を測り知るのに失敗したかを指摘した。なかでもウィリスが問題視したのは、スーダン各地で発生していた「千年王国主義者」たちと、イギリス人行政官の殺害との関係であった。[68]

その一例として挙げられたのが、一八八〇年代後半に青ナイルで生じたアブデュル・ガデール・ムハンマド・イマム・ワド・ハブバ（Abdel Gader Mohammed Imam Wad Habuba）による反乱である。ウィリス自身はアブデュル・ガデールとの戦いには直接関わっていないが、記事の中では、その人物によるイギリス人行政官の殺害を印象的に報告した。当時アブデュル・ガデールは、「狂信的」（fanatic）なマフディストで、政府に対し反抗的な人物として植民地政府に見なされていた。ウィリスの報告は次の通りである。

> 知事は、即座に警察と第一三部隊を援軍として送り出した。しかし知事は、スコット・マンクリフ（Scott Mancrieff）と彼のマムールは、自分の三〇人の警察は（筆者補足：その場所は）安全であると信じている、と報告した。不運にも、アブデュル・ガデールのいる村にたどり着いた時、アブデュル・ガデールは（スコットらに）武装解除を要請し、ガードをつけずにやってこいと言った。マムールはそれに反対したにもかかわらず、スコットはその条件をのんだ。

［…］イギリス人調査官は言われた通り非武装でアブデュル・ガデールのいる家に向かった。すると彼らはすぐに（アブデュル・ガデールらに）囲まれ、切り付けられ、殺されてしまった。そして死体は外に投げ捨てておかれたのである。[69]

この描写は、本章の冒頭で取り上げた、マフディー軍に殺害されたゴードンの非業の死を想起させる。アブデュル・ガデールの事件から、ウィリスは彼を「マフディーの狂信的な信者」と位置づけ、マフディストの台頭の繰返しの中で、行政官の殺害という悲劇的な出来事が生じていることを指摘する。ウィリスにとって、このような抵抗運動の発生の原因は、頻繁な担当行政官の交代による行政の統御の甘さやスタッフの削減、そして「なんだかよく分からないが（現地住民に）信じられている」宗教にあった。[70]

この記事の中で、彼はスーダンで生じていた各運動を、「はじめに千年王国主義者の息の根をまず止めてしまわなければ拡大しうる運動」であると位置づけ、「この運動にかんして重要なのは、それ（筆者補足：運動）はスーダンにおけるあらゆる政治的な運動の継続的な状態の一例であり［…］政治的目的を前に掲げる宗教的指導者によって後押しされ」るものと主張した。[71]「デンのカルト」の論文からも分かるように、ウィリスが前提としていたのは、各地の抵抗運動は、マフディー反乱やその背後にあるマフディー信仰の伝播の帰結であるという仮説であった。

マフディーに対するウィリスの想定は、他にもさまざまな報告書に散見される。彼はマフディーや「マホメット教信者」（Mohammedans）[72]を、「無知」や「無学」の象徴であるかのように頻繁に表現していた。[73]

第5節　ヌエルの人びとの解釈

「クジュール」に対する想定のずれ

ところで、ウィリスが想定していた反動的な「クジュール」像も、のちに取り上げるエヴァンズ＝プリチャードが持ち出したヘブライの預言者的なヌエルの予言者の像も、実際のヌエルの「ゴック」（「クウォスの詰まった皮袋」）あるいは「グワン・クウォス」（「クウォスに憑かれた人」）とは一致しないものであった。ここでは、行政官の想定の脇で、ヌエルの人びとがどのように「クジュール」を眺めていたのか、その隔たりとずれを取り上げたい。

序章で述べたように、ヌエル社会で、予言者ははじめから予言者的な存在として誕生するわけではない。予言者の力は世襲の場合もあるが、多くの場合、個人の「奇跡」を出現させる能力や素質によって周囲の人びとに承認される。その奇妙な言動や彼らの起こす奇跡が「クウォスの仕事」（*latdɛ kuɔth*）と見なされることで初めて、ある人物はクウォスに憑かれた「予言者」と見なされる。その後、その人物を「捕えた」（*käp*）クウォスの名称が「識者」である年配者らによって明らかにされる。ある人物が「予言者」かどうか判断するには、一〇〇年規模の期間が必要であるとヌエルの人びとは語る。この判断基準は、ロウ・ヌエルの「クジュール」と見なされたングンデンの息子であるグエクにも同様に適用された[74]。

ウィリスが一方的に「クジュール」と断定したグエクの死について、ヌエルの人びとは植民地行政官とはまた異なる解釈をしていた。ヌエルの人びとは、果たしてウィリスがそう信じたように、グエクの魔術的な力に率いられて抵抗運動に参加していたのだろうか。ウィリスの政策に影響を与えた行政官ワイルドは、グエク殺害時のヌエルの人びとの様子を次のように報告している。

［…］グエクは、巨大なピラミッドの神秘的な重要性を復活させるために現地住民を集めていた。多くのヌエル人は政府の（筆者補足：道路工事の）命令にも従わずその場に残った。聞くところによると、ヌエルの目からすれば、かつてなされた予言がまさに成就しようとしているらしい。「ビメロル」（*bimerol*）と呼ばれる偉大な日が待ち受けているのだという。（その内容は）ある年、二人の有名なヌエル人が死ぬであろう、そしてングンデンの息子グエクがピラミッドの影で、「トルック」（*turuk*：「白人」の意）を攻撃し、ついには自身を破壊するだろう、彼の旗は彼の血でずぶぬれになるだろう、というものである。グエクは政府の命令をきちんと聞かされていたのだが、自分自身の計画を作り上げた。彼はグン、モル（ロウ・ヌエルの下位集団）とガーワルをピラミッドに呼び、予言を成就させるため人びとを戦いへと導こうとした。神聖な模様を持つ「ビメロル」のウシは、足を踏み鳴らし地面をじっと見つめ、ヌエルの兵士たちにどこで敵を攻撃するかを示し、驚異的な士気を鼓舞した。［…］突然われわれは「ビメロル」、つまりある斑点のついたウシがピラミッドの後ろから現れ、われわれの方向を向いていたのを見た。その予兆は的確で、すぐにヌエルの一軍が分かれ、それまでダンスをしていたやつらは攻撃へと転じた。［…］突然、（行政官）コリアットが叫び声をあげ、それに続いてわれわれは駆け足になった。彼（コリアット）はただ、「すばらしい神だ、グエク！」と言っただけであった。グエクは大悪党であり、勇敢な死を遂げ、「トルック」を負かし予言を成就させようと信者たちを誤った方向へと導いた。彼の死は、彼の信者二〇〇人の死よりもはるかに重要なものである。［…］グエクは彼の信者らの目の前で死んだ。彼の左手にはまだ彼の魔法のパイプ——大きな真鍮製のもので、根元から先までじゃらじゃらした鎖が巻かれている——が握られていた：これは彼らの最も重要な技巧のシンボルで、家宝に違いなかった。彼の右手には、薄いスチールの漁槍が握られていた——これもまた伝統的に神秘的な力を秘めたものである。これで、「ビメロル」あるいはピラミッドでの戦いは終了した。［…］ヌエルの人びとは、「トルック」のライフル銃がまだ火を噴き、グエクが彼の敵のために流した血が、（自分たちの）旗をぬらしうるのだということを学んだ。その予言は成就しなかったのだ。[75]

もちろんこの報告は、行政官の視点から描かれたものであるため、憶測と脚色が含まれているだろう。しかし、この記述からは、ヌエルの人びとの抵抗を「グエクが扇動している」ものと見なしているのは、明らかに行政官の方であることが分かる。

ワイルドの報告は、攻撃がグエク自身の力によってなされたというよりも、グエクに付随するクウォスによる力――かつての予言、「ビメロル」のウシ、ングンデンが所有していた神聖な道具――が人びとの攻撃を動機づけていたことを示唆している（傍線部）。

グエクとグエクの信者らの攻撃が失敗した後、植民地政府からの攻撃の際にグエクから「クウォス（神・霊）が去ってしまった」ことの関係が、周囲の人びとによって吟味されることになる。ジョンソンは、この戦いには立ち会わなかったングンデンの孫によるグエクの死の解釈を報告している。

グエクはトルック（白人）と戦うつもりはなかったんだ。戦いを仕掛けてきたのはトルックの方だった。彼らはグエクにその場所を明け渡すように言ったが、彼は拒んだ。すると翌日、グエクをとらえていたクウォスは彼から去って行った。トルックが来ると、グエクはウシを連れて彼らの方に向かっていく。トルックは、グエクは交渉しようとしているんじゃないかと言ったが、兵士たちは、それは違うと指摘した。グエクはウシを供犠しようとしたが、ウシはぐるりと回って行ってしまい、それを何度も繰り返していた。そうしてグエクが嘆いているうちにトルックは銃弾を放ち、グエクはウシとともに倒れてしまった。グエクが殺されて、わたしたちは逃げた。そうしてトルックは三〇人ものングンデンの家族を殺し、すべてのウシを奪っていった。[76]

興味深いのは、行政官コリアットが「すばらしい神だ！」と叫び、グエクが有しているであろうクウォスの力を讃えたのに対し、ヌエルの人びとはグエクの供犠を単なる失敗と捉えている点である。ングンデンの孫の語りで強調されているのは、ウシの供犠の失敗が示唆する「クウォスの不在」である。

彼らの認識からもわかるように、実際の「グエクの力」は、行政官の想像力とはずれたところで、ヌエルの人びとに議論されていた。ヌエルの人びとがグエクの振る舞いの「予言者らしさ」を吟味するために参照していたのは、クウォスとグエクとの関係であった。「クウォスが去った」という解釈は、少なくとも「トルック」との戦いの時点において、グエクは「予言者」として完全に受け入れられていたわけではなかったことを示唆している。「クジュール」や「マフディー」という行政官の想像力が行政側のコミュニティで容易に共有され、強く現実に働きかける力を持っていたのに対し、ヌエルの人びとがグエクの力を捉えるために参照した基準は、長い時間をかけて吟味されるクウォスの有無であった。実際の「実力」にもかかわらずグエクが弾圧されるに至ったのは、ウィリスと植民地政府が共有していたであろう「アフリカの宗教的指導者」についての想像力の範型が、強く「ヌエルの予言者」あるいは「クジュール」に働きかけていた背景があったからだった。

想像力の共有

これまで取り上げてきた報告からは、ウィリスが「マフディー」と慣習に基づいた「正当な権力」の対立関係をモデル化しようとしていたことが見いだせる。ウィリスが直面していたヌエルの「クジュール」の問題は、一地域の問題ではなく、その他の地域で生じていた運動の一例であると解釈された。もちろん、この見解は彼だけのものではなく、当時の植民地政府によって共有されうるものであった。[77]

ハルツームの中央政府は、当初ウィリスの出世へのこだわりや「左遷」からの名誉回復、そのための虚偽の報告の可能性に対して敏感であった。しかし中央政府は、ウィリスにマフディーの脅威の再来の可能性を指摘されてからは、彼の主張するモデルをひとまず受け入れるようになった。もちろんこの点を裏付けるには、ハルツームの政府側の反応に関する資料についてもさらに検討する必要があるが、少なくともウィリスの文書からは、彼が植民地政府に共有される想像力に訴えかけるために行った工夫を見いだすことができる。

ウィリスが「クジュール」の除去にこだわった背景には、「原住民統治」を確立するという当時のスーダン行政が抱えていた問題もあった。彼は、「クジュール」の外来性と反体制的性格を論ずることで、統治に関してうまくいかないことのすべてを「クジュール」に起因するものとして「もっともらしく」説明した。つまり彼は、当時植民地政府に共有されていた「アフリカの宗教的指導者」に対する想像力に働きかけ、新たな現実を生み出すことに成功したのだった。

ウィリスの試みは、「クジュール」を使って、ヌエル社会の構造を統治に適した形に早急に「翻訳」し、実際の統治に反映させることへとつながった。繰り返される植民地政府への抵抗運動、現地住民の政府のプロジェクトに対する非協力的な態度、相次ぐ英国人行政官やマムールの殺害は、ヌエルの「クジュール」は「正当な権威」である首長の力を脅かす存在であることを示唆した。「クジュール」を除去することは、「部族的規律」のためのヒエラルキー創出につながるという単純化されたモデルの中で理解された。つまり、「クジュール」の除去は、植民地行政が直面した様々な問題を統治の成功へと導く物語に欠かせない出来事として、想定されたのである。そして実際に、この想定は懲罰パトロールの正当化という現実を生み出したのだった。ウィリスや他の行政官らが対峙していたのは、もちろんヌエルの「ウィッチ・ドクター」、「クジュール」であった。しかし、その背後に想定されていたのは、北部で行政官らが出会った「マフディー」や「マフディーに類する者」と、彼らに殺害された同僚たちの亡霊であったのかもしれない。[78]

一方、ウィリスが上ナイル地方に滞在しているあいだ、彼の想像力を批判し、また別の想像力に基づきヌエルの予言者を解釈しているイギリス人がいた。それが、常にウィリスを「四文字からなる英単語」で罵っていたという社会人類学者、エヴァンズ＝プリチャードである。[79] エヴァンズ＝プリチャードは、ウィリスの「デンのカルト」論文における「クジュール」についての見解を激しく批判した。[80] エヴァンズ＝プリチャードは、のちに著書『ヌエルの宗教』（邦訳『ヌアー族の宗教』）において、ヌエルの「ゴック」をヘブライの預言者に例えて、「予言者」

(prophet)と訳した。

このような人類学者の翻訳は、当然のことながらウィリスをはじめとする行政官には受け入れられなかった。プロジェクトの成功を標榜とする行政官にとって、翻訳に慎重であろうとする人類学者の態度は時間の無駄であるばかりでなく、理想の統治、つまり「部族的規律」に基づくコミュニティ建設にとって不都合なものですらあったからである。[81] 行政官の報告の中では、エヴァンズ＝プリチャードの提唱したキリスト教的な預言者観は、むしろアフリカ・イスラーム諸社会の信仰を揶揄するために用いられた。[82]

分析者の一方的な想定にもとづいて、ある人物を「ウィッチ・ドクター」や「クジュール」などと呼ぶことについて批判的な立場をとるエヴァンズ＝プリチャードの見方は、一部の行政官らに自らの持つバイアスについて再考を促したかもしれない。[83] しかし、当時の行政官らが求めていたのは、あくまでも統治に利用できる、実践的な「慣習」や「伝統」に関する知識であった。ヘブライの預言者という例えによって喚起される想像力は、植民地統治と新しいコミュニティの建設を支えるものではなかったのである。ウィリスが多用した「クジュール」という表現とイメージは、マフディーという植民地行政にとってのある種の「トラウマ」を繰り返し現出させ、うまく進まない統治という植民地行政が直面した現実を補完するものとして働いたのだった。

第6節　想像力の範型

ここで、バイデルマンの想像力の観点からウィリスの試みについて考えてみたい。

ウィリスの書簡から明らかになったのは、ウィリスが当時の植民地行政コミュニティのあいだで共有されていた「マフディー」という語によって喚起される想像力を「効果的」に用いることで、「クジュール」を討伐するプロジェクトを推進してゆくことを可能にしたという点である。このときウィリスが理想とした統治方法は、「ヌエル」

や「ディンカ」という「部族」を発明し、それぞれを定住化させて統治に適した「部族的規律」に基づく新しいコミュニティを創出することであった。そのために、彼は「反動的な宗教的指導者」や「外来のカルト」としての「クジュール」を除去することで首長の権威を回復し、新しいコミュニティ建設を支えることになるモデルを打ち出すことに苦心する。そしてこのモデルを支えることになったのが、イギリス植民地政府に共有される、さきのマフディー反乱と、マフディストらに殺害された英国人行政官の経験であった。

対象社会に携わる人びとに双方向的に働きかける「想像力」という概念は、アフリカ社会の世界観のみを明らかにしてくれるものではない。バイデルマンの言う想像力が、「その人の世界の文化的社会的特異性を反映」し「現実に働きかけ、秩序を揺るがすもの」[84]であるのなら、植民者の想像力もまた、当該社会の「伝統」や「慣習」に働きかけるものであったと考えることができる。植民者たちの想像力は、単なる行政官の思い込みに由来するのではなく、当時の植民者コミュニティにおいて共有される典型的な想像力の範型でもあった。ウィリスの想像力はまさに、植民地行政の文化的社会的特異性を反映し、当時のヌエル社会における「予言者」の地位に働きかけるものであった。

一方、グエクの死をめぐるヌエルの人びとの解釈はまた異なるものであった。ヌエルの人びとは「クジュール」の周辺で生ずるさまざまなクウォスの現れに注目していた。このクウォスの現れは、グエクが攻撃を受ける以前からヌエルの人びとのあいだで囁かれ、グエクの死――行政官によれば「予言の成就の失敗」――の後も、グエクの言動とともにコミュニティの中で検討され続けている。ウィリス、あるいは植民地行政が「マフディー」のイメージを介してグエクの力を想像していたのに対し、ヌエルの人びとは、グエクに関与するクウォスの有無を想像していた。植民地行政官とヌエルの人びとが有していた二つの想像力のずれは、それぞれが予め共有していたある典型的な人物、つまり「統治を妨げるアフリカの宗教的指導者」と「クウォスの有無によって決まる本物の予言者」に対する想像力のずれから来るものである。

そしてより重要だと考えられるのは、これらの想像力は、ウィリスやグエクを解釈したヌエルの人びとにのみ共有されていたものではなかった点である。ウィリスが繰り返した「マフディー」、「ファキ」の例えと、彼らによってもたらされた災難としてスーダン地域の統治上の問題をまとめ上げる作業は、ウィリスが属する植民地行政という一つの「ローカル」なコミュニティに強く働きかけるためのものであった。この点から、想像力とは完全に自由で個人的なものなどではなく、むしろあるコミュニティで規定される範型に沿って動かされ、拘束的で社会的な側面も有していることが指摘できる。最終的に予言者討伐のプロジェクトを正当化したのは、千年王国的な運動を引き起こす「クジュール」という、当時の植民地行政の状況の中で共有されていた想像力の範型であった。エヴァンズ＝プリチャードの用いたヘブライの預言者のアナロジーが受け入れられなかったのも、それが当時植民地行政のコミュニティで共有されていた統治のための想像力の範型に合わないものだったからであろう。この想像力の範型は、ある特定の現実の切り取り方をステレオタイプ化し、想像力が単なる個々人の想像力に留まらないことを保証するものとして働いた。ウィリスの「クジュール」との出会いは、個人と個人との出会いというよりも、個々人を超えてその背後にあるようなコミュニティを連想させる「社会的個人」[85]との出会いであった。

　歴史学者ジョンソンは、ウィリスと植民地行政、そして予言者の関係について次の見解を示している。①まず、ウィリスの地方行政へのアプローチ方法は、政府が彼に与えた処遇への怒りと自分の汚名を晴らしたいという欲求に動機づけられていたこと[86]、②ヌエルの予言者と政府のあいだの構造的な敵対関係は、スーダン政府そのものの構造——政府が指名した「首長」と「クジュール」——の中で生み出されたこと[87]、そして③予言者に対する行政官の敵愾心は、単なるアフリカの宗教的人物に対するステレオタイプに由来するだけでなく、予言的・終末的な攻治的反乱を生み出す狂信的な宗教一般に対する敵愾心を含んでいたこと[88]、である。

　これらに加えて、本章で取り上げた資料から指摘できるのは、ウィリスと植民地行政に共有されてきた「クジュール」をめぐる想像力が果たした役割である。この想像力は、植民地期という一定の期間でのみ共有されるのではなく、その後も「予言者」と関わる者たちに受け継がれてゆく。植民者／被植民者という二項対立的図式が喚起させる二つのモラル・コミュニティは、必ずしも背反的なものとして存在しているわけではない。本書の後半で論じられるように、植民地期に衝突した二つの想像力の範型は、その後ヌエル社会の変化と「近代化」の流れの中で再び姿を現し、のちにヌエルの「予言者」のもっともらしさを形作る要素となる。

小括

一九八〇年代までの東アフリカ予言者研究で主流となっていた還元論的アプローチでは、閉鎖的な村落共同体を想定する一元的モラル・コミュニティ（モデル1）が分析の軸となってきた。これは、宗教的職能者の率いる抵抗運動などをアフリカ社会独自の世界観の表れとして捉える立場であった。

一元的モラル・コミュニティのモデルは、あくまでも当該社会の構造ないし世界観を構成し、同時にその世界観によって構成されるものとしてモラル・コミュニティの範疇を想定し、社会変動が特定の世界観に収斂してゆくさまを捉えようとした。このアプローチは、社会変動に直面しても強固に維持される対象社会の「世界観」のありかたを明らかにした。しかしその一方で、この観点は不変的な世界観を強調することで社会変化の中に置かれた対象社会を再び閉鎖し、一枚岩化してしまう可能性を有している。

一元的モラル・コミュニティ概念を用いる論者の著作では、西洋社会との接触という歴史的文脈が考慮されつつも、文化接触によってもたらされる変化が、常に対象社会の神話的世界観に吸収されて対象社会の人に理解されるものとして描かれてきた。[89] その後の研究史においては、宗教的指導者を奉ずる運動が出現した歴史的文脈が分析において重視されるようになった。なかでも、予言者が社会の外部との関係で力を持つようになった経緯に着目した研究が多い。[90] しかし、このような歴史的文脈化の試みは、予言者が台頭した状況についての検討は重ねられているものの、予言者自身の力を構成する要素についての分析が十分になされているとは言えなかった。

これに対し本章では、スーダン地域の植民地状況において、「クジュール」と呼ばれたヌエルの予言者の性格が、植民地政府で共有された想像力によっていかに付与されてきたのかを示した。「クジュール」、「マフディー」、「ウィッチ・ドクター」、（キリスト教の）「預言者」という翻訳は、いずれもヌエルの予言者、ゴックにとって正しい翻訳であったとは言えない。しかしながら、その後の政府の権力の増大、キリスト教の普及という社会変化の中で、これらの翻訳語は新しいヌエルの「ゴック」の性格を付与し、形づくっていった可能性が指摘できる。この点を明らかにするには、更なる歴史資料の調査が必要となるだろう。しかし、少なくとも本章では、こうした「伝統的」・「宗教的」人物を理解するのに不可欠な、周囲の人間の想像力について示した。「予言者」／「クジュール」は、個人―社会の問題、植民者―被植民者という枠組みの内では理解できない、両者の相互関係の中で成立した存在である。

イギリス・エジプト共同統治は一九五六年まで続いたが、スーダン共和国独立の前年、内戦にまで発展することとなる武力衝突が生じた。この中で紛争の主体は多様化、複雑化してゆくこととなる。続く第2章では、第一次・第二次スーダン内戦から平和構築期にかけての予言者と予言の動きと複数のアクターの間で変貌した新しい予言者のありようを追う。

（上） ングンデンの予言の歌を歌い，熱心に語る年配者たち（アコボ）
（下） ングンデンの逸話を村落部出身の女性から教えてもらう都市部で生まれ育った若い女性たち（ジュバ）

第2章　内戦・平和構築と予言者

第1節　複数の想像力と予言者

前章では、植民地行政コミュニティで共有される想像力のもとで、行政官らが統治のために望ましい現実をどのように創り上げようとしたのかを検討した。分析の過程で見えてきたのは、「クジュール」（魔術師）と見なした予言者に対する植民地政府側の想定と、ヌエルの人びとが予言者に対して期待していた力のずれであった。本章では、その後スーダンが国家として独立し、内戦期へと突入する中で、予言者がどのように紛争主体と関わり、利用されていったのかを取り上げる。さまざまな紛争主体が関与するスーダン内戦期には、予言者は複数の想像力の狭間で、植民地期とはまた異なる性格や力を付与されてゆくこととなる。

植民地状況下では、戦争指導者としてのヌエルの予言者の役割と性格が行政官らによって見いだされていった。しかし、スーダン内戦以降の研究では、予言者たちは戦争指導者としてよりも、むしろ民族集団間の平和構築者として指摘されるようになる。[1] この役割については、ヌエルの村落共同体内の問題だけでなく、国家の独立前後に浮上する新しい紛争主体との関係で検討する必要がある。

一九五〇年代から六〇年代にかけて、アフリカ諸国は続々と独立を達成した。この中で登場したのは、植民地政府や間接統治から行政を引き継いだ地方行政府や、反政府運動を率いるゲリラといった新たなアクターたちである。この動きの中で、各地の霊媒師や予言者などの在来の宗教的職能者は、特に反政府運動において、アフリカのナショナリズムやエスニック・アイデンティティの現れの一つして捉えられるようになった。[2] この時期の抵抗運動を取り上げた研究では、運動やその指導者が西洋的な影響を受けつつ、アフリカ社会の既存の権力構造を取り込んでいった政治的状況が分析されるようになった。[3]

本章のねらい

紛争の中で浮沈する予言者の影響力を理解するためには、戦況と予言者の活動状況の相互関係を捉えるとともに、予言者に力を与えていた具体的な戦略や、その背景にある「信仰」を各アクターがどのようなものとして捉えられていたのかを明らかにする必要がある。本章では、まず国家規模の紛争とヌエル社会の関わりを取り上げ、続いてヌエルの予言者がさまざまな紛争主体——反政府軍の司令官、軍人、紛争に動員された市民——のあいだでどのように人びとの想像力の運動と関わっていたのかを描く。

第2節　第一次・第二次スーダン内戦とヌエル社会

スーダン共和国は一九五六年に独立国家として誕生した。しかし、その前年の一九五五年に、一部の南部スーダン出身者が反乱を起こし、第一次スーダン内戦が開始した。アフリカ最長とも言われる内戦期が幕を開け、ヌエルの人びとはさまざまな規模の武力衝突に巻き込まれるようになる。

内戦の開始までヌエルの人びとが日常的に経験してきた争いは、民族集団内・間のウシの収奪など、比較的特定の地域内・地域間で行われるものが中心であった。国家の誕生とともに人びとが巻き込まれるようになったのが、南北内戦を中心とする「政府の戦争」(*kor kume*) あるいは「教育を受けた者たちの戦い」(war of educated)[4] と現地の

表 3　第一次内戦の開始～第二次内戦終結までの略年表

	年表	南部スーダン，ヌエル社会で生じた出来事
1955	独立前夜，南部での反乱開始	
1956	スーダン共和国の独立	
1958	アッブード軍事政権の成立	政府は南部の村々を焼き払い始める 学生などの逮捕・拷問が増加 教育を受けた南部人が国外へと逃亡
1964	南部のキリスト教のミッショナリーが追放される	アニャニャ結成，南部のゲリラ運動増加
1969	ヌメイリー政権成立（～1985）	
1972	アジスアベバ合意（AAA）により，南部に自治（第一次内戦の終結）	アニャニャⅡの結成（1975 年） アニャニャⅡの一部の兵が油田地域に移動
1983	ヌメイリー政権による南部三権分割 ボーの 105 部隊の反乱 SPLM（スーダン人民解放運動）の活動開始	
1991	SPLA の内部分裂，「ボー大虐殺」	洪水，牛疫の発生，ロウ・ヌエル―ガーワル・ヌエル間の武力衝突
1993	ナーシル派が SPLA 連合（SPLA-United）へと改名 南部の独立を目指す南スーダン独立運動（SSIM）結成	マチャールが政府側に歩み寄る
1994	政府間開発機構（IGAD）の外務大臣が SPLA 両派の代表と会見 IGAD の仲介によりスーダン政府と SPLA 両派の代表の間の和平交渉が始まる	ロウ・ヌエル―東ジカニィ・ヌエル間の武力衝突 ディンカ―ヌエル間の対立に対して開催された草の根平和構築会議（ウンリット，1999 年）
2002	「マチャコス議定書」（「南北和平プロセス」の本格化）	
2005	「包括和平協定」（CPA）成立（第二次内戦の終結）	武装解除（2005，2006） ジョングレイ州を中心にレイディングが激化（2009～）
2010	総選挙（4 月）	ジョングレイ州を中心に反政府運動による武力衝突が激化（2010～）
2011	南部住民投票（Referendum）（1 月） 南スーダン共和国誕生（7 月）	

出典：Jok and Hutchinson 1999; Johnson 2003 を参照し筆者作成

人びとが表現する国家規模の紛争である。一九五〇年代以降にスーダン地域で生じた内戦・武力衝突の文脈では、国際機関をはじめとする外部アクターによって紛争解決・平和構築のための取り組みが行われてきた。第一次内戦以降、ヌエルの人びとが直面した外部アクターには、政府、反政府軍ほかさまざまなレベルの武装勢力、国際機関、キリスト教教会、NGO団体が含まれる。

一般に、スーダン内戦は、北部のムスリム（アラブ人）と南部のキリスト教徒・伝統宗教信仰者（アフリカ人）の対立として捉えられることが多い。しかし、栗本が指摘しているように、こうした二項対立的な紛争理解は内戦の政治経済的要因などを隠ぺいしてしまう危険性をはらんでいる。[5] 本章で見てゆくように、紛争主体は必ずしも一枚岩ではなく、ムスリム／キリスト教徒、アラブ人／アフリカ人という二項対立的なモデルで捉えきれるものでもない。しかし、その一方で民族・宗教・人種などの操作的な「シンボル」[6]も人びとの想像力に働きかけ、戦いの一局面を作り上げるのに貢献した側面がある。以下では、予言者が台頭する背景となったスーダン内戦に関する歴史的・政治的背景について、J・M・ジョック（J. M. Jok）とハッチンソン（1999）、ジョンソン（2003）、栗本（1996, 2005）の論考を参考に概説したい。[7]

第一次スーダン内戦

第一次スーダン内戦（1955-1972）は、北部出身者の支配に対する、南部出身者の不満に端を発する問題であった。一九五四年、スーダン独立に向けて行われた選挙の結果に対し、多くの南部出身者はひどく落胆した。南部スーダンの行政における主要な地位の大多数を、北部出身者が占めていたからである。北部出身の行政官、軍や警察の上官、公立学校における教師の急速な増加は、南部出身者の不安を煽ることになった。一部の南部出身者は、国家の独立とはイギリスによる植民地支配からの解放ではあったが、それは単に北部出身者による新たな「植民地支配」の開始にすぎないことに気が付いた。この選挙結果と、国家全域を「（北部）スーダン化」していこうというプロセスに対する不満は、南部全土に広がっていった。

一九五五年の夏、兵士らの不満は高まり、エクアトリア地方のトリット（Torit）で反乱が生じた。組織的な反乱ではなかったものの、その動きは他の南部の部隊にまで及び、上ナイル地方のマラカル（Malakal）にまで広がっていった。各地の反乱は、現在の南スーダンの首都ジュバが存在するエクアトリア地方に壊滅的な影響を及ぼすことになる。

その後、「スーダンアフリカ人ナショナル連合」（Sudan African National Union: SANU）という組織が結成された。SANUは、エクアトリア地方出身者によって構成され、南部の分離独立よりも、南部の自決権を要求することを目的とする組織である。そして、その軍事部門は、南部の諸武装勢力を統合した「アニャニャ」（Anyanya）と呼ばれる民族解放軍となった。一九六〇年代後半、南部のゲリラ運動は劇的に増加し、アニャニャの司令官らは、のちに南部スーダン解放運動（Southern Sudan Liberation Movement: SSLM）と呼ばれる組織を結成した。第一次内戦の犠牲者は五〇万人とも言われ、多くの南部人は難民として国外に渡った。この戦いの中で、南部のインフラは破壊され、さらに南北の経済格差は広まっていった。[8]

第一次スーダン内戦は、一九七二年、エチオピアの首都アジス・アベバにてアジス・アベバ合意（Addis Ababa Agreement）が政府とSSLMのあいだで締結されることによって終結した。この合意によって、南部スーダンは大幅な自治権を得ることとなり、各地には地方議会が設置されることになった。

一方で、国外に逃亡した南部出身者のあいだでは、南部が獲得したのは「国家としての独立」ではなく「自治権」であったことに対して不満が残っていた。SSLMにとっては、自治権を得ることがスーダンの連邦制を築くための一歩だったのである。しかしながら、この自治の下で期待されていたインフラの整備は進まず、北部と南部の経済格差は縮まらなかった。[9]

加えて、アジス・アベバ合意の締結後、ヌエルを含む多くの南部出身者は、南部の自治が「ディンカ人」の支配下にあることに不満を持っていた。第一次スーダン内戦終結の時点で、南部の勢力は一つにまとまっていたわけではなかった。これは後に、第二次スーダン内戦において南部勢力間で衝突が繰り返される要因の一つとなる。

政府軍に吸収されることを拒否したゲリラ兵や元アニャニャの軍人たちは、エチオピアのガンベラ（Gambella）を本拠地として、アニャニャII（Anyanya II）を結成した。アニャニャIIの構成員の多くはヌエル出身者であった。アニャニャIIは、南北スーダンの統合ではなく、南部の分離独立を目標として掲げ、上ナイル地方を中心に活動した。

第二次スーダン内戦の開始

第二次内戦の原因となったのは、ユニティ州のベンティウ（Bentiu）にある油田と、ジョングレイ運河の建設という開発プロジェクトであった。スーダン政府は、これらの開発プロジェクトによって経済を活性化することを目論んでいた。しかしこのプロジェクトは、南部出身者にとっては十分に納得のゆくものではなかった。特に、開発計画の対象地域であるベンティウやジョングレイ運河の周辺は、古くからヌエルが暮らしていた土地であった。政府による開発は、地域住民に対する十分な交渉のないまま進められていった。労働者の多くは地元に暮らすヌエルの人びとであり、[10]彼らは開発に伴ってその土地から退去するように政府に命じられた。このスーダン政府の「横暴さ」に対し、ヌエルの人びとは不満と反抗心を募らせ、徐々にその不満は抵抗運動へと発展していった。この開発プロジェクトに対する不満と後の政府からの攻撃のため、多くのヌエルの市民が反政府運動に加わっていくこととなる。[11]

石油や開発の問題が背景にある中で、一九八三年、当時のヌメイリ政権はイスラーム化運動の一環としてスーダンをムスリム国家にする意向を示した。当然のことながら、南部にも、イスラーム法であるシャリーアが適用されるようになった。このシャリーアの適用に対して、キリスト教徒と在来信仰の信者が多数を占める南部の人びとが反発を示し、ボーに駐屯していた一〇五部隊の反乱をきっかけとして始まったのが、第二次スーダン内戦（1983-2005）である。この内戦では、国外からさまざまな機関が介入し、物資の援助などが行われるようになる。一九八三年、ディンカ出身のジョン・ガラン（John Garang）を筆頭にスーダン人民解放軍／運動（Sudan People's Liberation Army / Movement ＳＰＬＡ／Ｍ）が創立された。[12] 当初、ＳＰＬＡは南部の分離独立ではなく、スーダンの統一を目指していた。しかし、一九九一年にはＳＰＬＡが分裂し、争いは複数の紛争主体のあいだで繰り広げられるようになり、状況は泥沼化していった。

ＳＰＬＡの内部分裂から「民族紛争」へ

ＳＰＬＡは、トリット派（SPLA-Torit）と、ナーシル派（SPLA-Nasir）という二つの党派集団に分裂した。ガランがリーダーとなったトリット派は、主にディンカ出身の兵から支持された。ヌエル出身のリヤク・マチャール（Riek Machar）がリーダーとなったナーシル派は、主にヌエルの人びとから支持されていた。ＳＰＬＡ内の分裂は、特にナーシル派にとっては、司令官の離脱と、それまでＳＰＬＡとしてガランとともに交戦していたスーダン政府への歩み寄りという事態を引き起こすこととなった。党派対立の中で士気の下がった一部の兵士たちは、他の南部出身者と戦うことを拒み、自分たちの故郷に戻っていった。この党派対立は、多くのゲリラ兵を生むことにもなった。その大部分は、ディンカ出身者とヌエル出身者であったという。[13]

トリット派が南北スーダンの統一を目指していたのに対し、ナーシル派は、ガランの独裁体制を批判するとともに、スーダン全体の解放ではなく南部の分離独立を目指していた。ＳＰＬＡの分裂と対立は、徐々にヌエル対ディンカという「民族紛争」の形をとるようになり、銃火器の利用もあいまって、人びとはこれまでにない激しい戦いを行うこととなる。

一九九一年、ナーシル派の軍——アヨッドやアコボ出身の一般市民を含む——は、ディンカ市民の「虐殺」として知られる、いわゆる「ボー大虐殺」(Bor massacre)に加担した。この事件では、数百人もが命を失い、この地を居住区としていたディンカの七割近くが避難民となった。[14] この事件を機に、SPLAの分裂は決定的なものになった。

はじめ、ナーシル派に属する兵士は、「反ディンカ」というよりも「反ガラン」派として武器をとっていた。[15] しかし、人びとの信用を失いつつあった党派の司令官らは、民族の「伝統」を利用するなどしてそれぞれの民族集団の出身者を紛争に動員しはじめた。この動きの中で人びとのエスニック・アイデンティティは「軍事化」[16] されていったのである。

「ヌエル」や「ディンカ」という民族集団が戦闘員の動員に使われるようになってから、ナーシル派は徐々に南部人からの共感を得られなくなっていった。[17] ガランに対するナーシル派の不満も、徐々に「民族の違い」を強調するようなイディオム――例えばヌエルの予言者によるラジオを通じての呼びかけ――の復活によって曖昧化された。つまり、ガランという一個人に対して抱かれていたはずの不満は、「南部の独立」や「敵であるアラブ、ディンカ」など、特定の集団を喚起させるイメージに転換されていったのである。[18] 現在に至るまで続く紛争の「民族紛争」化やエスニック・アイデンティティの「軍事化」の動きは、第二次スーダン内戦中からすでに始まっていた。

レイディングの変化とその利用

一般に、紛争に関する記述において、司令官や軍人など戦闘員以外の人びとは、「市民」(civilian)と括られがちである。しかし、スーダンの紛争において戦闘員と非戦闘員の区別は曖昧である。「市民」と表現される人びとも、第二次スーダン内戦においては単純に「戦闘に巻き込まれた被害者」として括ることができる一枚岩的な集団ではなかった。ここでは、国家レベルの紛争と並行して展開していた、レイディング(raiding)を取り上げる。レイディングとは、ウシの収奪を主な目的とする、東アフリカの牧畜社会では古くから繰り返されてきた争いである。

写真 14　南スーダンの各地には，内戦時の爪痕がまだ残っている。写真はアヨッド・タウン内。

しかし、第二次スーダン内戦中、銃火器の流通とゲリラ兵の介入、そして軍隊の戦略のもとで、レイディングの質は変化していった。また、村落社会に暮らす人びとの「伝統的」な戦いであるとみなされがちなレイディングも、第二次スーダン内戦においては市民が紛争へと参加する大きな契機となり、国家的な紛争の一局面を形作っていった。

ヌエルの場合、レイディングを行うことの主な目的と理由は、ウシをはじめとする家畜の収奪、女性・子供の略奪、古くから続く報復であった。レイディングには、紛争の発生から解決と平和構築に至るまでのメカニズムが存在する。レイディングの機能として、集団としての凝集性を高めるほか、定期的に集団間の平和構築を行うことで、干ばつなどの災害時には民族集団を超えたセイフティ・ネットワークを形成することが指摘されてきた[19]。

このような争いは必ずしも民族集団間ではなく、むしろ民族集団内の各セクション、クラン間で頻繁に生じていた。したがって、レイディングにおける敵―味方関係は極めて流動的なものであった[20]。従来のレイディングに

写真 15（上） 2011 年 12 月，ヌエルのホワイト・アーミー（第 6 章参照）に焼き払われるムルレの集落。内戦以降，性質が変化したレイディングでは，戦闘員以外の殺害や村落の焼き討ちなどが行われるようになった。

写真提供：South Sudan Bureau for Community Security and Armed Control

写真 16（下） 2011 年 12 月，襲撃時に略奪されるウシの様子（川の中の小さい点がウシ）

写真提供：South Sudan Bureau for Community Security and Armed Control

おける襲撃では、戦士以外の年輩者や女性、子供は殺害の対象にはなっていなかった。あくまでも人を殺すのはウシを盗むときに邪魔になる戦士世代の若い男性だけであった。

第二次スーダン内戦中、ジョングレイや上ナイル地方で展開した党派対立には、季節的に行われる漁業を行う水場の利権、牧草地の確保など、人びとの生活に密接に関わった要素も関係していた。家畜の収奪を第一の目的とするレイディングもSPLAの党派対立の影響を受けることとなった。例えば、トリット派のいるピボール（Pibor）の部隊は、ピボール周辺に居住する民族集団ムルレ（Murle）に対して、アコボやワート（Waat）などヌエルの一般市民の居住地域にレイディングを仕掛けるよう促した。一部の軍の司令官らは、レイディングの成功を、地方における行政的な権力の拡大につながるものとして捉えていた。この状況の中、レイディングは、もはや地域住民の合意に基づいて行われているのか、または党派の戦略であるのか分からなくなっていった。これまで村落社会の問題でしかなかったレイディングは、国家的なセキュリティの問題として捉えられるようになったのである。[21]

軍人たちの目論みは、兵士や市民の「敵」の認識にも影響を与えた。流動的な関係を築いてきた両集団間の溝は、固定的・絶対的な「民族」のイメージのもとで徐々に深まっていった。

SPLAの分裂後、両軍の司令官らの思惑によって民族集団が紛争に利用されるようになると、レイディングにおいて相対的・状況依存的に決まっていた「敵」も、ディンカやヌエルという特定の民族集団に対するものとして、認識されるようになった。[22] また、女子供や老人、戦いを放棄して逃げる兵は殺害の対象にならないという「伝統的」なレイディングのルールも破られるようになった。

さらに、村落社会に生きていたヌエルの人びとに追い打ちをかけたのは、一九九一年の大雨による冠水と、翌年の牛疫だった。この冠水のために穀物の備蓄はなくなり、ディンカからのレイディングによってウシの頭数が減った。特に戦場の一つとなったアヨッドの住民にとって負担となったのは、彼らの家畜や備蓄を食糧としていた、ナーシル派の兵士の存在であった。そのタイミングで生じた牛疫は、治安の悪化と飢餓という悲劇的な状況をもたらすこととなった。アヨッド、ユアイ（Yuai）、コンゴール（Kongor）の各地域は深刻な飢餓に陥り、「飢えの三角地帯」（The hunger triangle）と呼ばれた[23]。国家規模の紛争に地域社会の戦いが利用され、新しい対立軸が持ち込まれる中で、レイディングは自律的な調停機能を失い、また既存のセイフティ・ネットワークも崩壊し、状況は凄惨を極めたのだった[24]。

第二次内戦期のヌエル内の武力衝突

「民族」というシンボルが紛争に利用されたとはいえ、内戦時、ヌエルは一つの集団としてまとまっていたわけではなかった。一九九二年以降、ヌエルのサブ・グループの間では激しい武力衝突が繰り広げられた。民族集団間のレイディング同様、ヌエル内部の争いにも、SPLAの党派対立が深く関わっていた。例えば、次に見るように、SPLAを介して手に入る食糧援助は、ヌエル内部の争いを激化させた。

東ジカニィ・ヌエルは、一九八〇年代後半、スーダン―エチオピア国境で生じていたエチオピア軍とアヌアク、ヌエルのあいだの武力衝突のため、エチオピア側に居住する親族に助けを求めることができずにいた。この状況の下、それまで東ジカニィ・ヌエルとロウ・ヌエルは水場や牧草地を共有していたが、東ジカニィの住民たちは、SPLAナーシル派の指導者であるリエク・マチャールに自分たちだけが水場を利用できるよう要請した。マチャールは、国際連合による食糧援助をソバット（Sobat）川流域の東ジカニィ居住地域であるナーシルに集中させた[25]。食糧を確保することが難しくなったロウ・ヌエルは、アヨッドに居住するガーワル・ヌエルに攻撃を仕掛け、ウシの略奪を頻繁に行うようになった。各地域のヌエルの地域住民の嘆きに対して、マチャールはそれぞれに策を講じることはなかったという[26]。

ヌエルの内部の問題すら解決できないことは、SPLA自体が内包する脆弱性をさらすことになった。度重なる武力衝突に対しては、新スーダン教会協議会（New Sudan Council of Church: NSCC）の力を借りて、調停会議が行われることになった。一九九四年にアコボで開催された会議で確認されたのは、これまでの「伝統的」な秩序を維持・回復するレイディングのメカニズムや機能の崩壊であった。[27]

平和構築の試み

一九九〇年代後半、政府や国際機関による平和構築のための取組みが進められていたが、同時にこれらの外部機関に対するヌエルやディンカの人びととの不満は募っていた。[28] ヌエル内部の政治的対立や飢饉、そして平和構築の試みの失敗から、人びとは司令官や他の権力者に対して、もはや何の期待も抱いてはいなかった。

一九九八年六月、ヌエルとディンカの境界地域に暮らす首長たちは、さきのNSCCの援助のもとで平和の回復について話す機会を得た。[29] これは、一九九一年の「ボー大虐殺」以降、軍の介入の恐怖なくして初めて行われた会議であった。さらにその後、一九九九年二月から三月にかけて、南部スーダン北西部のウンリット（Wunlit）でヌエルとディンカのあいだの草の根平和構築のための会議が開かれた。[30] この会議では、ウシの供犠や共食など「伝統的」な紛争解決手段の復活が規定された。会議中、キリスト教の祈りの傍ら、マビオル（*mabior*）と呼ばれる白いウシが供犠された。また、首長たちによって、ナイル系の「伝統」に基づき真実を話すことの重要性が指摘された。さらに効果的であると見なされたのが、ディンカの漁槍の主（spear master / *bany bith*）やヌエルの大地司祭など、地域住民の「道徳的権威」（moral authority）に携わる宗教的職能者の力を高めることだった。[31] ここで思い出されるのは、植民地行政が地元の権力者を探し出し、「部族的規律」を創出しようとした試みである。しかし、かつて民族集団間の平和調停者としての役割を担っていたはずの予言者は、このとき宗教的職能者の中には含まれてはいなかった。

政治経済的要因が絡み合う中で展開した内戦は、複数の武装勢力が絡み合う中で複雑化していった。しかし、国際機関による開発援助キャンペーンやマスメディアでは、この紛争は「イスラームの北部」対「キリスト教・伝統信仰の南部」、あるいは「ヌエル」対「ディンカ」のように、あたかも宗教や民族の違いに原因があるかのように単純化して伝えられるようになった。すでに述べたように、これは実際の紛争の要因とは異なった理解である。しかし、このように押し付けられた単純な二項対立の図式は、しばしば南スーダン人自身の認識にも影響を与えている。[32] 内戦時より流布した「アラブ」、「ジャッラーバ」（*jallaba*）[33]のイメージや「ディンカ」についての言説は、人びとの日常生活における些細な対立や問題を説明する手段となり、当事者の紛争認識の一部を作り上げる想像力の一つとなったのだった。

では、このような凄惨な内戦から戦後復興期までのあいだ、予言者はどのような役割を果たしていたのだろうか。次では、第一次スーダン内戦から第二次スーダン内戦初期、[34] 一九九一年のＳＰＬＡ内部分裂以降に活動していた何人かの予言者の特徴を見いだしてゆく。

第*3*節　内戦・平和構築期における予言者の影響力

第一次内戦から第二次内戦初期まで：予言者ゴニィ、バンゴン、ルエイ

第一次スーダン内戦から第二次スーダン内戦の開始時まで活動を行っていた予言者には、ガーワル地方のゴニィ・ユット（Gony Yut）やバンゴン・ディアウ（Bangong Diau）、ルエイ・クイッチ（Ruei Kuic）などが存在する。予言者ゴニィ・ユットは第一次内戦中に活動していた予言者で、神性ガットドンガ（*Gatdonga*）、デン（*Deng*）、デン・ルアク（*Deng Luak*）などのクウォスを「持っていた」（*cɛ käp*）、と考えられていた。

一九五八年から六四年にかけて、内戦は南部中に広がっていった。アニャニャは、エクアトリア地方からヌエルの人びとが居住する上ナイル地方まで勢力を広げた。当初アニャニャはディンカ出身兵を中心に編成されていた。多くのヌエル出身者（ジカニィ、ロウ、ガーワル、ラクなど南部スーダンの東側に居住する者が多い）がアニャ

ニャに参加したのは、第一次内戦も後半になってからであった。そのうちの一部は、ゴニィの参加に促されて軍隊に入ったという。[35]

第一次スーダン内戦中の一九六〇年代半ば、ゴニィのところには、ディンカ出身のゲリラ兵も傷を見てほしいとやってきていた。彼は、けが人を治癒する者として紛争に参加しており、その名声は民族を超えて広まっていたのだった。その一方で、女性をレイプしたなどというゴニィをめぐる悪い噂も広がり、徐々にゴニィとアニャニャの関係は悪化していった。一九六五年には、ゴニィとアニャニャは衝突することになった。翌年の一九六六年、ゴニィと彼の信者たちは「国家兵」(national guards)を模倣した軍隊を創り、戦いに臨んだ。

ゴニィは、自らの軍に入った者にはライフルや弾丸を与え、さらには「勲章」や給料も与えた。一九六六年には、ゴニィの率いる軍は、レイディングを認めようとしない南スーダン人の行政官を非難し、ディンカを攻撃した。ゴニィの率いた「国家兵」は、レイディングにおいて多くの市民を殺害し、大量のウシを略奪していった。彼は次第に、アニャニャとは関係ない、彼自身の個人的な「敵」までも攻撃するようになった。[36] このような彼の「身勝手さ」にもかかわらず、ゴニィのウシを獲得する能力や、彼が「国家兵」に属する者たちに武器や給料を提供する様子は、多くの市民を魅了したのだった。[37]

その後、広範囲にわたる民政の一つがSPLAの司令官リヤク・マチャールによって設立され、それまで独自の平和構築の取り組みをしていた予言者たちは、SPLAに協力するためにさまざまな場に登場するようになった。例えば、予言者バンゴン・ディアウは一九八五年にアジス・アベバに招聘され、SPLAの本部員として一ヵ月を過ごした。[38] 彼は牧郷へ帰る際、SPLAとガージャクの激しい戦闘に直面し、自分のセクションであるガージャク側についたために戦闘中に殺害されたという。

また別の予言者ルエイ・クイッチは、一九八七年から八八年までのあいだ、SPLAとアニャニャⅡのあいだの和平交渉に関与していた。ルエイは、彼の守備範囲であるゼラフ・アイランド(Zeraf Island)の平和維持に対して影響力を持っていたという[39]。予言者は、もはや一地域内で活動する宗教的職能者ではなく、紛争に人びとを動員するためのキーパーソンとなったのだった。

ＳＰＬＡが基礎となってつくられた南部スーダン自治政府は、新しい世代の予言者に、「社会的調和」や「健康」に対する人びとの意識を高めるよう指示した。次で取り上げるように、敵対関係がより複雑化していったＳＰＬＡ内の対立において、複数の紛争主体のあいだを行き来する予言者の役目は、一層際立つものになった。

ＳＰＬＡの内部分裂以降――予言者ウットニャン

一九九〇年代、トリット派とナーシル派の対立が深まり地域住民の犠牲者が増えてゆく中で、ラク地方出身で、デン（*Deng*）という名のクウォスを持つ予言者ウットニャン・ガトケック（Wutnyang Gatkek）は、政府、ＳＰＬＡ、他の民族集団の代表の間を奔走していた。はじめ、上ナイル地方のマラカルを拠点とした政府は、食糧や他の品物をウットニャンに与えることで、彼をさきのゴニィのように戦闘に利用しようとした。しかし、ウットニャンはアニャニャⅡに残る部隊をＳＰＬＡに入るように説得したり、それぞれの武装勢力や地域の代表のあいだを行き来し代表者らに戦いをやめるように交渉を行ったりしていた[40]。

ウットニャンの解釈については、戦争指導者としての役割を強調する論考[41]と平和構築者としての役割を強調する論考[42]、文脈によって変動する予言者の役割と影響力を指摘した論考[43]とがある。最後の観点を踏襲するなら、予言者を戦争指導者とするのか平和構築者とするのかは文脈依存的かつ論者の視点によって異なるだろう。以下では、ウットニャンの社会的役割を規定するよりも、彼がどのような戦略を用いながら、彼の理想とするコミュニティを創出しようとしたのかを分析する。

ウットニャンは、地方の政治的状況を把握するのに非常に優れた人物として評判を得ていた。彼はしばしば政治にまつわる演説を人びとの前で披露していた。政治に関する知見のみならず、彼は、クウォスの力を持っている者としても知られていた。リエク・マチャールの妻であり、ケニアのナイロビで事故死を遂げたイギリス人のエマ・マククューン（Emma McCune）は、次のようなウットニャンの奇跡を目撃している。

あるときウットニャンが、盗人に対して罪を告白しなければ、ひどいことが起こるといった内容のスピーチを行った。すると数日後、漁撈用の網を盗んだに違いない年配のサブ・チーフが、蛇に噛まれてすぐさま死んでしまった。[44]

このエピソードは、ウットニャンが未来の言い当て、つまり「予言の成就」をもたらしたことを示唆するものである。

ウットニャンは、クウォスの力を有している可能性を示しつつ、SPLAのラジオにもたびたび出演し、ヌエルの「伝統的」なイディオムを唱えながら、停戦を呼びかけていたという。[45]

ウットニャンが平和構築者として評判を得たのは、彼が難民キャンプや紛争解決の場面における彼の振る舞いのためであった。彼は、難民キャンプのあったエチオピアのイタン（Itang）に現れ、政府と難民たちの食糧について交渉を行った。さらにその後、東ジカニィ・ヌエル、エチオピアの高地人とアニュアクのあいだの紛争を「解決」し、平和構築を行うためのウシの供犠を含む儀礼を執り行った。[46]

この儀礼の参加者の証言を報告している栗本によれば、儀礼ではウシが二頭供犠され、ウットニャンはウシが倒れる方向によって戦いの責任の所在、つまりアニュアクではなくヌエルの方に過ちがあったことを示した。[47]そしてその儀礼が行われた日の午後には、ヌエルによるエチオピアの高地人の殺戮が行われた。不思議なことに、その戦いの中でアニュアクの方に犠牲者は出なかったという。[48]

その後、マチャールは多くのヌエル出身者を兵として雇い、マラカルにある政府軍の駐屯地を攻撃するための準備を行った。しかし、ヌエルの兵が集まると、マチャールはマラカル攻撃を中止しエクアトリア地方に駐在しているガランの軍を攻撃すると宣言した。この急な変更にヌエルの兵たちは怒り、仲間内で衝突が生じた。このとき、ウットニャンは、「ヌエルとヌエルとが戦うべきではない」と兵たちを諭し、マチャールの命令に従わずに当初の予定通りマラカルを攻撃するよう指示したという。ウットニャンと彼の率いる軍にも、アニャニャⅡ同様食べ物や武器などの物資が渡されており、軍としてそれなりの力を備えていたことが予想できる。このとき彼の率いた軍隊は、のちに「ホワイト・アーミー」（*dɛi in bor*）と呼ばれるようになる（第6章参照）。この暴動によって、ウットニャンは、スーダン国内外にその存在を知られるようになった。[49]

さらに、ウットニャンは、戦闘以外の場面でも、複数のコミュニティを行き来し、さまざまな立場にある者たちの信頼を得ていた。次では、彼がヌエル社会の開発援助と、キリスト教の普及に際して果たした役割を紹介しよう。

開発援助とウットニャン

国際連合をはじめとする各種援助団体は、スーダン地域の紛争予防と解決、平和構築や食糧問題などに取り組んできた。しかし、スーダンの場合、これらの援助活動は紛争と関係のないところで行われていたのではなく、むしろ紛争の一つの争点ともなっていた。[50] 世界食糧機構（WFP）による食糧支援も、経済的志向が強くなっていった紛争へと巻き込まれてゆくこととなる。第二次スーダン内戦時、国際機関による食糧援助や開発は、政府やＳＰＬＡの経済戦略の一つにもなっていた。このため、スーダンにおける援助活動は、政治的に中立的な立場で行うことはできなかった。[51] 一九九一年以降、ＳＰＬＡの内部対立に関係する武力衝突では、ＷＦＰの食糧倉庫や穀物庫は攻撃を誘発することにもなったのだった。[52]

開発や食糧援助が確実に人びとの生活に変化をもたらす中で、さきの予言者ウットニャンは、援助団体や援助物資から距離をとるように人びとに働きかけていた。彼は、当時急速に広まっていたキリスト教や既存の開発援助のありかたに言及し、時にはＮＧＯ主催の平和構築会議にも出席した。彼は、かつての予言者のように、歌を歌ったり、トランス状態に陥ったりしながら平和構築を説くことはしなかった。

国際機関による援助について、ウットニャンは否定的な見方を示していた。経済的自立や政治的独立を強調していたウットニャンは、援助に頼ることしかしていなかった当時のヌエルの人びとの心を動かし、精神面で人びととの指針となったのだった。彼は、自立的な経済活動を推奨するほかにも、トライバリズムからの脱却や、南部人としての統合を謳い、まさに政治家や軍人のような演説を行っていた。演説を聞いたヌエルの人びとは感激し、自給自足のための農地すら用意したという。[53]

政府やＳＰＬＡが効果的に援助を取り入れる戦略を立てたのとは対照的に、ウットニャンは、援助団体や物資とは距離をとることで、自分たちでコミュニティを再建してゆく方法を指南した。内戦時、ＳＰＬＡや政府軍、首長とローカル・コミュニティのあいだを行き来していた予言者は、平和構築という文脈においても、国際社会という新しい規模のコミュニティとの関わり方を模索していたのだった。

キリスト教の普及とウットニャン

さらにウットニャンが取り組んだのは、第二次スーダン内戦中に徐々に広がりつつあったキリスト教の教義と在来信仰の実践のあいだの調停である。

一九一〇年代から二〇年代にかけて、いくつかのミッショナリーがヌエル社会に到来していたものの、多くのヌエルの人びとを改宗させることはできなかった。[54] はじめ、多くのヌエルの人びとは、イエスの教えを単にヌエルのクウォスや予言者と同じものとして理解していた。[55] 一九六〇年代になってもキリスト教への改宗者はほとんどおらず、政府が教育を奨励し始めてからさえ、キリスト教に関しては三つのミッション・スクールがあっただけでそこにもほとんどヌエルはいなかった。[56]

一九七〇年代の第一次スーダン内戦終了後、南部スーダンに長老派プロテスタントの福音主義が広まった。第二次スーダン内戦期には、ヌエル社会でもキリスト教が急速に広がっていた。親しい者たちの死や終わらない戦闘の中で、ヌエルの人びとは在来の信仰、つまりクウォスに祈り続けることの有効性について再考し始めるようになったのだった。

だが、キリスト教の布教に伴ない、従来クウォスや予言者を通じて解決してきた人間の死や病気の説明方法、そしてヌエルの在来信仰にとって中心的な役割を担ってきたウシの供犠についても人びとは頭を悩ませるようになった。はじめ、キリスト教の布教者はヌエルの大地のクウォス（*kuɔth piny*）を、「悪魔」を意味する「シェイタン」（*sheitan*）と一括りにし、預言者イエス・キリストとの差異化を試みていた。なかでも、ウシの供犠をめぐって、キリスト教徒と非キリスト教徒は激しく議論を行うようになる。動物の供犠を禁じるキリスト教徒の立場から、ウシは食糧として消費するために屠殺されるべきであり、儀礼における屠殺は「無駄」なことであると指摘されるようになった。[57]

しかし、ヌエル社会にはウシの供犠を介してしか解決できない社会的問題が存在する。多くの改宗したキリスト教徒たちも、これまで供犠を通して解決してきたような霊的な危機――インセストや子供の死、病気による死など――をどう扱えばよいのかわからず、改宗後は途方に暮れていた。一九八〇年代頃からは、キリスト教徒となった者も、これらの問題を解決するために再びウシの供犠を取り入れるようになった。その結果、ヌエルの宗教生活において、キリスト教と在来信仰の教義と実践の共存は徐々に進んでいったのだった。

この二つの信仰の共存に大きな役割を果たしたのが、ウットニャンをはじめとするヌエルの予言者たちだった。[58]

第二次スーダン内戦中、ウットニャンは、自分のクウォスの力と、キリスト教教会の力のあいだには何の矛盾も緊張関係もないということを主張し続けた。彼はこの主張を正当化するためにさまざまな努力を行った。まず、彼は、デン（Deng）やディウ（Diu）といった名前を持つ大地のクウォスと呼ばれるものには言及せず、「唯一神」としてのクウォスを言及することにしていた。キリスト教においても、「唯一神」はクウォスとだけ表現される。ウットニャンの主張は、キリスト教の改宗者たちのいう「クウォスは一つ」(*kuoth ɛ kɛl*) という信念と通ずるものであった。ウットニャンは、「クウォスは一つ」であるという双方の信仰に通底する理念を重ね合わせることによって、キリスト教とヌエル、どちらか一方の規範を破ることによって生じるであろう危機や不幸に対する想像力を操作し、人びとを救うことに成功したのである。

もちろん、このような彼の活動は現地のキリスト教教会にとっては目障りなものであった。しかし一方で、教会は彼の影響力の大きさについても認めざるをえなかった。少なくとも、ウットニャンは他の予言者のようにトランス状態に陥ることはなかったため、徐々に「礼儀正しい男である」、とか「大変賢い男だ」などという牧師たちの評判を得るようになったのである。[59] ウットニャンは、キリスト教徒と「うまくやっていく」ために、教会へと接近し、外部からの援助にも言及しながら、複数のコミュニティと渡り合う「外交活動」を行うようになっていた。

内戦期から平和構築期間にかけて、ウットニャンは単に司令官に操作されて人びとを戦いに動員したのではなかった。彼は、内戦に伴う苦難を抱えるヌエルの人びとの中で、開発援助という新しい現象や、キリスト教とこれまでのクウォスとのあいだで揺れていた人びとの想像力を支えたのだった。

越境する予言者の力

これまで述べてきたケースから、第一次・第二次スーダン内戦期を通じて、予言者は一地域の宗教的職能者を越えた能力を発揮していたことが分かる。その役割は、ヌエルの人びとを「政府の戦争」(*kor kume*) へと動員することではあったが、他の軍人や司令官とは異なり、予言者らは、レイディング、傷の治癒、供犠といった人びとの日常の延長にいる人物として影響力を持っていた。

しかし、予言者に関する報告から窺えるのは、人びとが予言者に魅かれ戦闘に参与してゆくきっかけとなったのは、SPLAの司令官が期待した予言者の持っているカリスマ的な指導力や、超自然的・伝統的な力では必ずしもなかったということである。

予言者が人びとのあいだで力を持ち得た背景には、当時の錯綜した敵―味方関係と、不安定なリーダーシップがあった。[60]分裂と合併を繰り返す武装勢力、それに伴って変更される指導者の指示は、軍に対する人びとの不信感を煽るものとなった。加えて、予言者らがSPLAや政府のあいだを行き来しながら獲得するウシや武器、弾丸、給与は、村落部に暮らす多くのヌエルの人びとにとって魅力的なものであった。ゴニィの「国家軍」による勲章や給料の支給や、ウットニャンによる弾丸と食べ物の供給は、「政府の戦争」が人びとにもたらすメリットそのものであった。

さらに、ウットニャンの開発援助やキリスト教への働きかけから分かるように、予言者らが力を発揮したのは、司令官らが想定した従来の「伝統」や「慣習」の領域ではなく、むしろこれらの価値観と新しい規範の接合または調停の場面においてであった。

ウットニャンのさまざまな紛争主体への介入は、これまでの「アフリカの伝統的指導者」に対する見方、つまり一地域集団において機能する宗教的職能者としての予言者という見方を大きく変えることとなった。ジョンソンは、ウットニャンのさまざまな集団を超えてモラル・コミュニティを形成する力について次のように指摘する。

ウットニャンが介入したのは、SPLAの政治的精神的権威が分解・弱体化したときだった。しかしそれは、その党派に平和をもたらす能力があるのかという論点を通り越して、地方において平和への期待が高まったときであった。[…]彼（筆者補足：ウットニャン）が応答し、また維持しようとしたモラル・コミュニティは、ヌエル、ディンカ、アニュアク、SPLA、アニャニャⅡ、そしてスーダン軍の南部出身の兵たちなど、（内戦）以前の多くの敵対者を含むものであった。[61]

予言者は、内戦・キリスト教・開発援助という新しい状況の中で混乱する人びとの想像力を支える指針であり、想像力の巧みな操作者でもあったのだった。

しかし、ウットニャンの試みは、必ずしも予言者を利用しようとした司令官らの意図に沿うものではなかった。予言者がいくら複数の紛争主体や団体のあいだで行き来しても、ヌエルの人びとが望んだような平和構築は「成就」することはなかった。

予言者が地域を超えた政治的・社会的な影響力を持っていたことは、彼らが真の「予言者」であると見なされていたことを意味しない。予言者の「超自然的」な力や、彼らによる平和構築の試みは、必ずしもコミュニティの成員すべてに受け入れられるものではなかったのである。[62]

わたしが二〇〇九年以降の調査の中で出会ったヌエルの人びとの多くは、ウットニャンのことを「呪医」(*gwan wal*)や「シェイタン」(*sheitan*)、「悪さ持ち」(*gwan mi jiek*)あるいは「クジュール」であると説明しており、「予言者」を指す時に使用されるゴックと表現する者はいなかった。結局ウットニャンの力も「予言者」のそれと見なされるほどではなかった。

第1章では、植民地行政官が想定した「クジュール」の力と、現地の人びとが考える予言者の力にはずれがあったことを指摘した。この点から窺えるのは、外部の者たちが想定する予言者の力と、予言者自身が発揮する社会的影響力、そしてヌエルの人びとがある人物を「予言者」として見なすための要素は、必ずしも一致しないということである。

では、内戦期から平和構築期にかけて、予言者をめぐる想像力はどの程度複数のアクターのあいだで一致し、またずれていたのだろうか。次節では、当時の予言者の正当性を支えることにもなった過去になされた予言の解釈を取り上げる。

第*4*節　予言者をめぐる複数の想像力のずれ

予言者を支える過去の予言の力

ＳＰＬＡや政府軍の思惑とは裏腹に、ヌエルの人びとのあいだで力を持っていたのは、時折利用される予言者よりも、最も著名なヌエルの予言者、ングンデンによってなされた予言であった。予言者が政治情勢と複数の軍事勢力に翻弄されるかたわらで、ングンデンの予言は、人びとが直面している凄惨な紛争を説明するものとして語られていた。

一九五〇年代初期に存在していた予言者の多くは、予言者ングンデンの言動を模倣し、また彼の予言を参照しつつ人びとのあいだで影響力を維持していたという[63]。

第二次スーダン内戦時にも、新しいヌエルの予言者が、ＳＰＬＡ内での抗争の結果を、ングンデンの予言を引き合いに出して説明していたことが報告されている。その結果、ＳＰＬＡの分裂と武力衝突が続く中でも、一部のヌエルの人びとは、ングンデンに予言されていたと言われているアジス・アベバ合意以降の「平和」がまだ続いているという、ある種の期待を持ち続けていた[64]。

一九八〇年代には、ＳＰＬＡはガージャク・ヌエルの居住地域における軍事的土台を設立するため、ングンデンの歌を利用した。ＳＰＬＡは、この歌を「ングンデンはガージャクをＳＰＬＡの兵士に招くように命令した」ものとして解釈してヌエルの人びとに伝えていたという。この解釈は、当時多くの人びとを戦地に向かわせることとなった[65]。

以上の例から、ＳＰＬＡの指導者らは予言者の「伝統的」な力を利用しようとしたかもしれないが、予言者らもまた、ヌエルの人びとのあいだでより説得力を持つ存在である予言者ングンデンの力を借りながら、その力を自らのものとしようとしたことが窺える。

現在語られる内戦・平和構築と予言

過去の内戦、平和構築とングンデンの予言との関係は、現在のヌエル社会でもよく語られている。例えば、第一次・第二次スーダン内戦中に知られていたングンデンの予言には以下のものがある。

第一次内戦の終了後、予言者ングンデンは「トルック」(*turuk*:「白人」、「外国人」の意)の到来を予言していた。ングンデンは、トルックが去ること、そしてアラブの行商人を指すデン・ペケ(*Deng peke*)、あるいはデン・ファキ(*Deng Faki*)がやってくることも予言していた。第一次内戦時に人びとが直面していた諸問題——イスラームへの改宗促進や北スーダン政府への不満——は、この予言に基づいて説明された。当時のヌエルの人びとのあいだでは、トルックの排斥こそが、「平和」(*mal*)の到来に繋がるのではないかという噂が囁かれていたという[66]。

また、一九七二年のアジス・アベバ合意の際も、ヌエルの人びとは口々に「ングンデンは平和の訪れを予言していた」と述べていた。その理由は、平和調停の調印の場面で、ングンデンとのつながりを喚起させる「左利き」(*cam*)の人間にまつわる要素が多く登場したためである。平和調停に調印したボル・ディンカ出身のアビェル・アリエル(Abiel Alier)は左利きであり、ロウ・ヌエル出身の代理人ペーター・ガットクオス(Peter Gatkuoth)は、そして左利きの女性から生まれた[67]。これはングンデン本人、あるいはングンデンの母ニャイエル(Nyayiel)が「左利き」だったことに由来するとも言われている。第5章で詳しく取り上げるが、南スーダンの初代副大統領となったリヤク・マチャールがングンデンの「予言の成就」である、あるいはングンデンの再来であるとすら噂されているのも、彼が「左利き」であるというのが一つの大きな要素となっている。

また、この平和調停がングンデンの「予言の成就」であることは、調停がヌエルにとって「東」に位置するエチオピアで行われたからとも言われている。生前、ングンデンは「平和が東からやってくる」と言っていた[68]。さらに、一九九四年にアコボで開かれた平和調停会議では、「ロウ・ヌエルと東ジカニィ・ヌエルのあいだの戦いは、ヌエルに伝わる予言の中ですでに語られていた」としてングンデンの予言について言及されたという[69]。

このように、予言者ングンデンによる予言は、新しい予言者の登場とは別の文脈でも語られていた。ングンデンの予言は、予言者の正当性以前に、内戦経験や平和構築の経験を「もっともらしい」ものとして位置づけるものとしてヌエルの人びとに受け入れられていたのである。

わたしが調査の中で出会った元兵士の話によると、第二次スーダン内戦時、SPLAはラジオを用いて地方のヌエルたちにメッセージを発していた。その中でもよく使われていたのが、ングンデンの歌であった。年配者たちは、兵士だったころラジオから流れてくるングンデンの歌を聞き、戦場へと向かった話を語る。

ハッチンソンが報告した「内戦による犠牲者はングンデンによって予言されていた」という元軍人の証言[70]からも分かるように、兵士たちのあいだでは、ングンデンの予言や予言の歌が、自身の戦闘への参加の「正しさ」を説明づけるものとして語られていた。

第二次スーダン内戦終了から一〇年以上が経過したが、当時兵士として戦っていた人びとの多くは現在でもングンデンの「信者」だとヌエルの人びとは説明する。第4章で見るように、ングンデンを祀った「ングンデン教会」の多くの成員は年配女性であるが、元兵士の成員は女性に次いで多い。ジョングレイ州ボー郡にある軍隊のバラック（SPLAの兵士とその家族が居住する地域）には、すべての成員が兵士というングンデン教会が存在する。多くのヌエルがキリスト教徒に改宗した現在、兵士がキリスト教のイエス（*Yecu*）ではなくングンデンを信仰（*ngaath*）の対象とするのは、彼らの過去の紛争経験や現在直面している紛争と、ングンデンの予言とが深く関わっているからである。

軍事・政治家の正当性と予言

ングンデンの予言によって力を得ていたのは予言者ばかりではない。

前述の軍人たちも、ングンデンの予言を介してヌエルの人びとに軍の指導者であることを認められていた側面もあった。

第二次内戦中にＳＰＬＡの最高司令官であったディンカ出身のジョン・ガランは、二〇〇五年一月の包括和平合意の調印後、同年七月にスーダンの第一副大統領に就任した。彼がリヤク・マチャール率いるナーシル派と対立した理由の一つは、南部スーダンの分離独立ではなく、あくまでも南北スーダンの統一を目指していたことにある。彼がスローガンとして掲げた「新スーダン・ヴィジョン」（New Sudan Vision）にも、この見方は反映されている。ジョン・ガランは、これまでの「古いスーダン」とは異なる新しい国家である「新しいスーダン」のありかたを主張した。[71] このヴィジョンの中では「部族（tribe）の違いを超えた」、「多民族・多文化主義」、「政教分離」という「近代的」な理念が強調されていた。しかし、このヴィジョンは、一部のヌエルの人びとに思わぬかたちで否定されることとなる。

ジョン・ガランは、第一副大統領に就任した月の末、ヘリコプター事故で死亡した。彼の死亡については、未だにさまざまな説が噂されている。その一つが、ガランが掲げた「新スーダン・ヴィジョン」を否定するかのような、ングンデンの予言であった。

ガランはある演説で、右手と左手の人差し指を立て、その二本の指をクロスし、互いを絡め合せた。そして「南と北の旗は一つになる」という主張をした。このときの演説は、ヌエルの人びとにングンデンのとある予言を思い出させた。ングンデンはかつて、「南と北の旗は一つにはならず、南部人は南部人のための旗を獲得する」と言った。これは、ガランの発言とは矛盾するものである。

わたしが出会ったヌエルの人びとの多くが、ガランの死は、ングンデンの予言に反した彼の行動のために生じたものだと語っていた。そしてガランの死の予言とともによく取り上げられるのが、ヌエル出身のマチャールにまつわる「予言の成就」である。

リヤク・マチャールは、一九五三年生まれで、西ヌエルが居住するユニティ州のドク（Dok）地方出身である。彼は英国ブラッドフォード大学で博士号を取得したエリートでもある。彼はヌエルの成人儀礼を行っておらず、額に瘢痕であるガール（*gaar*）入れる手術を行っていない。[72] 彼が内戦中に予言者を利用したことはすでに述べたが、彼自身、予言者テニィ（Teny）を父方の祖父に持つ。そのため、彼の予言的な力の有無が、多くの人びとの関心の的となっている。

マチャールの支持者は、マチャールの背後には予言的な権威があると触れ回り、熱心に「布教活動」を行っていた。かつて、ングンデンは「印がついていない男が西からやってきて世界を救う」と発言していた。[73] このングンデンの発言は、瘢痕を持たないマチャールを指す予言として囁かれ、その噂は各国のジャーナリストまでもが知るところとなっていた。ちなみに、現在この予言はアメリカ合衆国のオバマ元大統領を指すものとして、ヌエルの人びとに語られている。

興味深いのは、マチャール自身が予言者に対する人びとの「信仰心」を利用して自ら上述の解釈を作り出しているというわけではないという点である。かつてイギリスの新聞「デイリー・テレグラフ」（*The Daily Telegraph*）の記者がマチャールに自身の予言の話について尋ねると、彼は笑ってそれについて否定した。マチャールは、「わたしは誰のメシアでもない。もしそう言う人がいたとしても、わたしはノー、と言うだろう。わたしたちが戦っているのは、宗教戦争ではないのだ」と「慣れた謙遜的な声で」答えたという。[74]

第Ⅲ部で詳しく述べるように、自身では予言的な力に言及しないという「巧妙」な予言との距離の取り方は、かえってその人物の予言的な力の「もっともらしさ」を高めることがある。しかし、マチャールが否定しているにもかかわらず、予言の噂はどんどん拡大していった。インターネット上のニュースでマチャールと予言に関する噂が取り上げられると、コメント欄にはマチャールの予言利用、あるいは「伝統」を操作したトライバリズムへの傾倒に対する批判的コメントが見られる。

わたしがジュバにいるとき、大学生の友人たちとングンデンの予言について話すと、必ずと言ってよいほど予言とリヤク・マチャール、ジョン・ガラン、現南スーダン大統領であるディンカ出身のサルバ・キール（Salva Kiir）についての話になる。ングンデンの他の予言は一切知らずとも、この話だけは知っているという若者も多い。わたしが初めて南スーダンを訪れた二〇〇九年、アメリカの大学院を中途退学したヌエルの政府関係者は次のように翌年の選挙について話していた。

ヌエルとその他の部族の人たちがともに食事をしていた。食事も残すところ最後の一口になったところ、ングンデンはそれを食べようとした他の部族の人びとを制止し、「最後に残ったものを食べるのはいつもヌエルである！」と言った。そしてヌエルはその最後の一口を食べることができた。したがって今度の南部スーダンの大統領選挙でリヤク・マチャールが大統領になったら、ヌエルはいつも最後に残るものだから、このヌエルによる政治は永久に続く。ングンデンの予言が成就する日は近い。実は上ナイルの方ではングンデンの予言はすでに成就しているのだ。[75]

結局、二〇一〇年の選挙でマチャールは大統領にはならなかった。二〇一一年、わたしはマチャールと予言のことについて熱心に語っていた友人にングンデンの予言は外れたね、と言ってみた。すると友人は、お前は何もわかっていない、と言わんばかりに「それ（マチャールが大統領になること）は、まだなんだよ」（*ɛ ngotdɛ*）と笑って答えてくれた。

以上述べた通り、内戦期のリーダーの（非）正当性は、当人たちの思惑を超えたところで語られていた過去の予言によって認められていた側面があった。

開発援助と予言

開発援助との関わりについて、ウットニャンが主に経済的自立を促す方面で人びとに呼びかけていたのはすでに述べた通りである。しかしこれとは別に、国際機関による開発援助の到来も、ングンデンによって予言されていたものとして語られている。わたしが調査中に聞いた援助の予言は、ウットニャンのように援助からの自立を促すようなものではなかった。二〇一三年、国内避難民キャンプにいたわたしのところにやってきたある年配者は、次のように語った。

> ングンデンはいつかある鳥がわたしたちのところにやってきて、卵を落としていくと言っていた。その鳥の名前は『レッドクロス（赤十字）』という。それは、あなたたちのことでしょう？[76]

おそらくこの年配者は、わたしのことを援助関係者だと勘違いしたのだろう。そのとき周りにいた人は、「彼は食べ物が欲しいからあんなことを言っている」と笑っていたが、ングンデンが予言したという鳥の卵の話は、他の場所でも聞いたことがある。もっとも、「レッドクロス」という鳥の名前は言及されず、「卵」は必ずしも援助物資を指すものではなかった。先の軍事的指導者と予言との関係に共通しているのは、リーダーや予言者のという実際の人物の言動とは別のところで人びとから認められる予言自体の正当性である。

ングンデンの過去の言動は、それ自体が多くの人びとに認められているがために、内戦時の新しい予言者の正当性を保証するものとして働いた。予言者とは別の文脈でより多くの人びとに語られていたのは、ングンデンの予言だった。予言は、内戦下で人びとにもたらされたさまざまな経験を把握し、位置づける手段となっていたのだった。

第5節　外来のカルトから内在的伝統へ

ここまで、紛争・平和構築という政治的な文脈において、予言者がどのように複数のコミュニティ間を行き来し、また予言や政治家に付随する想像力に翻弄されてきたのかを見てきた。本章の冒頭で、複数のアクターのあいだで、予言者は戦争指導者、平和構築者としての力をどのようにして持つことが可能になったのであろうかという問いを掲げた。この問いに対して、予言者と当時の政治的文脈、そして過去の予言との相互関係からは次のことが指摘できる。

内戦時、予言者の影響力を強化する要因として働いたのは、不安定な戦局と敵―味方関係、自分たちの指導者への不信、予言者が政府関係者から得ていた武器や食糧、そして彼らが起こす奇跡であった。その背景には、SPLAの司令官の戦略によって内戦が「民族紛争」化していったこと、そして市民を動員するのに「伝統的存在」と見なされた予言者が利用されたことで、予言者は「民族対立」の一端を担ってゆくこととなった。

しかし、司令官らの目論みにもかかわらず、予言者は独自に行動し、新たなモラル・コミュニティの創出に努めていた。ウットニャンの活動に見られるように、予言者たちはそれぞれの紛争主体と個別に関わり、またそのあいだを行き来することによって、紛争を調停したり方向づけたりしようとしていた。ウットニャンが提唱した開発援助からの自立は、変化する社会に翻弄される市民にとって魅力的なものであった。予言者がングンデンの予言、大地のクウォスを持ち出して人びとを動員しようとする様は、SPLAの利用者側の「伝統に縛られた市民」という想像力を満たすものでもあったのかもしれない。

複数のコミュニティのあいだを行き来し、それぞれのコミュニティの期待や想定に働きかけ、またこれらの期待を統合しようとしていたという点で、予言者はバイデルマンが表現するところの「社会的な個人」と呼べるかもしれない。バイデルマンは、「社会的な個人」に対する人間の期待とともにある想像力について次のように述べている。

> 想像力と道徳の観念は、社会と個人の間の複雑な一致と齟齬の中心部分に存在する。［…］社会的な出会いにおいて、個々人は互いに、期待と役割とをアッサンブラージュする社会的個人（social persons）として出会うが、彼らはまた、自分たちが住む文化の中でも外でも安全で満足できるものを望む、互いに敵対的な個人的存在としても向き合っている。[77]

SPLAの司令官がウットニャンに対して求めていたのは、予言者自身が持っていたはずの紛争指導者としての役割と、市民を魅了する「伝統的」存在という「社会的個人」としての予言者の役割であった。このような期待と、期待通りに予言者は動かないかもしれないという疑念の探り合いの中で予言者が力を持ち得ていたのだとしたら、戦局を動かしたのは予言者自身というよりも、「予言者は伝統的な力を持っているだろう」という利用者側の想像力であると考えることもできる。一方予言者側は、村落共同体的な価値観の外で共有される「近代的」論理や実践、軍事作戦を運用することによって人びとのあいだで力を得ていた。地域住民が予言者に期待していたのは、伝統的価値規範の体現のみならず、予言者を経由して入ってくる武器や食糧、そして「政府の紛争」によってもたらされた生き辛さを緩和してくれる能力だったかもしれない。

この意味で、予言者はそれぞれの紛争主体が持つ期待を現出させ、想像力を満たしうる存在であった。ただし、予言者の動きの中で周囲の者によって読み取られる「意味」は、必ずしも同一のものではなかった。司令官は「伝統的」な力を持つ存在として予言者を想定し、その結果村落に暮らす「伝統的」な人びとを戦いに動員しようとした。一方で予言者は、既存の慣習や信仰を新しい要素と結合することで、人びとの想像力を操作しようとしていた。しかし、ヌエルの人びとの多くが予言者の正当性を吟味するために注目していたのは、過去の予言者ングンデンによってなされた予言だった。複数の紛争主体の予言者に対する想定が戦局を形作ったわけだが、それぞれの主体が抱いていた想定はずれていた。そのずれは、「予言者」に対する想像力に起因するものであった。

以上を踏まえると、既存の抵抗運動やコスモロジーに関する研究のように、ヌエルの予言者を一つのコミュニティで共有する世界観を体現するものとして見なすことは難しい。あるいは、そもそも一つのコミュニティに一つの価値観という想定そのものに無理があるのかもしれない。

コミュニティ分析で知られているA・P・コーエン（A. P. Cohen）は、コミュニティ意識は、相互行為を行う人びとによって構築される世界を人びと自身がどう認識しているのかということの中に隠されており、この認識において意味の画一性は必ずしも必要とされないことを指摘している[78]。この観点からすれば、例えば同じ儀礼を行っている者たちであっても、一人ひとりその儀礼に読み込む意味が同じであるとは限らない。内戦中のヌエルの予言者についても同様のことが言える。本章で見てきたように、政府、司令官、政治家やその周辺の市民にとって、「予言者」は画一的な意味を持ってはいなかった。むしろその「意味」は、変化する政治的状況やアクターのあいだで流動し、各アクターにとっての「望ましい現実」を生み出すために読みかえられていった。

予言者を介してアクセス可能なモラル・コミュニティは、（モデル1）が想定する一元的なものではなく、複数の想像力のあいだを行き来することで形成されてきたことが示唆される。（モデル1）が、村落共同体内の世界観の中に宗教的職能者の影響力を還元し説明してきたのに対し、内戦期のヌエルの予言者や予言は、静態的な村落共同体の存在を前提とするモラル・コミュニティの範疇では捉えられない力を発揮していた。

第I部では、スーダン地域の植民地期からスーダン内戦終了後までのさまざまな主体の想像力の中で動かされていた状況を報告した。この中で見えてきたのは、予言者が力を持ち得ていたのは必ずしも（モデル1）的な村落共同体的価値規範を体現するものだったからではないことであった。むしろ、予言者に「外来の統御不可能な破壊分子」や、「伝統」的要素を読み込んでいったのは、外部の者たちの方であった。ただし、植民地期には予言者の外来性が植民地行政官らによって強調されたのに対し、内戦期には、司令官らは予言者の内部性・伝統的な力を想定した。いずれにしても、この背景に共通して存在するのは、権力者が想定した予言を信じて行動するに違いないと考えられた市井の人びとの姿であり、また人びとを統治し、紛争のために予言者を通じて操作しようとした権力者側の目論みである。

ところが、現実はこの権力者たちの想像力に基づく筋書き通りに展開したわけではなかった。予言者は一部住民にとって影響力を持ち得たが、それはその「超自然的な力」のためだけでなく、ＳＰＬＡが彼らに与えた食糧や武器によるところも大きかった。一方で予言者はＳＰＬＡを超えた範囲で平和構築者として活動し、複数の紛争主体のあいだを行き来し、複数の想像力に橋を渡すことで、新しいモラル・コミュニティを創出しようとしていた。しかし予言者による試みにもむなしく、紛争は凄惨を極め、彼らの活動も部分的にしか成功し得なかった。

植民地行政官は「クジュール」を弾圧し、そのシンボルを破壊すれば人びとの「信仰」をなくすことができると考えたが、実際にヌエルの人びとがある人物を予言者と見なすかどうかは、その人物の中に見いだされるクウォスの力の有無によって判断されていた。内戦期も同様に、予言者の予言的言動やングンデンの予言は、さまざまな場面で力を発揮することになった。平和構築、開発援助、選挙、政治家の台頭などの局面で多数の人びとに語られていたングンデンの予言は、政治家や予言者の試みを超えたところで、人びとの想像力を掻き立てていった。予言は、特に戦後復興の際に提唱された「多文化主義」・「政教分離」などの「近代的」な諸概念とともに語られ、排除されるべき「伝統」か、保護されるべき「伝統」かという議論を人びとのあいだで引き起こした。このような予言者の側面は、もはや（モデル１）一元論的モラル・コミュニティ論が前提としてきた村落共同体的世界観でも、（モデル２）近代多元的モラル・コミュニティ論が前提とするアフリカ―西洋という二元論的な文化接触の論理でも説明することはできない。予言者は、国家の変遷の中で流動する人間の他者に対する想像力によってその性格を規定され、また操作・利用される者たちであった。しかし、ヌエルの人びとが想定する予言者の力と、権力者のそれとは常にずれ、そのずれが予言者の奇妙な力の構成要素の一つとなっていた。第6章で詳しく論じるように、歴史的に生みだされてきたそのずれは、ともに現在に至るまでヌエルの「予言者」の外形を形作ってきたと言えるかもしれない。

では、実際にヌエルの人びとのあいだで予言はいかにして時代や地域を超えてもっともらしいものとして語られているのだろうか。第Ⅱ部では、社会変容の中でヌエルの人びとがどのように変化を受け入れ、時として予言を介しながら新しい出来事を位置づけていくのかを記述する。

（上）　太鼓に合わせて踊るヌエルの女子のダンス。腰に付けた飾りを上下に揺らす。
（下）　女子のダンスの横で太鼓を奏でる男性

第 II 部

経験の配位

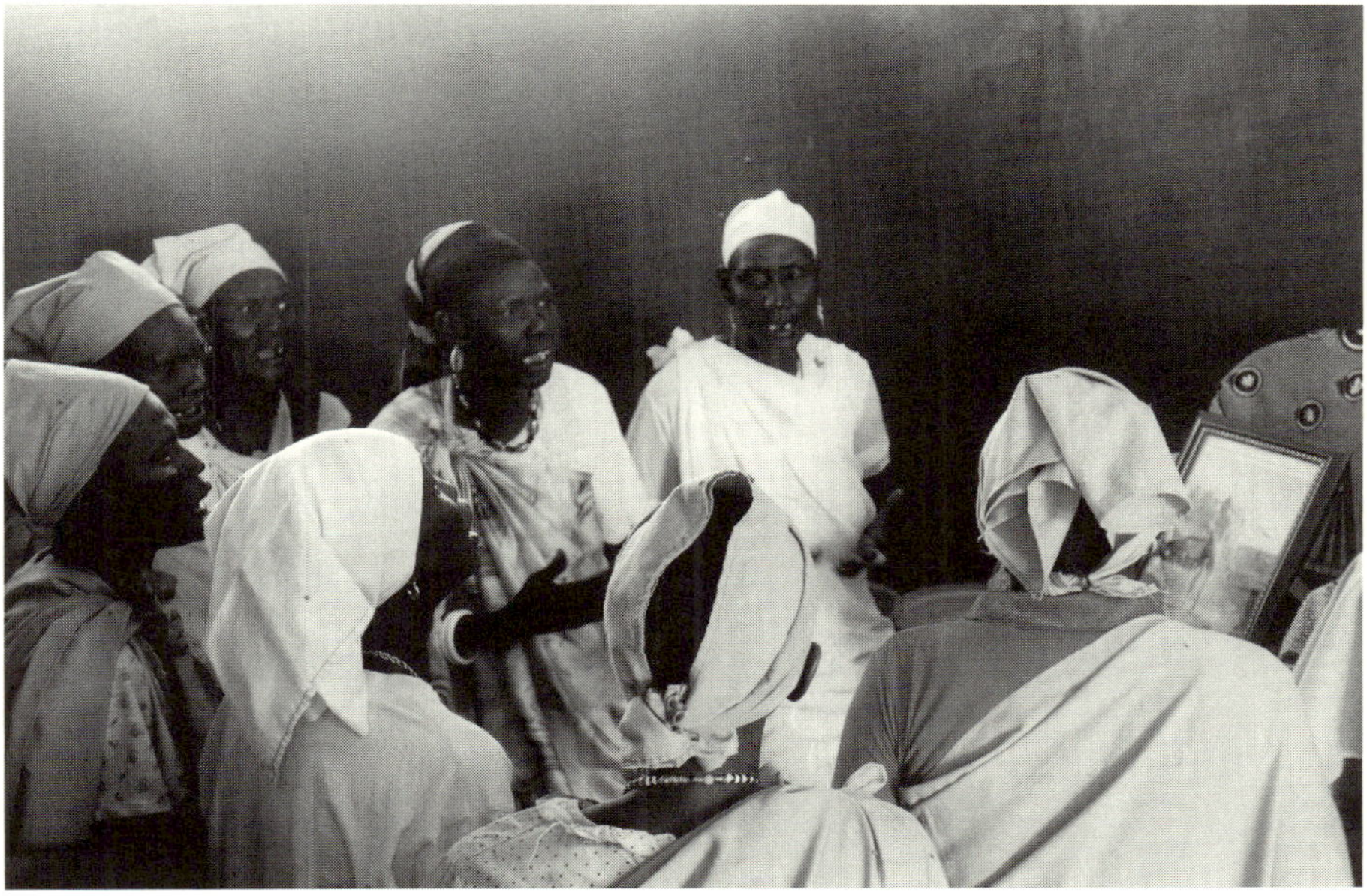

写真 17　夜明けの供犠とともに祈りの歌を歌う女性たち

第3章　多産と時間

第1節　「タウンに暮らすヌエルはいない」

第I部では、スーダン地域の歴史状況のもとで、アフリカの宗教的指導者をめぐる複数の想像力が、どのように展開しながらヌエルの「予言者」の影響力が維持・生成されてきたのかを追った。第II部では、まず第3章でヌエルの人びとが紛争に伴う移動や、背景の異なる他者との出会いといった新しい状況を、どのような方法や原理によって捉え直しているのかを明らかにする。続く第4章では、予言者ングンデンの過去の予言的言動を参照することで、人びとが目の前の出来事をどのように語り、自身の経験を位置づけているのかを検討する。

エヴァンズ＝プリチャードが描いたように、ヌエルの人びとは、常日頃からクウォスについて語っている。[1]「双子が生まれる」、「ハゲタカが頭に止まる」といった、ちょっとしたクウォスの働きは人びとが日常的に感じるものであるし、病気や天災などのより深刻な問題も、クウォスの働きかけとして語られることが多い。そもそも、クウォス自体が人間や自然と渾然一体となっており、あらゆる場所に「遍在」する、「一にして多」なる存在である。[2]現在もなお、クウォスやクウォスによる働きかけとみなされる現象は、ヌエルの人びととの大きな関心事である。

クウォスに比べ、予言は、ヌエルの人びとの日常的な話題のタネとなっているわけではない。第III部で取り上げるングンデンの「予言の成就」と見なされる出来事は、毎日生じるわけではなく、また人びとに日頃から意識されているわけでもない。わたしがングンデンの予言の話を聞くことができたのは、たまたまングンデンの「予言の成就」と思しき出来事が多く生じていたときに居合わせたか、あえてわたしが過去の予言について尋ねたためである。あるいは、予言に興味を持っていたわたしがその場にいなければ、そもそも人びとが予言について語ったかどうかも怪しい。しかし、何ごとかが生じたとき、人びとがその出来事を「予言の成就」だと語る背景には、その予言なるものが「もっともらしい」と人びとが感じるための経験の下地や、社会変化や世界の現象を把握するための一定の方法があるはずである。

植民地期以後、ヌエルの人びとの生活に大きな衝撃を与えたのは、内戦という国家的な状況であった。教育や出稼ぎのために都市へ移動する人びとの増加や、武力衝突による国内避難民・難民の発生など、人びとのライフスタイルは多様化するばかりでなく、ひじょうに流動的で不安定なものとなっている。

第二次スーダン内戦中の一九八〇年代に西ヌエルと東ジカニィ・ヌエルの居住区で調査を行ったハッチンソンは、スーダン地域の植民地統治、内戦、大宗教の浸透といった強大な圧力の中で変化してゆく社会関係や文化的実践を捉えようと試みた。そのために彼女が注目したのが、ヌエル社会に特有の概念やイディオムが現れる社会変容の場であり、人びとが新しい現象を捉えようとする際に議論の対象となっていた実践や考え方であった[3]。

彼女の民族誌から分かるのは、貨幣経済の導入、銃の流通、キリスト教の普及などの社会変化が、人びととの実践の中で「ウシ」や「血」という生きたイメージの連関を通じて再概念化され、実践のつなぎあわせの中で新しい状況が生きられてゆく様子である。彼女がヌエル社会における「グローバル化[4]」や「社会変化」のありかたを指摘する一方、民族誌の記述に見いだされるのは、「変化」にも「持続」にも還元し得ない人びとの生活実践であった。

ハッチンソンが着目したイディオムや概念は、ヌエルの人びとの「モラル」——自分自身を合わせる方法や「ある言語を話しやすくするやり方[5]」——を捉えるにあたって示唆的ではある。だが、ヌエルの人びとが用いるさまざまなイディオムや概念、実践が、何に基づき配置され、どのように相互に関連しているのかは十分に明らかになっていない。さらに、これらの概念と実践の複合が、新しい状況を経験する方法として、いかに多様な背景を持つ人びとに共有されているのかについては必ずしも明示的ではない。おそらくこの点を理解する際に重要となるのは、人びとが常日頃新しい経験を捉えるために参照している原理、あるいはその原理が共有されうるモラル・コミュニティだろう。というのも、新しい状況を把握したり位置づけたりする際には、自分が依拠する知の枠組みを周囲の他者と共有しつつ作業を行う過程が必要となってくるからである。

序章で取り上げた近代多元的モラル・コミュニティ論は、グローバル化や近代化、あるいは市民社会という西洋近代発の概念の変化形としてアフリカの「近代」を捉えようとする試みであった。コマロフらの議論を批判的に論じた浜本（2007）は、グローバル化がもたらす変化の一つに「想像力の空間の交錯」を挙げ、その効果として「（グローバル化は）いたるところで世界についての想像のあり方の根本的な再編成を迫っており、現に様々な新たな想像力を解き放ちつつある」ことを挙げる。[6] ハッチンソンが描き出したのは、まさに「グローバル」という語では表現できない、ヌエルの人びとが変わりゆく生活世界を、集団内で共有される価値規範や想像力を軸として再編成してゆくさまであった。そしてこの再編成のためにヌエルの人びとが実践していたのは、ただ「変化」を受け入れたり、単純に西洋的なものを模倣したり、あるいはそれに抵抗したりすることでもなかった。ある新しい現象に直面したとき、その現象を理解するための特定の原理がそのつど確認され成員に共有されることによって、それまで曖昧であったかもしれない自身のモラル・コミュニティは、再認識されると同時に支え続けられるものとなる。繰り返し参照される原理や方法は、新たな経験や想像力の基盤となる。ある現象を把握するための想像力の基盤をなす知や実践は、ギアツの言葉を借りれば、結局は「まぎれもなくローカルなものであり、その形態が利用するもの、そしてそれを包み込むものから切り離すことができない」ものである。[7] おそらく、特定の人びとに共有される原理と新しい状況とが相互に支え合い、互いに位置づけ合う想像力の動きこそが、次章以降に取り上げるングンデンの予言と、その「成就」をめぐる経験を捉える手がかりとなるに違いない。新しい状況や他者をある人びとが経験する際に参照される原理と、複数のイディオムや実践の網の目の中で想像される自己の経験を、本書ではイギリスの社会人類学者G・リーンハート（G. Lienhardt）の表現を借りて経験の配位（configuration）と呼ぶ[8]。

経験の配位とは、ある出来事を個人や集団が捉える視点と言い換えてもいいかもしれない。一つの出来事であっても、その出来事は誰にとっても同じ意味を持つものとして現れるのではない。ある出来事は、目撃者それぞれの視点の中で経験され、さまざまな意味を獲得する。獲得された意味に応じて、人びとに語られ、時として対処される中でその出来事はかたちを変え、特定の集団に共有されうるものとなる。

紛争に伴う強制移動や家畜の喪失、貨幣経済の浸透、食糧不足、教育の重要性の増加や移動に伴う親族関係の危機という新しい状況の中で、ヌエルの人びとはどのように他者を想像し、自己を位置づけているのだろうか。本章では、予言とは一見して無関係な文脈においてヌエルの人びとのあいだで共有されている、出来事を把握し、位置づける特定の方法や視点に着目する。

調査開始時、村落部ではなく都市部（タウン）に暮らしているヌエルの生活に興味を持っていたわたしに対し、あるヌエルの友人は、「タウンに暮らすヌエルなんていない」と教えてくれた。ヌエルの人びとは長らく都市部に暮らしていても、また近代教育を受けたとしても、世代を超えて維持してされた規範や慣習、ものの考え方からなかなか自由になることはできない。むしろ新たな土地で自由に生きるために、これらの考え方が一層重要になる場面もある。それゆえ発達したのが、暮らしや居住地が変わったとしても実践できる、ヌエルの規範から逸脱しうる問題への対処の方法である。本章では、まずヌエルの人びとが遠くからやってきた他者に出会ったときに、その人物をどのように位置づけるのかを取り上げ、ヌエル社会のモラル・コミュニティと想像力を紹介する。次に、独立後南スーダンで生じた紛争により国内避難民となった人びととの暮らしから、彼らが日常的な交換媒体や食糧を獲得する際、どのような規範や原理に沿って媒体を選択し、人間関係を形成しているのかを明らかにする。最後に、人間の生にとって致命的な「血」の問題に、人びとが地域を超えてどのように対処しているのかを取り上げ、本章で扱うさまざまな場面に通底する経験の配位について検討する。

第2節　他者に出会うことは祖先を辿ること

祖父／祖先の名を辿る

次は、ニャジャル・ングンデンというヌエル語の名前を授けられたわたしが、初めて出会うヌエルの人びととたびたび交わすこととなった会話である。
男：「やぁ、お嬢ちゃん。」（*maalɛ, nyama!*）
わたし：「こんにちは。」（*maalɛ mi goaa.*）
男：「あんたは誰？」（*ɛ jin ngä?*）
わたし：「わたしはニャジャルよ。」（*yän Nyajal.*）
男：「ニャジャル？　ニャジャルのお父さんの名前は？」（*Nyajal? Nyajal ngä?*）
わたし：「ニャジャル・ングンデンよ。」（*Nyajal Ngundeng.*）
男：「ングンデン？　ングンデンのお父さんは？」（*Ngundeng ? Ngundeng ngä?*）
わたし：「ングンデン・ボンよ。」（*Ngundeng Bong.*）
男：「ボンのお父さんは？」（*Bong ngä?*）
わたし：「ボン……忘れちゃった。」（*Bong...cä paluec.*）
男：「忘れた？　どうしちゃったの？」（笑い）（*ci paluec? ɛngo?*）

わたしは都市、村落、国内避難民キャンプなどさまざまな場所で調査をしてきたが、わたしがヌエル語名を言うと、その父、そのまた父、さらにその父……の名を聞かれるのが常であった。ヌエル語で父は「グワン」(*gwan*)という。グワンに「大きい」「偉大な」を意味するドン(*dong*)という形容詞がついたグワンドン(*gwandong*)は祖父の意である。グワンドンは、祖父のみならず祖先一般や、文脈によってはクウォスを指すこともある。

ヌエルの典型的な挨拶の一つが、全く見知らぬ人物に名前を尋ね、その父たちの名前を尋ねていき、そして自分と他者の距離を把握するというやり方である。[9] ヌエルの人びとの名前は、次のように自分の父系の祖先を辿ることで表現される。

(キリスト教徒名)[10] 自分の名前 父 祖父 曽祖父 曽祖父の父 曽祖父の父の父 …

したがって、互いに自身の父系の祖先の名前を順々に名乗り合っていけば、必ずどこかで同じ祖先(始祖)に辿り着く。ヌエルの人同士であれば、このように父から始まる祖父の名前を辿っていくことで、目の前の人と自分の「親族関係」(*mar*)を把握することができる。ヌエルの人びとは、たとえまだ幼い者であっても自分の名から出発し、自身の父系出自を最後の祖先、すなわちこの世にはじめに誕生した「人間」やさらに人間を創った「世界」を意味するホア(*ɣɔa*)にまで続く、自分の父、母の父系の祖先の名を覚えているという。ヌエルの人びとは、日本に暮らすわたしたちも当然自身の父方の祖先を遡ることができると考える。そのため、われわれを含む世界のすべての者は、彼らの親族体系の中でいつかつながる、遠い「親族」として捉えられている。

子供たちは、幼い頃から遊びの一環で自分の祖先について覚えはじめる。わたしがボーで滞在していた家庭では、就学前の子供たちがすでに最後の祖先、すなわち「世界」まで父方、母方両方の父系出自を遡ることができていた。わたしが出会った多くのヌエルの人びとに出自を尋ねてみたが、ほとんどの者が自身の父方・母方の父系の祖先の名前をそらんじることができていた。

わたしはよく子供たちと「祖先辿りゲーム」とも呼べる遊びをしていた。例えば、小学校就学前（六歳）のニャショルに「あなたは誰？」と名前を尋ね、「そしてそれは誰？　さらにそれは誰？」というように名前を聞いてゆくと次のように答えてくれる。

わたしはニャショル（自分の名）。ニャショル・シャール（父の名）、シャール・ショット（祖父の名）、ショット・シャアール（曾祖父の名）、シャアール・ニィエール、ニィエール・ダン、ダン・クアール、クアール・クアス（最小リニィジの始祖の名）、クアース・ゴール、ゴール・クウォック、クウォック・ニャン、ニャン・ディナイ（ロウ・ヌエルの始祖の名）、ディナーイ・ゲー（ヌエルの始祖の名）、ゲー・ラーン（人間の始祖、「ナース」とも呼ばれる）ラーン・ホア（世界）！

ヌエルの人びとは出自をそらんじるとき、右のように自分の名と自分の父の名から始め、父の名と祖父の名、祖父の名と曾祖父の名……という具合に、二代ずつ祖先の名を言う。最後のディナイ（Denay）とは、ロウ・ヌエルの始祖の名前である。ディナイは、次のゲー（Gee）の息子であり、ディナイには、ほかにキール（Kiir）という東ジカニィの始祖にあたる兄弟がいる。親であるゲー（Gee）は、ヌエルの始祖、最初のヌエルの人の名を意味する。ディナイやキールという名前が自身の父系の祖先の名前に入っていることによって、ヌエルを父に持つ者は、世界中どこにいようと、ロウや東ジカニィなど自分の出身の集団名が分かる。そしてラーン（ナース）は、ヌエルの始祖ゲーを生んだ「人間」である。このラーン（ナース）で、ヌエル以外のすべての人間がつながる。すべての人間の父は、「世界」であるホアである。ラーンやホアになると、単に創造主という意味合いでクウォス、あるいはクウォス・チャック（*kuɔth cak*）とそれらをまとめる者もいる。

わたしは彼らとの生活の中でたびたび「ニャアダ」（わたしの娘）や「ニモアル」（*nimoar* 姉・妹）、あるいは予言者ングンデンの子孫には「ウェイダ」（母方のオバ）などと呼ばれてきたことは序章で紹介した。はじめそれは親しみを込めた比喩なのだと思っていたが、それはただの比喩ではなく、「実際に」そうなっているということを、人びとは「ラーン」、人間という共有の祖先まで辿って説明してくれた。ヌエルの人びとは、単なる理念や表現、比喩ではなく、祖先の名を辿ることによって誰もがアクセスできる社会的事実として「人類はみな兄弟だ」と語るのである。

ヌエルであれば、自分の父系の祖先の名を知らない、あるいは忘れるということはまず起こらないという。わたしは自分の曾祖父の名前も知らないが、それはヌエルでは非常に大きな問題を引き起こしうるらしい。というのも、初めて出会った人とより深い関係——例えば恋人関係や婚姻関係——を築きたいと思った場合、どの地点の祖先を共有しているかによって、その人とインセスト関係にあたるかどうかを確認できるからである。子供が一二、一三歳になり、恋愛に関心を持ち始めるころには、インセストとされる六世代までの父方・母方の祖先については最低限覚えておかなければならない。

この確認作業は、村落部ではもちろんのこと、人間同士のつながりがはっきりしない都市部においてはより重要となる。都市で偶然出会い、肉体関係を結んだ相手が、実は自身と出自を同じくするインセスト関係にある人物だったなどということは避けねばならないのである。人びとは、父方（*kui gwan*）の父系の祖先だけでなく、母方（*kui man*）の父系の祖先も辿ることができる。覚えている範囲に個人差はもちろんあり、時として順番や人数が曖昧なこともあるが（その場合は年配者などに正しい順番を確認する）、大抵一二〜一四代を遡ると最後のホアあるいはラーンにたどり着く。七代以上前の祖先は、人によっては記憶違いなどが生じている場合があるが、この記憶違いは、日常生活を送る上では特に問題がない。正確な関係の理解が求められるのは、当事者同士の「血」（*riɛm*）のありようが問題となる結婚やインセスト、殺人のときだけである。

インセストによって生じた血の穢れは、ルアル（*rual*）と呼ばれる。ルアルは、都市でも村落でもめったに生じることがないらしいが、それでも生じてしまったときは、村落部で供犠が行われる（本章第5節参照）。特に、結婚しようとする者同士がインセスト関係にないかどうかは、当事者の記憶に頼るだけではなく、年配者など出自をよく知る者たちも交えて判断される。したがってこの出自の記憶は、観念として重要であるというよりも、実際の生活を送る上で重要な実践なのである。

エヴァンズ＝プリチャードの報告によれば、一九三〇年代、父系の祖先は最小単位で三代から五代ほど遡られるのみであった[11]。おそらく、当時は人びとの居住地域と同じ居住地に暮らす成員が共有する祖先の範疇がある程度重なっており、祖先を記憶しておくことがそれほど重要でなかったことがその背景としてあるだろう。五代以上前の祖先に関しては、遠い神話的な存在として語られていたらしい。もしこれが事実なら、現在はかつてよりはるか先の祖先まで記憶されていることになる。しかも他者と出会う場面で言及される祖先は、遠い神話的存在ではなく、彼らの「実際」の祖先であるかのように語られる。なぜより遠くの祖先まで辿られるようになったのか、その理由は定かではない。可能性の一つとして考えられるのが、移動の機会や距離と背景（*kui*）の知れない他者と出会う機会の増加であろう。

移動の増加に伴って人びとが直面することになったのが、インセストや集団間の報復闘争（*ter*）という、かつては村落内部で回避され、あるいは解決されてきた問題である。インセストや報復闘争には、それぞれ血の穢れが伴なう。前者には、さきに述べた通りルアル、後者には、殺人に伴う血の穢れを意味するヌエール（*nueer*）が該当する。これらの血の穢れは、発生した場合には適切な方法によって解決しなければ、当事者やその親族の存続にとって致命的な出来事——病や死、不妊など——がもたらされると考えられている。

村落部で古くから続く報復闘争とは、二つの集団間で発生した殺人と、その殺人に対する報復、そしてさらにその報復に対する報復が繰り返し行われるという現象である。報復闘争によって、二つの集団は互いの集団に対して報復を行い続け、半永久的な敵対関係になる。報復の対象となるのは殺人を行った者ではなく、その者が所属する集団のうち誰でもよいことになっている。したがって、自身の属する集団の敵（*tɛr*）に相当する集団の居住地には近寄らないよう互いに注意する。近年では、たまたま故郷に帰省している教育を受けた若者などが、のちのちその集団の有力者になるであろうという理由から、報復の対象として狙われることもあるという。都市部では報復闘争は発生しない。だが、村落部に帰郷した際の危険性を考慮し、敵対関係にある集団の出身者同士が、知らぬうちに都市部で友人同士になるといったことは避けた方がよいと考えられている。他者に出会う機会が増加する中、人びとが自身の出自や関連する集団を想起する機会は確実に増えた。村落部でも都市部でも彼らが安心して暮らすためには、自身の出自と村落部での集団関係をしっかりと把握しておく必要がある。

二種類のモラル・コミュニティ：チエンとソク・ドゥイル

ここで、ヌエルの人びとのモラル・コミュニティを論じる際に重要となる、チエン（*ciɛng*）とソク・ドゥイル（*thɔk dwil*）という二つの概念を紹介したい。これらの概念は、彼らが自己と集団の関係を語るときによく参照する。この二つは、都市部—村落部、過去—現在という時空間を超えて存在するコミュニティのありかたであり、ヌエルの人びとがさまざまな出来事や他者を位置づける方法とも関わっている。

「チエン」（*ciɛng*）は、ヌエル語で「家」を意味する語である。使われる文脈に応じて、日常生活を送る家や、その家のある地域全体、生まれ故郷、親族集団、家に滞在する期間などさまざまな事象を指す。エヴァンズ＝プリチャードはチエンという概念を理解するために分かりやすい例を挙げる。

ヌアー（ヌエル）が「自分はどこそこのチエンの者だ」と言うとき、［…］その正確な意味は、それが話されている状況によって変わってくる。もしドイツでイギリス人に出会って彼のホームはどこかと聞けば、それはイギリスだと答えるであろう。ところが同じ人物にロンドンで出会って同じことを聞けば、彼はオックスフォードシャー州と答えるかも

> しれない。その州で彼に会うと、次は自分の住む町、村の名前を言うだろう。［…］ヌアーについても同じことが言える［…］チエンは、状況に応じてホームステッド、ハムレット、村、そしてさまざまな次元の部族セクションを意味する[12]。

エヴァンズ＝プリチャードは、ヌエル社会において「個人の社会的接触の範囲は、いかなる構造的な区分とも完全に一致していない」[13]ことを指摘し、チエンという語で示される自己と集団の関係も同様に相対的なものであることを主張した。したがって、「チエンに帰る」（*waa cieng*）などと人が言ったときには、そのチエンが今の家なのか、故郷の土地なのか、その地域の親族の家なのかを文脈の中で判断しなければならない。

自己と集団に関わるもう一つの重要な概念として、ソク・ドゥイルがある。文字通り訳せば、それは「小屋の入り口」という意味になる。ソク・ドゥイルは、父を通じて辿られる出自集団（父系リニィジ）を指す語である。さきにヌエルの人びとが祖先の名前としてそらんじていたのも、ソク・ドゥイルの一形態である。ソク・ドゥイルが固定的・普遍的であるのに対し、チエンはひどく流動的・相対的なものである。しかし、このソク・ドゥイルはチエンほど日常的に言及されない。

> ヌアー（ヌエル）は自分の社会的な位置について述べる時、自分はここそこのソク・ドゥイルの者だという表現は通常しない。その代わり、ある地域共同体、つまりあるチエンの者だと言う。［…］普通の社会的状況においては、地域共同体の名前のもととなったリニィジ（ソク・ドゥイル）に所属していようがいまいが問題にならない。しかも日常の会話ではリニィジの名前は厳密な親族関係ではなく、地域的な言い合いで用いられるから、そのリニィジと共同体生活を共にしている人々は、あたかも自分たちもそのリニィジの成員であるかのような話し方をする。［…］このため、チエンと言う語はリニィジ帰属をはっきりさせないまま、しばしば曖昧な意味で用いられている[14]。

現在でも、チエンのみが言及される場合と、ソク・ドゥイルが問題になる場合とがあるのは共通している。日常的にはチエンが言及され、インセストや結婚に関する話となると、ソク・ドゥイルが問題とされる。

しかし、チエンは時として、ソク・ドゥイル同様「～の子孫たち」というニュアンスを帯びることもある。この場合のチエンは、ソク・ドゥイルの代わりとして父系リニィジを表す言葉ではなく、出身地を同じくする人びと、同じ土地に住んでいる人びとを指す。以下にヌエルの人びとが自己と集団の関係を表すときに使用する表現と、そのニュアンスをまとめておこう。

・チエン（*ciɛng*）……「家」の意。地域共同体。文脈によって村、町、州、国家なども指すことがある。あるチエンに所属する祖先を共有する人びとという意味もある。チエンの名には女性系の名前（*Nya*-が語頭にくる語）もしばしば見られる。

例：チエン・ニャジャル　→「ニャジャルを祖先に持つ者、あるいはその集団およびその集団が暮らす地域」

・ペック（*pek*）……村の一部。
・ペーダ（*pee-dä*）……自分が主人である「家」。「家」のある場所。
・ペーダ（*pee-da*）……自分以外の誰かが主人であるが、自分が所属している「家」。
・レイ・チエン（*rɛy ciɛng*）……「家の中」という意味だが、「村」を指す。それぞれの「家」が集合体としてより大きな「家」、チエンを形成するイメージ。
・ドル（*dhɔr*）……故郷、出身地。出身の国や地域を指す。
・ゴル（*gɔl*）……「炉」の意。ある一つの炉、つまり食事を作る「妻」に属する者たち。大抵は夫とその子供たちのことを指す。

写真 18　チエン（家）のソク・ドゥイル（小屋の入り口）に立つ家族

例：ゴル・ニャジャル→「ニャジャルの夫と子供」、「ニャジャルの炉で食事をする人たち」

・ソク・ドゥイル（*thɔk dwil*）……「小屋の入り口」の意。父系の祖先や出自集団を指す。また、ある時点で父系の祖先を共有する人びとを指す。

・カイ（*kai*）……その人物の「背景」。ソク・ドゥイルと似ているが、ソク・ドゥイルを聞かれたときに特定の祖先名を挙げるのに対し、カイは父系の祖先全体を指す。カイには、また母方（*kai man*）の父系の祖先・出自集団も含まれる。

ソク・ドゥイルやチエン、ゴルという集団概念は、単に祖先や地域、物質を指すのではなく、それを共有する人間を含むものとして言及される。これらの集団概念は、エスニシティやアイデンティティという語から想起されるような曖昧な集団意識や自己意識ではない。地域や人間関係で問題が起きた際に、実際に辿られ精査することが可能な、具体的な体系あるいは実践である。

次では、わたしが滞在していた都市部に暮らすある家庭を例に、日々の人間関係や親族の様子を紹介しよう。

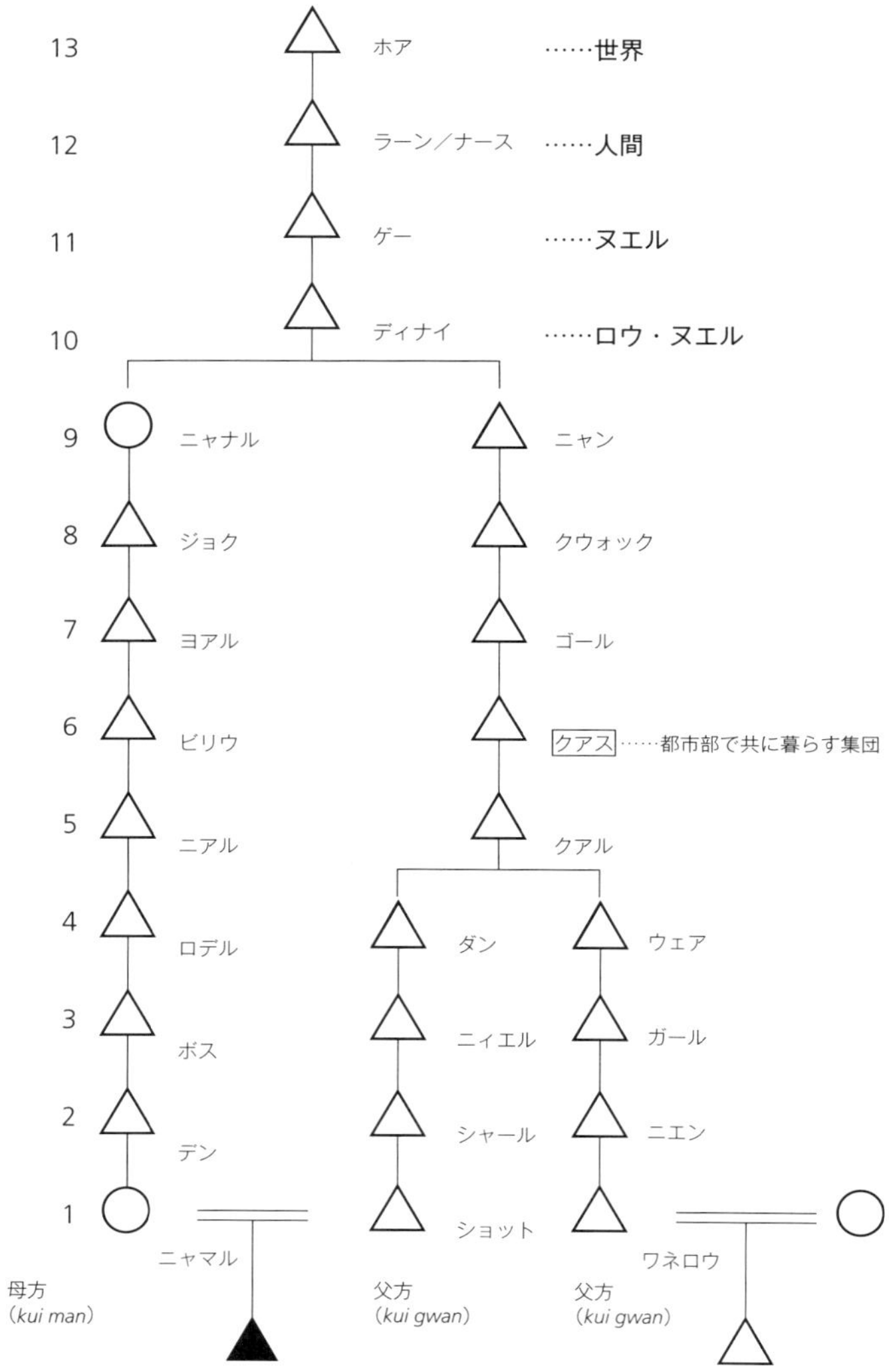

出典：筆者作成

図3　ある親族内の成員が共有する父系の祖先

都市で暮らす家族とチエン

取り上げる親族（*mar*）は、ジョングレイ州の州都ボーにあるチエン・クアスと呼ばれる集団に属している一家である。チエン・クアスは、もともとジョングレイ州の北東部に位置するアコボ郡に存在する最小リニィジである。

わたしが滞在していた二〇一一年から二〇一三年までのあいだに、この家にはさまざまな背景を持つ人びとが居住していた。多くの親族が連絡なしにやってくるので、来訪者の多い乾季は特に、家庭内は水不足、食糧不足であった。都市からやってくる親族は小さなお土産——携帯電話やスニーカー、懐中電灯など——を買ってくることもあったが、泊めてもらうことや提供される料理、お茶、水に対してカネが支払われることはなかった。

わたしが村落部からやってきた人との関係を家長に尋ねても、たいてい「オバ」、「オジ」、「キョウダイ」などとしか説明されない。しかし、後から個人個人に父系出自を辿ってもらうと、実際にはかなり「遠縁」にあたる者であることが多い[15]。例えば、この家の家長のシャールが「兄」や「弟」を意味するダマン（*damar*）あるいは「兄の息子」であるガット・ダマン（*gat daman*）と呼んでいた二〇代男性のラジョール（Latjor）[16]は、実際には五代も前の父系の祖先を共有する親族であった。図3はシャールとラジョールにそれぞれ辿ってもらった父系出自を示す。シャールのように、多くのヌエルの人びとは母方の父系出自も辿ることができるという[17]。

このチエン・クアスの単位となっている六代前とは、ぎりぎりインセストとそれに伴う血の穢れ、ルアルが生じる範囲である。彼らは日常生活において実際の出自を確認するということはしない。不用意に出自を確認することは、コミュニティや個々人の関係においてかえって問題を引き起こしかねないからである。ボーの家に訪れる親族の様子を観察していると、実際の出自がどうであれ、彼らは同じ家に暮らす者として区別なく扱われていた。

父方と母方の父系の祖先が最後まで記憶されるのに対し、女性の祖先の名前については父系の祖先群のように体系的に覚えられてはいない。チエンの名前に、しばしば「ニャ」という接頭辞を持つ女性の名前がついていることがある。さらに、チエンの名前だけでなく、民族集団の名前にもしばしば語頭に「ニャ」（*nya*）の入る女性系の愛称がつけられることが多い。例えば、ディンカは「ニャデンの子孫たち」を意味するチエン・ニャデン（*ciɛng Nyadeng*）や、「ニャルオプの子孫たち」、チエン・ニャルオプ（*ciɛng Nyaruop*）などと呼ばれたりする。またヌエルの人びとは自分たちのことを「ニャトイの子孫たち」チエン・ニャトイ（*ciɛng Nyatoi*）という愛称で呼んだりする。[18]

かつて、ソク・ドゥイルとチエンの領域は重なっていることが多かったが、移動の増加に伴い、両集団の物理的距離は広がっている。移動の増加と見知らぬ他者との出会いという不確実性の高まりの中で、自身の出自は、かつてより頻繁に参照されるようになった。一方で、チエンの概念からも分かるように、出会う他者との構造的距離によって、自身の属する集団の範囲は変化する。自身の属する集団の流動性と不変性の双方によって、ヌエル社会における自己や他者把握の方法は形作られているのである。

続いて、移動と紛争にともなう交換媒体の変容を取り上げる。

第3節　循環する媒体と人間の生

ヌエルの行動を理解したいと望んでいる人への最適のアドバイスは、「事件の陰に牝牛あり」である。[19]

ヌエルの場合、出稼ぎなどで自主的に移動を行うこともあるが、それよりも多いのが、紛争や天災によるやむを得ない移動である。移動の増加によって問題となるのが、これまで人びとが頼りにしてきたウシという交換媒体の喪失である。ヌエルと言えば、「ウシに生きる人びと」[20]として知られているが、わたしが出会ったヌエルの人びとの多くは、紛争の中でウシを失った者たちであった。

ここではまずヌエル社会における貨幣経済流通の背景を概観する。そして紛争で人生の岐路に立たされたヌエルの人びとが、ウシやカネなどの交換媒体をどう運用することで自身の人生を切り開いてゆこうとするのか、彼らの将来のヴィジョンを取り上げ、個々のヴィジョンに通底する原理について検討したい。

カネの到来

ハッチンソンによれば、一九三〇年代、カネ（*yiou*）がヌエル社会にもたらされたばかりの頃、人びとはウシ（*sing. yang, pl. yook*）をカネに変えることを拒んでいたという。はじめ、人びとはウシと違ってその内部に「血」を持っていないカネにひどく困惑していた。[21] 使ってしまえばたちまち姿を消してしまうカネの「不妊さ」は、放っておけば子供を産んで増えてゆくウシの「多産さ」と比べられたのだった。そればかりでなく、カネは雨に濡れれば溶けてしまうし、その辺に放っておけば白蟻に食べられてしまう。ちょっと乱暴に扱っただけで破れてしまう。カネは物理的性質において「不妊」であるばかりでなく、「脆弱」でもあった。

さらに、それまでウシが解決してきた社会的問題に対してカネはウシと同等の効力を持たなかった。ウシを供犠することによって解決されてきたのは殺人、不倫、インセストなどの人間の「血」（*riɛm*）が関わる問題である。これらの問題は、ウシの血が流れ、その肉を当事者同士で食することによって解決される。どう扱っても「血」が流れることのないカネでは、上記の問題は解決できないと人びとは判断したのだった。[22] 現在でも、ウシは人と人、あるいは人とクウォスのあいだに関係を創り出し、またそのつながりを強化する上で非常に重要な存在である。上述の理由から、カネは一九六〇年代まで拒み続けられ、一九八〇年代になってもまだ、ウシとカネのあいだでジレンマを抱える人びとは存在したという。[23]

しかし、貨幣経済がヌエル社会で流通し始めた一九八〇年代初め、ウシにかわって、カネが徐々に日常的な交換媒体の中心となりはじめた。現在、ヌエルの人びとはどのような基準に基づきウシやカネを選択しているのだろうか。以下では二〇一一年以降に民族集団間の武力衝突で発生した国内避難民との対話を例に考えてみたい。

ウシを失った人びとのヴィジョン

二〇一二年、わたしが出会ったジョングレイ州のヌエルの国内避難民は、ウシを失い、人生の岐路に立たされていた。[24]わたしが国内避難民キャンプでよく耳にしたのは、「ウシのあるところでは常に戦いが起こり、多くの血が流れる」という人びとの嘆きだった。

南スーダン独立後の二〇一一年末より、ジョングレイ州では家畜や誘拐された子供をめぐる民族集団間の衝突が激化していた。[25]衝突は、主にロウ・ヌエルと、隣接する民族集団ムルレのあいだで生じた。貨幣経済が浸透したとはいえ、国内避難民となった人びとにとって、祖先から受け継いできたウシを一夜にしてすべて失ってしまったことの衝撃は大きかった。さらに、同年の雨期に生じた大規模な冠水により、ジョングレイ州全体は甚大な被害を受けた。紛争の中でウシが奪われただけでなく、わずかな農作物も台無しになり、ロウ・ヌエルの人びとの生活は大変厳しいものとなった。ジョングレイ州の各地には、国連機関やNGOによって一時的な国内避難民キャンプが建設された。わたしが調査を行ったアヨッドの国内避難民キャンプもそのうちの一つである。アヨッドは、ガーワル・ヌエルの人びとの居住地に位置する。ガーワル・ヌエルは、ロウ・ヌエルとは古くからウシの略奪をめぐって戦いを繰り返してきたものの、干ばつなどの緊急時には相互扶助関係を築いてきた集団でもある。

国内避難民キャンプに流れついたロウ・ヌエルの人びとは、今後ウシを追う人生へと戻るか、カネだけを得るために生きてゆくかという選択を迫られていた。わたしが出会った人びとの多くは、治安も良く穀物を育てやすい土壌を持つアヨッドにそのまま定住することを希望していた。しかし当時、アヨッドのコミッショナーは国内避難民キャンプの取り壊しを検討していた。避難民となった彼らの存在は、アヨッドの地元住民にとっても大きな問題だった。食糧の分配や井戸の使用をめぐって、国内避難民と地元住民のあいだでは争いが絶えなかった。さらに

写真 19（上） ウシの競売が行われる木の下に集まる人びと
写真 20（下） 競りを行う競売人

は、国内避難民には該当しないであろう周辺の村落部に暮らす人びとも援助の噂を聞きつけてアヨッドに集まり、アヨッドの人口は急激に増えていた。

国内避難民であるロウ・ヌエルとホストのガーワル・ヌエルのどちらにとっても日々の大きな関心事であったのが、ウシの競売マーケットである。ウシの競売マーケットは、一九四〇年代にはすでに政府がスポンサーとなり村々に存在していた。政府に雇われる人間が増えるにつれ、ウシのマーケットは徐々に拡大していった。当時、特に教育を受けたエリートは、「より普遍的に価値を持つ」と考えられていたカネを手に入れる必要があった[26]。アヨッドのマーケットでウシを競売にかける者の多くも、教育費や医療費など、なんらかの理由でウシをカネに変える必要ができたために、村落部からやってきていた。

国内避難民となった人びとの中には、わずかながらに残されたウシをこのマーケットで売り、カネを得ている者もいた。買い手となるのはもっぱらホストであるガーワル・ヌエルである。競売は国内避難民にとっても、ガーワル・ヌエルにとっても日々の娯楽の場であり、毎日のようにマーケットには人だかりができていた。その多くが男性で、ウシを買うつもりのないやじうまがほとんどであった（写真19、写真20）。

ウシの持ち主は、それぞれが所有するウシの希望売却価格を競売人（*duech yook*:「ウシを売る人」の意）に告げ、競売の脇でその様子を見守る。群がる客は、競売人の言い値から徐々に自分の予算に合わせて値段を上げてゆく。「これはムルレから獲ってきたウシだよ！　ほら、人間を怖がっているだろう！」[27]、「この牝ウシは乳をたくさん出すぞ！　仔牛もつけてやる！」などと叫びながら、聴衆にとってそのウシがより魅力的に映るように宣伝する。客は、気に入ったウシがいれば、周りの様子を窺いつつ、他の人には見えないようにこっそりと値段を示す手のサインを競売人に見せる。競売人は一瞬出されたそのサインを見逃さない。競売人が手に持つベルを上に上げるのは、いよいよ値段が決定し、売り手が決まりそうだというサインである。これ以上値段が上がらないと判断すると、競売人はベルを鳴らす。最終的な値段が持ち主の希望にそぐわなかった場合は、持ち主は競売人に五南スーダンポンド（一二〇円程度）[28]を渡し、また次の機会にそのウシを売ることもできる。

買い手の多くは、息子や兄弟の結婚を控えている者で、婚資として支払うウシを買いに来た者たちである。ウシの競りはほぼ毎日行われるが、わたしが観察した一ヵ月ほどのあいだでは、一日に一頭売れるか売れないかという程度だった。多くの場合、売り手の希望する価格での買い手が見つからないからである。この場合、売り手は希望する値段で買ってくれる者が現れるまで毎日ウシを出して待つか、あるいはより高値で売ることのできるボーなどの都市部までウシを連れて歩いてゆく。運よくウシが売れたとしても、売り手と買い手はともにまだ安心できない。競売人は、ウシを引き渡す最後まで売り手と買い手が誰だか分からないように気を払わなければならない。競りの場でウシが買い手に渡されることはない。売り手と買い手は、競売人を通じて待ち合わせの場所を決め、秘密裏にウシとカネを交換する。交換したウシやカネが道中盗まれるのを避けるためである。貨幣経済が浸透した今となっても、ウシのやり取りは特に若い男性の強い関心の的であり、ウシの競売場は興奮と緊張に満ちた場となっている。

ウシ、カネの脆弱性の克服――「書くこと」の多産さ

二〇一三年一月、一年以上援助物資の供給が行われていなかった国内避難民キャンプ[29]では、人びとは狩猟採集や近隣のガーワル・ヌエルへの物乞いで得た食糧をやりくりして生活していた。

わたしがはじめにキャンプを訪れたとき、人びとはわたしを援助関係者と思って駆け寄り、食糧や住居についての不平不満を浴びせた。数百人以上にもなる国内避難民キャンプの住人に対しわたしはどうすることもできず、その代わりというわけではないが、将来のヴィジョンについて彼らとよく話し合った。例えば、もし食糧を得ることができたら次はどうするか、またその次はウシを得るのかカネを得るのか、そしてその後の人生はどうするのか、といった具合にである。彼らとのやり取りから見えてきたのは、最終的に自分自身、そして自分と関係のある人間

の集合体の人生を、「平穏」や「幸福」（*mal*）へと導くためのさまざまな戦略であった。

二〇一三年一月、治安の悪化のためにロウ・ヌエルの村から避難してきたばかりのある親子[30]（父七〇代、息子四〇代）は、一〇頭のウシを連れてきた。しかし、父の病気のために一頭一〇〇〇南スーダンポンド（二四〇〇〇円程度）で売り、病院に行くための費用とした。診療所での治療費は、ウシやヤギでは支払うことができないため、やむを得ない選択であった。その父と息子は今後、ウシを飼うのをやめて、カネを稼ぐことをそろって主張していた。しかし、ここで興味深かったのは、「カネを稼ぐ」という手段は同じでも、その目的は父と息子で異なっていたことであった。わたしが「稼いだカネを何に使うのか？」と尋ねると、息子は、そのカネで農具を買ったり、自分の子供をいい学校へやったりすると言った。しかし、父は「そのカネでまたウシを買う」と主張する。息子が「ウシなんか買って、いったい何をするつもりなのか」と聞くと、「そのウシでまた結婚するんだ」と父は答えた[31]。わたしが「誰の結婚用ですか？　息子さん？」と尋ねると、「いや、わたし自身だ」とその父は答えた。

父のこの発言を聞いてやや呆れ顔だった息子も、自分が結婚するときの婚資の支払いは、現金よりもウシの方がいいだろうと考えていた。息子が指摘したのは、結婚だけでなく、殺人などウシの供犠を必要とする問題が起こってしまった場合の「保険」としてウシを少しは確保しておくことの重要性だった。その理由は、ウシの供犠とその際流れるウシの血は、殺人によって再び血が流れることを防ぐからであるという。後述するように、現在でも殺人事件などが起こった場合、ウシの供犠、そしてその「血」のみが問題を解決できると考える者が多い。

対話の中で見えてきたヌエルの人びとの将来のヴィジョンからは、一九三〇年代から一九六〇年代にハッチンソンが観察した、物質的にも交換媒体としても「脆弱なカネ」という見方が推移していることが窺える。国内避難民となった人びとは、それぞれの媒体を、(a)カネより脆弱なウシ、(b)「保険」としてのウシ、(c)「強さ」教育と認識し、戦略的に選ぼうとしていた。それぞれの戦略は、個々人が描く将来のヴィジョンによって異なっていたが、事例を見てゆくと、媒体選択の基準にはある原理が共有されていることが分かる。

以下、傍線部（——）は語り手のウシとカネをめぐるヴィジョン、二重線部（══）はウシの脆弱性、点線部（……）は結婚とウシ、波線部（〜〜）は「強い教育」、という考え方をそれぞれ指摘したものである。

(a) ポケットに入らないウシの脆弱性

〈事例3－1－1〉カネを得て学校へ

今後は食べ物か、水か、漁撈用の網を得たら村に帰るつもりだ。今後はウシよりもカネを選ぶ。ウシはムルレなんかに盗られてしまうが、カネなら鞄の中に入る。結婚もカネで払うつもりだが、嫁側の親族がカネで払うことを拒否したらウシを買ってウシで払う。そしてそのカネで子供を学校へやったり、家を買ったりする。

（三〇代の男性。結婚するため三〇頭を婚資として支払い、残りの五頭は略奪された）[32]

〈事例3－1－2〉戦いを呼ぶウシと学校

いつか村には帰る予定だ。帰ったら耕作をし、モロコシ（*bɛl*）を育てる。それでウシを得て、それを売り、そのカネで耕作用の機械を購入する。そしてさらにモロコシを育ててカネを得、そのカネで子供を学校にやり、カネが多くもらえる仕事に就かせてさらにモロコシを育てる。ウシはもう手にするつもりはない。ウシは銃や戦いを呼ぶ。カネには戦いは関係ない。ウシを買うのは結婚相手の親族が望んだときだけだ。

（三〇代のディンカの男性。約三〇頭のウシを略奪された）

〈事例3－1－3〉「強い」教育

今後村に帰る予定はない。ずっとアヨッドで暮らす予定。アヨッドはロウの土地と土壌が違う。ここで耕作をしてカネを得る。またウシを得てウシを増やし、ウシを全部売って仕事を始める。ウシは盗られてしまうが、カネはポケットやバッグに入るし持って逃げることができるから。そしてその仕事で得たカネで子供に教育を受けさせたり、車を買ったり家を買ったりする。一番この中で強い（*buom*）のは、教育だ。

（六〇代の男性。約四〇頭のウシを略奪された）

〈事例3－1－1、3－1－2〉の語り手が指摘しているのは、自分たちが武力衝突の中で経験したウシの「弱さ」である。〈事例3－1－3〉の老人は、今後はもうウシを手にするつもりはなく、耕作を通じてカネを得る生活に入るつもりであるという。このとき彼は「強い」（*buom*）という語で教育を説明した（波線部）。

わたしが対話をした多くの人びとは、いざというときに「ポケットに入らない」ウシの脆弱性を指摘した（二重線部）。このウシの脆弱性は、「（ポケットやかばんに）隠したカネで、またウシを買うこともできるし別のことに使うこともできる」と、交換媒体としてのカネの有効性と比べられる。一方、多くの者が結婚の際だけはウシを買う必要があるというのは、さきの親子の見解と同様である（点線部）。一九三〇年代から一九八〇年代初頭にかけて、ウシがカネに取って代わる交換媒体になってきたものの、結婚やイニシエーションなどカネで代用できない「血」の領域では、ウシの供犠が必要とされた。[33] 次に取り上げる老人たちも、やはり「血」の問題のためにウシを持っておく必要があると主張する。

(b)「血」の問題に備えるためのウシ

〈事例3－1－4〉「終わらない」ウシと教育

今はウシも子供も村にいないから帰りたくないし、たとえウシが手に入っても帰らない。村はまだ治安が悪い状態だし、飢え（*both*）もある。もしウシを得ることが出来たら、ウシはカネには変えず、持っておく。ウシは子供を産むので終わらない（*kɛnɛ thoak*）からだ。カネは、何かを買ったらすぐ終わってしまう。だが、教育のためならウシをカネに換えてもいい。教育を受ければ、いい仕事に就くことができ、それでカネが手に入り、ウシを買うことが出来るから。それでウシを増やしてまた（子供に）教育を受けさせてもいい。

（五〇代の男性。約六〇頭のウシを略奪され、残りは一頭のみ）

〈事例3－1－5〉カネとウシの両方で未来に備える

これから、できればウシを得てまず、ミルクを手に入れる。ただし子供の教育に関するときだけ、ウシを売ることを家族には許すつもり。子供が教育を受ければ仕事を得ることが出来、カネが手に入り、食べるためのウシが手に入ったあとは、結婚のためのウシを増やすことができる。これは自分の結婚でもあるだろうし、息子の結婚でもありうる。

（六〇代の男性。約三〇頭のウシを略奪された）

ウシを失った年配者であるこの二人の主張は、教育のためならウシをカネに換えてもいいのだという点で一致している（波線部）。と言うのも、彼らの表現を借りれば、教育はカネと違って「終わらない」（*kɛnɛ thoak*）からである。この「終わる」（*thoak*）という表現は、交換媒体や教育の「強さ」を指摘する際によく使用される。この「強さ」とは、教育を受けて良い職に就くことができれば、カネを得ることができ、ウシが欲しくなってもそのカネで買うことができ……というように、媒体が媒体を生み出す再生産の能力を有することを意味している。

その一方で、この二人は、再生産の過程を経て最終的にはウシを得ることが重要であると指摘している。いずれにとっても、ウシは、彼らの結婚や自身の後に続く子孫の繁栄を導くものとして語り手に認識されている（波線部）。

次の語り手である年配女性も、教育は人間を「強く」することを指摘する。教育はいかなる意味で「強い」人間をつくることができるのだろうか。

(c)「終わる」ウシ、教育の多産さと「強さ」

〈事例3－1－6〉「終わらなさ」と「強さ」

今後も村には帰らず、アヨッドに住み続ける。そしてモロコシ（*bɛl*）を育ててウシを買う。それからカネに換えて子供を学校へと行かせる。子供たちが職に就くことができれば、またカネ（給料）を得ることができる。カネは教育や仕事を通してまた生み出されるから、終わらない（*kɛnɛ thoak*）。しかし、ウシはムルレに盗られたり、病気になったりして終わる（*thoak*）ことが多い。だから自分はカネを選ぶ。そして書くこと／教育（*goar*）は人を強く（*buom*）する。なぜなら、良いことと悪いことの区別をつけることができるようになるし、それによってたくさんカネを得ることができるからだ。

（年配女性[34]。何頭かは分からないがすべての家畜を失った）

〈事例3－1－6〉の女性は、カネの「終わらなさ」を教育の「強さ」（波線部）と結びつけて語っている。「終わらない」ということは、ただ交換媒体が消失しないということ以外にも、結婚や、その後にもうけた子供が受ける教育、その後の就職と不可分な事柄として語られている。

人間の生と連動するウシ・カネ・教育の循環

これまで見てきた事例から分かるように、ウシ・カネという交換媒体と教育の「終わらなさ」は、人間の生命の多産性と結びつくものとして捉えられている。最後に取り上げる若者のヴィジョンからもこの点は窺い知ることができる。

〈事例3－1－7〉ウシの成長と共に展開する人間の生

もし国内避難民キャンプで何かを得ることができれば自分は村に帰りたい。例えばカネを得ることができれば、それでモロコシを育て、ウシを買う。そのウシで結婚したり、カネに換えて店を開いたりする。その店で得たカネで子供をタウンの学校に行かせ、仕事に就かせてカネが手に入るようにする。ウシは盗られてしまうからよくない。最初にウシを買うのは、そのウシが大きくなって高値で売れるようになるころには、子供が学校に行くくらいに育っているだろうから。

（二〇代の男性。未婚、子供なし。約五〇頭のウシを略奪される）

この若者は、ウシの成長とカネの獲得、自身の人生、そして自分の子供の成長とが連動するものとして捉え、将来のヴィジョンを描いている。ウシの成長は、カネの成長であり、それによって子供は然るべき年齢に達したときに学校に行くことができる（傍線部）。そして教育を受けた子供は「強く」なり、さらに自分の結婚のためのウシや自分の子供たちのためのカネを生み出すことができるようになる。人間の人生のサイクルに符合するカネとウシの交換とそれらの増減は、人間を「強く」し、自らの属する親族集団や子孫を多産へと導くものとしてある。エヴァンズ＝プリチャードは、婚資のやり取りの中で見いだされるウシの生と人間の生の関係について次のように述べている。

ヌアー（ヌエル）の観念の中では、これら（婚資）の支払いは結婚が完結したずっとのちのちまでも、仔牛が生まれ、その仔牛がまた仔牛を生み、またその仔牛が仔牛を生むといったかたちで続いてゆく。それは妻に子供が生まれ、その子供にまた子供が生まれることとバランスのとれた、途絶えることのない記録物である。[35]

〈事例3－1－7〉の若者が語ったヴィジョンでは、彼の人生はウシを婚資とする結婚に始まり、子をもうけること、子に教育を受けさせること、教育を受けた子が給料の良い職につきカネを手に入れること、そしてそのカネで子がウシを得て結婚し……というサイクルが描かれた。語り手個人が入手する媒体は、その個人の所有物として

「終わる」のではない。なかでも教育は、牝牛のように自己の「途絶えることのない記録物」、すなわち自身の子供を生み出し続け、自らの人生や後に続く人間の生を保証してくれる「強い」媒体として位置づけられている。

以上見てきたように、国内避難民キャンプに集うウシを失った人びとが交換媒体を選択する際に基準とするのは、それが「強い」、あるいは「終わらない」ものであるかどうかであった。「ポケットに入ら」ず、病気や紛争で奪われてしまうウシも、使ったら忽ち消えてなくなってしまうカネのどちらも脆弱なものである。人びとのヴィジョンの中で共通していたのは、教育を通して得るカネは、将来的にウシ、カネのどちらも手に入れることができ、人間の生を多産へと導くという見方であった。この多産性は、ヌエルの人びとが自己を語るときに参照する祖先、さらに自己のあとに生まれてくる子孫の生命によって保証される。

自己の後に続く子孫たちの生を保証するための試みは、国内避難民キャンプの食糧獲得の場面においても観察された。次では、危機的状況にある人びとが、どのような人間関係に留意しながら食糧を確保しているのかに注目して他者との関係構築の方法を分析する。

第*4*節　「食べ物」の交換と他者との関係構築

国内避難民キャンプで毎日人びとの話題に上っていたのは、当然のことながら、ウシやカネ、教育のことよりも「食べ物」（*kuan, mieth*）のことであった。食糧が徹底的に不足している中、多くの人たちは、自分の「体を強く」（*puony-dɛ buom*）する「食べ物」を得ることの重要性を語った。

「食べること」や「食べ物」は、さきの交換媒体に関する語りでもしばしば言及された人間の身体の「強さ」の問題とより直接的にかかわっている。[36]「体の調子が悪い」（*taa juey*）とわたしが誰かに訴えると、必ずと言っていいほど「何を食べのか」（*ɛngo ci mieth?*）と聞かれる。頭痛のあるときや熱が出たときばかりでなく、けだるそうにしていたり、いらついていたりしても同じことを聞かれた。さらに、わたしが嬉しそうにしていたり、いつもより饒舌になっていたり、物覚えが良かったりしたときも同じことを聞かれた。この場合、「何を食べたのか」という質問は、良いもの、あるいは十分な量のものを食べたことによって、本人にとって「良い状態」がもたらされているに違いない、[37]という意味でなされたようだった。「食べ物」は、人間の身体や感情の状態と深く関係し合うものとして捉えられている。

「食べ物」をめぐるエピソードは、第4章以降に取り上げる予言の語りにもしばしば登場する。「食べ物」やその料理法、交換、食べ方は、ヌエルの人びとが日常的に形成する人間関係を表すものでもある。

写真21　国内避難民キャンプの様子

国内避難民キャンプにおける食糧の交換

わたしが調査を行った国内避難民キャンプでは、一年以上食糧支援が行われていなかった。この中で、人びとは狩猟採集を中心とした生活を余儀なくされていた。このため、食糧の中心は野生の木の実や植物と、物乞いによってアヨッドの住民から得た酒粕（*thiing*）やトウモロコシの粕などであった。手に入れた食糧は、一端粉末状にして練り直され、できるだけアコップ（*akop*）やピエシ（*piec*）（序章の写真2、3を参照）のような、

「ヌエルの食べ物」（*kuan nuerɛ*）に近いかたちで調理が施される。[38]

ロウ、ガーワルなどの中央ヌエルと、ディンカ・ドュックと呼ばれるディンカの一下位集団の居住地域であるジョングレイ州中部は、水源まで遠く、旱魃のために食糧不足に陥りやすい過酷な地域である。一九三〇年代、それぞれの親族集団ごとにまとまって住んでいたときは村々のあいだでは相互扶助の関係が築かれており、子供や老人、ディンカを含むすべての成員が気兼ねなく食べ物をねだり、また分け与えることができていた。エヴァンズ＝プリチャードは、このヌエルの相互扶助関係を、「全員が飢えない限り誰か一人だけが飢えることはない」と表現した。[39]

国内避難民キャンプのいくつかの世帯に出自集団であるソク・ドゥイルを尋ねてゆくと、多くの世帯がキャンプ内のほかの世帯と何らかの親族関係・姻族関係にあることが明らかとなった。[40] つまり、キャンプ全体が一つの大きな親族（*mar*）であるとも言える状況であった。比較的多くの父系親族を共有する女性、あるいは姻族間では、採集した食糧やその食糧を調理したものが頻繁に交換される。しかし、比較的近い親族内であっても、誰と食糧を共有し交換するのかという選択は戦略的に行われていた。[41]

〈事例３－２－１〉キャンプに暮らす親族内での食糧交換

キャンプ内に多くの親族を持つ女性ニャキムは、自分と同じく食糧を採ってきてそれを料理することができる姻族・親族の女性四名とグループを組んで食べ物を交換し合っていた。彼女たちのグループでは予めそれぞれがどのような食糧――魚、木の実、根菜、酒粕など――を収集するかを分担して決め、自分の担当したもの以外の食糧が手に入った場合には担当者にその食糧を渡す。そのお返しに、食糧をもらった者はそれで料理をしたものを少し食事の時間に分ける、という互酬的関係を築いている。ニャキムの親族には男性も多く、男性たちが切り出してきた薪をアヨッドの住人に売ることでもわずかな現金を得ている。これで塩などを買うことができれば、それも交換の材料となる。

〈事例4－2－1〉のニャキムは、キャンプ内の親族関係を利用して狩猟採集に行き、毎日食べるものが偏らないよう工夫をしていた。しかし、親族なら誰でもグループを組めるわけではない。ニャキムは、互酬的関係を築くことができるメンバーを優先的に交換相手として選んでいた。

国内避難民とホスト・コミュニティの対立の原因の一つが、避難民の強固な親族関係に基づく食糧獲得・交換であった。次に取り上げるように、親族を持たず、交換できるような食糧や労働力を持っていない場合は、避難民でなくとも貧しい生活を余儀なくされる者もいた。国内避難民キャンプのすぐそばには、ガーワル・ヌエルの寡婦世帯が多く暮らしている。その中の一人であるニャワルは、国内避難民が自分たち寡婦に比べて「得をしている」ことに対する不満をよく口にしていた。

〈事例3－2－2〉親族のいない寡婦の食糧獲得

「ロウ（国内避難民）のせいでこれまで自分たちが（無料で）もらっていた酒粕が（アヨッドから）なくなった。ロウは家族で（アヨッドに）やってくる。だから男たちが（薪用の）木を集めているあいだ、女たちは食糧を集めている。それからその木を売ってお金を得たり、酒粕と交換したりしている。わたしには子供たちしかいない。だから自分たちの食料を集めるのに一日全部使ってしまう。交換できるようなものは何も持っていない。」

実際、わたしが人びとの食糧獲得状況と食生活を調査したところ、〈事例3－2－1〉のニャキムの家庭が毎日二食、酒粕や魚などなんらかの食糧を交換によって得て食していた。その一方で、ニャワルの一家はほとんど食糧の交換を行っておらず、一日一食で過ごす日が多かった。食べていたものも、野生のナツメヤシの葉など、ほかの家庭の食事に比べ豊かなものではなかった。[42]

アヨッド在住の寡婦の多くは、頼るべき親族を持たない者たちだった。[43] 国内避難民の流入によって、それまで貧しい人びとの食糧としてあった酒粕を得るための状況は変わった。モロコシビールを生産し販売している家庭にある限られた量の酒粕を得るため、国内避難民は、自分たちが狩猟採集で得た食糧や薪、あるいは家囲いの修理をするなどの労働力を提供していた。ニャワルのように、交換する食糧も労働力も持たず、モロコシビールの生産者と互酬的関係を築くことのできないアヨッド在住の寡婦は、必然的に酒粕を得ることができなくなる。その結果、彼女たちは国内避難民の家族よりも困窮した生活を送っていた。

他者と互酬的関係を築くことができる場合、次のように親族関係やキャンプ内の人間関係を超えたところでも交換が行われる場合がある。

〈事例3－2－3〉ホスト・コミュニティとの食糧交換

ニャコルは国内避難民キャンプの中では有名な「ビール狂人」(*yong koang*)、つまり酔っ払いだ。彼女は朝からモロコシビール売りのいる場所をうろつき、モロコシビール売りの女性[44]たちに面白い話をしたり、歌を歌ったりすることで、数杯のモロコシビールをもらう。しかし、ニャコルはただモロコシビールを飲んでいるだけではない。繰り返し同じ人物からモロコシビールを買う(もらう)ことで、モロコシビール売りの女性たちと友人関係を築き、多くの国内避難民の人びとの主食となっているモロコシビールを作るときに出る酒粕を得る努力をしている。酒粕をもらう約束を他の国内避難民キャンプの住人に知られないようにし、ニャコルは夫が切り出してきた木材などをもってその女性の家に向かう。薪をあげたり、彼女の家囲いを修理したりすることで、ニャコルはその女性の家庭で出る酒粕をほとんど一人占めすることができる。

このような人びとの関係は、「親しい友人」を指すマース(*maath*)と表現される。両者は互いを「わたしの友人」を意味する「マースダ」(*maathdä*)と呼び合う。両者のあいだで交換が続き、定期的にお互いが自分の家族に

写真 22　アヨッドのマーケットのダルフール商人

利益をもたらしてくれる存在になると、「わたしの娘」（*nyadä*）、などと呼ばれるようになる。

マースと呼ばれる友人関係は、わたしたちが考える「友人」関係以上に深いつながりのあるものである。「最高の友人」とも訳せるマースは、かつて男性同士でウシを貸し借りするときによく使われる言葉であった。一九五四年に『ヌエルの法の手引き』（*Manual of Nuer Law*）という研究書を出版したP・P・ハウエル（P. P. Howell）によれば、マースと呼ばれる友人関係は、ウシの貸し借りが何度も行われるような関係である。[45] マース同士は日頃からウシを貸し借りしているが、特に片方の友人が結婚するタイミングで借りていたウシを返すことがある。ハウエルの報告した例によれば、ある人物が自分のマースが結婚する際に牝牛を「返し」ていた。この牝牛は、マースが結婚したのちに誕生するであろう子供が、その牝牛の乳を飲んで成長することを祈って贈られる。

マース関係とは何かとヌエルの友人に尋ねたところ、マースとは、自分の子供や孫の代まで、互いが互いをいたわり合うような半永久的な「終わらない」関係であるのだという。つまりマース関係とは、一度限りの交換で終わるのではなく、目の前の交換相手を超えたところまで互酬的関係が続くことが期待される友人関係である。

　女性のあいだでなされる食糧の交換は、交換相手が同じ集団の出身であること以上に、交換する者同士で互酬的関係を築くことができるかどうかが重視された上で成り立っていることが観察された。食糧確保のためのセーフティ・ネットとなっていたのは、ともに居住する親族集団が多いことや、マース関係に見られる互酬的関係の形成であった。

　このような関係構築は、ヌエル社会内部で終始する問題とは限らない。「食べ物」をめぐる互酬的関係の形成は、ヌエル以外の者にも期待されていることが、次に見るアヨッドのマーケットで力を持つダルフール人たちに対する評価からも観察できる。

「食べ物」と「終わる」関係——ダルフール商人に対する反応

　アヨッドでは、多くのダルフール商人が店を構えていた。二〇一三年一月の調査によれば、アヨッドのマーケット一四五店舗のうち、店主の四六パーセント（六七名）がダルフール出身者であった。[46] 彼らは北部スーダン出身者を意味する「ジャッラーバ」や「ロル・マッチ」（*rol mac*）とは呼ばれず、「ダルフーリ」（*darfuuri*）と呼ばれている。

　多くのダルフール人が経営しているのは雑貨屋である。雑貨屋は全店舗の約半数を占め、どの店にも同じような商品——油、塩、砂糖、粉ミルク、ビスケット、石鹸など——が売られている。代わり映えのしない商品を扱うダルフール商人たちは、自分の店の利益を上げるため、アヨッドの地元の住民と良い顧客関係を築く努力をしている。この顧客関係は、ドゥブン（*dubun*）と呼ばれる。ドゥブンとはアラビア語で「（親しい）顧客」を意味する。ある店の「お得意さん」である顧客や、地元住民がそれぞれ持つ「行きつけの店」の店主は、互いをドゥブンと呼び合う。商人たちは自分のドゥブンに対してビスケットなどの小さい商品をおまけしてあげたり、現金を一時的にローン（*ngual*）として貸したりする。[47] このちょっとしたサービスを通じて、ダルフール商人は多くのドゥブンを確保し、他の雑貨屋で買い物をさせないように努力している。同時に、住民たちも良いドゥブンを見つけることで、わずかな買い物で少しでも得になることがあるように関係構築に励む。

しかし、このようなドゥブン関係は、さきのマース関係には発展しにくいことが観察された。ダルフール商人たちは比較的地元住民と友好的な関係を築いているように見える。その一方で、「食べ物」の扱い方や彼らの扱う商品をめぐって、アヨッド住民からは次のような文句がよく聞かれた。

〈事例3－3－1〉肉の共食をしないダルフール商人

あいつらは俺たちが殺したウシを食わない。自分たちで（ウシを）殺して、自分たちだけで食べてしまうんだ。俺たちとは一緒に食わない。あいつらは俺たちからカネだけをとっていって、俺たちには何も支払わないのさ。やつらはただ俺たちのカネを食べている。[48]

この文句の背景には、ヌエルとダルフール商人の間の「食べ物」や食べ方の違いがある。ダルフール商人は皆ムスリムであり、ヌエルあるいはキリスト教徒が殺した動物を食べない。したがって、ヌエルからウシを買うこともないし、もちろんウシの肉を一緒に食べることなどしない。ヌエルの人びとがこの関係の中で不満に思っていたのは、自分たちはダルフール商人から商品を買っている、つまりカネを払っているのに、彼らは自分たちの期待している互酬的関係を築く気がないという点にあった。カネでダルフール商人の売る商品を買うことは、さきのウシの交換や食糧の交換とはまた意味合いが異なる交換らしい。その理由をあるアヨッドの住民は次の通り説明した。

〈事例3－3－2〉「終わる」商品を売っているダルフール商人

ダルフール商人がもたらす品物は、使ったらそれで終わってしまう。しかしダルフール商人が自分たちから得るカネは、それで食べ物も買えるし、ウシも買えるし、貯めれば学校にも行くことができる。ダルフール人が自分たちに与えるものは、すべて終わってしまうものであり、われわれはこのようになくなってしまうものは好きではないのだ。[49]

ダルフール人に対する不満の原因として挙げられているのは、彼らがムスリムであるという宗教の違いではない。結果的にそれは宗教の違いも関わっているものだが、ヌエルの人びとが不満を持っているのは、あくまでも彼らが自分たちの肉を買わない、あるいはともに食べないことによって築かれる「不平等」な関係にある。

ダルフール人に限らず、ヌエルの人びとがカネ使いの荒い政治家や政府に対して文句を言う際に使うのが、「カネを食べている」(*mieth kä yiou/ cam kä yiou*)という表現である。わたしの友人は、それは「食べ物を一人で食べる」ようなことであると教えてくれた。ヌエル社会では、食べ物を「一人で食べる」ことは、それを独り占めするという意味だけではなく、大変不吉なことであると考えられている。特に儀礼のときなど、文脈によっては生死にかかわる行為ですらある。

さらに「終わる」、「終わらない」(傍線部)という表現からは、さきのウシ－カネをめぐる人びとのヴィジョンに通底する要素を見いだすことができる。ダルフール商人が扱う「終わる」商品は、自分たちとの互酬的関係をも「終わらせる」ものなのである。

そもそも、現金の支払いの際に使用される「買う」を意味するコク(*kok*)という語は、供犠の際の「贖い」という意味で用いられる用語である。エヴァンズ＝プリチャードが調査をした一九三〇年代には、すでにヌエルの人びとはアラブ人との交易の中でこのコクという語を使用していた。彼の観察によれば、それはわたしたちが「買う」という言葉で想起するような単純な商品のやり取り・交換という意味を越えて用いられる用語である。[50] コクという語は、供犠を行うことによってクウォスに捧げたウシの代わりに、人びとが生命や健康などを授かる権利（*cuong*）を持つという意味合いを持つ。当時のアラブ人との商品のやり取りも、クウォスと人間のあいだのやり取りのように捉えられていたことが窺える。供犠を介したクウォスと人間のやり取りとは、他方がもう片方の生や安全を保証することを前提とした、相互的な互酬的関係が期待されるものである。この点を踏まえると、アラブ商人やダルフール商人とのやり取りで期待されているのは、単なるモノとモノの非人格的なやり取りではない。商人たちとのやり取りの中でヌエルの人びとが期待するのは、ちょうど供犠によってクウォスが人間の側の呼びかけに気づき、時として制約を受けるのと同じような互酬的関係なのかもしれない。

本節で取り上げた食糧交換の事例から見えてきたのは、ヌエルの人びとが食糧の交換によって期待する関係とは、互いに「終わらない」媒体を提供し続けることのできる互酬的関係であった。この互酬的関係は、マース関係のように、長期間にわたり継続することが期待される。長期間にわたる互酬的関係によって保証されるのは、自身の生をつなぐ子孫たちの生である。

ヌエルの人びとは、紛争による強制移動や食糧不足、交換媒体の欠如という危機的状況の中、個人や個人の属する集団の生を「終わらせない」ために、さまざまな実践を行っていた。そのために人びとが選んだのは、「終わらない」交換媒体や、食べ物の交換による「終わらない」人間関係の構築であった。最後に取り上げるのは、人間の生を「終わらせる」と見なされている「血」の穢れの問題と人間の再生産をめぐる議論である。

第5節　「血」の脆弱性の克服と自己の不滅性

「血」の問題の増加

次で取り上げる語りは、国内避難民となった「ウシの男」（*wut yook*）の将来のヴィジョンである。ウシの男は、専門的な知識を用いてウシの不妊を治癒する世襲の職能者である。彼は、カネの受容や学校教育の重要性の高まりに関して、次のように彼自身の将来のヴィジョンを述べた。

〈事例3―4〉教育はウシと同じ

これから村に戻る予定だが、ウシを得るためには、まず学校に行ったり仕事をしたりしてカネを得なければならない。それでウシを買う。教育の場合だけそのウシをカネに換えてもいい。ウシは終わらないが、カネはそれで終わってしまうから。どうして教育に必要なときだけカネに換えてもいいかと言うと、教育はウシと同じで「終わらない」から。

（年配の「ウシの男」。約五〇頭のウシを略奪された）

彼によれば、教育はウシと同じで「終わらない」ので、教育のためにということであれば、ウシをカネに換えることは問題ないのだという。わたしは彼に対して、もし人びとが日常的な交換媒体をウシからカネへと変更してしまったら、「ウシの男」の仕事はなくなってしまうのではないかと尋ねた。しかし、彼はわたしの投げかけた質問に対して特に心配はしていないようだった。彼は、「人間の問題があるかぎりウシの問題も終わらない」とその理由を説明した。

彼が言う「人間の問題」とは、インセストに起因する血の穢れであるルアル（*rual*）や、殺人に伴う血の穢れであるヌエール（*nueer*）といった問題のことである。いずれの問題も、ウシの供犠と、そのとき流れる血によって浄化されなければ、当人とその後に続く子孫に重大な危機をもたらすと考えられている。したがって、血の穢れをめぐる諸問題が生じてしまった場合、ヌエルの人びとは、その問題は絶対に解決されなければならないと考える。ウシの血は、人間の血を結んだり、またその穢れを清めるのに必要なものである。この血の運用は、ウシに関連する領域で特定の職能者によってなされ、カネによって代替することはできない。ヌエル社会において、血の問題は、人間の生の原則と関わる、著しく社会的な問題である。

この血の問題は、かつては大地祭司や年配者など、特定の職能者による供犠を通じて解決されていた。しかし一九七〇年代から八〇年代にかけて、キリスト教の普及に伴う供犠の禁止により、血の問題解決は大きな危機を迎えることになった。[51] ヌエルの人びとは、血に付随する問題の解決においてのみ、部分的に供犠を導入することで、後に続く子孫や自身の生命にもたらされるであろう危機を回避しようとしたのだった。

血の問題の一部は、ヤギやウシの供犠を行い、その肉を「ともに食べること」（*cam, mieth*）によって解決される。しかし近年、ヌエルの人びとはどこで暮らしていても慢性的なウシ不足に直面している。都市部はもとより、村落部でも、ウシの略奪が頻繁に生じ、人びとはウシを十分に持っているとは言えない状況にある。ウシを買うにしても、都市部では一頭あたりの値段は年々高騰し、[52] 多くの家庭にとって、ウシはすぐに用意できるようなものではなくなった。血の問題はウシの血によって解決されなければならないという考え方は都市部ではあまり重視されなくなってきたものの、どうにかしてウシの血を流すことで解決を試みる人びとも少なくはない。「ウシの男」が、血の問題は人間にとってなくなるものではないと言っていたのもこのためである。

例えば、血にまつわる何らかの問題が生じたとき、ウシをなかなか手に入れることのできない都市の住民は、村落部にいる親族に連絡し、村落部で供犠を行うよう依頼する。この供犠は、都市部で生じた者たちの「代わりに」村落部の者たちが行うのではない。都市部で起こった血の穢れとそれに伴う危機は、村落部の当事者たちの属するチエンの成員にもおよぶ。また逆に、村落部で血の穢れが生じた場合でも、それが解決されるまで、都市部に居住するそれぞれのチエンの成員たちは、互いの家を行き来したりともに食事をとったりすることは許されない。村落部にて供犠と共食が終わるまでのあいだ、都市部と村落部のチエン間は「血が横たわっている」（*tɛ kɛ riɛm*）状態、つまり禁忌が生じている状態になるのである。次に見るのは、村落部において生じた殺人（未遂）に伴う血の穢れ、ヌエールが、都市部に暮らす親族にまで及び、その後解決された例である。

〈事例3－5〉殺人（未遂）に伴う血の穢れの解決（都市―村落間）

アコボ出身のロウ・ヌエルであるシャール一家は、ジョングレイ州の州都ボーに暮らしている。二〇一二年一月、彼の故郷のチエンの内部で事件が起こった。シャールの母方オジの息子（*gatnaar*）であるガデットが、同じ家族内の成員ルオンを銃で撃ってしまったのである。被害者のルオンは、ガデットと同じ年頃の青年である。ガデットには兄弟がおらず、姉妹しかいなかった。事件が起きる前、ルオンはガデットを「姉妹しか持たないやつは馬鹿だ」とからかった。そして口論になり、ガデットは銃を持ち出した。ルオンは反撃したが、銃弾はルオンの腹を貫通した。他の成員は、同じ家族内でこのような事件が起こってしまったことをひどく悲しんだ。この知らせは、携帯電話を通じてすぐにボーに住むシャールのもとに届いた。シャールは、すぐにボーに住んでいるルオンとガデットの親族に連絡し、ボー内のお互いの家を行き来したり、一緒に食事をとったりしてはいけないこと、つまりヌエールが発生している状態にあることを知らせた。結局、ルオンは死なずに済んだ。ボーに暮らすシャールとシャールの母方オジは、ルオンの治療代三〇〇南スーダンポンドと、供犠するウシを買うための現金を払った。その現金でルオンとガデットの親族はウシを二頭買い、供犠が行われた。村落部で供犠が行われたことで、ガデットとルオンが所属するチエンの問題は解決され、その連絡とともにボーに住む人びとのあいだにも生じていた「血」の問題は解決された。それ以降は、都市部でも村落部でも、二つの当事者の親族はこれまで通りお互いの家を行き来し、共食をすることが可能になった。

この事例では、村落部のヌエールが解決されるまで、都市部に暮らす当事者の親族間の行き来が制限され、またともに食事をとることも禁止されている。この期間に双方のチエンの出身者が、たとえ州都のボーであっても一緒に食事をすれば、成員は直ちに死んでしまうという。ウシを供犠してからは、村落でも、都市部でも両親族はともに食事をすることができる。このとき、ウシはチエンのあいだにできた「傷を洗い流す」（*buot puor*）ために殺される。ウシの血が流され、祈りとともにその肉を成員全員で一緒に食べることで、禁忌が生じていた二つの集団はようやく再び一つのチエンに戻ることができる。

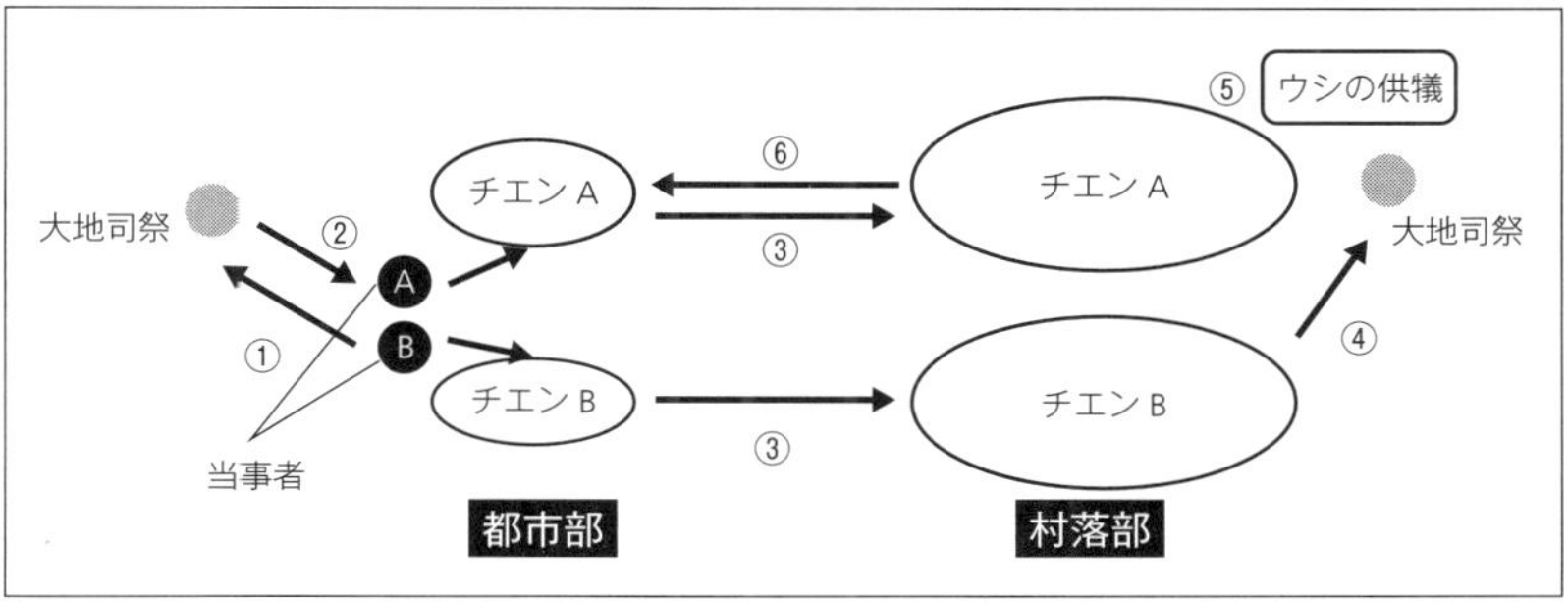

図4 「血」の穢れを解消する際の都市―村落間の関係
出典：筆者作成

シャールによれば、逆に都市部で血の穢れをめぐる問題が起きたときも、その解決方法は同様であるという。図4は都市で二つの親族あるいはチエン（仮にチエンA、Bとする）のあいだで血の穢れに関する問題が発生した場合の解決のプロセスである。

まず、殺人、インセストなどの問題を起こした当事者と同じチエンの者が、都市に住む大地司祭の家系の出身者あるいは年配者に相談する（図4の①）。大地司祭は世襲である。大地司祭の家系の出身者は、例えば都市に出て大地司祭とは無縁の職業についていても、大地司祭としての知識は持っていることが多いのだという。したがって、都市に暮らすヌエルのあいだで何か問題が生じたときは、大地司祭の家系の者に相談する。[53]

都市の大地司祭の家系の出身者は、相談者の話を聞き、特定の色・模様、数のウシ（ヤギ）を供犠するように助言する（②）。その助言を当事者あるいは当事者の所属するチエンの者は、村落部に暮らす同じチエンの成員に連絡する（③）。このとき、供犠を依頼すると同時に、チエンAとチエンBのあいだには「血が横たわっている」状態にあることをすべての成員に告げることを忘れてはならない。チエンAとBの成員にも、お互いの家を行き来したり共食を行ったりしてはいけないことが周知される。村落部の成員たちは、供犠獣を用意し、地元の大地司祭に供犠を依頼する（④）。そして大地司祭による供犠と共食が行われる（⑤）と、儀礼の執行により「傷が洗い流された」ことが都市部の成員たちに伝えられる（⑥）。そしてようやく、都市部の成員も、村落部の成員も晴れてお互いの家を行き来し共食ができるようになる。[54] どうしてもウシが見つからない場合は、野生のキュウリや生のヒョウタンを探してくる。その場合、植物を槍で二つにするのだが、植物の中から流れる液体を目撃することが重要となる。おそらくこの液体は、ウシから流れる血と同じ役割を担っていると考えられる。

これほどの工程と期間を費やしてまで人びとが血の問題を何とか解決しようとするのは、その問題が、自身の生と後続する子孫の生を著しく脅かすと見なされているためである。おそらく血の穢れの問題とそれに対する恐怖心は、都市化や社会変容を経ても消えることがない。これを示唆するのが次のエピソードである。

ウガンダで生まれ育ち、高等教育を受けている一〇代のヌエルの若者たちは、インセストによって生じた血の穢れ、ルアルは、供犠など行わずとも、ウガンダの近代的医療技術の整ったクリニックに行けば、簡単に「治す」ことができると話していた。その場にいた年配者たちは、そんなことができるわけない、ウシが必ず必要なのだから、と笑っていた。このエピソードからは、解決方法はさておき、血の穢れは「必ず解決されるべきもの」として世代や地域を超えて意識されていることが窺える。

血の問題解決に象徴されるように、自分が関わる集団が「終わる」か「終わらない」かという議論は、人間の誕生において大きな役割を果たすと考えられている女性たちの価値規範に関する場面でより活発になる。次では、ヌエルの人びとの「女の仕事」（*latdɛ ciɛk*）をめぐる議論から、彼らがいかに人間や自己の再生産を重視しているのかを紹介する。

「女の仕事」——炉をめぐる争い

村落部で武力衝突が凄惨化する中、都市部に暮らすヌエルの家庭は、村落からの大量の流入者を抱えることとなった。このため、都市部の家庭内には、村落的規範と都市的価値観が混在するようになったのだった。

わたしが滞在していた州都の一家にひっきりなしに訪れる親族の中には、単身者もいれば、家族連れでやって来る者もいた。親族がやってくるたび、限られた部屋の分担や料理場などが「ヌエルのやり方」、つまりチエン・ヌエレ（*cieng nuerɛ*）に沿って調整されることになる。チエンという語は、「ヌエルの」という民族集団を指す文脈で語られるときには、ヌエルが共有しているような「価値」、「やり方」、「文化」というニュアンスを帯びる。この規範を重視する村落から来た者たちと都市で生まれ育った者たちの共住は、少なからずどの家庭においても争いの引き金となりうることであった。

ヌエル社会では、都市であっても、また一つの家囲いの中に大家族が暮らす場合であっても、子供は一〇歳前まで自分の母親と同じ部屋で寝起きをともにすることが多い。例えば三人の女・妻を軸とした親族が滞在する場合、一つの家囲いの中に三つの料理用の炉、ゴル（*gɔl*）が用意される。子どもたちは普段は他の妻の子供たちと遊んでいても、食事の際にはそれぞれの母の炉で作られた料理を食べる。

ゴルとは、炉と、その炉で作った食事をともにする集団も指す語である。ソク・ドゥイルが父系出自であるのに対し、ゴルは、母（*man*）ないし妻を中心とした共時的関係を示す。この意味で、ゴルは居住地や家を指すチエンと近い意味合いを帯びる。

州都ボーから四〇〇キロメートルほど離れているアコボからやってきた女性たちは、それぞれ村から自分の調理用の道具を持ってきていた。それぞれの女性は一つの炉を持ち、その炉が他の女性や妻のあいだで共有されることはなかった。この家の家長である夫（*cow*）のシャールは、それぞれの女性に別々に食費を渡すことになる。このような支払いは一家の家計にとってはやさしいものではないが、それが「ヌエルのやり方」なので仕方がないのだという。シャールの第一夫人（図5の4）は長年ボーに住んでおり、キスラ（*kisra*）などの「アラブ風」の料理（*kuan jallabuni*）が得意である。一方アコボからやってきた、シャールの死亡した兄の妻（図5の5）である寡婦は、アコップやピエシなどヌエルの伝統的料理（*kuan nuerɛ*）をする。子供たちは、それぞれの母親が作った料理を別々

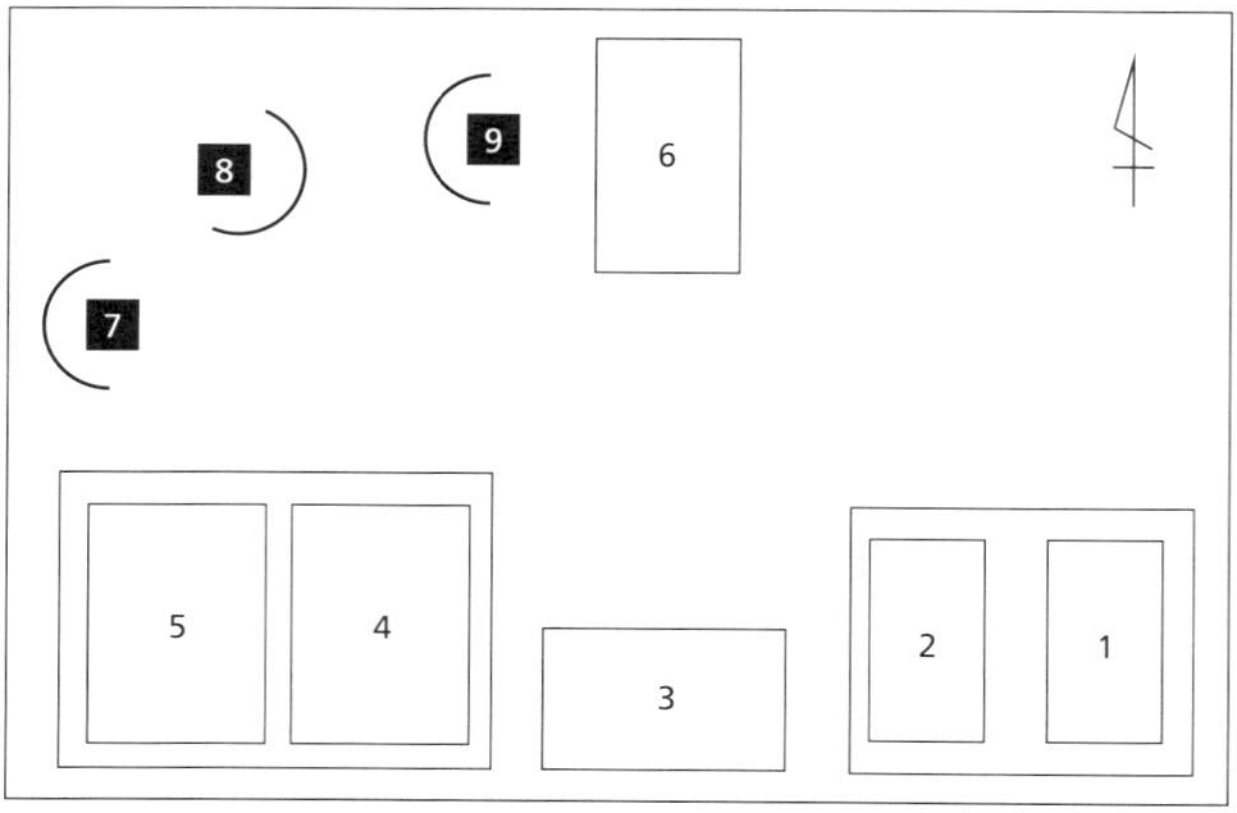

1　夫の兄弟・オジの部屋（客間）
2　夫の部屋
3　夫の兄弟・オジの部屋（客間）
4　第1夫人とその子どもの部屋
5　寡婦とその子どもの部屋
6　夫のオバとその夫，その子たちの部屋
7　4の「妻」の炉
8　5の「妻」の炉
9　6の「妻」の炉

出典：筆者作成

図5　都市部に暮らす家庭の部屋，炉の分配の例

に、同じ敷地内で食す。子供たちが他の母親が作った料理をうらやましがったりするのは見たことがない。夕飯時には、それぞれの妻・女性が作った料理がすべて夫に提供される。夫は、それらを少しずつ食べることとなる。特定の妻・女性だけの料理を食べてしまわないことが、妻たちを尊敬（*ruth*）する方法だからである。[55] よほどの無駄遣いが疑われる場合を除いて、夫が女性たちの食材の買い方について文句を言うこともない。男が料理場に近づくことは、ヌエル社会においてはとても恥ずかしい（*poc*）こととしてある。[56] ウシやカネが男の領域であるのに対し、食べ物や血は女の領域と見なされている。

　上述の夫の努力にもかかわらず、結局この家庭では、調理や仕事量の違い（後述する「女の仕事」）などから妻・女性たちの諍いがあり、寡婦とシャールの父方オバ（図5の6）は別の場所に新しく住居を設けることとなった。その場合でも夫であるシャールは一日ごとに順番に家を周り、それぞれの家庭で食事をとっていた。子供たちは比較的自由にシャールと母の家のあいだを行き来していたが、それでも夕食のときにな

写真 23　食事の準備をしながら談笑する女性たち

ると自分の母のところに帰ってくる。

ヌエルの既婚の成人女性は、シエク（*ciɛk*）と呼ばれる。これは「女性」を意味すると同時に「妻」の意味でもある。結婚して一年以内の新婚の場合、カウ（*kau*）と呼ばれる。未婚の少女はニャル（*nyal*）と呼ばれ、また適齢期を過ぎて結婚していない女性はジュッド（*judh*）と呼ばれる。

「女の仕事」（*lat-dɛ ciɛk*）とは、子供を産み育てることと、人間の生命を支える食べ物（*mieth*）を作ることに関連して行われるべきすべてのことを含む。この考え方は、わたしが観察した限り都市部でも変わることはない。女性たちの朝は、お茶を入れるためのお湯を沸かすことと、敷地内の地面を箒で掃いてきれいにすることから始まる。その後は洗濯と水汲み、子供たちの世話、昼食と夕飯の準備に追われる。このような仕事が良くできない女性は「悪い妻／女」（*ciɛk mi jiɛk*）と言われる。夫をだまして現金を多く貰い自分のための商品ばかりを買う女、たびたび不倫をする女性（*ciɛk mi jɔk*）も同じように呼ばれる。また夫の客人を手厚くもてなす——十分な食事を与え、手足を洗うために湯を用意するなど——ことも「良い妻／女」（*ciɛk mi goaa*）の仕事であるし、一度に大量の水が入った器を頭に載せて運ぶことができるのも「良い妻／女」である。

ムルを持つ、ムルが「終わる」

「女の仕事」のうちで、ヌエルの人びとが最も気にかけていることの一つは、子供を産む（*dap*）ことである。わたしがボーで滞在していた家にはひっきりなしに親族が訪れていたが、典型的な挨拶のあとに、決まって聞かれるのが、「子供は元気か」という質問であった。わたしには子供はいないと答えると、多くの女性たちに「なぜ子供を産まないのか」と問い詰められる。そして子供がいないことに対してどのような理由を並べても、「それはとっても悪いことなのよ」と説教が始まる。子供を産まないことは、「終わってしまう」（*thoak*）ということなのよ、とわたしと同じ年で五人の子供のいる第一夫人は言った。はじめ「終わる」という言葉がよく理解できなかったので聞き返していたら、「カラース（*khalas*）よ、分かるでしょ、カラースなのよ！」と、一般にアラビア語で「終わり」、「無くなる」という意味で使われるカラースという語で説明してくれた。[57]

わたしは水を運んだり、ヌエルの料理を作ったりという「女の仕事」を十分にこなすことができなかった。このため、さきの寡婦にはよく「あんたはムルを持っているのか」と聞かれることがあった。ムル（*mur*）とは、女性器のことである。この「ムルを持っているのか」という発言は、わたしが子供を産めるのか、という意味でも使用された。「ムルがない」（*thɛlɛ mul*）とは、女性器そのものがないのではなく、子供を産むことができない、という意味である。この「ムルがない」という表現は、閉経を迎えた女性や、老婆をからかうときにしばしば使われる表現でもある。また「彼女は終わった」（*cɛ thoak*）とも表現される。「終わった」と言われる彼女のムルからは、もう「血が流れることはない」（*riɛm kɛnɛ bɛn*）、つまり月経や出産時に血が流れ出ることはもうないのである。したがって、ムルとは生得的な身体であると同時に、その身体が人生の過程の中で獲得的、社会的なものに推移してゆくことを含む語である。若くして「ムルがない」ことが明らかになった女性、いわゆる不妊症の女性は、「男になった女性」（*cua wut*）と呼ばれる。このような女性たちは、女性婚によって社会的にある女性の「夫」となり、自分の子供を持つ、つまり「父」になることができる。[58]

また、ムルとは、文脈によっては性行為を指す場合もある。現在、都市部に暮らす者たちが直面しているのがＨＩＶの蔓延であるが、これも血の穢れの一つと見なされることがある。その蔓延の原因は、血と関係するムルであると語る者もいる。この理解は、女性の方がＨＩＶを保有しているという誤った考え方なのではなく、「ムルはいつでも男性を誘惑し、その結果として人間は性行為に至る」という考え方に基づくものである。つまり、ムルは、他者との接触や行為と、それゆえにもたらされる危険を示す。ムルは、危険を誘発する主体となり、あたかもそれ自体が人格を持っているかのように語られる。

「ムルがないこと」や「終わる」という表現が示唆する血の脆弱性と危険性は、女性の「冷たさ」（*kojɛ*）に関連づけられることがある。あるヌエルの友人は、子供が生まれるとき女性は「教師」のようなもので、他の者たちは「助手」の役割を果たすにすぎないと教えてくれた。女性がいないと男性の精子は乾いてしまう。男性の身体からやってくる精子は「熱い」（*lɛdɛ*）ものであるので、女性はそれを「冷やす」（*kojɛ*）必要がある。したがって女性は「とても冷たい」ものであり、男性は「とても熱い」ものである。性行為が終わった後、女性がしばしば「とても熱かったわ」（*lɛthɛ ɛlɔng*）というのはこのためで、これは男性に対するとても良い賛辞であるという。人間は父と母から受け継ぐ四つの部分から成り立っていると考えられている。ある人間の肉（*ring-dɛ*）と血（*riɛm-dɛ*）は母から与えられ、骨（*cow-ku*）や支（*ral-ku*）は父から与えられる。この二つはともに補い合っており、どちらも人間の成立には欠かすことはできない。しかし、血が流れる領域――月経、殺人、イニシエーション、出産、インセスト、不倫――は人間の生と関わるためにとても「弱い」ものとしてもある。

ハッチンソンは、ヌエルにとって血とは、人間の最も「弱く」「冷たい」部分であると同時に、人間の「人生にとって良いこと」――健康、平和、多産、社会的調和――と関わり、人間の力の根源であることを指摘している。この意味でも、ムルや血とは、個人の身体の一部というよりも、極めて社会的、集合的なものである。ヌエル社会における血の問題をハッチンソンは次のように説明する。

> 血は人から人へ、世代から世代へと特定の物質や流動性を維持し社会関係を育みながら流れるものである。両親から子になされる血の贈与は、彼らが究極的に従属している古い世代への尊敬や権威に基づいている。同様に、恒久的な親族集団の拡大や溶解、そして消失は、血の創造、移動、そして喪失という語で概念化される[59]

祖先から受け継いだウシから流れる血を通じた問題解決は、問題を起こした本人とその子孫の安全を保障し、人間の生を「終わらない」ようにするための実践である。「終わらない」ということは、おそらく自身の存在が子孫の記憶に残るかどうかということと深く関わっている。

さきの第一夫人は、子供がいることの利点として、いつまでも子供は母のことを思い出してくれるということを挙げた。夫人は、子供はみんな寝る前に横になりながら「お母さん」(*man*)、「おばあさん」(*mandong*)と呼んで母やおばあさんのことを考えているのよ、と教えてくれた。また、首都ジュバに暮らす若いヌエルの女性は、自分が幼い頃に母親が作曲してくれたという曲を、毎夜のように携帯電話から流してから眠りについていた。彼女の夫にこの理由を尋ねると、彼は次のように答えた。「(母親が重要なのは)当たり前じゃないか、父親なんて自分にウシと名前をくれるだけだ。それでどこかに行ってしまう。生まれたときから、自分に関するすべてのことをやってくれたのはお母さんじゃないか。お母さんだけは忘れないよ。」父系の祖先が、自身他者との関係構築の際、必要に迫られて思い出されるのに対し、母系の祖先は、チエンや寝る前など日常生活の中で触れられ、思い出されるものであるのかもしれない。

	弱い／終わる	強い／終わらない
交換媒体	ウシ カネ	教育 （文脈により ウシ，カネも）
食糧の交換	ドゥブン関係	マース関係
血の問題	インセスト，殺人などに伴う血の穢れ	ウシの供犠による解決

⇩「終わる」自己と集団

⇩再生産される集合的自己

図6 「終わる」ものと「終わらない」もの

本節で見てきたように、「血」の問題に備えることは、人間の生命や自らの属する親族集団の存続には不可欠である。ヌエルの人びとの個々人と集団の永続性を支えているのは、都市部での生活においても必要に応じて参照される父系の出自原理と、妻・女性の担当する領域である「血」や「食べ物」を通じて形成される人間関係にあった。

集合的自己と社会変容の時間

本章では、独立後の南スーダンに暮らすヌエルの人びとがどのような方法や原理によって新しい状況や他者との出会いを位置づけ、経験しているのかを追ってきた。「タウンに暮らすヌエルはいない」と言われつつも、人びとの移動の機会や距離は確実に増え、そのたび既存の規範は危機にさらされる。度重なる紛争と強制移動、食糧や物資の欠乏の中で人びとが重視していたのは、自身や自身の生命とかかわる祖先や子孫とのつながりをさまざまな危機から守り、「終わらせない」（*kɛnɛ thoak*）こと、あるいは「強い」と表現される媒体や人間関係であった（図6）。この「終わらない」という表現が示すのは、単に交換媒体や人間関係のみならず、それによって支えられる個人の不滅性やソク・ドゥイルやチエンというヌエルのモラル・コミュニティの永続性である。

アフリカの近代化に関する人類学的議論の中で、コマロフ夫妻は、市民社会や公共性という、成員の非同一性を前提とした近代多元的共同体概念としてモラル・コミュニティという概念を使用した。本書では、これを多元的近代論および近代多元的モラル・コミュニティ論（モデル２）と呼んだ。

たしかに、市民社会などの新しいタイプのモラル・コミュニティが、在来の規範や実践と相互作用を繰り返し、単一ではない複数の「近代」を創出している点で、モデル２はアフリカの現代的状況を説明していることになるかもしれない。問題は、これらの議論では、あくまでも西欧近代的な概念や現象――資本主義、市民社会、公共空間――の「アフリカ的」現れとしてフィールドで生じている現象を捉えることが前提とされている点にある。この前提に立脚するコミュニティ論は、コマロフ夫妻をはじめとする論者らが批判しているはずの西洋／アフリカという二項対立や、伝統から近代へという一方向的・不可逆的な時間の流れに基づいて現象を理解しようという枠組みを再生産するものともなりうる。[60]

本章で見てきたように、ヌエルの人びとが経験している「変化」とは、多元的近代論で論じられてきた「近代化」、「資本主義」、「貨幣経済」、「グローバル化」、「キリスト教」のような新しい概念によってもたらされるものではなかった。わたしたちには「資本主義の浸透」や「キリスト教の普及」の一形態に見える現象も、政府関係者、援助関係者などの「白人」(*turuk /kawai*) を含む、近隣で生活する顔の見える人びととの接触や移動という具体的な経験によってもたらされる。そもそも、彼らが経験する新しい状況とは、必ずしも西欧近代的価値規範や物質との接触ばかりを指すわけではない。西欧社会との接触以前にも文化交流は存在し、わたしたちの日常がそうであるように、人びとは日々変化の中を生きている。その変化は、人びとが暮らしの中で接している人間関係や、病気、ウシや現金の交換といった日々の問題の延長線上にあるものとして経験されている。分析者が、何が「変化」か「持続」かも判別できないまま、人びとが経験する新しい状況を「近代」や「社会変容」という諸概念を用いて描き出すこと自体にそもそも無理があるのかもしれない。

ヌエルの人びとが新しい状況を把握する際の鍵となったのは、確固たる父系出自のソク・ドゥイルと、自身の生活する地域共同体を基盤としたチエンというコミュニティのありかただった。居住地はかつてよりも一層流動的になり、それに伴って人びとはさまざまな他者に出会うこととなった。わたしのように遠くからやってきた人間に出会うほど、ヌエルの人びとはより遠くの祖先を遡って、相手と共有する祖先を探る。本章の冒頭に取り上げた対話からも分かるように、彼らにとって他者と出会うということは、単なる個人と個人の出会いであるばかりでなく、個人と父方母方のそれぞれのチエンやソク・ドゥイルを背負った集合的な自己としての出会いである。

ヌエルの始祖や祖先は、現在の自分の位置、他者との距離を測り、関係を見いだし、つなぎ、また切り離すことを可能にする媒体である。かつて自己と切り離された遠い「神話的過去」の中にいた始祖や祖先は、現在はより具体的で身近な祖先として言及され、故郷から離れて現在を生きる彼らを手助けしてくれる存在としてある。一方で、ソク・ドゥウィルは、他者と出会い、問題を抱えない限りにおいては言及されず、表出もしない。日常生活における出自や他者との関係は、他者からの呼びかけがなければ明らかにならないような、しかし潜在的に共有されている自己の記録物として存在している。

都市や難民キャンプにいても、ヌエルの人びとは彼らが村に住んでいるのと同じように自分と他者の関係を把握し、新しい状況を自身の生に結び付けて配置し直すことができる。常に他者との接触・共存の中で生きるヌエルの人びとは、具体的な参照点から文脈的・相対的に集団の範疇を判断し、その中で自己を位置づけている[61]。流動的・共時的なチエンと不変的・通時的ソク・ドゥイルという二つの集団概念は、相互に依存し合い、補い合うことで人びとの脆弱な「血」を支えている。「血」の穢れを防ぎ、自身と自身の親族集団を「終わらせない」ことが、人びとが他者と新しい状況を生きる上で重視している原理の一つであった。

とはいえ、自己とつながる集団を「終わらせない」ための取り組みは、自分と別個のものとしてある共同体、例えば「ヌエル」という集団や、さまざまなレベルのチエンやソク・ドゥイルの持続のためになされるわけではない。ここで言うチエンやソク・ドゥイルとは、漠然と維持されるべきものとしてある社会や集団を指すのではない。自身の名前の継承と記憶、そしてそれが「終わらない」ようにすることへのこだわりからも分かるように、そのチエンには自分自身の存在が不可欠なものとして組み込まれている。逆に言えば、自己という個が組み込まれていないのであれば、それはもはや人びとが気にかけている「わたしのチエン」(*ciɛŋdä*)や「わたしのソク・ドゥイル」(*thok dwïlä*)として成立しえない。重要なのは、あくまでも自己の拡張や記録物としての集団である。この点から、自己の生が成り立つ基礎となるチエンとソク・ドゥイルの相互関係は、自己以外のものによって成り立つ自己、あるいは集合的な自己の様式を表すものであると言えるかもしれない。この集団と自己の関係や、両者が絡み合った集合的自己は、常に新たな時間を新たな他者と関わるための方法としての、バイデルマンの言う「モラル」を示すものである。

このような自己の様式は、自律的で主体性を持つものとして想定される「近代的個人」を否定するものではない。むしろ、教育/「書くこと」を通じて若者たちが目指しているのは、槍・銃から鉛筆へ、ウシから紙・カネへという、自分の力で「前に行く」(*wa nham*)ような「近代的」な自分自身の姿であった。しかし、彼らが「前に行く」ために配慮しなければならないことは、その障害物となりうる突然の死や不幸を避けることである。正確に自身の祖先を辿って「後ろに退く」ことは、彼らが確実に「前に行く」ための一つの方法である[62]。「終わらない」という表現が示唆する個人の不滅性やその個人と不可分な集団の多産性という原理は、他者との出会いを支えるものである。この原理を介することによって、個々の「新しい」経験——ウシの喪失、教育、食糧不足、遠くから来た他者、都市化に伴う血の穢れの発生——は集団的なものに結びつけられる。観察者にとって対象社会の「変化」や「近代化」、「都市化」に見えるものは、ヌエルの自己と自身の属するモラル・コミュニティの存続を軸とした経験の配位の中で組み替えられ、再定位されている。

このモラル・コミュニティは、静態的な村落共同体・一元的モラル・コミュニティ(モデル1)としては捉えられず、また非同一性を前提とする近代多元的なモラル・コミュニティ(モデル2)の一形態としても捉えられない。他者とともに想像される自己の延長としてのヌエルのモラル・コミュニティは、流動性と不変性、非同一性と同一性を同時に保証するものであり、むしろ相互に支え合うものとしてある。ここに、他者への期待や働きかけを含みながら「自らの生きている世界のイメージ」を構築するという、バイデルマンの言う想像力を見いだすことができるのではないだろうか。ヌエルの人びとは、遠くの他者に出会うほど、自分の「家《チエン》」と「小屋の入り口《ソク・ドゥイル》」を振り返らなければならない。

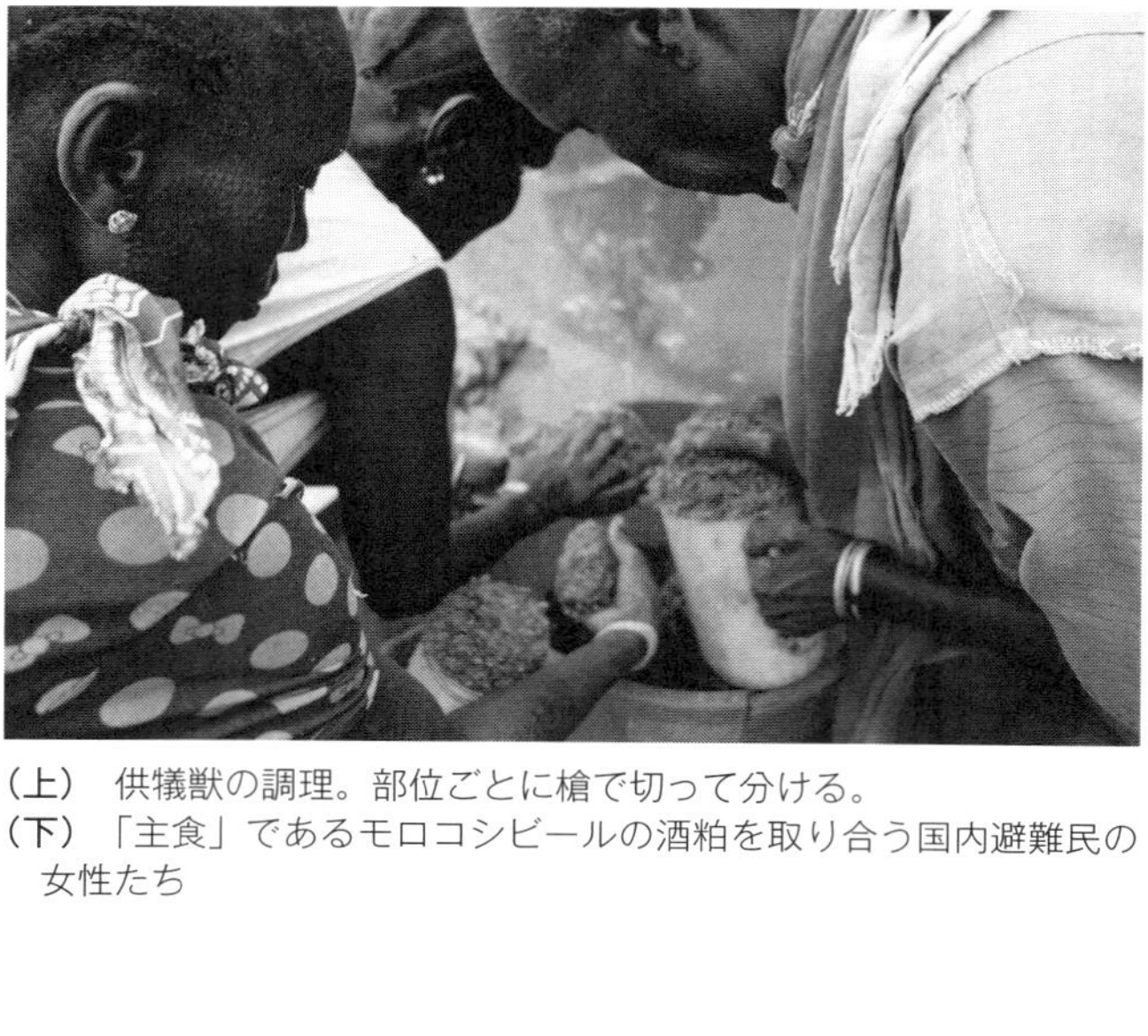

（上） 供犠獣の調理。部位ごとに槍で切って分ける。
（下）「主食」であるモロコシビールの酒粕を取り合う国内避難民の女性たち

第4章　不妊と予言

♪ビエよ[1] ビエよ ングンデンのビエよ
ングンデンのしごとは何ですか？
ングンデンのしごとはクウォスだよ[2]
どんなキチガイですか？
こんなキチガイだよ
イィー、イィー、イィィーーーー！
（隣の子供に襲い掛かりくすぐる）
［子供の遊び歌、二〇一二年、ボー］

第1節　真実を語る狂人——予言者ングンデンの「奇跡」

前章では、ヌエルの人びとが移動や都市化などの新しい状況を、どのような原理を参照しながら位置づけているのかを措いた。この原理と、原理に沿って再定位される経験のありかたを、本書では「経験の配位」と呼んでいる。この経験の配位は、目の前の出来事から一度距離を取り、出来事を精査し、その中で改めて自身の経験を捉えるという、想像力の基盤となるものである。前章で取り上げた、一見すると予言とは無関係にも思える社会変容の場面からは、常に過去や自身の出身であるコミュニティを振り返りながら現在や将来について思考をめぐらせる人びとの様子が観察された。この場面から明らかとなったのは、自身の祖先や子孫と一体となっている集合的あるいは拡張的な自己のあり方であった。この自己の形式の中で整序される経験は、人びとが過去の予言を「もっともらしい」ものとして語ることと密接に関わっている。本章からは、一〇〇年以上前の予言者ングンデンの言動、ヌエルの人びとが表現するところの「ングンデンの仕事」(*latdɛ Ngundeng*)を介して、人びとが自身のいかに現実を語っているのかを具体的に見てゆく。

序章で紹介したように、幾人もいるヌエルの予言者の中で、最も名声を獲得しているのが一九〇六年に死亡した予言者ングンデン・ボンである。彼による予言(的言動)は、民族集団や世代を超えて広く知られている。過去の内戦時には市民を戦いへと動員したほどの影響力を持つングンデンの「予言の成就」は、現在でも多様な背景を持つ人びとが過去や未来の出来事を語るための一つの手段となっている。

本章が分析対象とするのは、「ングンデン教会」(*dwil kuɔth Ngundeng*)の実践と、ングンデン教会中で得られた成員の語りである。なかでも、個人的な経験が予言をめぐる語りや実践を通して集合的な経験へと統合されてゆく場に注目する。

ングンデンと、彼を「つかんで(憑依して)いる」(*käp*)と言われている神性デン(*Deng*)を祀ったングンデン教会は、エチオピアに設立されてからまだ三〇年と経っていない。多くのヌエルの人びとがキリスト教徒となった現在、彼らはどのような動機でングンデン教会に通い、予言を受け止めているのだろうか。ここではまず、予言者ングンデンの生涯と奇跡について紹介し、一世紀以上前になされた「予言」を現在にまで伝える媒体について報告する。そしてングンデン教会の歴史と実践の特徴を明らかにした上で、教会に集う人びとの経験が、予言や予言者への信仰を通じてどう形作られてゆくのかを検討する。

人糞喰らいから予言者へ

予言者はゴック、あるいはグワン・クウォスと呼ばれる。それぞれ、「皮袋」(*gok*)、「クウォス持ち」(*gwan kuɔth*)を意味する。これら二つの言葉が示すように、予言者とは、「クウォスで満たされた袋」、「クウォスを持っている人」、と見なされる。ある人物が予言者か否かが検討される際には、その人物が「クウォスを持っているか」(*tɛɛ kuɔth*)が議論の対象となる。逆に言えば、クウォスに「満たされて」いないと周囲の人間に判断されれば、その人物は単なる普通の人間(sing. *raan* pl. *naath*)であり、時としてヨン(*yong*)――狂人――ですらある。

ングンデン・ボンは、生前は「狂人」として見なされていたものの、彼が残した歌や奇妙な言動がのちに「予言」と見なされるようになり、現在では最も著名なヌエルの予言者となった。

ングンデンは、一八三〇年代に東ジカニィ地方に居住していた大地の首長(*kuaar muon*)の一家に生まれた[3]。彼も土地に関する知識や、大地司祭としての役割などを学んでいたという[4]。ングンデンとは、「デンの贈り物」の意である。というのも、彼の母であるニャイエル(Nyayiel, ニャユアル Nyayual と呼ぶ者もいる)は長年にわたる「不妊」を克服して高齢でングンデンを出産したからである。ニャイエルは子供がなかなかできず、泣いてばかりいたので、「泣く」を意味するルル(*lul*)、あるいは「泣く女」を意味するニャルル(Nyalul)というあだ名でも知られている。また、ングンデンのことをルル・ボンと呼ぶ者もいる。

はじめ、周囲の人びとはングンデンが大地の首長の家の出であることから、彼に対し多少の尊敬の念を抱いていた。しかし、一八六〇年代頃からングンデンは発作を起こすようになり、徐々に奇妙奇天烈な言動が目立つようになった。人糞を食べる、ブッシュの中をうろつきまわる、あるいは断食するなどの噂が立ち、ングンデンはヨンと呼ばれるようになった。ングンデンの言動に関して、次のようなエピソードが報告されている。

彼は何週間ものあいだブッシュで過ごし、動物の糞や人糞を食べて過ごしていた。彼は彼の家囲いの中のウシの杭によく腰掛け、それが肛門に入ってしまっているのにそのままにしていた。彼はよく何日もブツブツ言いながらブッシュを一人でさまよい歩き、また牛舎でも同じようにブツブツ言って座っていることがあった。こんな雰囲気のときには、彼は自分で用意した灰以外のすべての食べ物を拒んでいた。[5]

このような奇行から、人びとは彼の言うことをまともに聞かず、「嘘つき」「馬鹿」などと彼を罵り、いじめるようになった。[6] ところが、ングンデンは将来の出来事を言い当てたり、不妊の女性を治癒したりと、幾つもの「奇跡」(*nyuuth*)を起こすようになる。

それから人びとは、ングンデンの不可解な言動は狂人だからではなく、クウォスに憑依されたためではないかと口々に噂するようになった。ングンデンは数々の奇跡譚を残し、その死後になってようやく人間の生と死を司る存在、予言者と見なされるようになった。[7] イギリス植民地政府は、一九〇二年に一度ングンデンのいる地方への派兵を行ったが、政府との接触はそのとき一度だけであり、多くは謎のまま残されている。

ングンデン教会に集う人びとがングンデンを語るときに必ずと言っていいほど言及するのは、「我々の祖先はングンデンのことをヨンと呼んでいた」というエピソードである。日常的に、ヨンという語は「狂人」というよりも「ばか者」といったニュアンスで、悪ふざけをする子供などに向けて使われる。

わたしはフィールドワークの中で、「ヨン」と呼ばれる多くの人びとに出会った。ングンデン教会に通う者の中には、自らを「ヨン」と言い、その超自然的な力をほのめかす者もいる(第6章参照)。しかし、「ヨン」と呼ばれる者が必ずしもみな予言者の力を備えているわけではない。「予言者」か、ただの「ヨン」か分からないとき、人びとはその人物について「彼/彼女はヨン・クウォスか」、つまり「クウォスを持っている狂人か」という聞き方をする。多くの場合はただの「狂人」であるか、呪医や「薬持ち」と訳されるグワン・ワル(*gwan wal*)と呼ばれる。しかし、ングンデンがそうであったように、その狂気はしばしば「真実」(*thuɔk*)を伝えている可能性があるものとされる。「狂人」によって教えられる「真実」とはどのようなものなのだろうか。ングンデンの場合、「真実」の一部は歌という形式で伝わっている。

ングンデンの歌

民族誌映画家であるR・ガードナー（R. Gardner）とH・ハリス（H. Harris）は、民族誌映画『The Nuer』（1971）において、歌で満ち溢れたヌエルの日常生活を描いている。[8] わたしの経験の中でも、都市部でも村落部でもヌエルの人びとは、歌を歌って多くの時間を過ごしていた。

一口に「歌」（*diit*）と言ってもその種類は多様である。例えば、ウェー（*wee*）は少女がダンスのときに男を誘惑するために歌う歌であり、トゥアール（*tuar*）は少女が「大人の女性」となり、自分の子供たちのために歌う歌である。ディート・コル（*diit kor*）、つまり「戦いの歌」は各地域集団が持っており、ウシの略奪に出かける前などに歌われる。ディート・クラングニ（*diit kulangni*）と呼ばれる「呪物の歌」は、呪いをかけるときに歌われる。「クウォスの歌」とされるディート・クウォス（*diit kuɔth*）には、キリスト教教会で歌われる讃美歌やングンデンの歌が含まれる。人びとが歌を歌うのは、嬉しいときや、悲しいとき、怒りを感じたとき、戦いに向かうとき、逆流の中でボートを漕ぐときなどである。

一度、大きな木の下で数十人もの女たちが円になって大きな声で歌を歌っているのを見たことがある。わたしは何かの祝い事だと思ったのだが、一緒にいた友人（男性）は「あれは女たちが怒っているんだ。何か問題が起こったに違いない」と教えてくれ、近づこうとするわたしを制止した。

またナーシルの町中では、大声で歌いながら街中の人だかりを回っている者を見かけた。彼らは「歌を落とす人たち」、ケット・ディート（*kɛt diit*）、（アラビア語のパナン *panan*／バラン *balang*）と呼ばれる職能者である。彼らは、即興で歌を作ったり、あるいはヌエルに伝わる古い歌を歌ったりする。供犠やお祝い事のときなどに呼ばれて歌を披露する。歌が聴いていた人のこころ（*loc*）に合うと、それに見合うだけのカネや穀物が彼らに捧げられる。

ヌエル社会では、時折歌によって喚起される過去が、現在の人間関係や集団間関係に響くことがある。歌は人びとの記憶に残り、地域や世代を超えて広がるものであるがために、大変危険なものとも考えられている。例えば、誰かを馬鹿にするかのような歌を作った場合はコミュニティ間の戦いにも発展しうる。歌われた内容は後年まで残り、歌われた人物やその家族にとって大変な恥（*poc*）となると考えられるからである。歌が本人に知られると、その人物や家族は憤慨し、首長などが介入しなければ解決できないほどの紛争に転ずることも稀ではないという。ヌエルの人びとにとって歌は、現実に強く働きかけるものであると同時に、彼らの情動にも深く関わり、現実と情動の双方を構築するものである。

わたしたちも経験上よく知っているように、歌と記憶とは深く結びついている。単語や文章では覚えられないことも、歌にするとずいぶん早く、しかも長い間記憶しておくことができる。予言が歌ではなく年配者の単なる昔語りや、特定の者に語り継がれる口頭伝承だったとしたら、ここまで世代や地域を超えて多くの人に知られることはなかったであろう。後世になって、彼の予言の多くは「ングンデンの歌」（*diit Ngundeng*）という形で知られるようになる。「ングンデンは当時狂人だと思われ信じられていなかった。だから、歌を作ってそれを残した。歌なら人びとがいつまでも覚えていることを彼は知っていたのだから」と、人びとは言う。すべての歌は、彼に憑依する神性デンによって創られたものであるとされている。[9]

ングンデンの歌は、一般に「予言」という言葉を聞いてわたしたちがイメージするような「〜するだろう」というような明確な内容を示すものではない。例えば、歌には次のようなングンデンとデンの対話形式のものもある。

ングンデン！「ウェウ？」（*weu*）（女性が人からの呼びかけに応じるときの返事。男性は使用しない。）
ングンデン！「ウェウ？」

わたしはお前にブク[10]に属するウシをあげよう
「父よ、わたしにそれを与えないでください、銃を持った者たち（*rolmac*）と共に終わらせてくださいませ」
ングンデン！「ウェウ？」
ングンデン！「ウェウ？」
わたしはお前にパークの木の実[11]と同じくらい大きな耳のウシをやろう
「父よ、わたしにそれを与えないでください、銃を持った者たちと共に終わらせてくださいませ[12]」

この歌は一九〇二年以後、ングンデンの住む村がアングロ・エジプト軍（ロル・マッチ *rol mac*：「銃を持つ人」の意）に襲撃されたことを歌ったものであるという。このロル・マッチとは、現在は北部の「アラブ人」を指す語である。

現在、ングンデンの歌として伝わるものの中には、ングンデン本人が作詞作曲したと考えられている歌と、彼の死後に別の者によって作られた歌の二種類がある。なかには、後に他の人びとが詩を加えた結果、実際にどの部分がングンデンによるのかはよく分からない場合もある。ングンデン教会の信者でない人びとにとっては、これらの歌はどれも「ングンデンの歌」と呼ばれ、表現として区別されることはない。しかし、ングンデン教会の信者たちは、ングンデン本人が作詞作曲したと思われる歌をマーリ（*maari*）と呼び区別している。

ングンデンの死後にングンデン教会の成員によって作られた歌は、作詩作曲者がはっきりしていることが多い。これらの歌には生前のングンデンの言動やその言動が意味する未来など、現在生じている出来事や解釈が含まれている。マーリに比べ、ングンデンの死後に作成された歌は比較的聞き手にとって「分かりやすい」内容である。例えば以下は、ジーン・ウェイ（Jiing Way）という東ジガニィ・ヌエル出身者が作詞作曲した「ングンデンの歌」である。

創造者は我々に権利を与えた
我々は地上で特別な過ちをもっているわけではない
我々は毎年スーダンのために、悲しみとともにある素晴らしい男であるあなたの声を聴きます
あなたがまだこの世で祝福を与えていない、背が高く、滑らかな肌を持つ人間、我々はあなたの子供です
(中略)
彼(ングンデン)は地上のどの部族のことも忘れはしない
クウォスは誰かによって支配されている紛争をしているすべての部族を知っている
彼らもあなたの子供たちです
あなた、デンは我々を助け、スーダンにて政府を与えてくれる
我々が過ちを犯すことで、デン、あなた、それは終わるのでしょう
クウォスは我々の創造者で我々はあなたに聞くでしょう
そしてあなたはそれを我々に与えるのでしょう[13]

ングンデンの死後に教会の成員が作った歌の旋律はキリスト教教会で歌われる讃美歌と似ている。このために、なかには「ングンデン教会の人たちは、ただキリスト教の祈り方や讃美歌を真似している」と批判する者もいる[14]。後述するように、キリスト教との接触は、ングンデン教会にとって欠かせない出来事である。そのほかにも、冒頭の子供の遊び歌から流行りのポピュラー音楽まで、ングンデンが登場する歌は枚挙に暇がない。ングンデンの予言は歌とともに人びとの生活に息づいている。

予言と人びとの経験の関わりを検討する前に、次ではングンデンの歌という媒体が一〇〇年以上にわたって「真実」をどのように現在に運んできたのか紹介したい。

第*2*節　予言の歌と複製技術

運命を携帯する：近代メディアと予言

歌を介した記憶のありかたは、複製技術が発達した現代、新たな局面を迎えている。テレビ、ラジオやインターネット、パソコンや携帯電話もまた、過去のングンデンの歌を現代に伝える重要な媒体である。そもそも、このような機器の登場も、クウォスやングンデンの働きかけによって生じたものだとも語られる。初めて携帯電話（*telepoondɛ*: 英語の telephone に由来）を見たときの驚きを、年配男性は次のように語った。

> 初めて携帯電話を見たとき、驚いた。だって目の前に誰もいないのに、ある人の声がこの小さな箱の中から聞こえてくるんだもの。前も後ろも確認したけど、やっぱり人はいなかった。だからそのときはクウォスの声かと思ったよ。それか、クウォスがその人の声をここまで運んでくれていると思ったし、実際そうに違いない。[15]

また、携帯電話の到来自体も、次のようにングンデンに予言されていたという。[16]

> わたしのことばが木々の上にやってくるとき、お前たちは何が良いことで悪いことかが分かるだろう。

この予言をわたしに教えてくれた三〇代の男性は、「上の方からングンデンのことばがやってくる」というフレーズが、電波という天／空／上の方（*nhial*）を通じてやってくるもの、つまり携帯電話を指していると説明してくれた。彼の着信音は、ングンデンの歌である。

南スーダンでは、読み書きのできない年配者も携帯電話を愛用している。近年は州都だけではなく、村落部にも携帯電話の電波塔が続々と建てられている。携帯電話は移動の機会が増え、都市‐村落間のやり取りが重視される現代においては必要不可欠なものの一つでもある。地域によって使える携帯電話会社が異なるため、複数の携帯電話やＳＩＭカードを持つ者も多い。特に若者たちは携帯電話の機種に敏感である。携帯電話を選ぶときに彼らが重視しているのは、そのデザインだけでなく、音楽や映像などの再生機能の有無である。

南スーダンに滞在中、わたしは南スーダン国内で販売されている携帯電話の中でももっとも安価なものを使用していた。その携帯電話には音楽の再生機能はついていなかった。わたしがングンデンの曲について知りたがっていると、「君のテレフォーンが『シエク・ジョカ』じゃなければ、すぐにングンデンの曲をテレフォーンに転送して、それで調査は終わりなのに」と同情されたことがある。「シエク・ジョカ」（*ciɛk jokä*）とは、わたしが使っている携帯電話の通称で、「死霊の妻」という意味である。「死霊の妻」は、養い手のいない貧しい「寡婦」のメタファーでもある（写真24）。彼女たちのように貧しい人びとが持つ安価な携帯電話であることから、この名前が付けられたらしい。[17]

マーケットの片隅でよく見かけるのは、大きなスピーカーから大音量で音楽を流している若者たちである（写真25）。彼らが持つパソコンの中には、音楽や動画のデータが大量に保存されており、それを一曲一南スーダンポンドで売っている。スピーカーから大音量で音楽を流すのは、自分たちが持っているおすすめの曲を宣伝するためである。ボーのマーケットで音楽を売っている若者たちの多くがディンカ人である。彼らが扱う音楽データには、世界各国の音楽に加え、ディンカ、ヌエル、バリ、ムルレといった南スーダンの諸民族集団の伝統音楽がある。ボーのマーケットにある数軒の音楽売りを周ったところ、すべての音楽売りが複数のングンデンの歌を売っていた。音楽売り（music sender）に聞いたところ、ヌエル以外にも、ングンデンの曲を購入してゆく顧客も多いという。

若者たちが携帯電話の中に保存している音楽のデータは豊富である。欧米のポピュラー音楽をはじめ、アラブ音

写真 24（上）「死霊の妻」あるいは「ニャンデン」という愛称で呼ばれる携帯電話。輪ゴムは携帯電話の電池パックが落ちてしまわないためにつけられている。この部分に紙幣を挟んで財布にしている人も多い。

写真 25（下） 街中の音楽売り

楽、SPLAの軍歌、キリスト教教会の讃美歌、ヌエルのコメディアンの歌、ディンカやバリ、ムルレなどの周辺民族集団の伝統的な歌、自分の母が自分のために作った歌や自分が恋人のために作った歌など、さまざまな種類の音楽が数百ほども携帯電話に保存されている。携帯電話に保存されているングンデンの歌は、誰かが歌ったものを録音したのではなく、マーケットに行って買ってきたものが大半であるという。都市部で暮らす政府関係者は、ングンデンの予言を知った経緯について次のように語った。

> ングンデンの予言について知る機会はこれまで二回あった。一度目は子供の頃に村でお爺さんたちに昔話を聞いたとき、二度目は都市で携帯電話の着信音売りからングンデンの曲を買ったときだ。[18]

若者たちが携帯電話に保存している「ングンデンの曲」の中には、一曲あたりの長さが一時間にも及ぶものもある。[19]若者たちに曲の内容を尋ねると、「これは二〇一〇年の住民投票のことを歌っている曲」などと教えてくれるが、彼らは具体的にその歌のどの部分がどのような予言に対応しているのかまでは答えることができない。とにかくこれらの曲にはたくさんの「ングンデンの仕事」、つまり予言が詰まっているのだ、と彼らは言う。[20]おそらく彼らにとっては、曲を購入して予言の内容を分析するよりも、それをただ「持っている」ことが重要なのである。もしかしたら一〇〇年以上前に作曲された曲には自分たちの運命や国家のゆくえが歌われているかもしれない。その曲の存在を、確かなものとして所有し、必要に応じて取り出せることそれ自体が、予言の紛れもない「証拠」であり、若者たちにとってングンデンの「もっともらしさ」を支える一つの要素となっている。

「ングンデン」の写真

さらに予言の「正しさ」を証明しうる媒体として、図像や写真が挙げられる。

写真 26（上） T シャツに印刷されたングンデンの塚（*biɛ*）
写真 27（下） ングンデン教会に飾られる「ングンデンの写真」（エヴァンズ＝プリチャード著『ヌアー族の宗教』に掲載されている写真）

ジュバのマーケットにはオリジナルTシャツを作ることができる店がある。この店では自分の好きな写真などをプリントしたTシャツを作ってもらうことができる。写真26のTシャツにプリントされている「ングンデンの塚」（ビエbiɛと呼ばれている）は、エヴァンズ＝プリチャード著『ヌエルの宗教』（邦訳『ヌアー族の宗教』）に掲載されている写真[21]で、一九二九年にイギリス・エジプト連合軍によって爆撃を受ける前のものである（第1章参照）。

また写真27は、ボーのングンデン教会の祭壇の上に飾られている「ングンデンの写真」である。この写真は行政官C・グイン（C. Gwynn）が一九〇〇年に撮影したもので、エヴァンズ＝プリチャードの民族誌にも掲載されている。実際のところ、写真の被写体はングンデンではなく、別の予言者である。ングンデンの写真ではないと指摘すると、教会の祭司は、画像は「ヤフー・ドット・コム」（yahoo.com）で「Ngundeng」と検索して出てきたものであり、ングンデンに違いないと主張した。多くの人がアクセスできるからこそ、インターネットで得る情報はより真実に近い、というのが彼の理解だった。

このようにさまざまな複製技術の力を借りることで、ングンデンの予言はより一層「確からしい」ものとして若者たちにも認識されるようになっていった。これまで、年配者の昔語りや、歌い手によって調子の異なる歌を通じて「ングンデンの仕事」が知られていたのに対し、複製技術はングンデンの「オリジナルの」歌や像という真正性を与える役割を果たしたのである。

これ以外にも、「教会」や「聖書」というキリスト教的な媒体がングンデンの真正性を支えている。次では「ングンデン教会」における人びとの実践を見ていこう。

第3節　ングンデン教会の歴史と実践

キリスト教の浸透と神性の混淆

ハッチンソンは調査中、キリスト教の教えと、「一にして多」なるクウォスの信仰のあいだで揺れる人びとの苦しみに直面した。当時、ヌエルの人びとは、「キリスト教が何の問題の解決にもならないって分かれば、またみんな（改宗者）はヌエルの古いクウォスのところに帰って来るさ」、「洗礼されたクリスチャンが予言者のところに治療に行ったら死ぬってほんと？」などという不安を口にしていた。[22] 特に内戦中の飢餓や治安の悪化の中、ヌエルの人びとのあいだでは自分たちに苦しみをもたらすクウォスのありかたをめぐる議論が繰り返されていた。いくらクウォスに祈りを捧げても内戦は終わらず、親族や友人が命を落としてゆく中で、ヌエルの人びとはこれまでのクウォスや自分たちの宗教的実践に関して疑いの目を向けるようになった。一方で、一九七〇年代には、「初めてイエスについて聞いたとき、驚いた。なぜならそれらはすべてングンデンがかつて言っていたことだからだ」などと言う者もいことが報告されている。[23]

現在、多くの者がキリスト教徒である中で、予言者ングンデンを信仰する（*ngaath*）人びとがいる。以下では、キリスト教の普及と不可分なングンデン教会の成り立ちを紹介する。

国外難民の「宗教」

ングンデン教会は、一九九〇年代後半に国外難民の「宗教」としてエチオピアで誕生した。[24] 以下、エチオピアの難民キャンプで調査を行った人類学者C・ファルゲ（C. Falge）の報告に沿ってングンデン教会の設立の様子を見てゆく。

当時、エチオピアとスーダンの国境地帯にあるエチオピアのフニド（Funyido）では、キリスト教に改宗する若者たちが増加していた。難民となった若者たちが「白人」（*turuk*）の豊かな暮らしにあこがれ、「進んだ」（*cop*）世界に向かっていこうとする一方で、年配者たちは疎外感を味わっていた。内戦中の親族・友人との死別、若者に対する支配力の喪失、そしてキリスト教教会の影響力の増大が、年配者を追いつめていた。キリスト教教会に通う若者たちを尻目に、年配者たちは自分たちが信じている「古い秩序」に遅れを感じるようになった。

一九九〇年代後半、エチオピアの村に住んでいた二人の予言者が、年配者を集めて「ングンデン教会」（*luak kuɔth Ngundeng*）と後に呼ばれる集会場を設置した。[25] 年配者はこの場所に定期的に集まり、ヤギを供犠したり、ングンデンの歌を歌ったりしていた。さらにもう一つのングンデン教会がフニドの難民キャンプの中にも建てられた。そこに集まる者の多くが、兵役経験のある男性と、内戦で夫を亡くした女性だった。ングンデン教会において、人びとは内戦や難民生活からの解放、そして「古い秩序」への回帰をングンデンの歌に見いだそうとしていたのである。[26] ングンデン教会には、徐々に避難先のアメリカから、エチオピアへと渡ってきた国外難民の若者たちが通い始めるようになった。彼らは、避難先のアメリカでキリスト教教会に通っていた。しかし、教育を受けておらず、避難民として細々と暮らす彼らは、教会に通う他の中産階級の白人たちに対して気後れしていた。その中で「自分たちの」予言者であるングンデンは、彼らが故郷の「神」や他の神性の力を認識し、キリスト教の「神」に対して「自分たちの神」に自信を持つための存在となったのだった。

このようにして、ングンデン教会での祈りは始まった。ングンデン教会を誕生せしめたのは、キリスト教教会との出会いと、なにより、避難民としての彼らの経験だった。ングンデン教会は、設立当初はキリスト教や近代文明がもたらしたコミュニティ内部の不和や年配者の疎外感に対応するための、一種のアイデンティティの拠り所として存在していた。その後、内戦とともにエチオピアに逃れていた難民たちは徐々に自分たちの生まれた土地へと戻り始めた。それと同時に、ングンデン教会も南スーダン本土にもたらされた。現在では国内外合わせて少なくとも一〇以上のングンデン教会が存在する。そのうちわたしが訪れたのは、ジュバ、ボー、ナーシルの三つのングンデン教会である。

ボーのングンデン教会の歴史

では、調査地であるボーのングンデン教会の概況を紹介しよう。ボーでは、二〇〇七年、現在の祭司を含む三名によって祈りが開始された。祭司は過去にエチオピアのガンベラに滞在し、看護師になるための訓練を受けた経験を持つ。彼はガンベラの難民キャンプには、老人たちを中心にングンデン教会なるものが建設されているのは見知っていた。しかし当時、彼はカトリック教会の成員であったため、ングンデン教会自体に興味はなかった。その後、彼はングンデンがかつて語ったことが予言であったことを認め、改宗し、ボーにングンデン教会を作ろうと考えた。はじめ、彼は自宅や大きな木の下などで数人の仲間たちと細々とングンデンに祈りを捧げていた。そのうち、当時「呪医」として政府に殺害されたロウ・ヌエルの予言者の従者たちが、ボーに逃げてきていることを知った。[27] 彼らは、予言者の従者であるがために地元の警察に逮捕されることを恐れ、村落部からボーへ避難してきたのだった。祭司によれば、不思議なことに、従者らの移動もすべてングンデンがかつて語ったことと一致していたのだという。祭司は、彼らならングンデンを信じているだろうと思い、ングンデン教会に通って祈りを捧げるように勧めた。はじめは皆、逮捕を恐れてやってこなかった。そのため、祭司は、従者の妻たちを一人一人説得して回った。

自分の家に竹のみで簡易的なングンデン教会を作って、その場所を訪れるように彼女たちを誘った。すると、その簡易教会を作る際、小さな奇跡（*nyuth in tot*）が起きた。雨が降った（*nhial kä deang*）のである。雨が降ること自体は何ら不思議なことではなく、そもそも雨はクウォスの顕れとして共有されている考え方であるが、[28] 何よりも当時人びとを驚かせたのは、彼らがングンデン教会を作って、祈りを始めようとしたまさにそのとき、雨が降ったと

写真 28（上）　ボーのングンデン教会の成員
写真 29（下）　ジュバのングンデン教会

写真 30　「大地の首長」風の格好，「豹柄」の衣装をまとったングンデン教会の祭司

いう事実であった。この出来事は教会に集う人びとに、ングンデン教会に集い祈りを捧げることの正しさを確信させるものとなった。

祭司は、キリスト教教会で彼が実践していた「祈り」（*pal*）の方法や、ングンデンの死後作曲された「ングンデンの歌」を彼女たちに教えた。これらの歌を歌うのは、年配女性ニャウェッチ・リー（*nyawech liey*）の重要な役割だからである。このように開始されたングンデン教会での祈りは、二〇一二年に新しい展開を迎えることになる。祭司からの寄付金と毎週の祈りで集めた献金により、新しいングンデン教会が、ヌエルの居住区であるシ・ヌエル・ベンに建てられることとなった。二〇一一年末、ングンデン教会の建設予定地で仔ヤギの供犠が行われた。[29] それから一年後、五〇人は収容できる四角いトゥクルのングンデン教会が完成した（図7および写真28）。

キリスト教教会の実践との関わり

ングンデン教会の成立の背景として欠かすことができないのは、キリスト教、あるいは西洋世界との接触である。すでに述べた通り、ングンデン教会に国外難民が通う動機となったのは、キリスト教教会の影響力と、それに対して自分たちが寄り添っている「古い秩序」や「遅れ」の意識であった。その後、フニドのングンデン教会では、この「遅れ」を解消するためにさまざまな取り組みがなされた。まずは読み書きのできる若者をリーダーとし、「西洋風」にングンデン教会を創り上げてゆく努力がなされた。そのリーダーは、「白人」の持ち物と見なされていたテープレコーダーを教会に持ち込み、サングラスをするなど「白人風」の格好をした。[30] キリスト教教会を参考に、教会の建設やドラムによる演奏、[31] 後述の「ングンデン聖書」（*bok Ngundeng*）が導入された。ングンデン教会の「クリスマス」（「エックス・マス」とも呼ばれる）は、ングンデンの生誕の日とされる一月八日（地域によっては一月七日や九日）に設定された。ングンデンの死後作曲された「ングンデンの歌」[32]、あるいは「ニャウェッチ・リー（ングンデン教会の年配女性のこと）の歌」は、若者たちがキリスト教の讃美歌のメロディーに似せて作り、老人たちに教えたものである。[33]

ングンデン教会とキリスト教教会は、礼拝の段取りや祭司の説教、使われる言い回しなど、類似する点は多い。例えば、祈りを始めるときや報告を行うとき、ングンデン教会では以下のフレーズが繰り返される。

（ングンデン教会の祭司）「ポス・ア・クウォス」（*poth a kuɔth*「クウォスの祝福よ」）
——（参加者）「ポス・ア・デン・タース」（*poth a dɛng taath*「デン・タースの祝福よ」）

デン・タースとは、世界や人間の創造主であるクウォス（*kuɔth cak*）の一つである。一方、キリスト教会では、以下のフレーズが繰り返される。

（キリスト教教会の司祭）「ポス・ア・クウォス」（*poth a kuɔth*「クウォスの祝福よ」）
——（参加者）「ポス・ア・ネイ・シャン」（*poth a nei chiang*「日々の祝福よ」）

キリスト教徒の中には、ングンデン教会はキリスト教教会の祈りの言葉にある「イエス・キリスト」の部分を「ングンデン」に変えているだけだと指摘する者もいる。ただし、ングンデン教会は、供犠を行い、飲酒をする点でキリスト教教会とは大きく異なっている。

ングンデン教会の祭司らは、キリスト教教会を模して、教会のスタンプや旗などを作り、宗教省の認可を得ようと日々努力していた。しかし、「キリスト教」風に信仰を形作ってゆく試みにもかかわらず、ングンデン教会がジョングレイ州の宗教省の認可を得ることはできなかった。

表4　各地のングデン教会の特徴

場所（州名，国）	建物の有無（形状，場所）	祭司	特徴
フニド Funyido（ガンベラ，エチオピア）	有り（円型のトゥクル）	若者と難民キャンプの年配者？	難民キャンプ内に設立された，キリスト教教会と対立。キリスト教教会の実践を流用。
ジュバ Juba（中央エクアトリア，南スーダン）	無し（マンゴーの木の下）	年配男性	寡婦と（元）兵士が多く集う。寡婦は東ジカニィの出身者が多い。
ナーシル Nasir（上ナイル，南スーダン）	無し（成員の家）	年配女性	寡婦を含む年配女性と身体に障害を持つ少数の男性。
ボー Bor（ジョングレイ，南スーダン）	有り（四角形のトゥクル）	30代男性	参加者の多くは年配女性と年配男性。2012年に専用の建物が完成すると，若者も含む多くの近隣住民が通いだすことになった。
パリアック Paliak（ジョングレイ，南スーダン）	無し（不明）	年配男性	SPLAの軍事バラック。成員のほぼすべてがSPLAの軍隊とその家族。年に1度，ブク・マン・デンの祈りのためにボーのングデン教会を訪れる。
ワルガック Walgak（ジョングレイ，南スーダン）	有り（四角形のトゥクル）	年配男性	ングデンの塚であるピエの最も近くに存在。南スーダン内のングデン教会のうち最も規模が大きい。

ボーの祭司の記憶によれば，各ングデン教会が建設された年は次の通りである。フニド（2001年），ガンベラ（2002年），ジュバ（2010年），ボー（2007年），ワルガック（2005年），ベンティウ（2005年），マイウットには2002～2005年のあいだに複数建設されたという。

このほか，アメリカ合衆国，エチオピアの首都アジス・アベバ，ベンティウ（ユニティ州）などに存在するという。

出典：筆者作成

ングデン教会の多様性と特徴

キリスト教教会が長方形型の建物であるのに対して、二〇〇二年にエチオピアのフニドに建てられたングデン教会は、円型のトゥクルであった。[34] このトゥクル式のングデン教会は、キリスト教に対して自分たちの信仰も「宗教」として位置づけようとする動きの中で建設された。その後南スーダンで開設されたングデン教会は、多くの場合、成員の家や大きな木の下にある。わたしが見聞きした各ングデン教会の特徴は表4の通りである。[35]

ボーやナーシルのングデン教会に集う者の多くは、貧しい年配女性であった。彼女らの多くは、薪を切って売るなどして生計を立てていた。ボーの教会の成員で多いのは、かつて政府警察によって殺害された予言者ガイ・マニュオン（Gai Manyuon）と行動をともにしていた者たちの妻である。[36] 祭司はボー・タウンにある病院で看護師をしている。[37] 彼ら

表5　ングンデン教会の役職・成員の呼び名と役割

ゴック (*gok*)	祭司	祈りの進行，説教，会議の司会など
ダイヨム (*daiyom*)	年配男性	マーリを歌う，供犠の際に供犠獣を殺す
ニャウェッチ・リー (*nyawec liey*)	年配女性	ングンデンの歌の作詞作曲，礼拝の際にングンデンの歌（マーリ以外）を歌う
ニャドゥオリ (*nyadhuoli*)	成人女性	特になし
ゴルウェッチ・リアル (*golwec rial*)	未婚男性	特になし
ガドウェッチ・リアル (*gatwec rial*)	未婚女性	特になし

出典：筆者作成

が教会に通う理由はさまざまで、一番近くにある「クウォスの部屋（牛舎）」（*dwil kuɔth*, *luak kuɔth*：キリスト教教会を指す語）だからという理由で通う者、家族が通っているから通う者、キリスト教から「改宗」した者などがいる。[38] ングンデン教会の成員のあいだには日常的な付き合いが存在する。看護師である祭司のところには、成員たちが頻繁に病気の相談や、薬の購入リスト作成を頼みに訪れる。[39] ングンデンの生誕の曜日とされる水曜日（*cang-kä dhiok*）[40]には、ボー・タウン内からングンデン教会の成員が集まり、ングンデンと神性デン、そして「デンの母」であるマン・デン（*man deng*）に祈りを捧げている。

ングンデン教会に集う年配男性らは、ダイヨム（*daiyom*）と呼ばれる。ダイヨムは、ングンデンの生前より存在していた予言者の従者たちを指す場合と、ングンデンの死後出現した「小予言者」（*gok mi tot*）を指す場合がある。年配女性はニャウェッチ・リーと呼ばれ、ングンデンの歌を歌ったり、作曲したりする。

ボーのングンデン教会の成員はロウ・ヌエル、東ジカニィ・ヌエル出身者が多い。なかには、ガンベラでングンデン教会に通っていた者もいる。当時、西ヌエルの居住区、ベンティウでもングンデン教会の祈りを行おうという動きが見られた。他地域に比べ東ジカニィ地域でングンデン教会の祈りが盛んなのは、おそらくガンベラでの難民生活の経験者が多いためであろう。

写真31　仔ヤギの供犠　ングンデン教会の建設の際の祈り，旅人の帰還，重病人の回復の祈りなどさまざまな場面でなされる。

ングンデン教会は、「教会」と呼べるような「部屋」（*dwil*）つまり建物があるタイプと、建物がなく大きな木の下などで祈るタイプがある（図7、8）。どの教会も、ングンデンの塚（*biɛ*）のある方角（ジュバ、ボーいずれにとっても東）に向かって、参加者が祈りを捧げることができる構造となっている。年に数回ある供犠の際も、ウシの頭が塚のある東の方角に向くようにして行われる。ングンデン教会の机の上にはングンデンの歌を流すための大きなカセットや携帯電話、「ングンデン聖書」（*bok Ngundeng*）が置かれている。人びとがングンデン教会に集まる時間帯にはカセットから歌手やニャウェッチ・リーらが歌ったングンデンの歌が流される。その机の横、同じく東の方向にはデンのための椅子（*kuɔm*）が置かれる。この椅子には布（*biey*）がかけられる。祈りのあいだ、神性デンはこの椅子に降りてきているのだという。[41]

「ングンデン聖書」

「ングンデン聖書」とは、ングンデンの歌や生前

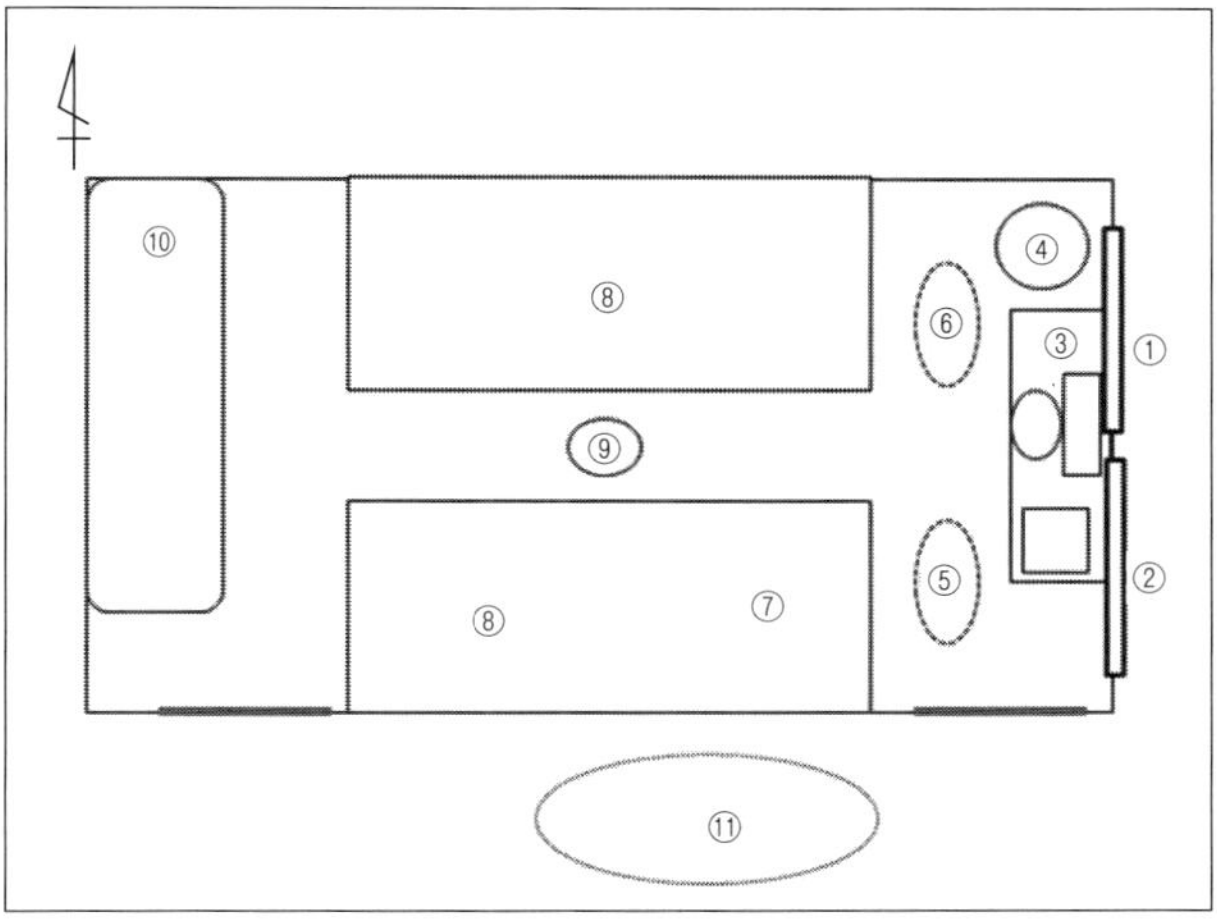

図7　ボーのングンデン教会の構造

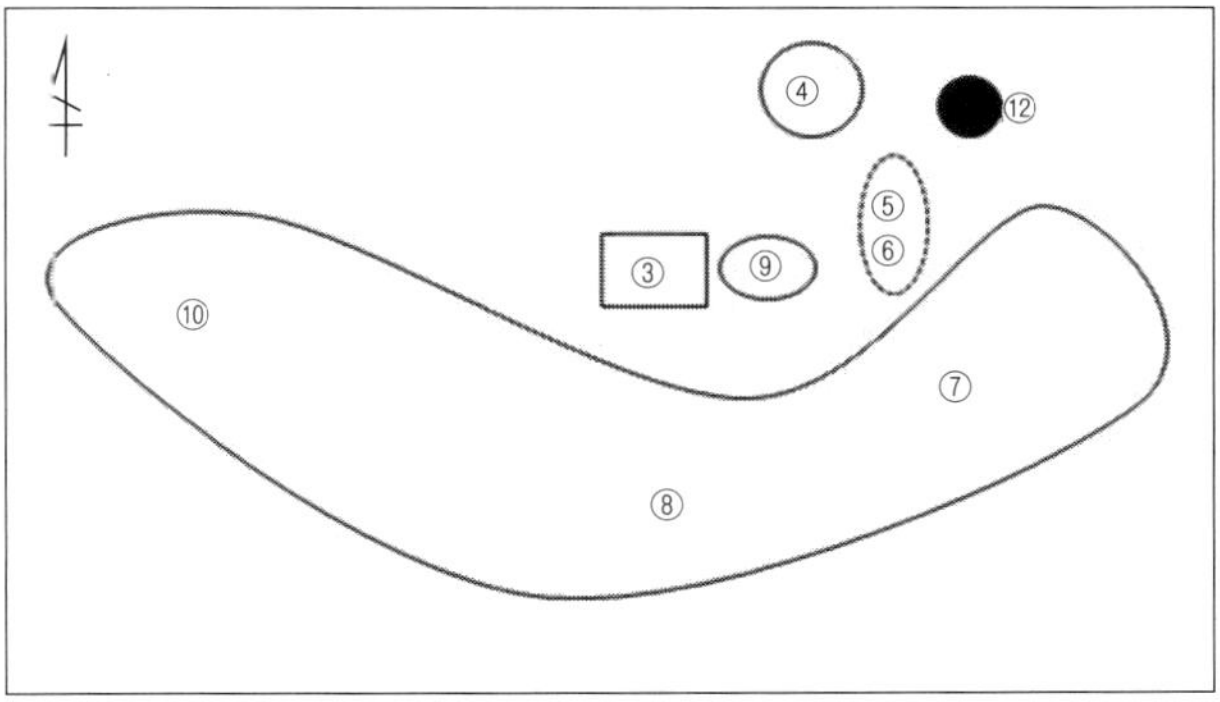

図8　ジュバのングンデン教会の構造

表6　ングンデン教会の構成物

①南スーダンの国旗	⑦祭司・年配男性が座る
②ングンデンとビエのイラストが描いてある旗	⑧女性が座る
③カセット，本，お布施などが置いてある机	⑨ブル（*bul*）／太鼓
④神性デンのための毛布を掛けた椅子	⑩身体に障害のある者，子供が座る
⑤祭司が説教を行う場所	⑪供犠を行う場所
⑥報告者が話す場所	⑫マンゴーの木

出典：筆者作成

の言動が、キリスト教の「聖書」(*bok kuɔth, bok ruac ni kuɔth*) のように、数章に分けて書かれたものである。ガンベラの難民キャンプで作られたのが始まりだが、ボーのングンデン教会の祭司は、独自にングンデンの歌や予言的言動、その解釈を考え、章を追加している。二〇一二年の時点で「ングンデン聖書」は六五章あった。当時、祭司は新しく手に入れたングンデンの歌を、ノートパソコンに入力していた。おそらく現在では、ングンデン聖書の章の数もさらに増えていると考えられる。

ボーやジュバのングンデン教会では、祭司を除く教会の成員はみな読み書きができない人びとだった。しかし、読み書きのできない人びとにとっても、「ングンデン聖書」は非常に価値のあるものと考えられている。二〇一〇年、ジュバのングンデン教会で調査を行っていた頃、「ングンデン聖書」を持っているのは祭司を除けばわたしだけだった。教会の参加者たちはその内容を暗唱できるほど覚えていたのだが、それでもしきりにわたしに「ングンデン聖書」のコピーを求めた。不運にもコピー機の不具合により、わたしが彼らに渡すことができたのは文字のかすれた聖書のコピーで、ほとんど文字が読めない状態であった。しかし、それでも、そのコピーは年配者らに大変喜ばれた。こうした「紙」や「書かれたもの」の重要性は、ングンデン教会に限らない。キリスト教教会を訪れたときにも、文字の読めない年配者たちが、「聖書」の文字列をずっと指で辿っているのを見た。祈りの最中には「ングンデン聖書」を揺らして、ばさばさと音を立てている者もいる。携帯電話に予言の歌を保存する若者と同じく、ングンデン教会の年配者らにとっては、「本」に書かれているということ自体が、ングンデンの予言の正しさを支えるものなのである。

少なくない教育を受けたキリスト教徒の若者たちは、ングンデン教会の実践をシェイタン(悪魔)、あるいはクウォス・ピニィ(*kuɔth piny*)に対する信仰と見なしている。大地のクウォスと訳せるクウォス・ピニィ[42]は、キリスト教教会における説教では邪悪なもの(*mi jiek*)として言及される。しかし、わたしが「ングンデン聖書」の存在をキリスト教徒の若者に知らせると、必ずと言っていいほど、彼らは「聖書」とその内容に関心を示すのだった。

おそらく彼らを驚かせているのは、予言が「紙」に書かれて存在しているという事実であろう。政府の文書や読み書きを中心とする教育、キリスト教の聖書の浸透や貨幣経済の流通により、「紙」という媒体は非常に権威的な存在となった。[43] 予言は紙に印字されることでその権威を借り、新たな「もっともらしさ」を獲得したのだった。

次では、具体的にングンデン教会で行われる祈りの実践について紹介しよう。

ングンデン教会における祈りの実践

ングンデン教会では、週一回の水曜日祈りのほかにも成員の必要に合わせてさまざまな祈りが行われる。ここではまず、加入儀礼、定期的な供犠、そしてブク・マン・デンの祈りを紹介したい。

ングンデン教会の成員になる際には、簡単な加入儀礼が行われる。儀礼では、主に、水と唾を用いる。頭に唾を吹きかける行為は日常的に年長者が年少者に対して行う祝福であるが、ングンデン教会の入会時には、頬や手足にも年配者の唾が擦りこまれる。場所によってやり方はさまざまであったが、例えばジュバの教会では、右足に水をかけてから唾をかけ、次に左足、右手、左手にも同じこと

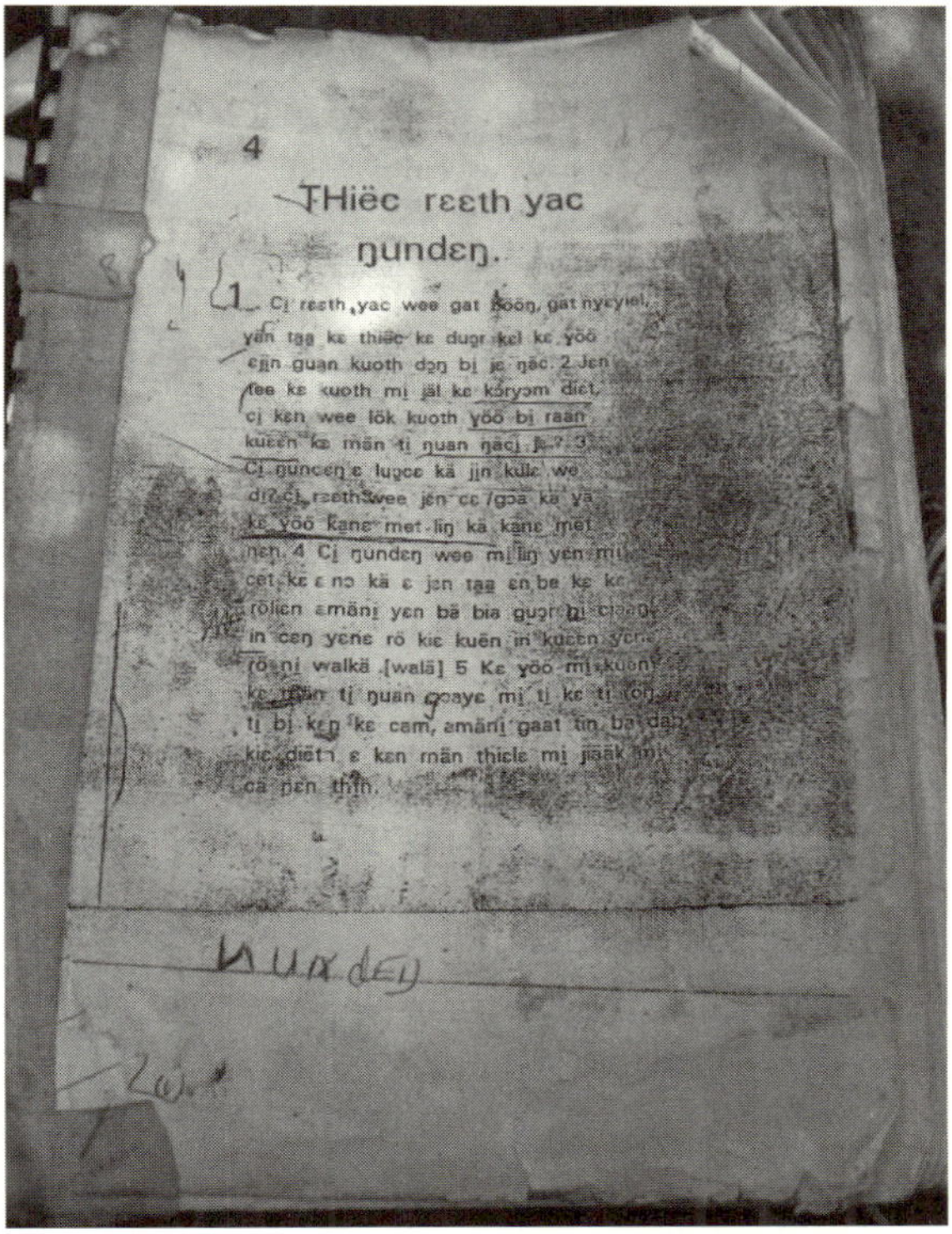

写真32　ナーシルのングンデン教会の成員が持っていたングンデン聖書の一部

をし、最後に残った水を加入者が飲む、というものであった。ナーシルの教会の加入儀礼は、年配者が加入者の親指を口に加え、そのときついた唾液を加入者の胸に押し当てるというものであった。

旅人が来訪したときや、成員の病気、また紛争などが村落部で生じているときには、ングンデン教会でウシやヤギの供犠（*nak, kok*）が定期的に行われる。年末年始の祈り以外はヤギであることが多い。供犠の際にはマーリとニャウェッチ・リーの歌が歌われ、祭司による簡単な説教がなされる。旅人や病人のために供犠が行われるときは、槍（*mut*）でその人の体を撫でてから供犠獣が殺される。供犠獣の肉は、成員のみならず近隣に暮らすキリスト教徒にも分け与えられる。

ングンデン教会の一年間の行事のうち最も規模が大きいものが次のブク・マン・デン（*Buk man dɛng*）の祈りである。ブク（Buk）とは川に関連するクウォスの名前である。マン・デンとは、「デンの母」の意味である。この名前が意味する通り、この儀礼では、川の神性ブクとデンの母、あるいはングンデンの母に祈りを捧げる。

毎年一二月三一日から一月一日の朝にかけて、一晩中信者たちによって祈りが捧げられ、ングンデンの歌が歌われる。一二月三〇日には、参列者の寄付によってマーケットでウシが購入され、翌日にングンデン教会に移動される。三一日は、夜九時頃から祈りが始まる。この年に一度の祈りは通常の祈りよりも長く、一時間以上にも及ぶ長いマーリがダイヨムのうちの一人によって歌われる。年が明ける直前には祭司によって祈り（*pal*）が行われ、新年を知らせる近隣住民による祝いの銃声[44]とともに歌（マーリとニャウェッチ・リーの歌）、ダンスが始まる。その日は、参加者はングンデン教会で寝泊まりをする。まだ暗い明け方五時頃、寝ていた人びともウシの供犠のために起きはじめる。ウシの男が祈りと共にウシの右側に立ち、一突きでウシを供犠する。周りの人びとは歌を歌いながらウシが倒れるまでその様子を窺う。ウシは倒れると直ちに男たちによって解体され、調理を担当する女たちのもとに運ばれる。

その後、成員たちは神性ブクがいる川に向かう。神性ブクは、すべての川に関連するだけでなく、「母」や「女性」とも結びつきやすいクウォスであると言われている。[45] 川に向かう前、成員それぞれが現金やモロコシなど、クウォスに捧げることができるものを持って集まる。人びとはそれらを手に川に入り、頭まで水に浸かった後、それらを川に流すことによって供犠を終える。

供犠はヌエル語でコク（*kok*）、あるいは「殺す」を意味するナク（*nak*）と表現される。このコクとは、ものを売る・買うという意味でも用いられる。[46] これは、供犠はクウォスと人間のあいだの交換であるが、人間と人間のあいだのものの交換も、クウォスを経由して行われているという考え方に基づいている。ブク・マン・デンでは、自身の悩み事を載せた供物を川のクウォスであるブクに送り、クウォスからの応答を待つ。自分が何か過ち（*duer*）を犯していなければ、クウォスはその呼びかけに答えてくれるのだという。

川での供犠を終えた成員たちがングンデン教会に戻ると、女性たちが供犠したウシを料理し、性別、年齢別に分かれて共食をする。数日前から準備されたモロコシビールも振る舞われる。余ったウシの肉は、キリスト教徒やディンカの人びとも含めた近隣住民に配られる。

これまで取り上げた儀礼では、供犠や歌などのパフォーマンスを通じたクウォスとの交信が中心となっており、具体的にングンデンの予言やその内容が語られることはない。しかし、成員たちは上述のパフォーマンスを通じて互いのつながりを確認し合い、また供犠獣の肉を配ることによってングンデン教会の成員以外の人びととも連帯を築こうとしていることが窺える。

成員たちが直面する出来事や悩みとングンデンの予言とがともに語られるのは、毎週水曜日（第三の日）の祈りである。

「第三の日」の祈り

毎週水曜の祈りは、「第三の日の祈り」（*pal ciangkä dhiok*）とも呼ばれる。祈りは、朝八時から九時頃に始まる。

写真 33（上） ブク・マン・デンの祈りの開始直後の供犠獣のウシ。火は供犠獣の心を落ち着かせるために一晩中たかれる。これによって供犠の際にウシがあまり暴れなくなるのだという。

写真 34（下） ブク・マン・デンの祈りのフィナーレの供犠の様子。朝 5 時頃，右のダイヨムが声高らかに歌うマーリとともに，奥に立つウシの男が槍でウシの右側からウシを一突きする。

表7　ングンデン教会の祈りの進行

進行	名称	行為者	内容
1 祈り	パル（*pal*）	全員	起立し，両手を上に向け，デンに祈りを捧げる。
2 ングンデンによって作られた歌を歌う	マーリ（*maari*）	年配男性年	配の男性によってングンデンによって作られた曲（マーリ）が歌われる。
3 聖書を読む	ジッチ・ニャル（*jic nhial*）	祭司	祭司が「ングンデン聖書」より1～2節選んで読み上げる。
4 ニャウェッチ・リーの歌	ディート・ニャウェッチ・リー（*diit nyawec liey*）	ニャウェッチ・リー全員	ングンデンの死後作曲されたングンデンの歌がニャウェッチ・リーらによって歌われる。
5 報告	レポートニ（*reportni*）	特定の参加者	参加者のうちデンに報告したいことがある者がその内容を祭司に告げる。
6 働きかけ・励まし	ショム（*com*）	祭司，特定の参加者	何人かの参加者が祭司によって選ばれ，参加者の前に立ち，問題を抱えている者たちに「励まし」を与える。
7 説教	ルアッチニ・ゴック（*ruac-ni gok*）	祭司	祭司が「ングンデン聖書」を再び読み，それが意味するところを説明する。
聖書を読む	ジッチ・ニャル（*jic nhial*）		祭司が「ングンデン聖書」より1～2節選んで読み上げる。
8 祈り	パル（*pal*）	全員	再び全員が起立し，デンに祈りを捧げる。
9 お布施	コック・ヨウ・ピニィ（*kok yiou piny*）	全員	ニャウェッチ・リーの歌がはじまり，お金や穀物がデンの机の上に置かれる。参加者は「マーレ」と言いながら参加者全員と握手をする。

出典：筆者作成

人数がある程度集まるまで、参加者たちは雑談をしたり、祭司の妻が用意したお茶を飲んだり、具合が悪いときは祭司に様子を見てもらったりして時を過ごす。朝早くから、祭司のラジカセよりングンデンの歌が延々と流されている。これはキリスト教教会が日曜の朝、讃美歌を流すのと似ている。参加者たちが揃うと、ようやく祈りが始まる。そのときの「報告」や「働きかけ」（後述）の内容にもよるが、大抵一二時前には祈りは終了する。具体的な祈りの進行は表7の通りである。

「祈り」（表7の1）は、参加者全員が起立し、両手を上に向けて胸より上に挙げながらデンに呼びかけることから始まる。ある年配男性によってマーリ、すなわちングンデン自身が作曲したとされる歌が歌われる（表7の2）。この歌を「上手に」歌える者は限られているが、年配男性であれば大抵歌えるという。三〇代後半の祭司は歌うことができない。マーリは歌い手のみが歌うのではなく、参列者全員で「ングンデンよ、わたしはお尋ねします」(*Ngundeng bä thiec*) と歌うコーラス部分もある。どのマーリを歌うかは、歌い手が決める。とはいえ、マーリにはそれぞれ曲名が付けられているわけでもない。むしろ、「曲」という単位で予言の歌を捉えようとするのも不適切かもしれない。人びとはただ「これこれについて歌われている部分」などと説明するが、それもわたしが彼らに「曲名」を尋ねるがゆえであり、ングンデンの言動が問題とならない限りは指摘されることはない。

続いて、祭司が「ングンデン聖書」の中から一、二節を選んで読み上げる(表7の3)。祭司は、その日の気分や最近起こった出来事に関連する節を選ぶ。一、二節を読み上げた後、祭司は取り上げられた節の「解釈」を加える。その後はニャウェッチ・リーたちによって、ングンデンの死後に作られた「ングンデンの歌」が歌われる。教会外部の人びとにはこれらの歌も「ングンデンの歌」として知られているが、教会の成員たちは「ニャウェッチ・リーの歌」と呼んで区別している(表7の4)。

ニャウェッチ・リーの歌の後は、何人かの参加者によって自分たちが抱えている悩みや問題 (*riek*) が語られる(表7の5)。希望する人びとが帳面を持つ祭司のところにやってきて、今日の祈りでデンやングンデンに「報告」したいことを告げる。これはレポートニ (*reportni*:英語の report に由来する) と呼ばれる。報告の内容は、親族・友人の疾病や旅の安全、治安など人によってさまざまである。二〇一二年一月から三月にかけてボーのングンデン教会で報告された悩みは、疾病と旅路に関するものがほとんどであった。この時期は、ジョングレイ州の村落部では、隣接するスルマ系民族集団であるムルレによる襲撃(第6章参照)が相次いでおり、多くのヌエルの村人がボーなどの都市部に避難していた。

報告では、参加者の身の回りで生じた「小さな奇跡」(*nyuth mi tot*) も語られる。例えば自分の親族の病気が治ったり、縁談が決まったりしたこともこれに含まれる。これらの出来事も、クウォスによる働きかけや、クウォスに対する普段の自分たちの祈りがあってのことと考えられているからである。他にも、クウォスやングンデンの働きかけと考えられる事象が報告され、これから何かが生じる予兆であるかどうかが吟味される。

例えば二〇一二年二月に、ングンデンの塚の近くにあるコット（*koat*）と呼ばれる木（タマリンドの木）が実をつけた。コットの木は、ビエと同じくヌエルの人びとが過去・現在・未来のコミュニティのありかたを確認できる存在である。[47] 何かコミュニティで問題が生じたときに、人びとはコットの木の周りに集まり、会議を開く。この「奇跡」はボーのングンデン教会の成員たちにも知らされ、次のように話題となった。

> ジョングレイ州の北部に位置し、ングンデンの塚があるワート（Waat）郡に存在しているコットの木は、ングンデンが生きていた頃から実をつけることがなかった。それが、あるとき、急に実をつけた。この出来事は、これから何かが起きるのではないか、という予感をングンデン教会に集う人びとに与えた。この報告をきっかけに話し合われたのが、ングンデンの言動とこの奇跡との関係である。ングンデンはかつて、「ある問題のためにすべての者はボーにやってくる」と語ったという。そしてこの報告がなされた当時、多くのヌエルの人びとがムルレからの攻撃に苦しみ、水の量すら十分でないボーに避難していた。コットの木が実をつけることは、この事態を指していたのではないか、というのが教会の参加者たちの見解であった。[48]

こうした奇跡や悩みが「報告」された後は、それに対する祭司や参列者たちの祈りや見解が述べられる（表7の6）。これは

表8　2012年1月から3月の間に「報告」で語られた悩み

報告内容	人数	報告内容	人数
疾病	33	報告	3＊1
旅路	20	治安	2
政府	5	他	3＊2
献金	3	合計	69

平均年齢49.3歳
（男性報告回数39，平均年齢53.1歳）
（女性報告回数30，平均年齢44.3歳）
＊1　結婚の報告，政治家の動向など
＊2　心情など
＊3　同じ人物が複数報告している場合もあり，それぞれ1回として計算した。教会の成員の多くが女性であることを考えると，男性の報告回数が非常に多いことが分かる。

表 9　誰の疾病に対しての祈りか

自分の子ども	10
自分自身	5
自分の孫	3
ングンデン教会のメンバー	5
友人	4
他	3
妻	2
自分のきょうだい	1
合計	33

表 10　誰の旅路に対しての祈りか

自分の子ども	13
ングンデン教会のメンバー	3
親族	2
自分	2
合計	20

ショム（*com*）――他人やクウォスへの「働きかけ」や「励まし」――と呼ばれ、祭司によって選ばれた者が、参加者の前に立って問題を抱えている者たちに言葉を与える。選ばれた者は、自分自身や参加者、あるいは人間（*naath*）一般が直面している困難について、かつてのングンデンの言動とともに語る。数人の登壇者による「働きかけ」が終わると、祭司が再び「ングンデン聖書」を読み、取り上げた部分が意味するところを説明する。この祭司による「ングンデン聖書」の読み上げは、「ジッチ・ニャル」（*jich nyal*）と呼ばれる。この言葉は、白に黒のドット柄のウシの模様を指す。かつて自分たちの祖先が文字の書かれた本を見た時、その色と模様から本を「ジッチ・ニャル」と呼んでいたことに由来するという。

祭司によるジッチ・ニャルが終わると、最後は再び祈りと供犠が行われる。参加者の多くは貧しい寡婦であるため、このとき支払われるカネのほとんどが一南スーダンポンド紙幣であり、それも用意できない者は一山のトウモロコシなどを捧げる。それすら持たない者には、余分に持っている者がカネや穀物を分け与え、必ず全員が何者かを「供犠」することができるよう配慮がなされる。

供儀が終わると、参加者全員は互いにヌエル語で一般的な挨拶である「マーレ」（*maale*:「平和」、「こんにちは」の意）と言い合い、握手をして回る。特に若者は頭を下げて年配者に唾の祝福を受ける。この握手と祝福は、キリスト教教会でも見られた光景であった。

キリスト教徒との関係

一部のキリスト教徒は、ングンデン教会に集う人びとのことを批判的に捉えている。その理由の一つに、ングンデン教会はキリスト教教会の模倣をしているからというのもある。しかし、それよりも大きな理由として、ングンデン教会が唯一の「神」（God）ではなく、多様な名前のクウォスを持つ予言者に祈りを捧げている点を挙げる者もいる。福音教会のある司祭は、「キリスト教教会が祈りの対象としているのはあくまでもクウォスであって、例えばイザヤなどの預言者ではない。ングンデンのような人物は、人びとを間違った方向へと導きうるウィチ・ムオン（*wic muon*）、つまり「大地の力」を使う「シェイタン」であり、彼に祈るのは間違っている」とわたしに語った。司祭は、例えば第二次スーダン内戦中に活動していたウットニャンなどは、北部スーダンから買った大地（*piny*）にあるもの（薬やクウォス）を使っているから、なおのこと良くないと主張した。

しかし、その司祭ですら、時として興奮気味にングンデンの奇跡について語ることがあった。

> ングンデンはかつて、ロウとジカニィの住んでいるところに流れている川を、彼の聖なる杖であるダン[49]で真っ二つに割ってしまったんだ。そしてその割った川のあいだを、彼はウシを連れて歩いていったのさ。[50]

キリスト教教会の説教では、在来の神性を大地の力を持つ「シェイタン」と称することが多い。にもかかわらず、キリスト教徒たちの中にも、ングンデンだけは「シェイタン」ではなくクウォスを持っているという者が多かった。「シェイタン」、あるいは「呪医」・「薬持ち」（*gwan wal*）の中でも、ングンデンはクウォスを持っているグワン・マーレ（*gwan maalɛ*）、「平和持ち」であるのだとキリスト教教会の司祭は主張した。

このように、ヌエルの人びとはしばしば、ングンデンを「信じて」（*ngaath*）はいないが、彼が「真実」（*thuɔk*）を話していることを自分たちは「知っている」（*ngasi*）、あるいは「分かっている」（*ling*）などと語る。「信仰する」・「信じる」を意味するンガース（*ngaath*）は、主にキリスト教教会やキリスト教の聖書で用いられている言葉である。キリスト教徒は、ングンデンを彼らがキリスト教に対して用いるようなンガースという語を使うことはしないが、それは必ずしもングンデンを完全に「信じていない」ことを意味するわけではない。エヴァンズ＝プリチャードは、ヌエル語には「信じる（believe）」に該当する語がなく、どちらかと言うと「信用（trust）」に近い意味合いでクウォスに対する信念を語ると指摘した[51]。しかし、宗教的な意味あいの強い「信仰する」と、日常的に何らかの情報を「信じる」こととは、相反するものではない。ングンデンを（キリスト教やイエスに対するのと同じように）「信じて」はいないが、ある文脈においては「信用する」ことがあるというのは、わたしが出会った少なくないキリスト教徒がする説明であった。この点を踏まえると、ヌエルの予言をめぐる信念は、「宗教」や「信仰」という既存の概念によっては十分に理解できないことが指摘できる。

エチオピアのングンデン教会の調査をしたファルゲは、教会の実践を西洋近代的、あるいはキリスト教的な価値観に対する「抵抗」であると指摘した[52]。たしかに彼女の調査時の難民キャンプの状況からは、抵抗の側面も見いだせたのかもしれない。しかし次に述べるように、現在のングンデン教会の実践や予言をめぐる信念は、西洋社会の豊かさに対する「抵抗」や自分たちが「遅れている」という意識の反映というよりも、むしろ過去に自分たちの祖先（*gwandong*）の犯した過ち（*duer*）とクウォスとの関係で説明されている。

第4節　祖先の過ちを現在に見いだす

ボーやジュバのングンデン教会において、説教（表7の7）は、祭司が登壇して参加者に対し一方的に話す形式でなされる。後述のナーシルの教会と異なり、参加者が祭司の話に口をはさむことは滅多にない。祭司の語りには、ングンデンのさまざまな言動と現在生じている出来事との関係や、個々人の問題に対するコメントなどが含まれる。語り口は祭司によって異なっているが、多くの祭司の説教は、祖先・祖父を意味するグワンドン（gwandong）が、かつてングンデンにとった振る舞いを中心に展開する。そして、「クウォスは聞いて（知って）いた」（ci kuɔth jaa ling）、「ングンデンの言っていたことは真実だった」（ruac ni Ngundeng kä cɛ thuɔk）、「わたしたちはあなたとともにいます」（kon kä ji）といったフレーズが繰り返される。

〈事例4－1〉ングンデン教会の祭司の説教

［…］クウォスは天（nhial）にいてくださります。我々を創造してくださったクウォス（kuɔth cäk）はデンの創造物です。我々の父は我々とともにあります。すべてのあなた［筆者補足：ングンデン］の人びとが彼ら［父ないしは祖先］とともにあるのです。クウォスはあなたの群衆（buɔ̈n）とともにあります。［…］我々はあなたに今日、我々がいつもよくそうしていたように、あなたの日［水曜日のこと］について尋ねます。［…］あなたは我々とともにいます、我々があなたとともにいるように。あなたの言葉はかつて無視され、今になって帰ってきました。我々の父はあなたの言葉を言いました。そしてそれは本当になり、我々はあなたがクウォスによって送られたことを知るでしょう。クウォスはあなたに送られました、なぜならあなたはやってきて、わたしたちに与えてくれるからです。あなたは我々の祖父とともにあります、もし我々の祖父が無視したなら、あなたは我々の父とともにあるでしょう、我々は我々の祖父に悪いものを与えました（cakɛ gwandong nico muc duer）。［…］あなたが彼らに過ち（duer）を与えたように、あなたは我々に真実を与えます。［…］あなたは我々とともにいるでしょう、そしてあなたはあなた、ングンデンの名前とともにあるでしょう。アーメン。[53]

傍線部が示すように、祭司の語りの中で繰り返されるのは、自分たちの祖先がかつてクウォスやングンデンの言葉を無視したこと、自分たちはその祖先とともにあることである。この祖先との一体性を繰り返すことで強調されるのは、「クウォスが我々に与えた真実」が今になって「帰ってきた」ことを自分たちが知ったこと、当時自分たちの祖先が「真実」を「知らなかった」ために、その無知という「過ち」が自分たちにもたらされていることが指摘される。

参加者がクウォス、デンに対して行うショム（*com*）、「働きかけ」（表7の6）においても、祖父たちが無知であったこと、そして自分たちもまた何も知ってはいないこと、今の苦しみはその過ちと無知さから来ていることが述べられる。「クウォスにとっての人間は、人間にとっての蟻（sing. *cok*, pl. *cuk*）である」というヌエルの表現は有名だが、[54] 以下の事例においても、自分たち人間一般、あるいは自分たちの祖先がいかに無知な小さな存在であるかが繰り返し述べられている。

〈事例4－2〉女性参加者による「働きかけ」

［…］今、我々は立ち上がり、この時間がまだあなたの時間ではないことを知ります。［…］今、我々の心は泣いています。あなたは太っている人は誰でも痩せるとおっしゃった。今、我々はそれを分かってはいません。［…］デンよ、もしあなたが今来てくれるのなら、あなたは我々の過ちの心をあなたの母であるニャジョックの水で洗い流すのでしょう。［…］あなたは言いました、もしあなたがわたしの上にいるのなら、我々は月や太陽の上にはいないことを。たとえ我々の知らない我々の祖父（*gwandong*）、祖父のまた父（*gwan-gwandong*）、その祖父のまた父の父（*gwan-gwan-gwandong*）、その祖父の父の父のまた父たち（*gwan-gwan-gwan-gwandong*）がそれを知らなくても。あなたは、その歌を歌う我々を少し［この世に］残しました。なので、我々の兄弟のうちの一人が歌っているのを知っているのでしょう。その次に、その人はまた他の人を連れてくるでしょう。なぜなら彼らはともに歌うのですから。［…］わたしはあなた方の中でとても小さく、あなたと話ができるような者ではないのです。我々の心がとても悲しんでいるので、小さな人間たちは、この人びとに命をもたらすのでしょう。［…］あなたは我々に以前何かを言いました。人間のクウォスよ、［…］デンは何かを我々に言ったのです。[55]

「祖父」や「祖先」を意味するグワンドン（*gwandong*）は、「父」という意味の「グワン」（*gwan*）と、「大きい」「偉大」などの意味を持つドン（*dong*）からなる。このため、グワンドンは「偉大なる父」であるクウォスという意味でもしばしば使用される。「グワンドンよ、われわれのグワンドンは悪いことをしました」などと言うときは前者のグワンドンはクウォスやデン、後者は祖父や祖先を指すものとして訳すことができる。

しかし、祖先とクウォスの両者は、必ずしも別個のものとなるわけではない。また、礼拝や説教の文脈以外でグワンドンが使用される場合も、「無知な祖先」ではなく、尊敬すべき人びととして語られることが多い。その一方で、説教においては、グワンドンは（無知な）「祖父」を指し示す言葉でもある。ただしそれは、博識な自分たちとの対比で無知な祖先を語るのではなく、祖先と同じように自分たちもまだ無知な存在である、という脈絡で語られる。自分たちは無知であるが、それゆえ今になってクウォスあるいはデンに祈りを捧げることしかできない、という表現のもとで、クウォスやングンデンの真実の言葉が希求されるのである。

クウォスへの呼びかけの後、続く説教や「働きかけ」では、具体的な祖先の「過ち」の内容が明らかにされる。この中では、現在自分たちが直面している「問題」の真実が暴かれてゆく。

過去の日々の到来——説教から見る「予言の成就」

祭司の説教や参加者の語りの中では、頻繁に「かつて……だった、したがって今……である」という言い回しが用いられる。「かつて」と訳したメイ・ダン（*mei dang*）は、直訳すれば「ある（*mei*）日（*dang*）」を指し、「大昔」を意味することもあれば「つい先日」を表すこともある。その一方で「今」（*tamɛ*）は、「今まさに」（*ɛn tamɛ*）、のように現在を強調するときに用いられる。次の事例はナーシルのングンデン教会でなされた説教で、ングンデンの予言として人びとに語られる物語の「典型」が含まれている。

ナーシルの教会は女性が祭司であり、参加者は、年配男性二名のほかは、すべて女性ばかりで二〇人ほどが集まる。ナーシルのングンデン教会では、女性祭司の説教は、参加者との対話形式で行われる。この女性祭司は読み書きができないが、それでも説教の要所、特に「今」が強調されるようなときには「ングンデン聖書」を開いては、指で文字を辿ったり、ばさばさと揺さぶったりする動作を繰り返す。

以下の事例では、二〇一〇年一一月にナーシルのングンデン教会の祭司と参加者のやり取りをなるべく省略を避けながら記述した。〈事例4－3－1〉から〈事例4－3－4〉まで四つに区切られているが、これは分析上の都合で筆者が設けた区分である。実際の対話は中断なく行われた。ここでは特に、「過ち」(*duer*)として人びとが表現する祖先の言動と、ングンデンの関係に重ねられてゆく人びとの経験のありかたに注目したい。

〈事例4－3〉ングンデン教会での対話式説教に見る予言

〈事例4－3－1〉「本」を無視した祖先とイエスの到来

祭司：ングンデンはかつて、「我々の旗はアラブの旗と一緒になることはないだろう」(a－1)と言いました。また、「人生はお前たちにとって厳しいものとなるだろう」、「なぜならお前たちはデンに快く迎え入れられてないからだ」とも言いました。「そしてお前たちが自分たちの土地を得るだろう、そしてすべては良くなり、従ってすべての貧さはいい形で残るだろう」とも。デンは我々に「お前たちの旗はアラブの旗と一緒にならないだろう」と言いました。彼は、我々の旗が一つそびえ立つであろうことを意味しているのです。

［手拍子］

参加者：そこにはそびえ立つ旗と、火を吹く銃があるのでしょう！

祭司：なぜなら、今、アラブは問題なく豊かに暮らしています。その一方でわたしたちはこんな悪い状況に直面しているのです(c－1)。本［筆者補足：ングンデン聖書］中で我々に話されたことは、当時は、彼は歌にして人びとに語りかけていました。というのも、我々の祖父たち(*gwandong*)は本が嫌いだったからです(b－1)。彼は当時、黒い髪を持つ者たち(*dhor mi wich char*)のことを知るングンデンの従者(*daiyom*)が現れることを話していた

（a－2）。黒い髪を持つ者たちとは誰のことでしょう?

参加者：今の、我々のことです！　髪の毛の黄色い（*lany wech*）、かつて存在していたような人びとはもういないのですから！

祭司：ングンデンはまた、イエスのことを信じる者が現れることも話していました（a－3）。彼はまた、「アラブがやってきたときにお前たちを守ってくれるのはデンだ。わたしは、お前たちがわたしに与えてくれないウシのことについて聞いている。お前たちに今まで見たことのないような祈りを見せよう。どうか、良いやり方で祈ってくれ。わたしはお前たちが死のうとしているときにどうにか救おうと思う。わたしはお前たちに与えよう。銃を意味する炎が現れ、それで我々は殺しあっている」とも言いました。彼はまた、「今まさに起こっているように、人びとはドラムを使うときがくる」とも話していました。もしングンデンが力を持っていないのなら、どうしてアラブに盗まれた彼の持ち物は今守られているのでしょう。[56] あるいは、それは本当でしょうか?

参加者：今は守られているはずよ。

〈事例4－3－2〉「血」の問題の到来

祭司：その人たち［「アラブ」］は、今我々が血迷っていると思っています。もし我々が永遠の命を必要としていても、ングンデンもまた天に行くのでしょう。そしてデンを信じる者もそこに行きましょう、永遠の命を手に入れることができるのです。良くないことと言えば、殺人、盗み、そして不倫です。ングンデンはまた、してはいけないこととして、モロコシビールを飲むこと、他人の妻と不倫すること、そしてウシを盗むことに言及していました（a－4）。そして、それらから自身を守るように、とも。

複数の女性：ちょっと、ちょっと、［ングンデンは］ビールを飲むのはいいって言ってたよ！

（笑い）

祭司：どうか、デンについて行きましょう。我々、黒人（*raan mi char*）はデンについてゆきましょう（d－1）。なぜなら、当時信じていた人たちは老人ばかりだったのですから。彼らは、「この夜、わが子供らと物事は良いほうに導かれるだろう」と言っていました。
参加者：我々がそうなることを言っていました。たとえ一人だって、そう言うことができました。

〈事例4－3－3〉政府と内戦経験

祭司：あなたたちの子供のことでも、デンにその子らの人生について聞くことができるのです。
参加者：政府（*kume*）のことですらね！
祭司：我々の政府については、今我々がまさに話していることでもあります。また、我々が戦いに行くことも話されていました（a－5）。もしすべての人びとが、わたしが考えるように考えていたのなら、すべての予言者、イエスという予言者や、呪薬を持つ人（*gwan wal*）、すべての力を持つと言われる人を戦争に連れて行くことができるのです。なぜなら本当にその人が知ることができているのですから。
複数の女性参加者：戦争にね、連れていっちまうんだよ！（b－2）
祭司：ングンデンの信者は、すべての人びと、若者すらも戦いに行かせることができます。首長（*kuaar*）でさえも連れていけます。そしてデンはその戦争の中で言います、「わたしのアラブ（*rol mac*）との戦争は夜に止まるだろう。それは日中には止まらないだろう」と。「太陽はすぐには沈まない。天からの音を奏でよう。」彼が信じるのはウェー（*Wee*）とニャジュオック（*Nyajuok*）です。ウェーとニャジョックとは何のことでしょう?
参加者：ウェーはブク（*Buk*）、ニャジュオックはハゲタカ（*cuor*）のこと！
祭司：ここで例を挙げましょう。もし二つの雄牛が戦っていたら、あなたたちは自分のウシのところにいかなければならないでしょう? 自分のウシが負けないようにするために。彼ら［祖先］の近くには昔アラブがいて、我々はそこに行くことができました。なぜなら彼ら［アラブ］は我々の土地を離れることがないと考えていたからです。
参加者：いや、やつらは離れて行っちまう！

祭司：我々は年寄りとともに行かなければなりません（d－2）。また、子供たちも支えなければいけません。というようなことをわたしは考えているのです。
参加者：そのことについてだって祈れるわよ！　わたしたち、ングンデンを信じているわたしたちは女じゃないの。今わたしたちを訪ねてきた彼女［調査者］でさえも女でしょうが！　すべての男たちは祈る必要なんてない。どうしてかは分からない。たぶん、奴らが死んでしまうからだろうね！（c－2）
（笑い）

［歌を歌う］

（中略）

〈事例4－3－4〉現在の不幸

祭司：わたしはある魚（*dolek*）のために我々を殺そうとしたデン・ラカ（Deng Laka: 予言者の一人）について話そうと思います。彼はわたしに賛成せず、いくらか［のウシ］を払うのを拒んだのです（a－6）。
参加者：あぁ、彼らが受け入れるとでも思ったの？
祭司：彼は我々が魚を殺した人びとだと言いました（b－3）。そうしてわたしに話すことができた。それはあなたが首長であるからだと。
参加者：それは我々の父である首長（*kuaar*）だ。それはそれができる首長だ。
（中略）
祭司：ある集会があって、そこにはクウォスを見て、それにとらえられたという女性がいました。そして彼女はその魚のためにいくらか［ウシを？］払いました。そしてデン・ラカは、グエク・ングンデンが白人（*turuk*）に殺されるということをあなたは知らないのだ、と答えたのです。そしてどうかクウォスの力を持っている人びとを連れて行かないでくれと言いました。（中略）デン・ラカはどうかわたしを連れて行かないでくれ、もしあなたが予言者なら、言ってくれ、と言いました。
参加者：呪薬を持っている人には、彼も含まれているよ、彼も力があるんだから。
祭司：わたしからはこれで終わり。クウォスを呼べるあなた［盲目の男性］、立って彼女［参列者の一人］のところに行って。そして我々の祖先たちを呼んで。
盲目の男性：立とう、みんな立つんだ。これはデンの写真（*dhore*）だ［調査者のカメラを指さす］。なぜなら我々はどうやって我々がデンに祈るのかを見せているのだから（d－3）。我々は祈る。というのも、この本［ングンデン聖書］を得ることができたのだから。通訳の人、どうかこの小さな女の子［調査者］に我々の祈りを届けておくれ。デン・クー（*deng kur*）は幸せだ、それはお前たちが話していたことだ。そして今、我々は他の場所（*jur*）からの訪問者を得た、ニャジャル・ングンデン［調査者のこと］、祈りをはじめよう。当時、我々はデンに尋ねている人びとが年寄りで分からなかった。その人たちは白髪だった。そして我々の時代になって、我々はデンに尋ねるのだ。今やあなたは我々と一緒になって、我々が話すすべての言葉で、彼らはすべてよくなるだろう。そしてあなたはまた我々に教えてくれることもできる、というのも、我々は紙（*waraga*）を読んでいないから。さあ彼女と一緒になろう。
祭司：さぁ、我々はデンに旅（*jal*）のことについて聞かなければなりません。また、わたしのことについても聞かなければなりません、なぜなら、彼はわたしがどこかへ行こうとしたら、家に泊まることができるような贈り物をくれるのですから。（中略）
参加者（男性）：俺のことも な！
祭司：今、我々の振る舞いは同じではありません。その振る舞いはこの我々の指のように違っています［指を一本ずつ出す］。この指は、この指と比べて短く、この指はこの指と比べて長いじゃないですか。このことはわたしたち自身についても同じことなのです。我々がリーダーとして選んだ者は、指を比べているようなものですよ。我々はすべて、長い指と、短い指を持っています、あるいはまた背の高い人と低い人もいるのです。あなた、我々の父よ、我々は今やもう疲れました。我々の涙はもうなくなってしまいました。ここ［目を指さす］からはもう何も落ちてはきません。ただ我々は、涙が出ないままヒックヒックと泣き続けているだけなのです。我々はもうすることがありません。今、あなたはこの子［調査者］を他の場所から、わたしたちのことを聞きに運んできてくれました。彼女が我々のことを話しに行く場所、彼女の国で我々のことを見る人びとには、幸せが訪れるでしょう。今、わたしが話しているのは、これが、我々がどのように生き、それを話さなければならないのか、ということなのです。

参加者：クウォスに聴こう、クウォスに聴こう、もう話すときではない、ただ来てください。

祭司：さぁ、一人ずつ祈りましょう、我々が三番目の日（水曜日）に祈るのは、ングンデンがこの日を彼が出てくる日に選んだからです。［…］かのイエスも彼自身のウシを持っています。そのウシはングンデンのウシで買った金の中にあるのです。そのウシは（ウシの首に付ける）ベル（*los*）を持っています。誰も見たことがないのですか？

複数の参加者：我々はそれを知ってる！　これで終わりだ。

祭司：これで終わりです。わたしたちがすべて話したことはあなた、デンとあなたの息子、ングンデンです。

［歌とダンスが始まる］

ングンデン教会の対話式説教に見る予言

序章で述べたように、ヌエルの人びとが語る予言を「予言」と「解釈」とに区別して提示することは難しいだけでなく、不適切でもある。この事例には、主語や人称などが混乱しているかのように思われる部分がいくつかある。しかし、少なくともングンデン教会で語られるングンデンの言動と、人びとの経験の語り方にはいくつかの特徴が見られる。ここではその特徴と思われる要素を抽出し、それぞれについて解説する。

以下、事例4－3－1から4－3－4に見られる「予言」の特徴を、(a)ングンデンの言動、(b)祖先たちの振る舞い・過ち、(c)現在自分たちが直面している現状、(d)現状に対する働きかけ、に分けて説明する。

事例4－3－1解説：「本」を無視した祖先とイエス（Yesu）の到来

(a) ングンデンの言動

（a－1）「我々の旗はアラブの旗と一緒になることはないだろう」：

これは南部スーダンの独立（「自分たちの土地を得る」、「自分たちの旗を持つ」）を指している。このエピソードは第5章で詳述する。

（a－2）「彼は当時、黒い髪を持つ者たち（*dhor mi wich char*）のことを知るングンデンの従者（*daiyom*）が現れることを話していた」：

「黄色い髪の毛を持つ祖先」と「黒い髪を持つわれわれ」の対比は、ングンデンの話を年配者がするときにしばしば用いる表現である。かつて、ヌエルの人びとはウシの尿を用いて髪の毛を脱色していた。この慣習は、現在では村落部であってもあまり行われないようである。

（a－3）「ングンデンはまた、イエスのことを信じる者が現れることも話していました」：

「キリスト教の到来」や「イエス」への信仰をングンデンが予言していたことはングンデン教会の説教でよく引き合いに出される。キリスト教の到来に関するングンデンの予言はいくつか異なる種類があるが、次のエピソードが説教の中ではよく語られる。

ングンデンはかつて、タンタカタンタカと太鼓を叩きながら祈る者が現れると言っていた。当時の人たちは太鼓を叩きながら祈ることなんてしなかったのでよく分からなかったが、後年になって、それはキリスト教徒たちが行うマーチング・バンドのことであるとヌエルの人たちは気づいた。それで多くの者がキリスト教に改宗し、ングンデン教会でもまた、キリスト教教会のように太鼓を叩きながら祈りを捧げている。

一九九〇年代、エチオピアの難民居住地では、一部でングンデン教会とキリスト教教会の成員のあいだで不和が生じていた。[57] この不和の中でングンデン教会の成員たちが矜持としていたのは、「我々のクウォス」や「我々の予言者」であるングンデンであった。一方、ボーやジュバ、ナーシル教会では、キリスト教の到来についてングンデンが予言していたのだから自分たちもキリスト教教会のように祈りを捧げる、という説明が繰り返される。わたしが出会ったングンデン教会の成員の中には、後述する改宗者も含め、キリスト教教会に否定的な感情を持つ者はいなかった。ングンデンとイエスは（時にはムハンマドも）同じ予言者であり、クウォスを持っているという点では同じだというのが多くの人びとの見解だった。

(b) 祖先たちの振る舞い・過ち

（b－1）「我々の祖父たちは本が嫌いだったからです。」：

「本」（*bok*：英語の book に由来）の到来についてのングンデンの言動は、キリスト教の「聖書」を指すこともあるが、多くの場合、「教育」（*goar*）の到来を指すものとして言及される。同時に語られるのは、「教育のない」（*thɛlɛ goar*）ことによって、自分たちにもたらされた貧しさである。

二〇一〇年一一月、ジュバの教会の祈りでは、「ングンデンが七つの声を持ってやってきたとき、人びとは本を拒んでしまった」というエピソードが祭司によって説明された。その内容はまとめると次のようになる。

ングンデンはかつて「人びとが死に絶えそうになったとき、本なるものがもたらされるだろう」と言った。当時、それを聞いた人びとは大変驚き、永遠にその話を信じる者と、そうでないものに分かれてしまった。当時は「本」のような薄っぺらなものを人びとが見たことがなかったので、そんなものが良いわけないだろうと人びとは馬鹿にしていた。祖先たちは「本」よりもウシを追いかける方を選んだ。しかしその後、カネという紙（*waraga*）が現れて、それから「本」を読んだり使ったりできる人、つまり、「教育」を持っている者が豊かになっていった。そして今になって、「教育」が、豊かさにとって大きな意味のあるものになっていることにようやく気がついた。我々の祖先は、ングンデンの言った「本」の重要性を理解しなかったから、いまだに自分たちは文字も読めず、仕事もなく貧しい暮らしを余儀なくされている。

第3章で述べたように、人びとはカネが入ってきた二〇世紀初頭、それを「弱い」ものと認識した。しかし、繰り返される内戦によって牛を失う機会が増加すると、カネが状況に応じてウシに変えることができ、「教育」という「強い」ものへとアクセスする手段ともなることを自分の人生のヴィジョンに組み込むようになった（第3章参照）。ングンデン教会に集う多くの者が、読み書きのできない貧しい寡婦であることはすでに述べたが、ジュバやボーなどの都市部では、人びとはカネに翻弄される日々を送っている。これらすべてが、祖先が「本の重要性を無視した」という「過ち」とともに語られうる現在の苦境である。

他にも、ングンデンがかつて語った「ドル・ニャラがやってくる」という言葉が「教育」の訪れを予言したものであるという説もある。ドル・ニャラ（*dhol nyala*）は直訳すれば「少年少女」の意味になるが、読み書きができる人のことを指すのに用いられる。この予言は、「読み書き」・「教育」の到来のみならず、近代教育を通じて獲得される新しい物事の理解の方法やコミュニケーションの方法を指すものであるという。このドル・ニャラの予言には、携帯電話の到来の予言も含まれることがある。

(c) **現在自分たちが直面している状況**

(c－1)「なぜなら、今、アラブは問題なく豊かに暮らしています。その一方でわたしたちはこんな悪い状況に直面しているのです」：

「アラブ」は北部スーダン人 (*jallabni*) を指す。ヌエルの人びとのあいだでは、第二次スーダン内戦の結果、北部スーダン人が石油の利権を手に入れ、それゆえに自分たちの石油がなくなっているという不満がよく聞かれる。

事例4－3－2解説：「血」の問題の到来

(a) **ングンデンの言動**

(a－4)「ングンデンはまた、してはいけないこととして、モロコシビールを飲むこと、他人の妻と不倫すること、そしてウシを盗むことに言及していました」：

ングンデンがかつて言及した「してはならないこと」についての話題は、都市部でも村落部でも聞かれた。この対話の中では明言されていないが、この「してはならないこと」は、人間の「血」やそれと関連する「赤」というイディオムとともに説明されることがある。大抵、「ングンデンはかつて人びとに、不妊をもたらす三種の「赤」(*mi rual*) の話しをしていた」[58]というくだりから予言の解説が始まる。興味深いことに、この「赤」が何を指しているのか、それにどのような意味が込められているのかは世代や語り手によって異なっている。

例えば、ボーに住む三〇代男性は、三種の「赤」を次のように説明した。

・ウシの肉 (*ring yang*) ——ウシをめぐる戦いが起こり、血が流れる
・モロコシビール (*koang*) ——酔っ払いが火を起こす
・女性器 (*mur*) ——不倫を引き起こす

一方、ジュバ在住でNGOに勤務する五〇代の男性は次のように三つの「赤」を捉えていた。

・肉 (*ring*) ——肥満の人は病気を持ちやすい
・モロコシビール (*koang*) ——モロコシビールで酔うと失神してしまうので危険である
・女性器 (*mur*) ——HIVの患者が増加しているが、これは女性器からやって来る病気である

この三種の「赤」の予言は、個々人の関心や語り手の生きる時代的な背景によって異なる想像力を掻き立てる。いずれの物語の傾向にも見られるのが、「赤」が人間の「血」と関わるものとして言及されている点である。この「赤」とは、人間の生命を終わらせる「血」の穢れに関連する。人間の生命を脅かす「血」の穢れの問題がいかに

現在においても回避されるべきものとしてあるかは第3章で述べた通りである。

ちなみに、「モロコシビールは（ングンデンは飲んで）いいと言っていた」と述べた参加者たちは、この祈りのあとも盛大に飲み会を開いて飲酒を楽しんでいた。各家庭から持ち込まれるモロコシビールは、普段は寡婦の貴重な収入源である。キリスト教的な価値規範が広まり、これまでの飲酒のありかたが制限されるようになる中で、ングンデンを語る人の飲酒に対する見方もまた揺れている。

(d) **現状に対する働きかけ**

（d－1）「我々、黒人はデンについてゆきましょう」：

ングンデンの予言は、しばしばヌエルだけではなくアフリカの「黒人」の問題として語られることがある。植民期から内戦にかけて、ヌエルの人びとの共同体や自身の所属の表明のありかたが変わってきたことは序章で述べた通りである。「人間」(*naath*)、「ヌエル」(*nuerɛ*)、「南部人」(*jinub-ni*: アラビア語の*jānūbīn*に由来)、「黒人」などのアイデンティティをめぐる表現の多様さは、南スーダンの政治的状況と密接に関係している。[59]

事例4－3－3解説：政府と内戦経験

(a) **ングンデンの言動**

（a－5）「我々が戦いに行くことも話されていました」：

「戦い」とは、第一次・第二次スーダン内戦のことを指す。

(b) 祖先たちの言動・振る舞い

(b－2)「戦争にね、連れていっちまうんだよ!」:

自分たちに比較的近い祖先が戦いに行ったことが思い出されている。ここでは、内戦後に女性たちが直面する苦境が語られる。

(c) 現在の自分たちの状況

(c－2)「すべての男たちは祈る必要なんてない。どうしてかは分からない。たぶん、奴らが死んでしまうからだろうね!」:

ングンデン教会に集う女性には内戦で夫を失った寡婦も多い。寡婦となった者は、通常夫側の親族、なかでも夫の兄弟が扶養する義務を持つ。しかし、内戦によって親族が各地に散り散りとなった結果、親族の援助を受けることができずにいる者も多い。なかには自分の親族がいるという噂だけを頼りに、各都市、村落を転々と移動している寡婦もいる。参加者の女性の「すべての男は祈る必要なんてない[…]やつらは死んでしまうから」という発言とその後の笑いは、このような女性たちの内戦・戦後経験を想起させるものである。

また、ここでは「ハゲタカ」、神性ブク、雨という相互に関連づけられやすい神性と経験のありかたに言及されている。ほかにもングンデンの予言にはマダラカラス（*jakok*）がよく登場する。マダラカラスは、その鳴き声から政治家を象徴するものとして語られる。「マダラカラスが横っ面をひっぱたかれる」というングンデンの発言は、現在存在しているとある政治家の失脚のことを指しているという。

(d) **現状に対する働きかけ**

（d－2）「我々は年寄りとともに行かなければなりません」：

自分たちの運命が年寄り、つまり祖先とともにあることを強調している。

事例4－3－4解説：現在の不幸

(a) **ングンデンの言動**

（a－6）「彼はわたしに賛成せず、いくらか［のウシ］を払うのを拒んだのです」：

ここではングンデンではなく、デン・ラカという予言者の発言が取り上げられている。植民地政府と地域住民のあいだを行き来していた人物である。[60]

(b) 祖先たちの振る舞い・過ち

(b－3)「彼は我々が魚を殺した人びとだと言いました」:

「魚」については次のエピソードがよく知られている。川や魚、魚の料理方法に関するングンデンの言動は、よくロウ・ヌエルと東ジカニィ・ヌエルのあいだの漁撈区域の利権をめぐる衝突に関係づけられる。

ングンデンはある時川で魚を獲っていた。そして人びともその魚を獲り始めた。ングンデンは人びとに魚を獲らず、自分に渡すように頼んだ。ングンデンは、「何かが起こるから、獲っていかないでくれ」と頼んだ。しかし当時の人びとはそれを拒んでしまった。そしてングンデンは人びとに「(その魚を)どう料理して食べるんだ?」と聞いた。[ヌエルの人びとは通常魚は油で揚げるか、煮込んでスープにする]。そして彼は「それを揚げて料理するな、匂わないように蓋をしろ」と言った。しかし当時の人びとはその言いつけを守らなかった。

(d) 現在の状況に対する働きかけ

(d－3)「なぜなら我々はどうやって我々がデンに祈るのかを見せているのだから」:

祈りも終局に近づくと、参加者は口々に「もう話すときではない」と言う。わたしがングンデン教会の祈りの中でよく聞いたのは、「ただ話して(*ruac*)いてもクウォス(デン)はやってこない、歌ったり踊ったりすると、クウォスは自分たちのことに気づいて話を聞いてくれる」という指摘だった。また、ボーのングンデン教会では、憑依（*kuɔth cɛ käp*）のような形でングンデンやデンがやってくることについて否定的に語られている。特にこの見方を強調するのは、教育を受けたエリートである祭司である。「憑依」のような形でクウォスに接しようとすることは、人びとを無知にし、戦いなどへと動員するシェイタン、つまり「悪魔的」なものであるとボーの祭司は説明した。[61]

以上に述べたように、説教においては、(a)ングンデンの言動とともに、(b)自分たちの祖先が彼の言動を受け入れなかったことが述べられる。そして、(c)祖先の無知や過ち（*duer*）が自分たちに災いとなってふりかかっている現状と、(d)その現状を打破するための働きかけとして、クウォスやデンに祈りを捧げること、ングンデンの言ったことを守ることが繰り返し論じられるのである。

現在を侵食する祖先の過ち

占いの実践における真実探究・開示・把握の実践は、多くの人類学者の関心の対象となってきた。近年の研究では、占師の提示する「真実」が相談者によってどのように受け入れられ、新しい現実を生成してゆくのかという点が注目されている。[62] この点を明らかにするために分析されてきたのは、占師の実践と相談者の相互行為である。

キューバの託宣を研究したM・ホルブラート（M. Holbraad）によれば、占師の役割は、呪物の配置や神話的な語りによってできあがる何ものかを、相談者の気づきや把握の瞬間であるユリイカ・モメント（eureka moment）に似せることであると指摘する。[63] ングンデンの予言は占いとはやや性格を異にするものの、ある過去の出来事と現在の出来事の類似性への気づきが、人びとのユリイカ・モメントを導く点において共通している。では、ングンデン教会に集う人びとは、予言を介してユリイカ・モメントをどのように見いだしているのだろうか。

祭司と参加者たちは、説教や対話、「働きかけ」を通じて自分たちの現在の経験に向き合っている。しかし彼らが向き合うのは、具体的な問題の内容や解決方法ではなく、あくまでも祖先の振る舞いや過ち、祖先も含めた人間一般の「無知」さ、絶対的なクウォスの正しさとングンデンの言葉の正しさ、そして祖先の過ちの報いとしての現在の状況である。

対話の中では、自分たちの現在の苦しみの経験と、かつての祖先の過ちとの関係が繰り返される。教育を受けずに自分たちに訪れている貧しさや、戦争で男（夫）たちを失うことは、ングンデンの言動、祖先が犯した「過ち」、それに対するクウォスの働きかけに分節され、これらの語りをつなぎ直す中でもう一度経験され、「正しい」ものとして把握される。

語りから見えてくるのは、経験の主体として人間がある事象を知り、理解してゆくプロセスではなく、クウォスやデンに働きかけられる客体としての自分たち人間のありかたへの気づきである。

ディンカの神性に関する民族誌を書いたリーンハートは、ディンカの占師（*tiet*）が病人を治癒する中で、その人物を苦しめている「主体」である〈力〉[64]（Power, powers）――神性――を見いだし、ある経験が分節化され把握されるプロセスについて次のように述べる。

> 占いにおいて、ある試みは、ある特定の人間の状態の原因としての〈力〉を特定するためになされる。その［神性の］名が知られるまで、それは苦しむ個人の影響を受けやすい状態のうちに、潜在的に、はっきりとしないまま残っている。そして、それ［神性］が認識されるまでは取り除かれたりなだめたりするような行為はなされない。したがって、〈力〉に起因するような病気になった男を治すプロセスは、苦しんでいる者と彼の親族のために、彼の中で作用している主体だと見なされうる特定の〈力〉を、その客体／対象である自己から分離することである。［…］占い師は、患者がそうすることができないところで、かわりに苦しみの経験に区分を設け、そのイメージを示唆し、発見する。[65]

ディンカにとって、占師や他の神性と関わる人間は、通常の人間と異なり、〈力〉と不可分なかたちで永遠に存在する人物である。[66] 占師の働きによって、人びとは個人の経験の中に潜む主体としての〈力〉の部分と、客体としての「自己」の部分を「はっきり」とさせることができる。相談の場で相談者が気づくのは、自分の身体の苦しみが、何ものかの働きかけの結果として引き起こされているという仕組みである。

　この捉え方は、人間をクウォスの蟻（*cok*）であると表現することにも見られる、常にクウォスに罰せられ、その力を借りる存在としての脆弱な自己のありかたと重なる。ングンデン教会の祭司や参加者の説教や語りは、人びとが自らの直面している苦しみの原因――またはその苦しみを与えている主体――である祖先の過ちと、クウォスによる災いを明るみに出す。

　占師と違い、祭司と参加者の対話や「働きかけ」は、苦しみの原因を特定しそれを積極的に解決しようという目的を持つものではない。もちろん祈ることで苦しみを解決できればよいが、最終的に苦しみを癒すかどうかはクウォスが決定するものである。ただ、少なくともこの祈りの場は、自分たちの苦しみの中に、「ある人間の状態の原因」である「祖先の過ち」の部分を見いだし、現在の経験をその原因に基づくものとして把握し直し共有する場となっている。この場において、メイ・ダン（*mei dang*、「ある日」という意）という語で表現される過去は、クウォスとともに現在の人びとの生命や生活を浸食し、脅かすものとして語られている。

　祭司の語りや、かつてのングンデンの言動は、彼らの苦しみの経験を、より「はっきり」させるディンカの占師の役割を果たしている。この行為と言説により、これまでクウォスによるものとしてただ受け入れるものでしかなかった経験は、自分たちとつながる祖先を介することで、より具体的に把握することが可能になる。つまり、祭司との語りを通じて示唆されるのは、その「原因」と「結果」の部分としての、祖先（*gwandong*）、ヌエル（*nuerɛ*）、南部スーダン人（*jibubni*）、黒人（*nei ti caar*）、人間（*naath*）一般の存在の仕方である。語りの中で、現在の苦しみの「主体」である祖先の「悪さ」やクウォスによる罰は明らかにされ、個々人の経験の区画がつけられ、その場にいる人びと全員のものとして共有される。祖先、ングンデン、人間の無知さなどを介在させることで、個人とクウォスとを両極においた結びつきの中で経験される個々人の苦しみは配置され直し、新しい結びつきとなり、再び集合的なものとして経験され直すのである。

では、このようにングンデンの予言について語る人びとは、ただクウォスや過去の祖先の過ちに働きかけられるだけの客体でしかないのだろうか。ングンデン教会に集う人びとは、積極的にングンデンや自己の経験について語るが、占いのように具体的な対処方法を検討したりはしない。しかしその一方で、対処とまでいかなくとも、クウォスとの互酬的関係を希求し自身の苦難の経験に働きかけようとする人びともいる。ただしこの互酬的関係の希求とは、例えば占師が相談者に託宣を下したり、呪医が呪薬をくれたりするのとは異なるやり方である。

序章で、予言の特性は現在や未来に対する働きかけを含むものであることを指摘した。もちろんングンデン教会で語られているのも、成員たちが直面している「現在」・「今」（*tamɛ*）であり、自分たちの希求するような「未来」のありかたであった。しかしングンデン教会でなされる語りの中で想定されている「未来」は、果たしてわたしたちが想定するような「未来」——もっともわたしたちにとっても「未来」は自明の意味を持つものではないのだが——と同じものとして捉えることができるのだろうか。かつてエヴァンズ＝プリチャードは、ヌエル社会には、いわゆる時間（time）の概念がないことを指摘した。次節では、ングンデン教会で語られるような「時間」や「未来」の特徴を少し検討してみたい。

二つの時間／空間としての「未来」

過去から現在、未来へと流れる直線的、不可逆的なものとして時間を捉えることは、近代社会の時間意識の特性である[67]。この近代社会の時間意識と比べ、ヌエルの人びとが経験する「時間」の特性について、エヴァンズ＝プリチャードは次の通り表現する。

彼ら（ヌエル）は、我々の言語でいう「時間《タイム》」に相当する表現法を持っていない。そのため、彼らは時間について、我々がするように、それがあたかも実在するもののごとく、経過したり、浪費したり、節約したりできるものとしては話さない。彼らは、時間と闘ったり、抽象的な時間の経過にあわせて自分の行動の順序を決めねばならない、というような、我々が味わうのと同じ感情を味わうことは絶対ないであろう。［…］この点、ヌエルは幸せである。[68]

エヴァンズ＝プリチャードが取り上げた「時間」とは、自然環境の関係を指す生態学的時間と、集団間関係とその距離に根差す構造的時間であった。わたしたちは、迫りくる未来に向かって時間を「節約」したり「浪費」したりしながら生きている。その点、ヌエルの人びとにとっての「時間」とは、自らの行動を規定するような、抽象的な概念ではない。彼らの「時間」の照合点となるのは、季節の移り変わりやウシの放牧、集団と集団のあいだの距離、過去に起こった出来事という「活動そのもの」である。それゆえ「時間」とは、「時間」自体が自律的に人間に働きかけ、人間を縛るものではない分、人びとは「幸せ」なのだというのがエヴァンズ＝プリチャードの見解である。

ヌエルの人びとが「時間」という意味で用いる語の一つとして、グアース（*guaath*）がある。それは同時に「場所」、つまり空間を指す語である。その一方、わたしたちが「縛られて」いる直線的、不可逆的な時間に近いものはサー（*thaa*）で表される。このサーは「時計」という意味で、時間を尋ねるときは「サー・イディ？」（*thaa idi?*）、つまり「時計はいくつか」というように聞く。

わたしがナーシルでヌエル語を学習しはじめたとき、友人は「時間」そのものを指すヌエル語はないのだと教えてくれた（資料3）。「時間」を知りたいときは、太陽の位置や、家（*luak*）と家とのあいだの距離（移動にかかる時間）で表現できるので必要ないとのことだった。それでも例えば「将来」などと言いたいときにはどのように表現するのかと聞くと、彼はしばらく考えたのち、次のように説明してくれた。自分の「将来」やそれに関連する未

資料3　時に関する表現

早朝	朝	昼	夕方	夜
バウア	ルンワン	シャンデル	シアン	ワル
bauwa	*runwang*	*cangdɛɛr*	*thian*	*war*

ずっと昔	一昨日	昨日	今日	明日	明後日
メイ・ダン	パン・ケジェ	パン	エン・ワレ	イルン	モアレ
mei dan	*pan kɛ jɛ*	*pan*	*en walɛ*	*irun*	*moarɛ*

今年以前：「去った年」	今年「この年」	来年以降：「来る年」
ルオン・シェ・ワ	ルオン・メ	ルオン・イン・ベ・ベン
ruon cɛ wa	*ruon mɛ*	*ruon in bɛ bɛn*

出典：筆者作成

来について言いたいときは、(1)「グアース（イン）・ベ・ベン」*guaath* (*in*) *bɛ bɛn*、あるいは(2)「グアース・（カ）バ・ワー・ニャム」*guaath* (*kä*) *bä wa nhiam*などと表現することができる。それぞれ、①「やって来るであろうグアース（空間・時間）」、②「行く前方にあるグアース（空間・時間）」、という意味である。

ここで注目したいのは、この二つの未来に関する時空間の表現における人称の違いである。ヌエル語の人称は、動詞や助動詞の形態によって区別できる。例えば「未来」の状態や動作を表す助動詞 *b-* は、*bä*「わたしは〜するだろう」（一人称）、*bi*「あなたは〜するだろう」（二人称）、*bɛ*「彼・彼女・それは〜する（なる）だろう」（三人称単数）というように変化する。これに基づき①、②の意味を補えば、①三人称で表される（何かが）やって来るグアース（空間・時間）」、②「（わたしが）行く前にあるグアース（空間・時間）」となる。この二つの「未来」の表現から示唆されるのは、①わたしの意思の届かないところで生じてしまうもの、②自分の意志によって切り開かれるものとしての「未来」のありかたである。

①は過去の祖先の過ちやクウォスとともに自分たちに訪れる不可避の未来や現実、またはクウォスの経験と近いものであると考えることができる。一方、②は、教育や就職、出世など、自身の意思に基づき達成されるような「わたしが前に進む」ための、不可逆的・進歩的な

未来であると考えることができるのではないだろうか。この二つの未来観は、少なくともわたしたちにとっては、祖先やクウォスを辿ることで見いだされる過去遡及的な未来観と、「自己実現」などの言葉で表現されるような進歩的未来観として、別個に理解されるものかもしれない。祖先の過ちとングンデンの「予言の成就」によって把握される時間とは、具体的な参照点とともに語られる時間と、抽象的で不確実な未来を含む時間が、区別されない形でともに創り上げている空間・時間である。

第3章において、自身の生と直接つながる、父、父の父……ヌエル、人間、世界へと具体的に遡ることができる、いわば拡張的集合的な自己としての祖先のありかたを示した。ングンデン教会で言及される「祖先」とは、個人と直接つながっている祖先のみならず、あらゆる人間を一つの共同体として含めた祖先集合のことである。ングンデン教会の中で繰り返し言及されているメイ・ダン（「ある日」、「かつて」）という表現からも分かるように（資料3）、対話の中では「かつて」の祖先の過ちと「今」の自分たちの苦境が重ねられることで、人びとのユリイカ・モメントは創り出されている。

次の「グアースは開かれています」という祭司の説教からは、自分たちの意思や選択によって獲得されうる「自分が前に行く未来」と、クウォスや祖先、ングンデンによってどこかからもたらされる「やってくる未来」とが共に新たなリアリティを立ち上げてゆく様子が窺える。

二〇一〇年一二月二二日、南スーダンの分離独立を決定する住民投票が迫る中で、次の説教と対話は行われた。

〈事例4－4〉開かれるグアース——住民投票

祭司：すべての人間は、［かつて］あなた［ングンデン］の言うことを聞かなかった。［ングンデンの従者である］ダイヨムは誰かに話していたのに、彼ら［人間］はそれが分からなかった。

参加者の女性：そうです、知っています。

祭司：[…] 彼ら［人間、祖先］は理解しなかった、だからあなた［ングンデン］は一人で祈るのです。誰か人間が来てあなたと一緒に祈ったことがあったでしょうか。

参加者の女性：なかったですね。

祭司：[…] 人びとははじめダイヨムたちを笑っていました。それは、イエスのときも同じでした。[…] あなた［ングンデン］は、あるグアースを得るでしょう。今、そのグアースは開かれています。わたしたちはかつて、苦しんでいました。今、そのグアースは開かれています。わたしたちは、世界の中で最も貧しい者たちです。今、そのグアースは開かれています。今日から数えて一五日［後］、彼［ングンデン］はそのグアースを開きます。

この対話式説教においても、かつて祖先がングンデンを無視してしまったことが繰り返される。最後に指摘されるのが、その過去が現在再び姿を現し、「あなた（ングンデン）のグアース」が到来するという予感である。そしてこの対話の一五日後に行われた住民投票によって、南スーダンは独立を達成し、人びとにとっての新しいグアース、つまり時間と空間は開かれることとなった（第5章参照）。

これまで見てきた祭司と成員の対話や説教の事例からは、人びとは自らの経験をングンデンの言動や祖先の振舞いとともに分節化し把握してゆく様子が観察された。祖先の過去の過ちを語ることで、ングンデン教会の祈りの参加者は現在の「どの部分」が祖先の過ちの「結果」であるのかを見いだしていた。ングンデン教会に集う人びとが祖先やクウォスによる働きかけを見いだすのは、何も内戦や国家の独立といった歴史的出来事、あるいは集合的経験ばかりではない。毎週の祈りでは、次に取り上げる「奇跡」の経験など、個々人の経験にひそむクウォスやングンデンの働きかけが吟味されている。

第5節　奇跡の経験と主体の発見

「奇跡」の経験と改宗

ングンデン教会に集う人びとは、圧倒的に年配女性が多い。ングンデン教会に通う理由は人それぞれである。しかし、そもそも「イエスではなく、ングンデンを信じる」ことにこだわる人は稀である。なぜなら「クウォスは一つ」(*kuɔth ɛ kɛl*) だからである。[69] キリスト教教会についても、人びとが教会に行くにあたって、宗派などはあまり大きな問題とならない。[70] たいてい「近くにあるから」、「クウォスを信じているから」、「親がそこに行っているから」などがその理由となる。このようにキリスト教との違いにあまりこだわらない成員の中でも、強い意志からングンデン教会への改宗を行った者たちがいる。彼らの改宗の多くが、ングンデンやクウォスによる働きかけの経験を契機としたものであった。改宗者たちは自身の改宗のきっかけを次のように語った。

〈事例4－5－1〉娘の病気の快復

わたしの娘は病気だった。そしてわたしはその理由を知ろうとしていた。ある日わたしは川に行ってングンデンに聞いた。どうか、ングンデン、こんなに幼い女の子が死ぬわけがないでしょう、わたしの問題はなんなのですか、と。そして家に帰ると、娘は良くなっていた。そしてそれから、わたしはングンデンを信じている。わたしは人びとになぜングンデンを必要としないのかを尋ねた。そしたら人びとは、自分たちはイエスを信じる、なぜなら我々はまだ本を持っていないからだ、と言った。

（年配女性、二〇〇六年改宗、ナーシル）

〈事例4－5－2〉生き別れの息子からの連絡

当時わたしは息子を見つけるためにエチオピアに行っていた。わたしの息子はアメリカにいた。わたしはどうしたら彼と連絡を取ることができるかを考えていた。数日するとクエス・コアンと呼ばれる男に会った。彼は「ングンデンの従者である」ダイヨムだった。そして彼はわたしに「ングンデンに祈れば彼は息子をあなたに与えるだろう」と言った。そしてわたしはングンデン教会に入った。それから一ヵ月後、息子から「今アフリカに向かっているところだ」と連絡があった。

（年配女性、二〇〇一年改宗、ナーシル）

〈事例4－5－3〉夢見

ある日、ングンデンの夢を見た。そして数日後、わたしが持っていたイエスの本や聖歌集などすべてものが自然に燃えてしまった。そしてわたしはングンデンを信じることに決めた。

（年配男性、二〇一〇年改宗、ナーシル）

〈事例4－5－4〉不妊からの回復

妻が5年ものあいだ不妊に悩まされていた。ングンデン教会に来てそのことについて祈ったところ、妻が妊娠した。

（年配男性、二〇一〇年改宗、ボー）

改宗者たちはングンデンに関連しうる、何らかの奇跡（*nyuth*）の経験をしている者たちであった。このような「人間を驚かす奇跡」（*nyuth mi gac naath*）とは、通常では考えられないことが生じたときの「奇跡」（*nyuth*）、突然何か大きなことが生じたときの「驚き」（*gac*）、そしてそれについて体が震えるなどの衝撃を含むものである。

ここで取り上げた人びとは、自身の驚きや奇跡の経験に、ングンデンとの接点を見いだしている。このングンデンによる働きかけの発見と、その発見を通して納得された奇跡の経験が、人びとをングンデン教会での祈りという行為へと導いたのだった。次に取り上げる事例からは、ングンデンやクウォスによる働きかけが単に把握されるだけでなく、その働きかけの記憶・記録を、世界へと残そうとする試みが観察される。

「不妊の疑いのある身体」とングンデン

ングンデンは、老齢でとても出産が望めないような女性から生まれた。このため、ングンデンのところには結婚してもなかなか子供を授かることのできない夫婦や、出産後長らく次の子供ができない夫婦が祈りにやってくることがあった。以前であれば、このような女性たちは夫や義父母などとともにングンデンの作った塚であるビエ（*biɛ*）を訪問し、そこでングンデンの遺族や予言者、大地の首長にヤギなどを供犠してもらい、祈禱を捧げたという。[71] ビエは、パドゥイル（*paduil*）とも呼ばれ、かつては高さ一五〜一八メートル、底面の直径は三〇メートルほどの大きさだった。[72] しかし植民地政府による攻撃と浸食により、現在はわずかな盛り土が確認できる程度であるという。またこのビエを作った後に、ングンデンがより多くの人びとが訪れることができるようにと移動した土地はウェイデン（*weidɛng*）と呼ばれる。[73] ウェイデンとは、「デンの場所」という意味である。ウェイデンはウロル州に位置している。冠水後の悪路と治安の悪さの結果、現在ではビエもウェイダンも誰もが簡単に訪問できるような場所ではなくなっている。そのため、ビエやウェイダンに行く代わりに、ングンデン教会を訪れる者もいる。

以下は、ングンデンへの祈りによって子供を授かり、それをきっかけとして「改宗」したディンカ出身の女性のエピソードである。

〈事例4－5－5〉不妊の疑いのある身体の回復と名付け

ディンカ出身の前の夫はひどい男であった。最初の子供を産んでから、以来六年間も子供を授かることはなかった。死にたいと思った。それでいて当時その夫は自分を病院に連れてゆくこともなかった。その上、彼はわたしの親族に婚資を払うこともなかった。そのため、現在の夫にあたる五〇代のヌエルの男性に出会い、二〇一〇年に結婚した。当時現在の夫はキリスト教徒だったのだが、自分の新しい妻に子供ができないことを知り、ングンデン教会へと通うことにした。夫が改宗したので、自分もキリスト教からングンデンの信者へと改宗した。イエスとングンデンのあいだにそれほど違いはないと思った。ングンデン教会に通い始め、ングンデンに子供が授かる体にしてくれるように祈った。すると、ついに子供を授かることができた。その新しく生まれた男の子には「デンの贈り物」、つまり「ングンデン」という名前を与えた。

（ヌエルと結婚したディンカ出身女性、三〇代後半、二〇一〇年改宗）

この〈事例4－5－5〉の女性は水曜日の祈りには滅多に参加しないが、息子のングンデンに何かが起こったときには必ず祈りにやってくる。彼女は「働きかけ」る際に、息子ングンデンの病気についてディンカ語で語る。彼女が祈りに参加するときには、他の参加者も「働きかけ」では彼女が理解できるようにディンカ語で自身の悩みについて述べる。[74] 後日息子ングンデンの病気が治ると再び彼女はングンデン教会を訪れ、その回復について語り、再び成員とともにングンデンに感謝を捧げる。

第3章で取り上げた拡張的集合的な自己をめぐる問題からも分かるように、ヌエルの人びとにとって「不妊の疑いがある身体」は個人の問題ではなく、著しく社会的な問題としてあり、多産という人びとの原理を脅かすものである。数ある「奇跡」の中でも、「不妊の疑いがある身体」を回復させる力と強く結びつくングンデンは、他のクウォスの働きをする諸予言者たちよりも、多くの人びとにとってより説得力を持ちうる存在であると考えられる。

次ではこの「名づけ」を事例に、ヌエルの人びとが、いかに自身の経験を分節化し、対象としてまなざすのかについてさらに検討してみたい。ここから分かるのは、ングンデン教会に集う人びとが、避けられない自身の運命として祖先の過ちを単純に受け止めているのではなく、祖先やクウォスによる働きかけを、自分たちの想像力を支えうる存在として世界に残そうとする営みである。

第6節　内なる他者の可視化

名づけ

さきの祭司と参加者のやり取りや「働きかけ」（*com*）で行われていたのは、あくまでも祖先の過ちやングンデンの言動を確認することによって自身の経験に区画を付け、それぞれに意味を付与してゆくことであった。しかし、前節で取り上げたディンカ出身の女性が息子に「ングンデン」と名づけたように、分節化された経験をさらに別の形で対象化する働きかけの形式もある。

ヌエル社会において、ある人物や集団の名前と出来事とは切り離すことはできないものである。「ングンデン」という名前も、「ングン」（*ngun*「贈り物」の意）と「デン」（神性）で「デンからの贈り物」を意味し、高齢の女性から誕生したためにこのように名づけられた。予言者の力が判断されるとき、その予言者の持つクウォスの名前が問題となる。[75] クウォスはある人物に憑くことではじめて名前を得るが、その名前を見つけることとは同時に、ある人物に付着する力を発見することである。ここでいう力とは、予言者の奇跡を起こす力を指しているが、それは何も予言者のみが有する「超自然的な力」のみに限らない。クウォスの名は、そのクウォスが包含する出来事群と不可分に結びついている。

クウォスには、ディンカから伝えられたと思われる名前や、「マフディー」など外部との接触の結果登場したことを示唆するような名のクウォスがある。[76] ングンデンの持つ「デン」もディンカから伝えられたという説もある。またデン（*deng*）はそもそも「雨」「雨が降る」という出来事を意味する語でもある。

名前が重要となるのは、予言者やクウォスだけではない。人物の名前や集団の名前も、その人物ないし集団が生まれたときの状況やそのときに起こった出来事と不可分なものとしてある。

例えば、一九八〇年代に生まれた者たちの名前で多いのは、「苦しみ」、「怒り」を意味するガイ（男性名 Gai, 女性名 Nyagai）や、「破壊」を意味するダック（男性名 Dak, 女性名 Nyadak）、「戦争」を意味するコル、ニャコル（男性名 Kor, 女性名 Nyakor）などである。これは第二次スーダン内戦を思わせる名前である。最近では、国家の誕生を記念して「政府」を意味するクメ（男性名 Kume, 女性名 Nyakume）という名前も多い。またわたしのヌエル名にも含まれているジャル（男性名 Jal, 女性名 Nyajal）は「旅」、「歩く」を意味し、ある場所からある場所へと移動している途中で生まれた子供や遠くからきた客に対して付けられる。蚊が大量発生したときに生まれた子供には、「蚊」を意味するニース（Nieth）が付けられる。さらに「結ぶ」や「逮捕」を意味するイェン（Yien）は、どちらかの親が「お縄になった」時に生まれた子供に付けられることもある。[77]

年齢組に関しても同様で、例えば、スーダン共和国が誕生した一九五五年前後に立ち上がった年齢組は「スーダン」と呼ばれる。自然災害や紛争などで多くの村が飢餓状態であったときに誕生した年齢組には、「足で腹をつかむ」（空腹で腹が張ってしまって足でつかめるほど大きくなった）という意味の「カプ・ショウ・ジャイ」（*käp cow jay*）と呼ばれるものがある。[78]

それぞれの出来事は、名づけを通してある種の〈力〉、エージェントとなって人間や集団に付着し、周囲の者の記憶や想像力に働きかけうることがある。この意味で名付けとは、一種の歴史、あるいはその記録物と言える。

特に人の名前について、親に与えられた「正式」な名前とは別に、あだ名で呼ばれる者も多く、観察者にとってはどれが本当の名前か判別がつかない場合もある。なかでも、その子供が生まれた地名があだ名となっていることが多い。ディンカの人びとのあいだでも、生まれた場所がそのままその人物の名前となることがある。リーンハートは、その場所にまつわる出来事が、その人物に「付いて回る」ことを次のように説明する。

よその土地と考えられるような場所に長らく住んでいた者は、その土地（あるいはその「影響」と言ったほうがいいだろうか）が彼に付いて回る（*bwoth cok*）［…］と考えるかもしれない。ハルツーム［筆者補足：スーダンの首都］で囚人生活を送ってきた男は、自分の子供の一人を場所の記憶として「ハルツーム」と呼んだが、それはのちの彼の人生において、その場所が悪い影響を及ぼす場所になるという可能性を避けるためでもある。この行為は悪魔祓いであるが、我々にとって悪魔祓いであるものはなんであるのかというと、その経験の記憶なのである。［…］しかし、ディンカでは〈力〉は自己を思い出す精神や想像力に由来し、それに近く、もっとも重要であるとして見なされる傾向にある。そしてそこには過去の経験の形跡が残っていると思われている。［…］自分の子供を「ハルツーム」と呼んだ男の例では、ハルツームはあるエージェント、働きかける主体とみなされ、我々のように場所を思い出させる、思い出すための心としてあるわけではない。その男は働かれる客体である。[79]

リーンハートがここで「悪魔祓い」と言っているのは、名前に付いて回る経験、あるいは出来事の記憶そのものである。この名付けの例において、ある人物に名づけられることによって、「ハルツーム」という単なる名称以外の意味を持たなかった場所の名前は、出来事と意味を帯びた場所になる。人の名前にある出来事が付いて回るのは、何もヌエルやディンカだけでなく、わたしたちも日々経験することである。名前によって想像される経験は、わたしたちの「後に付いて回り」、その名前を持つ人との関係や人生に何か影響を及ぼすことがあるかもしれない。

ヌエル社会の場合、男性の名前は子から子へと受け継がれ、また女性の名前はチエンの名前として残ることがある。第3章で述べた通り、彼らはどのような状況にあっても、後世に名前が残るように、「血」の問題を解決し、また「終わらない」交換媒体を探し求めていた。ある集団が経験した出来事をヌエルの子供に名前として与える行為は、個人を、わたしたちが考えている以上の「個人」にする。つまり、名前によって思いだされる自己は、すでに自身に働きかける出来事——時としてそれは祖先、クウォスによってもたらされるもの——という他者を包含しているものとして経験される。父系の出自を通して継承され続ける名前は、常に新しい他者を巻き込みながら持続すると同時に、そのつど他者を分離し、その距離を確認しながら拡張しうる自己の一形態である。「ハルツーム」と子供に名づけた男は「ハルツーム」という場所での経験に働きかけられているかもしれないが、彼に働きかけている主体は、「ハルツーム」という場所と自己が過去に接触したという、自身の経験と出来事とが交叉しているまさにその記憶である。名付けられた時点で、すでに男の名となった「ハルツーム」は、無機的な「ハルツーム」という場所ではなく、ある人物の経験の埋め込まれた「ハルツーム」へと成り代わり、その男を客体たらしめるエージェントとなっている。[80]

さきのディンカ出身の女性が子供に与えた「ングンデン」という名前は、彼女の「不妊の疑いのある身体」の回復という、一種の出来事を住まわせた名前、つまり空間性・物質性をすでに獲得した出来事である。[81]彼女の息子のングンデンという名は、ここでは単なる不妊の回復の記憶という抽象的な形として存在しているのではない。息子ングンデンは、彼女がングンデンに働きかけられた経験、つまり彼女自身にひそんでいた他者の発見の経験の結果そのものである。その経験の記憶としての名前は、実際にある一人の人間として特定の空間を占める。彼女の内なる他者の発見の経験は、名づけを通して実際にまなざすことができる対象となる。そして彼の子供がまた子供を産みその子供が子を産み……という系譜の中で、彼の名前は子孫たちに半永久的に言及され続ける。この一連のプロセスの中で、ある女性の個人的かつ一時的な「不妊の疑いのある身体」とその回復の経験は、この世界の自己以外の場所に分散し、存在し続ける。この点でヌエル社会における名付けとは、ある経験を分節化して、その一部を別の物質へと移行するのみならず、個人の一時的経験を集団の永久的な存在として残す営みでもある。

泥山の製作

名前のほかにも、ングンデンについて語る人びとが自分たちの複合的・客体的経験を対象化する実践がある。写真35は、家囲いの中に作られたングンデンのビエを模した泥の山である。この泥の山はナーシルで撮影したものだ

写真 35　家の敷地内に作られたングンデンの塚・ビエを模した泥の山。手前にあるのはウシを繋いでおくための杭

が、ビエのある方角（南西）を向いて作られていた。ナーシルからビエは遠い。この泥の山を作った家の妻は、「これはングンデンだよ」と言ってわたしに見せてくれた。ナーシルでは、「ングンデン教会」の建設許可をコミッショナーに申請してはいるものの、却下され続けている。祈る場所を持たない成員たちは、こうして家囲いの中に自分たちの「ングンデン」を作り、祈りを捧げている。これは、人びとがングンデンや祖先とのつながりを確認し、また自身が常にクウォスに働きかけられている経験を具体的にまなざすための実践の一つと言えるのではないだろうか。

名づけや泥の山は、祖先とつながり、クウォスに罰せられる自身の経験という出来事を可視化し、生活空間の一部を占めるものにする。これらは、働きかけの対象物である自己と、それを目に見えるように対象化する行為という、自己とともにある、いわば二重の他者性を内包している。この名づけや物質によって空間を占めさせるという行為は、クウォスに対する人間の積極的な働きかけではないものの、ただクウォスから働きかけられてそれを受け止めるだけではない、「蟻」である人間の生のもう一つの局面を示すものである。

さきに、ングンデン教会の説教と語りの中では、人びとは働きかけられる自己や人間のありかたに気づき、その中で新たに現実が経験され直していることを指摘した。しかし、そこで人びとは、ただ受動的に祖先の過ちやクウォスによってもたらされる不幸を捉えているのではない。客体としてクウォスに働きかけられた結果、人びとはある現実の「見える」局面に働きかけを行い、それゆえクウォスの働きかけが残るよう努力することがある。次ではクウォスや祖先に働きかけられているという経験を、人びとがどのようにそれをさらに対象化・可視化しているのかを見てみよう。

パッシオネス

働きかけられる客体でありつつ、自身の生に対して祈りを捧げる存在でもある人びとの実践をうまく表現したのは、さきのリーンハートである。彼は、このような人びとの神性と経験に関わる実践を描写するために、ラテン語のパッシオ（*passio*）、パッシオネス（*passioness*）という語を持ち出した。

リーンハートは、ディンカの人びとが経験する、回復しない病気や妖術師による攻撃を人類学者が翻訳する際にうまくいかない理由として、英語に人間の自己に関して「行為する」（action）の反対を意味する語がないことを指摘する。このことが示唆するのは、少なくとも英語では、常に人間の方が世界に働きかけ世界を把握する主体である、という前提のもとでしか、自己や経験について議論されえないということである。この前提に基づいたままで十分に問題化できないのは、突如として襲い掛かる出来事や、それに伴う現実や自己の経験の確かさと不確かさ、その回復の働きを持つような客体としての人間の経験の側面である。

リーンハートは、英語の「パッション」（passion）あるいはその語源であるパッシオネスという語が、人間の自己について「行為する」（action）の反対の意味を有しているものとして捉えた。彼はこの概念を用いることでディンカに働きかける〈力〉（神性）は、それが行為する源（active source）として見なしうる人間のパッシオネスのイメージであると主張する。[82]

例えば、ディンカの供犠の実践において、その供犠を行わせる〈力〉から供犠獣を区別することは、供犠獣は〈力〉全体を表すもの（representative）になるがために、ほとんど不可能である。供犠の際、〈力〉によって与えられた人間の苦しみはウシの「背に置かれ」、ウシの死とともに消える。それは、〈力〉の人間に対する働きかけと、人間の犠牲に対する消極性、つまり人間側の働きかけの可能性とを同時に示しているのである。[83]

このリーンハートの観点によってさきのヌエルの人びとの営みを説明すれば、ングンデン教会で祈りを捧げたり、「奇跡」によって生まれた子供に名前を与えたり、泥の山を作ったりすることは、彼らが自分たちのパッシオネスの経験を把握し直す方法に関わっている。この場合、パッシオネスとは、これまで自身の生を作ってきた、あるいは決定してきた主体であるクウォスや祖先との関係を、その主体と客体とが未分化なままに、ある空間を占める対象として具現化・可視化することである。名前や泥の山から、働きかけの根源としてのクウォスやクウォスの対象物である自己を分離することはできない。しかし、このような関係に自己の姿を見いだし、それを可視化することで、そのパッシオネスの物語は、自分たちが、クウォスや祖先という自己存在と関わる客体とともに築いてきた関係を想像することを可能にする。この意味で、ングンデンの過去の言動は、その経験を想像するやり方に適合するような、集団で共有するに値する物語を提供してくれる。ングンデン教会に集う人びとが経験するングンデンの「予言の成就」、「エ・クウォス」は、パッシオネスの物語に支えられ、同時にその物語を制作する土台を提供することで、相互に位置づけ合うものである。

ングンデンというかつての狂人によって明るみに出される「真実」とは、ングンデン教会においては成員の直面する問題、祖先、クウォスとの関係を語り直すことの中で経験されるものであった。この行為によって顕らかにされるのは、人間のパッシオネスとしての生のありかたである。働きかけられる自己や人間のありかたに気づくのは、「不妊の疑いのある身体」の経験に代表されるような、生命の存続に関わる不幸の経験である。個人の不幸の経験や集合的な内戦経験は、一度共有の祖先のもとに戻され、予言を介して再帰的に経験されている。このように祖先やクウォスとの関係を確認することは、常に個人の生が同時に集団的なものでもあるというヌエルのモラル・コミュニティにとっての、集合的な「不妊」を克服しうるものとしてあるのかもしれない。ングンデン教会での語りや祈りは、人びとがングンデン―祖先―クウォス―自己―人間の関係の網の目に目配せする機会を提供し、新しい状況で揺れる成員個人や人間一般の経験の配位を統合し、より「確からしい」ものとして再び経験することを可能にする。

「無知」な人間である祖父と自分たちの一体性を強調することは、祖先が犯した過ちを自分たちも請け負っているという、絶対的なクウォスや祖先の主体性と、それらの関係に働きかけられる存在である自分たちの客体性を確認するものと見えるかもしれない。しかし、そのクウォスの働きかけへの気づきと、それを語りや実践によって可視化・対象化することは、自分たちの経験を想像する方法と深く関わっている。

狂気の内に見いだされた真実

本章では、ングンデン教会の実践を例として、予言者あるいは狂人であるングンデンが現在に至るまで「真実」をどのように運び、人びとが現在の経験を把握する方法と関わっているのかを記述した。

一九八〇年代以降のアフリカの宗教的実践に関する研究では、社会変容の中で流動するコミュニティの中で形成される新しい連帯に焦点が当てられるようになった。これらの研究は、村落共同体内において共有されるコスモロジー研究からの脱却を目指す、社会変容を前提とした接合論的モラル・コミュニティ論でもある[84]。

例えば、W・ジェームズ（W. James）は、スーダン内戦の中で離散したスーダン―エチオピア国境地帯に住まうウドゥク（Uduk）の人びとが、親族関係を辿ったり、既存のメタファーやシンボルの連結を使用したりすることで、難民や外部の者を受け入れてゆくさまを描いた[85]。彼女はM・フーコー（M. Foucault）の『知の考古学』[86]を手がかりとして、社会変化においても根強く残るウドゥクの知の枠組みを描くために「モラル・ノレッジ」（moral knowledge）という概念を使用した。ジェームズは、狩猟採集の頃からウドゥクの人びとが持つ概念的なイメージが、キリスト教やイスラームというウドゥク社会に後から流入してきた宗教概念に「統合」され、一つのシステム化された知の枠組みが形成されてゆく過程を捉える必要があることを指摘する。[87] 社会変化を経験しても残り続ける屈強な概念としてのモラル・ノレッジは、必ずしも接合された理論やシステムを形作るわけではない。だが、アーカイブのような過去の参照点の基礎として、さらには将来への確信を構成するものとして存在する。神話的イメージからなるモラル・ノレッジは普段は「眠って」いるかもしれないが、時として新しい言説を形成するために持ち出される。[88] ゆえに、モラル・ノレッジは、厳格に人びとの行動を規定するのではなく、むしろ個人や集団として、人びとが、自らが置かれた状況を判断するための参照点の倉庫となることをジェームズは指摘した。[89]

本書が接合・相互作用的モラル・コミュニティ論として挙げたジョンソンらも、大宗教から借用される「予言的イディオム」と在来の「予言的伝統」との相互関係の中で予言者をめぐる運動を捉えようとした。[90] その後に登場した詩的言語と予言、個々人の経験に焦点を当てた研究においても、西洋近代における言説と伝統的な詩的表現のネクサスとして予言を捉える視点が提起されている。[91]

上記の研究で十分に明らかになっていないのは、流入した新しいイディオムやイディオムと接合された「伝統」が、いかにして多くの人びとにとってアクセス可能なリアリティとして浮上しうるのかという点である。モデル3の接合論的モラル・コミュニティ論において特徴的なのは、年配者や宗教的職能者のみが有する口頭伝承や神話に関する「専門的」知識のみが分析対象として取り上げられている点である。しかし、「専門的」知識やイディオムレベルでの接合を捉えるだけでは、予言的な言説がいかにして個々人や集団レベルの経験に浸潤するのかは明らかにならない。

問題は、接合や相互作用という現象自体よりも、この現象が、人びとがある経験を捉える方法、つまり経験の配位とどのように関わっているのかという点にある。予言の「もっともらしさ」の源を明らかにするには、沈殿する知識や接合されるイディオムとして人びとの実践を捉えるのではなく、複数の知や実践の接合と新しい文脈とが、人びとが自身の経験を想像する際にどのような力として現出するのかを検討する必要がある。これらの研究では、予言にまつわる言い回しや神性が「知のアーカイブ」や「予言的伝統」という、ある種の結晶化された「意味」として提示されてきたのに対し、本章では実践の中で用いられる表現と、それが人びとの経験の分節方法とどのように関わっているのかという点に焦点を当てた。

ングンデン教会の成り立ちと実践からは、たしかに西洋的・キリスト教的・「近代」的な思想や技術がヌエルの予言や予言者ングンデンへの信仰の「正しさ」を支える一助となっていることが指摘できる。しかし、その「正しさ」の根源にあるのは、人びとの苦難の経験と、その経験を多くの人びとに共有されるかたちで説明しうる、「狂人」ングンデンの言動や祖先との関係であった。

ングンデン教会における実践や祈りにおいて特徴的なのは、(a)ングンデンの言動、(b)祖先たちの振る舞い・過ち、(c)自分たちの現在の状況、(d)現在の状況に対する働きかけ、である。説教や参加者の語りにおいて特に強調されていたのは、(b)祖先の過ち、つまりングンデンのことばを無視したことは苦しみの出来事――紛争、病気、「教育」のなさ、貧しさ――となって自分たちのもとへと帰ってきているという点であった。対話と語りの中では、過去の祖先とクウォスの関係、人びとが抱える現実の問題とは再配置され、ともに経験されている。

このようなングンデンと自分たちの祖先、あるいは自分たち自身の周囲で生じた「転換」の物語――過去と現在、狂気と真実、不信と奇跡、過ちとその報い――は、参加者の経験に強く働きかけるものである。「狂気」と人間の相互の働きかけが「真実」を照らし出すプロセスについて、フーコーは、次のように述べている。

（筆者補足：人びとが）狂人を認知すると必ずそこに自分を認知することができるようになり、自分の中に、同じ声・同じ力・同じ特異な光が生まれでてくるようになる［…］狂人はその点で魅惑と呪縛のちからを倍加し、彼自身の真実より一層多くの真実をもたらす。〔…〕狂人は人間の基礎的な真理を明るみに出す。つまり、その心理は人間を、もっとも原初的な欲望や、単純な機構や、身体の最も切実な諸規定などに還元する〔…〕(狂人は)狂気を体験しない原始人の自然から人間をへだてるすべての事態、それらが人間をどこへ追いやってしまうことができたか、を示している。〔…〕人間と狂人は、相互的でしかも両立しない真理の、あの触知しがたいきずなによって結ばれる。しかも両者は互いに自分の本質についての真実を述べあい、その真実は彼らによって述べられるや消え去るのである。[92]

この引用の中でフーコーが示しているのは、狂人が真理を「明るみに出」し、「真実」は「狂人」とそれを見つめる人間の間で互いに参照される、ということである。相互の呼びかけの中で提示される「真実」とは、人間が教科書や辞書をめぐって主体的に学んだり知ったりすることによっては得られるようなものではない。つまり「狂人」の言動を、見つめる側の人間が持つ「知」の形に当てはめ、「正しい解釈」を得るだけでは「真実」を見いだすことは難しい。この狂気と現実の掛け合いの中に人びとが自分たちの姿や「真実」を見出すのなら、「真実」とはどちらか片方に存在しているのではなく、相互的な関わりの中に埋もれており、対話の中で浮上してくるものであるとも考えられる。

本章の後半で取り上げた奇跡の経験や名付けという実践は、個々人の一時的な経験の解釈に終始するものではなかった。不妊の疑いのある身体の回復や、ある経験を分節化すると同時に集合的なものに転換することは、集合的・拡張的自己を担保するものであるがゆえに、一層人びとをングンデンに対する信仰へと向かわせる契機となっていた。ングンデンからの働きかけという「真実」を理解するためには、既存の「知識」を超えたところでなされる人間と過去の狂気の呼びかけ合いの中で、人びとの経験が分節化されてゆくプロセスの記述が不可欠である。

このような経験のありかたは、口頭伝承のようにテクスト上に現れるような単純な西洋とアフリカの接合でもなければ、変化と持続の相互作用によっても捉えがたいものである。なぜならその変化の局面も持続の局面も、人びとの実践の中で再確認され、区画付けられる中で再び経験されてゆくものだからである。したがって、人びとの経験の上での変化や持続は、観察者が予め設定し、あるいは後から見いだす概念としての「変化」や「持続」とは異なるものである。

第Ⅱ部を通して、ヌエルの人びとが直面するさまざまな他者――「近代」、出来事、祖先、クウォス――との出会いの中で自己の経験を想像する方法について記述した。この中で「狂人」が多くの真実をもたらしうるのは、人びとが自分たちの経験を想像する方法において彼らの振る舞いと現実との合致性が、人びとに「腑に落ちる」経験を与えるからである。

当然のことながら、この合致性は根拠もなく、あるいは疑いもなく信じられているわけではない。第Ⅲ部では、国家の独立やその後の紛争というより大きな出来事の中で、この合致性――「エ・クウォス」の経験――が個人と集団のあいだを交錯してゆくさまを描く。本章の最後には人間として空間を占める物質について触れた。第Ⅲ部で取り上げるのは、人間の行為を超えたところで、意味が付着した物質や出来事が現れ、人びとの「エ・クウォス」の経験を形作ってゆくさまである。次章からは、人びとのあいだにさまざまな疑念と確信を引き起こす、この「エ・クウォス」の経験が、いかに現代の複数的なモラル・コミュニティの統合と分離に関わるのかを追う。

第III部

クウォスの顕現

写真 36　住民投票の日までのカウントダウンを示す看板。ジュバ

第5章　「予言の成就」としての国家の誕生

国民はイメージとして心に描かれた想像の政治共同体である――そしてそれは本来的に限定され、かつ主権的なもの〔最高の意思決定主体〕として想像される。〔…〕過去二世紀にわたり、数千、数百万の人びとが、かくも限られた想像力の産物のために、殺し合い、あるいはむしろみずからすすんで死んでいったのである。[1]

第1節　予　兆

「想像の共同体」

イギリスによる植民地支配以降、ヌエルの人びとをはじめとする南スーダン人は、植民地行政官、北部スーダン出身の役人、SPLAの司令官などさまざまなリーダーシップに翻弄されてきた。植民地統治の中で進められた「部族の発明」プロジェクト、内戦の中で運用されたそれぞれの「部族」やそれを軸とした武装集団は、必ずしも人びとが主体的に選んで所属することになったコミュニティではなかった。多くのヌエルの人びとが内戦中に所属したアニャニャⅡ、SPLAナーシル派のそれぞれの戦闘の理由は――それがどれほど成員に共有されていたのかはさておき――南部スーダンの分離独立であった。長らく続いた内戦の中で人びとに希求されていたのは、自分たちが主体となって選択する自分たちの国家である。このために多くの人が戦闘に身を投じていったとしたら、そこで働いた想像力とは、まさにアンダーソンの言うような、「想像の共同体」としての国家の力であろう。

これまで本書では、バイデルマンの「想像力」——自分たち自身や他者への気づきと期待を含み、他者と相互に関わるために他者の見方を想像すること——を手がかりとして、人びとがヌエルの「予言者」やその「予言」を想像することによって、自分たち自身と他者との関係をいかに捉えてきたのかを記述してきた。

第I部では、歴史のさまざまな局面でヌエルの予言者に関わってきた植民地行政官や、SPLAや兵士たちの想像力のズレの中で規定され、動かされてきた予言者のありかたを述べた。第II部では、都市や村落で暮らすヌエルの人びとが、「終わらない」自分自身の生という原理を軸に他者との関係を想像し位置づけてゆくさま、そしてそれを「もっともらしく」説明するングンデンの「予言の成就」の物語を紹介し、人びとが祖先やクウォスとのつながりの中で現在の問題に向き合っていることを明らかにしてきた。残された問いは、このようなさまざまな位相の想像力が飛び交う中で、どのようにその想像力が拡大したり、収斂したり、また疑惑の目を向けられながらも、より多くの人の経験を巻き込みながら「真実」となってゆくのかという点である。その際問題となるのが、多くの人びとの意図や行為を超えたところで発生するさまざまな出来事である。

本章のねらい

以上の点を明らかにするにあたり、まずは今一度本書の冒頭で挙げた問いに戻ろう。本書の出発点となったわたしの疑問は、「物知り」の年配者だけでなく、予言やヌエルの神話的イディオムなどを知らない若者までもが、どうして予言の「正しさ」について語りうるのか、ということであった。多様な語り口で予言について論じる人びとが一様に認めるのが、「予言の成就」と語られうる出来事は「エ・クウォス」(ɛ *kuoth*)、すなわち「それはクウォスである」という点であった。序章で述べたように、「エ・クウォス」は、さまざまな出来事を関連付けることを可能にする。植民地統治、長きにわたる内戦を経て、この「エ・クウォス」と表現される出来事が最も多くの人に目撃され、また大きな感動を生んだのは、二〇一一年の「南スーダン」という国家の独立であった。

アンダーソンの言うように、「国民」が想像されたものであり、「ひとりひとりの心の中に共同の聖餐《コミュニオン》のイメージが生き」ることによって構成されるものであるとしたら、ヌエルの人びと（あるいは南スーダン人）が抱きうる共同の聖餐《コミュニオン》のイメージとしての「国民」は、さきの内戦や政治的な崩壊、それによって自分たちが被ってきた不利益や貧困の経験なくしては語ることができない。というのも、第二次スーダン内戦中のＳＰＬＡの党派対立は、まさしくそれぞれの司令官が掲げる「ナショナリズム」[2]の違いによって生まれたものであり、またその想像力が多くの兵士に共有され、拒否され、また地域住民を圧倒し、人びとの生活基盤を打ち砕いていったからである。国家の独立、国民の誕生という歴史的出来事に関して、予言にまつわる「エ・クウォス」が語られるとしたら、それはアンダーソンの言う意味での想像力とも深く関わっていることが予想される。

本章では、南スーダン独立にまつわるさまざまな「エ・クウォス」と呼ばれる出来事の発現と、それによって形づくられる人びとの経験、そしてその経験が想像力によってどのように変動してゆくのかを見てゆく。国家の独立が「予言の成就」として見なされていたことはすでに述べたが、二〇一一年一月の住民投票の前、その予兆として、さまざまな小さな「エ・クウォス」がヌエルの人びとの周りで生じるようになった。まずは、国家の独立にまつわる予言の変化形とも言えるこれらの「エ・クウォス」のありかたを見てみよう。

ングンデンの聖なる杖、ダン

「ングンデンは南部スーダンの独立、そして二〇一一年の住民投票を予言していたのだ！」

（二〇〇九年五月一六日、ジュバ、リヤク・マチャール）

二〇〇九年、当時南部スーダン自治政府の副大統領であったリヤク・マチャールは、何千人もの群衆の前でこのように叫んだ。二〇〇九年五月一六日、ングンデンが生前使用していた聖なる杖であるダン（*Dang*）が、イギリスから南部スーダンにとうとう返還されたのである。南スーダンの独立まであと二年、ングンデンの「予言の成就」をめぐる言説は大きく動くこととなる。このダン返還のニュースはインターネットなどの報道を通じて配信され、スーダン国内で大きな関心の的となった。

ダンは、ングンデンが生前使用していた木の杖である。片側の端は曲がっており、もう片方は折れている。一一〇センチメートルほどの長さで、素材はタマリンドの木だと言われている。もともと、この杖は結婚式などの折りに大地の首長が用いるもので[3]、ングンデンは、かつてこの杖を用いてディンカを攻撃し、奇跡を起こしたと言われている[4]。しかし、第1章で見た通り、一九二九年のグエク・ングンデン討伐の際に[5]、他のングンデンの遺品とともにダンはイギリス軍に奪われていたのであった。遺品の返還は、長らくヌエルの人びとに望まれていた。エチオピアの難民キャンプでヌエルの調査を行ったファルゲは、次のようなヌエルの年配者の語りを手に入れている。

> 牛舎を焼き、ングンデンのピラミッド（ビエ *bie* と呼ばれる塚）を破壊し、グエク・ングンデンを殺したやつらはわれわれの「神」（God）[6]を破壊したやつらだ。今やわれわれは帰ってきて、われわれの「神」も帰って来ることを望む。われわれは彼を崇拝する。われわれはかつて盗まれた聖なるものたちの返還を望む。
>
> （年配者、二〇〇一年、フニド難民キャンプ、括弧内は引用者による補足）[7]

ダンが返還される八年前、エチオピアにあるフニド難民キャンプのングンデン教会で開催された会議において、上記のスピーチが行われた。この「聖なるもの」とは、明らかに一九二九年にイギリス軍によって奪われたダンのことを指している。この「聖なるもの」の返還は、ングンデンに憑依していたクウォス、デンの復活を指すという。それは戦いの終焉と、「善き世界」の到来の前触れでもあると言われていた[8]。そして、そのときは二〇〇九年の五月にやってきた。

二〇〇九年五月一六日

ダンの返還の立役者は、『ヌエルの予言者』[9]の著者で、歴史家のD・H・ジョンソンである。彼は、ダンを奪った行政官の遺族との交渉の末、遺族の家に保管されていたダンを南部スーダンに返還することに成功した[10]。以下ではダンの返還を祝うセレモニーが開催された二〇〇九年五月一六日の出来事について、ジョンソンの手記に寄り添いながら、適宜説明を補いつつ追ってゆく。偶然にもこの日はSPLAの創立記念日であった。

ダンは、ジョンソンの手で、ジュバの空港まで空路で運ばれた。空港では、ングンデンを崇める垂れ幕があちこちに掲げられ、ダンの帰還を歓迎して多くの人びとが集まっていたという。集まった群衆は、ヌエルの人びとだけでなく、ディンカやシルックといった多くの「南部スーダン人」が含まれていた。ジョンソンは、空港にダンが到着したときの様子を以下のように回想している。

> ［以下の内容について、ジョンソンの手記から抜粋］飛行機の積荷のまわりにはヌエルの群集が集まり、積荷に向けて首を伸ばし、みな大きな叫びをあげている。一つの荷物が降ろされると、人びとは泣き喚いて興奮し、積荷のあるところによじ登ろうとしてきた。自分の「それ［はダン］じゃないぞ！」と叫びもむなしく、自分は群衆の後ろへと追いやられてしまった。やっとのことでダンの入ったバッグを手にすると、ヌエルの群集を通り抜けてマチャールがやってきた。彼はそのバッグを掲げると、群集の雄叫びの中へと降りていった。

マチャールは、彼の夫人とともに群衆の前に立った。二人は傍らに、白いウシを連れていた。群衆の前で、マチャールはダンを掲げ、自分のアルミ製の槍と軽く叩き合わせた。のちにセレモニーに参加した人から聞いた話では、マチャールがダンを掲げた途端、群衆の中にいたディンカの何人かが思わず頭を抱えてしゃがみ込んでしまったと言う。このエピソードは、「パディンの戦い」と呼ばれるングンデンに関する伝承を想起させる。この戦いについては、ジョンソンが一九九五年の論文において取り上げている。[11]

一八七八年、ングンデンは、パディン（Pading）の地においてディンカを襲撃した。ディンカ人たちは、ングンデンの待ち伏せに遭い、川に落ちて沈んでしまったと言われている。「パディンの戦い」は、平和構築者として名高いングンデンが自ら戦った、ただ一度だけの戦いとして伝わっている。ングンデンの遺族たちによれば、戦いの中でングンデンはダンを使って雷を起こし、その雷でもってディンカの軍勢を川に沈めたという。[12] 真偽のほどは分からないが、少なくともダンは、このような神話と奇跡、社会関係や過去の出来事が凝縮されている物質である。

ジョンソンの手記に戻ろう。結局、舞台に登場したマチャールはただ「シンボリック」に自分のアルミ製の槍と軽く叩き合わせただけだったという。このように大きな歓声の中、ダンは到着したわけだが、空港の近くでは返還を祝う盛大なセレモニーが行われた。まるで大地の首長を模したかのような豹柄のプリントの布を肩からかけた男性が司会をする中、セレモニーは進行した。まず、ジャコウネコの毛皮を着た二人の背の高いヌエルの男性が、ドラムやラッパ、カウベルの演奏とともに、マチャール夫婦の前に立ち、ングンデンの歌を歌った。二人の若い男性のダンスグループはサッカーシャツとジャージを着て、竹の棒を運び、ペイントされた鋭い盾で互いに戦い、ロウ・ヌエルがするように一列になって踊り、模擬の槍の戦いを披露していた。またある一団は、ヌエル語で「平和」や「平穏」、「こんにちは」というあいさつを意味する「マーレ」（*maale*）と書いた黒い盾を持ち、ＳＰＬＡの旗にはＡＩＤＳ撲滅スローガンも掲げられていた。また、予定には組まれていなかったディンカのダンサーたちも現れた。彼らは肌着にぼろぼろのパンツを履かせた等身大のダンボールで作った人形を持ってきて、その手足をリズミカルに早く動かしてダンスさせた。……どうやらそれはダンを返還する白人を表象したものらしい。「お前のことだよ！」とジョンソンはからかわれた。すべての人びとはこのジョークを楽しんでいるようで、元気にダンスをし、広がった角をイメージして腕を広げ、足同士を打ちつけた。マチャールもダチョウの羽を着け、その仲間に入っていった。セレモニーではダンス・パフォーマンスだけではなく、それに続いてさまざまな歌手によって歌も披露された。まず、はじめに登場した若い女性は、東アフリカの上流階級の歌を歌い、「ングンデン　ハイウェイ」[13]と連呼した。次はジョングレイ州からきたムルレ出身のマリー・ボヤ（Mary Boya）で他のアラビア語のモダンな歌に似た伴奏で「住民投票に夢中」と繰り返し歌っていた。彼女は「幼い頃はングンデンの言っていることが分からなかったけど、今は分かったわ！」と言った。この二人の歌は大変好評であったらしい。しかし、終わりに近づくとまたしても予定に入っていなかった歌手が現れた。彼女はジョングレイ州からきたディンカの占い師（*tiet*）である。彼女は政府高官の前に歩いていき、数珠に十字架をつけ、瓢箪のガラガラを握り、マチャールをディンカの首長を意味する「バニィ」（*bany*）[14]と呼んだ。彼女はマイクを持った二人の若い女性に助けられ、泣きわめいたのだった。

　ここで開催されたセレモニーは、明らかにヌエルのためだけのセレモニーではなかった。ヌエルの大地の首長、ディンカの首長バニィ、ディンカの占師ティエット、といったさまざまな「伝統的」要素がセレモニーの中では姿を現す。次に行われた政府高官らによるスピーチはほとんどヌエル語でなされ、翻訳はなかったが、多くのスピーカーはヌエル語のみならず、英語、アラビア語を差し挟んだ。これはヌエルのためではなく、「南部人」（*jinubni*）のために行われたセレモニーである。

　先ほどの多くの群集の整列が終わり、音声やビデオの器具の準備が整ったようだ。ここでジョンソンは、エヴァンズ＝プリチャードが民族誌の中で印象深く描いてきた「秩序ある無政府状態」を思い出す。そこでは、異なる「部族」や「宗教」の対立や混乱は見られなかった。ある人物はアラビア語による演説で、「ダンは南部のすべての人びとの平和のためにある」と述べた。すると、マチャールは興奮気味に「まさしくそれが我々のやりたいことだ！」と叫んだという。

マチャールが、本章冒頭で紹介したングンデンの予言に言及した演説を終えると、いよいよセレモニーに合わせヴェールで覆ったダンを人びとに開示するときを迎えた。始めに、白い雄牛が前に連れて引き出され、供犠が行われた。この供犠の際には、ウシの右側が下になるように解体されたという。ジョンソンは後の回想で、その供犠のやり方がイスラーム形式であることから、ムスリムとも肉を分かち合えるようにするためにわざとそうされたのかと考えた。真偽のほどは分からない。

その後、マチャールがダンを取り出し、みなが見えるようにその杖を掲げた。その際、彼は「八〇年もの間、ヌエルの誰もがダンを見たことがなかった」と語った。ある記者は、熱狂している周囲の人びとに「ダンを見たことがないなら、どうして本物だと分かるんだい?」と尋ねた。するとほとんどの人が「ングンデンは『片方の先が壊れたダン』(*dang mi yiel jiuoc*) と語っている」と答えたという。その場にいた群衆は、誰もがデジタルカメラや携帯電話を掲げ、ダンを撮影しようとした。「あれに触れたら、その人に幸福が訪れるぞ!」と叫び、身を乗り出す者もいた[15]。また、あるヌエルはジョンソンに、「イギリスでダンを持っていた家族はたくさん死んだんだ。それでやつらはダンを手放したんだろう?」と尋ねたという。それに対して、ジョンソンはただ「人は然るべきときに死ぬんだ」と答えた。

このダン返還の日の一連のイベントを、多くの者がその後の「南部スーダン」のありかたと関連づけて評している。インターネット上では、「サルバ・キール大統領がそれに触れると死んでしまうため、マチャールはダンを利用して南部スーダン政府の大統領になろうとしている」と陰謀説を囁く者もいた[16]。ングンデンの遺族も、「マチャールがダンを政治化している」と批判した[17]。なかには、ダンの返還そのものを歓迎しない者たちもいた。一部のキリスト教徒は、「ダンやングンデンはウィッチクラフト、偶像崇拝である」と非難した[18]。ダンの返還に立ち会った記者が報告するところによると、当日は以下のような意見が聞かれた。ジュバ大学の大学生は、「ヨーロッパ人はわれわれみたいではないだろ。彼らは歴史の重要性を理解していて、何世紀ものあいだあれを保管していたのだ」と述べた。また、ヌエルの年配者たちは、「ングンデンが生きているとき、彼はうそつきだと思われていた。我々は彼の世代の人びとと違って彼を信じる。今の世代になってやっと彼の予言は成就したんだ。彼の言っていたことと、今スーダンで起こっていることを比べれば、彼がいかに正確なことを言っていたか分かるだろう」と主張した。また、ングンデンを「スーダンの黒人全体のための予言者だ」と言う者もいた。パディンの戦いの話を引き合いに出し、「ダンは平和を築くためにかつてングンデンに使われた。そのとき、彼は自己防衛のためにダンを使ったんだ。」と指摘する年配者もいた。ディンカ人の若者は「ングンデンは南部スーダンだけの予言者ではなくアフリカの黒人のための予言者だ」と語った。当日集合した群集は、「一つになろう！ 一つになろう！ われわれはみな一つになるんだ！」と――まるで南部スーダンの統合を指すかのように――叫んでいたという[19]。

こうして、すさまじい熱狂の中、スーダン地域の「歴史」の表舞台にダンは姿を現したわけだが、その後ダンの帰還は各地でさまざまな反響を呼ぶこととなる。

キリスト教徒、ングンデン教会の成員とングンデンの予言

当時南スーダン人のあいだで話題になっていたのは、南スーダン共和国の誕生が、キリスト教の聖書の中に書かれていたという噂だった。二〇一二年二月、南スーダンのキリスト教教会のリーダーたちは、当時副大統領であったマチャールにシオン（Zion）の山への巡礼の必要性を申し出た[20]。教会のリーダーたちは、三〇〇〇年以上前に預言者イザヤ（Isaiah）によって預言されていた約束された土地としての南スーダンのありかたを説明する。そのために引き合いに出されるのは、イザヤの預言書一八章「クシュとの陰謀[21]」である。この「クシュ」は、南スーダンの新しい国名の候補にも挙がった。

イザヤの預言書一八章三節と七節が、南スーダンの独立を指すものとして指摘されている。

三節「世界の住民、地上に住むすべての人よ　山に合図の旗が立てられたら、見るがよい　角笛が吹き鳴らされたら、聞くがよい」

七節「そのとき、貢ぎ物が万軍の主にもたらされる　背高く、肌の滑らかな民から　遠くの地でも恐れられている民から　強い力で踏みにじる国　幾筋もの川で区切られている国から　万軍の主の名が置かれた場所　シオンの山へもたらされる」

三節にある「合図の旗」は、南スーダンの国旗を指し、それはすなわち南スーダンが世界で最も新しい国家になることを意味していると解釈された。さらにキリスト教教会のリーダーたちは、この「角笛」とは、二〇一一年に作られた南スーダンの祝歌のことであるとした。[22] 教会のリーダーたちは、七節の最後、「シオンの山へともたらされる」という予言を成就させようと願い出ていた。

ングンデンのダンも、この聖書にある予言のように「南部スーダン人のもの」としての地位を獲得しようとしていた。しかしそのプロセスの中では、次に紹介するように批判的な声も聞かれた。

二〇一二年三月、ングンデン教会の成員たちは、ダンの帰還と関わる一連の出来事――ジョンソンやマチャールなどの登場――は、ングンデンによって予言されていたと話し合っていた。成員たちはングンデンが、ダンの帰還の後に南部スーダンが独立を果たすことを予言していたと主張する。引き合いに出されていたのは、キリスト教の「モーセの杖」とングンデンのダンとの類似性である。ングンデンがかつて、ダンでロウ・ヌエルとジカニィ・ヌエルの居住区に流れている川を割った話は、キリスト教徒にも知られていた（第4章参照）。このとき成員たちが疑問に思っていたのは、なぜ南北を統合しようとしていたガランが死んだというのに、そしてなぜ、かつてディンカがダンによって倒され、それによってダンの力が示されたというのに、他のヌエルの人びとはイエスのところに行くのか分からない、ということだった。

ングンデンの子孫からの不満

ングンデンのダンはヌエルのもののみならず、「南部人のもの」としてその帰還を歓迎された。ダンの帰還を祝って各地で祝賀会が行われたが、一方で、ジュバ在住のングンデンの子孫たちは、マチャールを批判し祝賀会へのボイコットを表明した。ングンデンの子孫らは、「マチャールが予言を政治利用している」と批判し、マチャールがダンを手元に置き私物化していること、ダンの所有権は本来ングンデンの子孫にあることを主張した。次の資料4は、ングンデンの子孫たちが提出した抗議文である。この抗議文は、ングンデン教会の祭司が所有していたものである。原文は英語で書かれており、以下の文章は一部意訳している。

抗議文で子孫たちが一貫して主張しているのは、ングンデンの予言の正しさと、ングンデンのダンが「南スーダン人」のものであって、特定の個人に所属するものではないことである。このために、子孫たちは供犠のやり方や、過去にングンデンと他の民族集団の祖先たちが築いた関係、南スーダン政府の重要性、そして植民地時代に自分たちとイギリス人が築いた関係について言及し、マチャールを批判し、ジョンソンに警告を与えた。ここで指摘されているのは、ジョンソンの「祖先」と見なされているイギリス人行政官と、グエク・ングンデンをはじめとするヌエルの祖先との関係である。さらには、ングンデンのパイプや塚の建設に関与した他の民族集団の祖先の行為についても言及されている。ングンデンの一族は、この祖先複合の中でダンの帰還と国家の独立を捉えるよう訴えている。

新聞パイオニアの記事

ングンデンの子孫たちが新聞に掲載した抗議文について興味深いことの一つは、ングンデンの予言の正しさを説明する際に、エヴァンズ゠プリチャードやジョンソンによる民族誌や歴史書が参考文献として挙がっている点である。今やこうした研究書の一部はインターネット上にアップされ、ングンデンの予言の「有効な証拠」となってい

資料 4　ングンデンの子孫らによって出された抗議文（一部抜粋）

2009 年 5 月 18 日ジュバ－午前 11:00

ングンデン一族からのプレス・リリース

＊ングンデン・ボンはおよそ 1840 年から 1906 年まで生きていたロウ・ヌエル・コミュニティ（ニロル郡）の出身の者であります。

＊ングンデンは南スーダンへの植民地支配の訪れと南部スーダンが国になる前の時代の，最終的な出発を予言した最初のアフリカの予言者でした。

＊彼の予言［prophecy］と予測［prediction］は次の事柄を含んでいます；

—北部スーダンのそれとは異なる旗と 10 州とともにある南スーダンの独立を予言。

—ヌエルとディンカの間の敵対，そして両者の間の統合は，平和調停によっては訪れないが，互いが同じ敵と闘っていることに気づくことによって訪れること。その良い例が，ジョン・ガランの死の後にハルツームで起きた事件。

—ングンデンの予言とイザヤの［予言書］18 章 1 節の間に相関性があること —— これは聖書に明記されています。

—参照文献：The Nuer[23]，Nuer Conquest[24]，Governing the Nuer[25]，Nuer Prophets[26]，Sudan Days and Ways[27]

＊予言者ングンデンによれば，彼の予言は彼の息子であり後継者のグエク・ングンデンによって完結されることになっています。彼はのちに，1927 年[28] ウェイデン・ワート（現在ニロル郡として知られている）でアングロ・エジプト軍の植民地的権力によって暗殺されました。

［略］

（植民地時代に盗まれたもの：ダン，金のパイプ，3 つの太鼓，2 本の金の槍，豹皮，何百もの象牙，数万ものウシ，ヤギ，ヒツジ）

［略］

<u>一族としての反応：</u>

ングンデンの予言を熟考した結果，わたしたちの不満の主な理由は以下の通りです：

—ジュバ空港での祝賀会の際に行われた儀礼的儀式が，適切なヌエル文化のやり方に即したものではなかったこと。

［略］

—相反して，リヤク・マチャール博士の指導の下にある集団が，ヌエル，ヌエルのパートナーであるディンカ，金のパイプを作ったアニュアク，象牙をピラミッドの頂上まで運んだムルレ，その他すべての南部人を含む広範囲にわたる国民を，儀礼のプロセスからはじきだしたこと。それが偉大なングンデンの関心をそぐものであること。このことは，ングンデンの財産がマチャールの家に保存されることで，偉大なングンデンを侮辱し，退廃させ，彼の生き残った子孫たちにとって恥になる理由を示している。

［略］

<u>今後の展望：</u>

1）もしこれらのングンデンの予言が，南スーダンの財産として国家的に認められるのであれば，これらは直接的な管理人である GOSS（Government of Southern Sudan），に手渡されるべきであり，また公共の場を与えられるべきです。そして同様にわたしたちのコミュニティとともにそれを調整すべきです。ングンデンによれば，GOSS は南スーダンの民に約束された政府であるのですから。

2）もしこれらの財産が［マチャールの］個人的な企みに巻き込まれるなら，あるいは南部［スーダン］と何の関係もないのなら，ングンデンの一族に渡されるべきです。
3）ダグラス・ジョンソン氏，あなたはこのような権力屋とは距離を取らなければなりません。さもなければ，あなたのしたことは、わたしたち一家にあなたの植民地時代の祖父たちがそうしたように，わたしたちとの関係を一層悪化させうる，［ジョンソンにとっての］恥の上塗りとなるでしょう。

署名
1. ○○○○ ○○○○ ングンデン
2. ○○○○ ○○○○ ○○○○ ングンデン
3. ○○○○ ○○○○ ○○○○ ○○○○ ングンデン
：（略）
24. ○○○○ ○○○○ ○○○○ ○○○○ ングンデン[29]

わたしたちは全員ジュバにいますが，ングンデン一族にかかせた恥を受け入れがたいために，祝賀会をボイコットしました。

連絡先：＊＊＊＊@yahoo.com

出典：Ngundeng's Family 2009 をもとに筆者作成。
丸カッコ（ ）内は原文，角カッコ［ ］内は筆者による補足。

る。

さらに興味深いのは、抗議文の中では過去の植民地行政や行政官がなしたこと（第1章参照）が、ジョンソンの「祖先」たちの過ちとして記されている点である。[30]

ジョンソンは、二〇一二年三月に南スーダンで発刊された新聞「パイオニア」（*The Pioneer*）に、「ングンデンは本当は何をしたのか？」（"What Did Ngundeng Really Do?"）という記事を寄せている。[31]記事は見開き一ページで、ングンデン教会に飾られていた写真（第4章写真27）が、ここでもングンデンの写真として大きく掲載されていた。

ジョンソンの記事は、南スーダンのキリスト教教会の指導者たちが、旧約聖書のイザヤによる予言の成就を報告しにイスラエルに行くという話題から始められた。そしてングンデンの予言に関して記述し始める。彼は、ングンデンの言説が時代の中でさまざまに解釈され、予言として扱われてきたことを紹介した。以下、いくつか例を挙げてみよう。

〈植民地期のングンデンの予言〉

「植民地統治のために建設される道はノール・ボー（*noor bor*）と呼ばれる場所で終わり、ものごとはそこで終わる」

というングンデンの予言は、植民地政府がその場所でいなくなってしまうことであるとされた。しかしこの予言はそれでは終わらなかった。五〇年後、その予言はジョングレイ運河として蘇った。さらに、今度は一九八三年のＳＰＬＡの設立とされた。ついには、この予言は、一九九一年のナーシル派とホワイト・アーミー[32]によるにボー（Bor）の襲撃として読み込まれた。

ここでは、「ノール・ボー」というングンデンの発言にあった場所の名前と、その後ジョングレイ州の州都ボーで生じたいくつかの出来事との一致が、「予言の成就」を指すものとしてヌエルの人びとに解釈されていることが指摘されている。

次の予言は、国家や政府に関連するものである。

〈「黒い白人」に関する予言〉

もっとも根強く語られているという「黒い白人」（*turuk car*）が現れるという予言。一九二〇年代、これは「原住民行政」の誕生、つまり白人に雇われた首長警察の訪れを指すものとされていた。しかし、一九七〇年代には、南部スーダン自治政府の訪れとされ、現在では南スーダン国家の独立とされている。

さらに、政治家の登場についての予言が紹介される。ングンデンが左利きであったことに由来する予言である。

〈「左手」に関する予言〉

「左手」によって平和がもたらされるという予言は、一九七二年のアジス・アベバ平和合意、二〇〇五年の包括和平合意そしてリヤク・マチャールの登場、現在では（筆者注：アメリカ合衆国の）オバマ大統領を指すものにまで移り変わっている。

ジョンソンがこの記事の中で強調したのは、あくまでも人びとによるングンデンの予言の「解釈」とその多様性と流動性であった。しかし多くの読者は、予言の解釈の流動性を、複数の真実を語るものとして、予言の正しさを増す証拠として受け止めたようである。[33]

わたしはジュバで、ヌエルの人たちが新聞を広げ、この記事について議論しているところに出くわした。新聞を読むのはもっぱら読み書きのできるヌエルの「知識人」、インテレクチュアルである。彼らはこのジョンソンの記事を「この解釈は違う」、「この予言は知らなかった」、「実は他にも……」などと言いながら熱心に読んでいた。一九世紀末の一地域の予言者は、新聞という近代メディアによって、南スーダン人の問題関心の一部となる機会を得た。それまでングンデンなどを「遅れた」、「大地の力」を持つ「シェイタン」などとして批判してきた知識人や敬虔なキリスト教徒たちも、この大きな「エ・クウォス」の出来事に興奮し、新しい可能性について思いをめぐらせるようになったのである。

第4章でも述べたように、近代メディアは予言の拡散にあたって大きな役割を果たした。しかも国家の独立と関係づけられる予言は、新しい地域共同体であるチエン／家（*ciɛng*）としての「国家」に対する想像力を喚起することとなった。[34] 一五歳以上の識字率が二七パーセントの南スーダンにおいて、[35] 英語で書かれた新聞の読者は極めて限られている。しかし、その新聞の中で権威ある歴史家が国家的出来事と「予言の成就」の関係について書くことは、たとえ意図されていなくとも、新聞を読む人びとだけでなく、その周辺にいる人びとの想像力を刺激しただろう。「紙」（*waraga*）自体が一種の権力を持つものとして人びとの生活に根づいてきた南スーダンにおいて、それに書かれる内容は、ただ書かれているということ以上の「正しさ」を保証するものである。[36]

これまで見てきたように、ングンデンのダンの帰還は南スーダンの独立という「予言の成就」を証拠づける、大きな「エ・クウォス」の出来事であった。二〇〇九年に生まれた男の子の中には、この出来事にちなんで「ダン」と名付けられた子も少なくない。これを皮切りに、さまざまな「エ・クウォス」の出来事が人びとの周辺で発見され、近代メディアを介して広まった。これらの奇跡は、ングンデンの「予言の成就」を支える効果的なプロットとしてさらなる出来事を巻き込み、次に見てゆく通り、より「正しい」物語を構成してゆくこととなる。

第2節　国家独立の予言

「偶然の一致」と「エ・クウォス」

ダンの返還以降、ヌエルの人びとのあいだではさまざまな「エ・クウォス」が見いだされるようになる。「エ・クウォス」の経験は、端的に言えば奇跡（*nyuth*）の経験とでも言えるが、わたしたちにとってはなぜそれが「奇跡」なのかが分かりにくい場合がある。例えば雨期に雨が降るというのは何ら特別なことではない。しかしそれが、あるときあるタイミングで起こることは、とてつもない「奇跡」、クウォスの顕れとして経験される。

ダンが返還されてからしばらくのあいだ、南スーダンの各地でさまざまな団体によってングンデンの杖の返還を祝うパーティや儀式が行われた。二〇〇九年七月一一日にジュバで開催された祝賀会もその一つである。その日の明け方、ジュバでは雨が降った。このタイミングでの「雨が降る」という出来事の発生は、大きな「エ・クウォス」、つまり奇跡の一つと見なされた。

この日の雨の様子は、インターネットの動画サイトに、「ナース（ヌエル）・コミュニティ、ングンデンのセレブレーション前の朝早い時間、二〇〇九年七月一一日」というタイトルで投稿された[37]。その動画に映っていたのは、塀で囲まれた敷地内にある何の変哲もない普通のトゥクルと、赤褐色の土、雨である。想像するに、投稿者が驚き、動画撮影をしてそれを投稿せざるを得なかったのは、雨期の七月であっても、他でもないダンを祝う日の朝に、雨が降ったという「偶然の一致」であったからではないだろうか。

「雨／天が降る」（*nhial ka deang*）こと自体、そもそもクウォスの顕れとされるが[38]、特に際立った奇跡、「エ・ク

写真 37　南スーダンの国旗と予言者ングンデンのビエの絵

ウォス」、あるいはングンデンの現れとして捉えられるのは、「まさにそのとき」、「この場所で」雨が降っているという、いくつかの状況が符合するときである。同時に、「雨が降る」という現象は多くの人に目撃され、自分ひとりの経験ですまない。この場合、奇跡としてのこの出来事の真実性はより確からしいものとなる。その「偶然の一致」は、クウォスの顕れ以外のものとして説明がつかないのである。南スーダン独立を前に、このようなある状況の「符合」、「偶然の一致」はさらに続いた。

南部スーダンの住民投票

二〇〇五年のCPAにおける決定事項の中で、特に人びとが待ち望んでいたのは、南部スーダンの分離独立を決定する住民投票であった。二〇〇九年四月の大統領選挙によってディンカ出身のサルバ・キール大統領、そしてヌエル出身のリエク・マチャール副大統領が誕生し、南部スーダン自治政府による行政が始まった。南部スーダン自治政府は、投票が予定された二〇一一年に向け南部スーダン住民投票委員会（South Sudan Referendum Commission; SSRC）を設置し、早くから住民投票に向けた準備を進めた。

住民投票は、二〇一一年一月九日から一五日までの七日間に実

資料 5　1980 年代に知られていたングンデンの旗の予言の歌

旗が立てられるであろう土地
わたしはものごとがうまくは進まないことが見える
:（中略）
太陽が昇るとき、お前たち（の顔）は暗くなる
兵士や若者よ、お前たちの顔は（それぞれの新しい）夜明けと共に力尽きるだろう
:（中略）
お前たち、肛門とともに神に祈る人間よ、お前たちの時間は限られている！
:（中略）

出典：Hutchinson 1996: 348-350 より筆者作成

施された。また、南部スーダン以外の地に住む南部人のため、北部スーダン及び国外で在外投票も行われた。ＳＳＲＣの最終結果報告によれば、分離独立派の九八・八三パーセントという圧倒的多数により、南部スーダンの分離独立が確定した。[39] その後、二〇一一年七月九日に独立宣言がなされ、「南スーダン共和国」が誕生したのである。

わたしは、二〇一一年の住民投票の結果を、当時滞在していたジュバのシュオル宅にて、ラジオの放送を通して知った。南部スーダンの独立が確定したというラジオの放送が流れたとき、シュオル家は歓喜の声につつまれた。ＳＰＬＡの中佐でもあり、内戦時の銃弾がまだ頭に残っている家長のシュオルは、「オマル・バシール[40]は泣いている！　オマル・バシールは泣いている！」と庭で飛び跳ねながら、その喜びをかみしめていた。彼の妻で、敬虔なキリスト教徒のニャイエンは、この日のために姉とともに作ったングンデンの独立の歌を歌い、踊った。

以下では、南スーダンの独立という人びとにとって大きな意味を持つ歴史的出来事がいかに予言されていたと見なされたのかを、具体的な人びとの語りから見てゆく。

南スーダンの「旗」と予言

住民投票が行われる半年ほど前の二〇一〇年七月から八月にかけて、南部スーダン政府は住民投票に向けたキャンペーンを頻繁に行っていた。キャンペーンのために用意された横断幕や、大音量の音楽を流しながら走る宣伝車には、必ず南

資料 6　「ングンデン聖書」に書かれた旗の予言の歌

> 39　旗を統合する
> わたしの旗とアラブ、お前、デンの息子が統合されることはないだろう。お前たちはお前たちの旗をたった一つ上げ、そしてお前たちの祖父らがデンの予言を受け入れなかったために、お前たちは人生を通じて苦しむ。そのあとにお前たちは自分たちの土地を見つけるだろう。そしてすべての貧しい人びとはその土地が平和であるがために倒れこむだろう。

出典：「ングンデン聖書」より筆者作成

部スーダンの地域の旗が掲げられている。CPAが締結されて以降、スーダンには国旗とは別に、南部の地域の旗が存在していた。

南部スーダンが独自の旗を持つであろうことは、ングンデンによって予言されていたという。この予言は、内戦時にSPLAが自分たちの旗を掲げたときからすでに噂となっていた。内戦期のヌエル社会を調査したハッチンソンが記した予言の歌は、資料5の通りである。

資料の歌には、「旗が立てられるであろう土地」とあるが、この部分が、南部スーダンが内戦の後に旗を得る、つまり南部スーダンの国家としての独立が予言された歌と考えられている。その土地では「ものごとがうまく進ま」ず、そこに住む人びとの顔は「暗くなる」と、苦難の経験が示唆されている。「肛門とともに神に祈る人間」とは、ムスリムを指していると言われている。[41] ハッチンソンは、このングンデンの歌を、ヌエルの人びとが「国家」や「政府」を自身の問題として捉え、「南部スーダン人」(*jinubni*)としての集合的なアイデンティティを抱き始めたことの表れとして論じている。[42] この歌の歌詞にある「旗」(sing. *bɛr*, pl. *bɛɛr*)は、人びとが語る「予言の成就」にとって極めて重要な要素となる。

一方、ングンデン教会がまとめた「ングンデン聖書」にも、南部スーダンの旗にまつわる予言がある（資料6）。「わたしの旗とアラブ」が「統合されることはない」というのが、まさに南部スーダンのスーダンからの分離独立をを指す予言として語られている。

上記の二つの予言は、ともに南部スーダンの「土地」と「旗」を歌ったものと考えられている。「旗」は、「肛門に祈る人間」、「アラブ」とは別に自分たちが獲得するものであり、それは「自分たちが直面する苦境」の後にやってくるという点も一致している。

筆者が調査を行った時期には、すでに「旗」の予言は広く知られるようになっていた。多くの人がまずングンデンの予言として挙げるのは、「旗がアラブのものとは交わらない」という文言である。その解釈としては「現在スーダンには（北部と南部の）二つの旗が存在しており、その二つは交わることはない、すなわち南部スーダンが独立国家となる」ことを指していると考えられていた。

しかし、人びとが具体的に予言について語る時、「旗」のシンボルは必ずしも「南部スーダン人」や「国家の誕生」というトピックのみに結び付くわけではない。以下で取り上げるのは、ジュバのングンデン教会にて行われたやり取りである。[43]〈事例5−1〉では、信者たちがングンデンの「旗」の予言について語るまでの一連のやり取りを抜粋する。続く〈事例5−2〉では、〈事例5−1〉のやり取りに関して筆者の調査助手が解説した内容に着目する。奇妙なことに、彼による解説はングンデン教会の年配者らのやり取りから窺える「予言の成就」の内容とは若干異なっている。この解釈の差異と共通部分を説明することによって、いかにングンデンの予言と「政府」（*kume*）との関係が、解釈手が関心のある「問題」とともに語られているのかが浮き彫りとなる。

〈事例5−1〉旗の登場と国家の独立

祭司：（ングンデン聖書の「旗」に関する章を読み上げる）
女性：「わたしたちはそれ（ングンデン聖書の内容）を真実（*thuɔk*）だと思うしかありません。」
祭司：「①今やお金（*yiou*）はやってきました。なぜならその合意のためにわれわれは統合に賛成したからです。②今やわれわれは政府を得ることができました。あなた（クウォスのこと）が問題をもたらしたとき、もしあなたがそれを繰り返したなら、彼らはあなたを負かそうとするでしょう。でももう争いはありません。彼らはあなたを負かしました。③まだ彼らは平和に生活しているのです。今、彼らは再び戦うことはないでしょう。お金がやって来たとき、彼らはわれわれのことを忘れてしまったのです。彼らはわれわれにすべての悪いものを見せつけ、それは後ろの方に置かれることでしょう。クウォスはわれわれに機会を与えてくれたので、人びとはもう戦っていないのです。」

女性：（略　※過去に起こった出来事について語る。兵士として内戦に赴いた夫のことなど。）

「④何人かの男は正しいことをしたがために死にました。南でそういうことが起これば、北はまた南を取り残していくでしょう。」

：（略）

祭司：「[…]⑤その場所はングンデンによって人びとに与えられたのです。だから今、その問題について議論があるのでしょう。」

女性：「⑥わたしたちが旗を挙げたとき、勇気のある人びとは恐れるでしょう。」

祭司：「彼はその旗を与えたわけですが、しかしいくつかの話があります。」

女性：「お話されたように、首長（*kuaar*）であるボンの子（ングンデンのこと）、わたしの旗が掲げられたとき、勇気のある人びとは恐れます。わたしが旗を掲げたとき、背の高い男が現れ、わたしの手とともにその旗をつかむでしょう。」[44]

まずここで提示されるのは「金」（*yiou*）の問題である（①）。「金」が「われわれ」にもたらされたことは「われわれの政府」が誕生したことによるとされる（②）。戦いによってヌエルの人びとが語る「クウォス」を負かそうとする「彼ら」についてはこの段階では明らかではない（③）。さらに戦いとは先の内戦であったことや、兵士であった話者の夫のことが語られ、それは「南」と「北」の問題であるとされる（④）。ここで、はじめて「彼ら」が「アラブ」と呼ばれる北部スーダン人であるということが分かる。この対話から見えてくるのは、彼らが抱える「金」の問題や内戦の記憶は、ングンデンの「旗」の予言とともに「南」と「北」の問題に接続されている（⑤、

⑥)。

このングンデンの予言をめぐる一連のやり取りに関して、翻訳作業を手伝ってくれた調査助手のジマ(二〇代男性)はングンデン教会の成員とは異なる解釈をしていた。ジマは英語・アラビア語・ヌエル語を解する。ジマによる解説は、わたしが教会でのやり取りを録音し、それを書き起こす段階でなされたものである。なおジマは上記のやり取りが行われた場には居合わせていなかった。ングンデン教会の成員がより個人的な問題にングンデンの予言を結びつけた上で「旗」の予言を語っているのに対し、ジマの解釈には、より「政治的」とも捉えられるトピックが組み込まれている。ジマによる解説は以下の通りである。

〈事例5–2〉事例5–1のやり取りに関する調査助手ジマによる解説

(事例5–1の「彼ら」(③)について)⑦これはディンカのことを言っている。内戦のとき、人びとは給料も出ないのに土地のためだけに戦っていた。三人に一人は兵士だった。⑧今、サルバ・キールが大統領であることからわかるように。[…]今、北の政府は資金がないという。クウォスはングンデンにこの旗をあげようと言った。⑨今はアビエイの問題や石油の問題もある。

ジマによれば、「彼ら」とは「北部スーダン人」ではなく、「ディンカ」のことを指しているという(⑦)。ここでジマが言及しているサルバ・キールとはディンカ出身の現南スーダンの大統領である(⑧)。さらにジマは、ングンデンによって予言されていたとされる過去の内戦などの「問題」の所在を、対話が行われていた当時話題になっていた、石油の産出地域で南北スーダンの境界地帯にあるアビエイ(Abyei)地区の帰属をめぐる国家レベルかつ現在形の「問題」へとずらしてゆく(⑨)。ングンデン教会の成員たちのあいだでなされていたやり取りは、ングンデンの予言と南北スーダンの関係や、内戦時の記憶との関係についてである。一方ジマはそれらの「問題」

を、当時話題となっていた政治的なトピックに関連付けてわたしに説明した。以上のジマの解説から窺えるように、都市に暮らす多くの若者たちの関心は、ングンデンの予言と「政府の問題」との関係を読み解くことにある。

次に取り上げるジュバに住むエリートたちの語りでは、さらに「政府の問題」が語られる。「旗」の予言が他の事象とどのように関連付けられているのかに注目しながら見てゆこう。

〈事例5－3〉北部スーダン政府とングンデンの予言（二〇代男性）

ングンデンは南部スーダンの人びとに言ったんだよ。①「わたしはある旗をもう一つの旗と結び付けたくない」と。そして、今それは起こっている。今、南の旗と北の旗は違うだろ。だから、俺たちはングンデンが言ったことが本当だと信じる。［…］②なぜなら、彼（大統領）はこの国を、国際連合スーダン派遣団（United Nations Mission In Sudan、UNMIS）から離したかった。俺たちは二八年間もずっと苦しんでいるのさ。自由が欲しいんだよ。俺たちはＵＮＭＩＳにいなくなってほしいんだ。［…］分かるでしょ、平和は戦いの後に来る。そして平和は、戦いの前にある。だから、俺たちは「分離独立」を望むことに決めた。知っているだろ、アラブはそいつら（UNMIS）をスーダンに来させた。やつら（アラブ）はそいつらに俺たちの国の一部をあげたのさ。それで、ングンデンはただ言ったんだよ。「北があり、われわれはここにいる」と。[45]

〈事例5－4〉ジョン・ガラン元副大統領とングンデンの予言（五〇代男性）

①二つの旗は交わることはない、という予言がある。それはアラブと南（スーダン）が一緒にならないということだ。［…］②ＣＰＡのとき、ジョン・ガランは二つの旗を一つにしようとした。ＳＰＬＡの旗[46]は、ングンデンの旗だ。もし彼（ガラン）が生きていたかったのなら、旗を二つのままにしただろう。ディンカのジョン・ガランのことも、アラブのアル・バシール（スーダンの現大統領）[47]のことも（についても同じことが言える）。「旗が二つある政府はない」とングンデンは言った。ルンベック（Rumbek）で行われたガランのラスト・スピーチで、彼は「二つが一つになる！」と

指を交差させて言ったんだ。だから彼の死もまた予言されていたんだよ。[48]

このエリートによる二つの語りは同じ「旗」の予言について語られており、いずれも住民投票や南部スーダンの分離独立が関係づけられているが、その内容は大きく異なっている〈両事例の①〉。〈事例5－3〉の語り手は、ングンデンによる「旗」の予言はUNMISの介入とそれを認めた「アラブ（北部スーダン人）」との関係を語っている〈②〉。数々の国際機関がジュバに進出する一方で、南スーダン人の若者たちは就労が困難な状況にある。[49]このような理由から若者たちの中ではUNMISをはじめとする国連関連団体に対して不満を抱く者も多い。

一方、〈事例5－4〉の語り手は二〇〇五年のCPA、そして南部スーダンの元大統領でディンカ出身のジョン・ガランの死とングンデンの「旗」の予言とを関係づけている〈②〉。語り手はジョン・ガランがディンカ出身であることには直接言及しないが、彼のような政府関係者の語りには少なからず民族至上主義的な思想――例えば南部の政界におけるヌエル出身者の台頭や、当時政治的な権力を握っていると考えられていたディンカの失墜――が含まれていることが多い。

このように、ングンデン教会の成員、エリートはともに「旗」に関する予言を語るが、それは必ずしもさきに挙げたハッチンソンの記述と同じ解釈ではない。これまで取り上げてきた事例では、「予言の成就」の在り方は「南部スーダンの独立」という事象においてのみ語られるのではなく、ングンデン教会の成員、あるいはエリートそれぞれが持っている政治的な関心や過去の経験と関係づけられている。たしかにングンデンの予言の歌は、南部スーダンの独立を指すものとして個々人が「南スーダン人」であることを意識させるものであったかもしれない。しかしこの語りからは、単純な「アラブ」と「南部人」の対立という解釈に還元し得ない別のプロット――語り手の生活状況に即した悩みや関心事――が組み込まれていることが分かる。

人びとの語り方から分かるのは、「旗」というクウォスの顕れに乗じて、「国家の誕生」が「予言の成就」として語られたこと、そしてそれによって人びとが現在抱えている多様な悩みや問題が、集合的な問題へと接続されてゆく過程である。「北」・「アラブ」の問題、UNMISや政府の問題、そして個々人の問題、予言の問題は、「旗」の出現によって統合され、それぞれの事象はそれぞれの「正しさ」を位置付け証明し合うものとなっている。内戦時から語り継がれ、さまざまな「意味」とともに醸成されてきた「旗」の予言は、「国家」への期待とともにある個々人の問題の解決、内戦時より「北」に苦しめられてきた自分たちの生活の回復という想像力を満たしうるものである。「旗」に付随するさまざまな「エ・クウォス」が語られ直し統合されることで、「旗」の出現、「国家の独立」という「エ・クウォス」は一層、「クウォス」らしさを増してゆくことが可能になった。このことから、第4章で詳しく扱った、祖先の過ちやクウォスとのつながりへの気づきによってアクセスできるモラル・コミュニティと、「近代国家」という「想像の共同体」は重なり合い、互いにその正しさを支え合っているというように考えることはできないだろうか。

人びとがこの「旗」について、筆者の予言に関する質問に対して語ることは、住民投票の期日が迫るにつれ少なくなっていった。というのも、次に述べるように、新しい「予言の成就」がジュバで語られ始めたためである。新しい予言の解釈は、「投票をする」という人びとの行為に収斂してゆくようになる。次は新しい出来事――投票用紙の出現――によって、これまで発見されてこなかった予言がどのように形作られてゆくのかを見てみよう。

「クウォスの手」の出現――投票用紙に描かれた「手」

住民投票が目前に迫った二〇一〇年一二月、投票が始まる一月九日までのカウントダウンを示す電光掲示板がジュバの街中に掲げられた。SSRCは、住民投票を実地する上で最も重要となる投票方法を説明するワークショップを各地で開催した。南部スーダンの有権者の多くは読み書きができないため、住民投票では文字を使わな

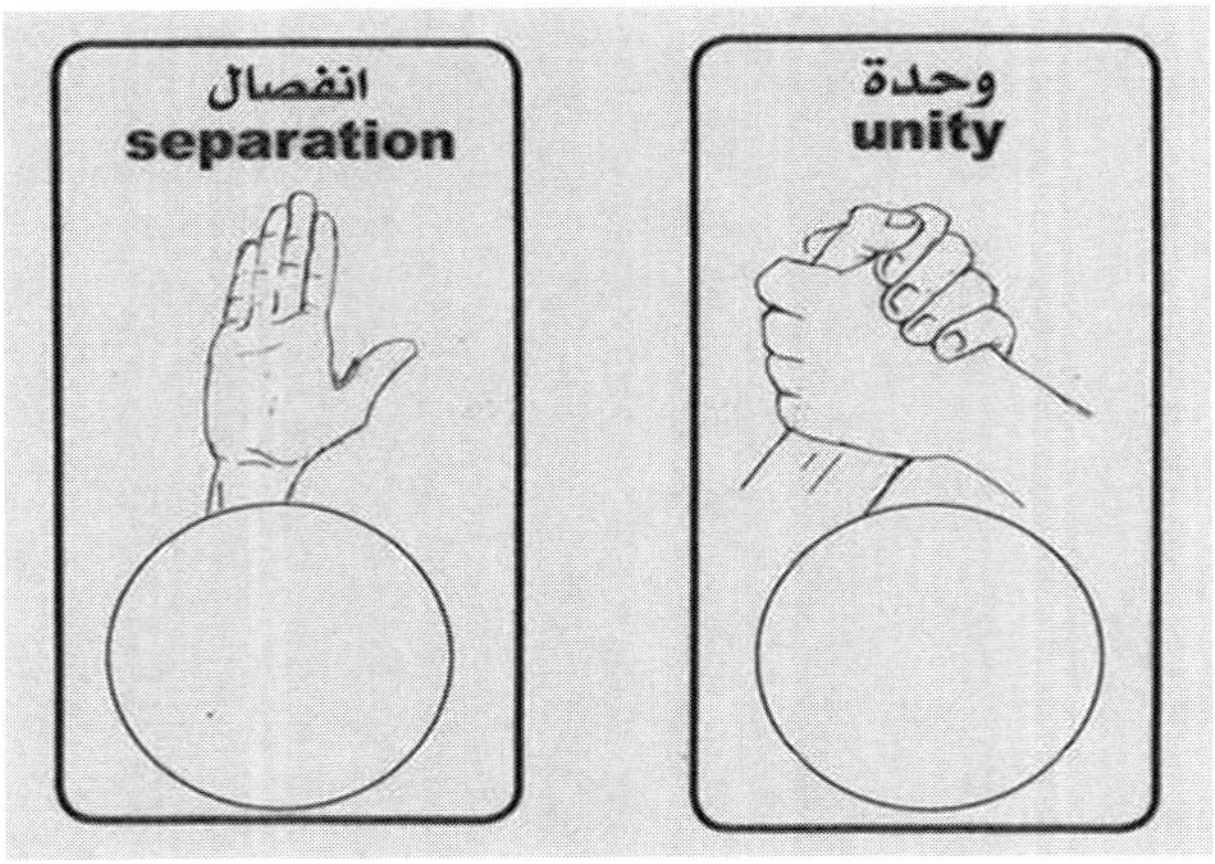

写真 38　投票用紙
出典：Sudan Tribune: South Sudan Referendum Voting Process 9. January 2011.
2011 年 1 月 7 日，ジュバにて。

い投票方法が採用された。写真38が住民投票で用いられた投票用紙である。南北スーダンの統合を支持する場合は、北部スーダンと南部スーダンを象徴する二つの手が組まれている絵（写真38、右側）、南部の分離独立を支持する場合には片手を挙げている絵（写真左側）の下に、インクをつけた親指で押印するという方法である。

この投票用紙に描かれた手の絵は、南部スーダンの分離独立か北部スーダンとの統合か、という民意を問う上で極めて重要なシンボルとなった。地元のマスメディアは、「分離独立」を表す片手の絵を、北部スーダンからの決別を指す「アラブよ、さようなら（Bye-bye）」を描いたものと報じた。政府関係者は人びとに「アラブとさようならする方に投票を」と演説してまわった。分離独立を意味する「さようなら」のイラストが描かれた巨大なパネル（写真37）がジュバのさまざまな場所に掲げられた。

住民投票が一ヵ月後に迫った一二月まで、南部スーダンの政情に関わるングンデンの予言として人びとが語るのは、主に先述した「旗」の予言であった。ところが、住民投票の投票用紙が公開されると、用紙に描かれた「手」のシンボルへとヌエルの人びとの関心は移り、それとともに人びとが語るングデンの予言に変化が現れた。ジュバでは、この投票用紙にある「分離独立」を意味する「手」のシンボルと、「分離独立」を意味する「手」のシンボルを予言したングデンの言葉が話題となったのである。では、突如として見いだされた予言は、どのようにして人びとに受け入れられていったのだろうか。ここでは住民投票の前後に語られた「手」の予言に関する語りのいくつかをまとめて見ていく。

〈事例5－5〉投票の動機

①あの掲示板（投票用紙を拡大したもの）が発表されたとき、みんな驚いた。これはングデンが言ったことだから。②だから、わたしたちは分離独立の方に投票するんだ。

（六〇代の男性、ングデン教会の成員）[50]

〈事例5－6〉クウォスの手の出現

ングデンはかつて「一本の手で人びとを救う」と言った。③しかし彼の周りの人びとは「またニャイエル（Nyayiel: ングデンの母親）の息子が変なこと言っているよ。片手で人を救うことなんてできるわけがないだろう。やつは狂人（*yong*）だよ」と言っていた。でもングデンは「それは人の手ではなくてクウォスの手」だと主張していたが、それでも人びとは信じなかった。でも、今、独立のシンボルはこの手（と言って右手をかざす）になっている。④さらにわたしたちはこの片手（の指一本）で独立・自由を得ることができる。だからそれは本当に起こっているんだ。……この予言は前々から知っていたんだけど、驚いたよ。

（三〇代の男性、ＳＳＲＣの臨時職員）[51]

〈事例5－7〉シンボルと押印

⑤ングデンは言った、「お前たちが自由のために戦うとき、多くの者が死ぬだろう。そして多くの人が死んだ後、あるときお前たちはこんな風に（右手をかざす）片方の手でやってくるだろう。そしたらお前たちは自由になる」と。それが住民投票の話なんだ。だってすべての人は片手で投票したでしょ？　⑥われわれは全員片手を使ったのだよ。それ

がングンデンの予言だ。（七〇代の男性）

わたしが接していたングンデン教会の成員や教育を受けた若者たちは、掲示板などに描かれた片手のシンボルを指して、「あれは（人間の手ではなく）クウォスの手（*tɛt kuɔth*）である」と語った。町中のパネル（掲示板）に描かれた「手」の絵を見、さらに住民投票のやり方を知ったとき、多くのヌエルの人びとは「ングンデンがかつて言っていたのはこのことだったのか」と「驚いた」という。そしてだからこそ、南部スーダンの分離独立という住民投票の結果に関してはングンデンが予言したことであり、「驚かなかった」と語る者も多い。

〈事例５－５〉の語り手は、ダイヨムを自称する六〇代の男性である。わたしは住民投票の二日前に彼にインタビューを行った。彼は以前から知っていた予言が住民投票のことを指していることに気付いて大変驚いていた（①）。そしてその予言通りに、片手のシンボルが意味するところの分離独立に投票するのだと語っていた（②）。インタビュー時には、その場には多くの年配者らが集まっていたが、みなこの語り手に続き、「だから（自分も）分離独立に投票するのだ」と口々に主張していた。

〈事例５－６〉の語り手は、カナダの大学院で修士号を取得したいわゆるエリートであり、当時ＳＳＲＣの臨時職員であった。彼は、「一本の手」に関するングンデンの具体的なエピソードと併せて、分離独立が予言されていたものとして説明した（③）。さらに、分離独立のシンボルマークの「手」だけでなく、片手の人差し指を使って押印するという投票のやり方までもが予言の内容に含まれているとしている（④）。

また、〈事例５－７〉の語り手は、〈事例５－６〉の語り手とはまた異なったングンデンの「手」の予言にまつわる逸話を話している（⑤）。彼も、片手での押印がングンデンの「予言の成就」の一部であるとしている（⑥）。突如として出現した「手」の予言は、投票用紙に描かれた片手のシンボルマークとともに、「投票に行く」あるいは「投票をする」という行為自体にも結び付けられているのである。

しかし、この「手」に関する予言は、ングンデン聖書には記載されておらず、人びとが具体的にどの予言を指して解釈していたのかは、「旗」の予言に比べてはっきりとしない。どの事例の語り手も、住民投票やその投票方法をングンデンが予言していたという点では意見が一致している。しかし、ングンデンのどんな言葉や逸話に関わるかについては、語り手によって意見が異なる。〈事例5－6〉の語り手は、わたしが〈事例5－7〉の語り手にインタビューを行っている際に同席していたが、ングンデンの予言とされる逸話の違いについては、特に指摘することはなかった。この点から、かつて予言されたとされるものの内容が正しいかどうかは彼らの主な関心事ではないことが分かる。肝心なのは、予言の内容にかかわらず「（分離独立の方に）投票する」という行為の一部が「成就」となっている点である。

ウシの尾と南部スーダン——予言の地域的多様性

わたしがナーシルにいた二〇一〇年、「旗」や「手」とはまた異なる予言が、東ジカニィ・ヌエルの人びとのあいだで語られていた。それは次のようなものであった。

> かつてングンデンは、トゥックルニャン（*tukulnyang*）というウシをナーシルに持ってきた。そしてそのウシの舌を八つに切り裂き、それぞれの出身地の者に渡した。だから現在、この国にはさまざまな言語を持つ集団がいる。そしてングンデンはトゥックルニャンの尾をナーシルに埋め、残りはエチオピアに送った。エチオピアは、植民地支配をされずにずっと独立を守り続けている国である。[52] ウシの尾は、ウシの本体に戻ろうとするもので、尾が埋められた南スーダンという国も、エチオピアに続いて独立するだろう。[53]

ここでは、「旗」や「手」といったジュバで注目されていたングンデンの予言とは異なり、トゥックルニャンというウシの尾とエチオピアの関係によって、南スーダンという国家の誕生が説明されている。ナーシルは、エチオピアに隣接した地域であり、エチオピアの商人たちも多く暮らしている。したがって、この地で語られる予言にも、おのずとエチオピアに関連する話が多く登場する。エチオピアがスーダンに比べ植民地統治の期間が極めて短いことは、多くのヌエルの人びとの知るところである。この予言は、さきの「旗」や「手」に比べて地域的な広がりこそ持たないものの、ナーシルというエチオピアに隣接する地域に根付いたものとして、その地に暮らす人びとにとって説得力を有していると考えられる。

振り返れば、「旗」や「手」の予言も、語り手自身の生がいかに予言と関わっているかが強調されていた。そして、「予言」との関連づけ方は異なるものの、何よりも予言の正しさの「証拠」とされたのは、「旗」や「手」の出現、あるいは国家の独立という出来事そのものであった。

第3節 「成就」の物語とプロット

本章では、二〇〇九年のングンデンのダンの帰還から南スーダンの独立にかけて、人びとの「エ・クウォス」あるいは「予言の成就」の経験がどのように再編されてゆくのかを記述してきた。ダンの帰還とともに見いだされていったさまざまなクウォスの顕れは、内戦から南部スーダン独立にかけて次々と移り変わる現実と連動し、状況とともに再発見されるものでもあった。南部スーダンの独立直前のダンの帰還は、ングンデンの遺族やヌエルのものではなく、「南部スーダン人」のものとして、ある種の政治的想像力とともに歓迎された。ングンデンがダンを用いて起こした奇跡をめぐる語りからは、クウォスの顕れ（の有無）とングンデンの奇跡（という出来事）とが互いにその正しさを支え合い、常に「予言が成就している」という解釈を可能にしている。ングンデンの予言を確かなものにするクウォスの有無は、ダンの帰還後もあらゆるところに見いだされ、迫る住民投票、南部スーダンの独立の正しさを支えることとなった。

「旗」の予言は内戦以降、多くの人びとに歌として知られ、語り継がれ、現代においてもなお多くの解釈を生んでいる。たしかに、「旗」の予言には「北部のアラブ人」対「南部人」という対立図式も読み込まれている。したがってこの予言を、ヌエルの人びとが「南部人」としてのアイデンティティを持つようになったことを表すものと捉えてもよいのかもしれない。しかし本章で取り上げた事例においては、必ずしも予言の語りは、はじめから語り手の「南部人」としてのアイデンティティを示すものではなかった。「旗」に関する予言の解釈は多様であり、その多様性は語り手自身の経験や日常生活における関心事に根ざしていた。人びとは日常的に直面している「問題」や関心事を、予言を通して語り、住民投票や南スーダンの「民主化」というトピックとそれらを関係づけていた。一方「手」に関する予言は、住民投票を行うためのプロセスの中で「発見」され、人びとが「投票に行くこと」や「投票すること」という行為と結び付けられて語られた。予言は、個々人の問題とヌエルの祖先の問題、南部人としての問題を同時に説明することを可能にするものである。

これまで取り上げてきた「旗」、「手」、あるいはダンの帰還も、「自分たちの国家（チエン）の誕生」という「エ・クウォス」の経験の変化形であると言える。「旗」の予言と「手」の予言の決定的な違いは、前者が内戦時から知られるングンデンの歌を参照軸として解釈されてきたのに対し、後者は住民投票において「手」が突如として重要なシンボルとなったのちに「予言」らしきものが発見され、さまざまな語りや解釈を生み出しているという点である。

わたしが滞在しているあいだ、「手」の予言を指すングンデンの具体的な言動や歌を見聞きすることはできなかった。少なくともそれは、「旗」の予言のように体系だった歌や口頭伝承としてあるわけでもなく、また人びとに共有された逸話もなかった。つまり、「ングンデンの言ったこと」（*ruac ni Ngundeng*）は、ある奇跡の経験のあとで探られ、形作られたものである。

ではなぜ、すでに多くの人びとによって共有された「旗」の予言ではなく、あまり知られていない「手」の予言に人びとは熱狂し、それについて語らざるを得なかったのだろうか。すでに「アラブよ、さようなら」を意味するものと政治家やマスメディアによって定められていたにもかかわらず、さらにングンデンの予言による根拠づけを行う必要があったのだろうか。

ダンの返還時から、ングンデンの予言はヌエルのものではなく「南部人」のものであることが強調されてきたことからも、語り手たちが、当時「手」の解釈として流通していた「さようなら」を意味するものではなく、ングンデンのものとすることで、「ヌエル」の予言、自分たちの予言者の正当性を主張しようとしたとは考えにくい。「旗」がさまざまな旗――例えばＳＰＬＡの旗、南部スーダン自治政府の旗、教会の旗――に適用できるのに対して、投票用紙の「手」、それが持つ「意味内容」は、南スーダンの独立という事象についてのみに限定されている。後者のように限定した出来事を指す予言は、人びとにより大きな驚きをもって捉えられ、人びとの「エ・クウォス」の経験をより確からしいものにする可能性がある。さきのダンの返還や雨が降ること、「なぜ今」、「まさにこのときこの場所で」という自分たちの説明不可能な「偶然の一致」は、かえってクウォスの顕れとしての説明を可能する。この「まさに」という事実の出現が、予言されていたかもしれない「手」の確かさを多くの人びとに確信させる契機になったのではないだろうか。この意味で、「ングンデンの予言」なるものは、「旗」や「手」というクウォスの顕れとともに初めて露わになるものである。ヌエルの予言は、ある語り手の解釈に沿って人びとがそれを信じる、という一方向的なものではない。予言をめぐる信念は、目の前で生じている予言やクウォス以外によっては説明不可能な「クウォスの現れ」と、複数の解釈手／解釈や経験のありようを基礎づけてゆく複数の参照点――独立、投票、「北」からの分離など――によって支えられている。

本章の事例の中で、ングンデンの「予言の成就」としての国家の誕生を支えているのは、現実の中に見いだせる予言／奇跡のプロット――ダン、雨、旗、手――の接続であった。この複数のプロットは、国家の独立という一つの出来事を、単なる一つの出来事以上のものにしている。

この点で参考になるのが、リクールの物語論におけるプロットにかんする議論である。リクールは、こうしたプロットの接続を、それらが「現実」のものであれ「想像上」のものであれ、「ある状況の隠された側面を明らかにし、思考や行動、あるいはその両方を要請するような新しい範疇の現れである」[54]と指摘する。

本章で扱ってきた事例において、語りの中のプロットの接続は、出来事だけでなく、再帰的にプロットそれ自体が有する意味をも発展させうるものであった。ダンの祝賀会の日に降る雨は、毎日のように降る「単なる」雨ではなくなり、さまざまな「偶然」は「単なる」偶然ではないものとして変換される。複数のプロットに支えられた物語は、より多くの人びとにとってそれが説得的になるような「奇跡」、あるいは「エ・クウォス」の出来事を巻き込みながら展開する。人びとの語りやプロットが形成するエピソードは、「散らかった出来事群から有意味な総合性（totality）を構築」し、それらの出来事を「ともに把握する」ことを可能にする。[55]「予言の成就」としての国家の独立という「有意味な総合性」は、まさに相互のプロットが参照され、接続され直す中で互いの正しさが支えられていた。これは、第6章でとりあげる予言や奇跡の「受け入れ可能性」にも関わる問題である。複数の出来事が「ともに把握」されることよって南部スーダンの独立と関わるングンデンの「予言の成就」は、人びとの想像力に働きかけ、その想像力の運動によって喚起される新しいモラル・コミュニティ、あるいはヌエルの人びとが表現するところの国家／チエンを形作っていったのである。

住民投票の際に発見された二つのクウォスの顕現は、ともにングンデンによって予言されたものとして広がった。これらの予言を語るヌエルの人びとの関心は、必ずしも「南部スーダンの分離独立」や「アラブからの決別」、「南部人としての集合的アイデンティティ」にのみ帰結できるものではない。予言が語り直されるたび、その「成就」の内容に合致するであろう「問題」はさまざまな位相──「南部人」、「ヌエル」、あるいは自分自身の生活に根ざしている「問題」──と関連づけられ、こうしたプロットの接続は、一見すると異なる出来事を「ともに把握」することを可能にした。ングンデンの奇跡とされる出来事群の中に見出される数々の説明不可能な「エ・クウォス」の現れ——雨、ダン、ヌエルの勝利、白人、手など——は相互に結び付けられ、ングンデンの「予言の成就」としての国家の誕生は、新しい現実のありかたとして再び経験された。この文脈において、「エ・クウォス」の経験は、新しい出来事に触れるにつれ、より確からしいものになっていった。

本章で取り上げた題材のうち、「旗」や「手」、もしかしたらダンは、無名戦士の墓と碑のように、「鬼気迫る国民的想像力」[56]に満ちているものだったのかもしれない。人びとの運命を体現する、あるいはクウォスによる働きかけの帰結としての自己存在を証明する物質は、「エ・クウォス」として出現し、人びとの想像力を喚起させ、拡張させ、また統合してゆくエージェントであった。人びとの語りと予言の移り変わりから分かるのは、予言を介して喚起されるモラル・コミュニティが、国家・国民という新たなモラル・コミュニティと重なる場であり、膨張する想像力の中で生成される新しいモラル・コミュニティが生きられてゆく様子であった。

しかし、当然のことながら、「エ・クウォス」の経験に付随する予言は、何の見当もなしに人びとに受け入れられるわけではない。一度受け入れられた「予言」も、人びとの現実に呼応して怪しいものとなったり、あるいは逆に信じるに足るものとなったりすることがある。次の第6章では、独立後に凄惨化した紛争という危機的状況下で、この「エ・クウォス」と「予言」、「予言者」なるものをめぐって運動する人びとの信念と疑念、そして想像力のありかたを描く。

第6章　「エ・クウォス」の経験をめぐる真と偽

第1節　独立後の脅威と新たな「予言者」の登場

「我々は、武装解除、南スーダン新政府に反発するようなクジュールを許さない」
（二〇一二年三月、サルバ・キール大統領、ボーにて）

第5章で見た通り、南スーダン共和国は多くの「南部人」の期待を背負って誕生した。しかし、その喜びもつかの間、独立して一年も経たぬうちに各地で武力衝突が頻発し、人びとの暮らしは再び脅威に満ちたものとなった。南スーダンが独立を達成した二〇一一年、国内で生じた武力衝突による死者は一〇〇〇人以上にも上った。武力衝突の大部分は、ジョングレイ州で生じた家畜や女性・子供の収奪をめぐる民族集団間の争いと、同時に進行していた反政府軍による反乱である。これらの武力衝突における死者の多くが、村落部に暮らす女性・子供・年配者などの非戦闘員であった。

国家の誕生の際には、ングンデンの聖なる杖ダンや過去の予言は、民族集団を超えた「国民的想像力」と重なり、「南部人」をまとめあげる「伝統」的な力を有したものとして顕れた。しかし、独立後に相次いだ武力衝突の中で、「予言者」は再びヌエルという一民族集団のものとして位置づけられ、特に政府関係者やキリスト教徒、他の民族集団出身者からは、「クジュール」という表現とともに、人びとを惑わす過去の遺物であるかのように語られるようになる。

南スーダンの初代大統領となったサルバ・キールは、国家の独立後相次いだ武力衝突の中で世間の注目を浴びた、あるヌエルの「予言者」に対して冒頭の宣言を行った。政府軍に「クジュール」と見なされたその男は、村落部に暮らす人びとを戦いへと動員し、政府による武装解除に抵抗したという理由で逮捕されたのだった。

本章では、次の二つの焦点に基づき議論を展開する。

焦点の一つは、国家独立後の混乱の中、新たな「予言者」の登場として、その真偽も含め騒がれたこの男性をめぐる人びとの想像力である。政府関係者、マスメディア、都市に暮らすエリート、ングンデン教会の成員、そして村落部に暮らす人びとは、それぞれの想像力の中でこの男の位置づけや意味を見いだそうとする。この男をめぐるさまざまな想像力は、不安定な政治情勢の中で衝突し、また部分的に結合してゆくこととなる。

もう一つの焦点は、独立後の武力衝突に関連するングンデンの予言である。ングンデンの予言は、「クジュール」と呼ばれた男の「予言者」らしさを支えるだけでなく、人びとの不条理な紛争経験に新たな意味を付与してゆくこととなる。

第2節　独立後南スーダンの武力衝突と紛争主体

二〇〇五年以降、政府による市民の武装解除は何度か行われてきたものの、その効果はほとんど上がらなかった[1]。内戦終了以降のジョングレイ州における武力衝突に強い影響を与えたものの一つとして、反政府軍による抵抗運動が挙げられる。二〇一〇年に行われた選挙以降、反政府勢力としてディンカ出身のジョージ・アトール(George Athor)将軍、ムルレ出身のディヴィッド・ヤウヤウ(David Yau Yau)が南部スーダン自治政府および南

表11　2009年から2013年までにジョングレイ州で発生した主な武力衝突*

	年月日	襲撃した集団（推定）	襲撃された地域	死者数（推定）	死者の出身集団（推定）	ウシの略奪数（推定）	誘拐者数（*）	避難民数（*）	備考
1	2009年[illegible]月	ムルレ	アコボ	300	ロウ・ヌエル				
2	2009年3月5日～8日	ロウ・ヌエル	ピボール他周辺地域	450–563	ムルレ	450	133		
3	2009年4月18日	ムルレ	アコボ	250	ロウ・ヌエル				
4	2009年5月	東ジカニィ・ヌエル		71	ロウ・ヌエル			2500–4000	
5	2009年5月	ロウ・ヌエル		82	ディンカ				
6	2011年2月6日	ムルレ	ウロル	8	ロウ・ヌエル	1000			死者のうち3人はチーフ
7	2011年4月18日～24日	ロウ・ヌエル	ピボール他周辺地域	200–300	ムルレ	13.8万	91	4400	
8	2011年6月15日～24日	ロウ・ヌエル	ピボール他周辺地域	400–430	ムルレ	39.8万	147	7000–10000	
9	2011年8月18日	ムルレ	ピエリ，ウロル	340–750	ロウ・ヌエル		258		
10	2011年8月20日	ムルレ	上ナイル	60	ムルレ				
11	2011年12月23日～2012年1月9日	ロウ・ヌエル一部ディンカ	ピボール他周辺地域	1000～3000	ムルレ	10万		10万以上	6000–8000人のロウ・ヌエル，ディンカ出身若者兵の動員
12	2012年1月16日	ムルレ	ドュック・ファディアット	51	ディンカ				
13	2011年12月27日～2012年2月4日	ムルレ	アコボ，ニロル，ウロル	276	ロウ・ヌエル ディンカ・ボー	6万			44回にわたる襲撃の累計
14	2012年2月7日	ディンカ	グムルック	22	ディンカ ムルレ				
15	2012年3月2日	ムルレ	ニロル	15	ロウ・ヌエル	1.5万			
16	2012年3月9日～11日	ムルレ	エチオピア（ワンディンの近く）	225	ロウ・ヌエル				
17	2012年12月4日	SPLA	ピボール他周辺地域	13	情報なし				
18	2012年12月17日	SPLA	ウロル	24	ヌエル SPLA				ダックへの攻撃
19	2013年2月8日	ムルレ（反政府軍）	ワルガック	117	ロウ・ヌエル SPLA				
20	2013年3月26日	SPLA	ピボール	163	ムルレ（反政府軍） SPLA				
21	2013年4月9日	不明（反政府軍と推測）	グムルック	19	UNMISSの兵士				
22	2013年7月[illegible]日	ヌエル	ピボール	328	ムルレ				
23	2013年8月8日	ムルレ	トゥイッチ	8	ディンカ	数百			
24	2013年10月20日	ムルレ（反政府軍）	トゥイッチ	78	ディンカ	7000			

＊誘拐者数，避難民については報告されたもののみを取り上げている。したがって記載がないのは誘拐や避難民が生じていないということではない。なお，ジョージ・アトール将軍による反乱に関する武力衝突は記載していない。これについては更なる情報収集と検討が必要である。

International Crisis Group 2009; Small Arms Survey 2012:3; UNMISS 2012; UN OCHA 2012; Gordon 2014をもとに筆者作成。

スーダン新政権に対して抵抗運動を開始した。彼らはそれぞれの民族集団出身者やその近隣の民族集団の若者を吸収しながら運動を展開した。この運動と武力衝突の結果、ジョングレイ州の各地では市民を含む多数の犠牲者が出た。

反政府軍による反乱が続く中で、ウシの収奪をめぐる武力衝突も、二〇〇九年以降、ロウ・ヌエル、東ジカニィ・ヌエル、ディンカ・ボー、ムルレのあいだで激化していた。表11は、それら武力衝突の内、特に規模が大きいものをまとめている。なかでも、本章が取り上げる二〇一一年以降のロウ・ヌエルとムルレのあいだの衝突は凄惨を極めた。こうした武力衝突に関して国際機関や地域のNGO、教会組織が平和構築に努めてきたが、その多くが失敗に終わっているという。[2]

現代のウシの収奪をめぐる武力衝突は、「政府の戦い」（*kor kume*）の中で展開している。これらの武力衝突を植民期以前より続くレイディングとして捉えることはもはや難しいであろう。ヌエルの人びとも、このような紛争を、攻撃する対象がはっきりとしている「報復闘争」を意味するテル（*tɛr*）ではなく、内戦などの大規模な戦争を指すコル（*kor*）という語で表現している。[3]

第二次スーダン内戦時、特に「ボー大虐殺」のあった一九九一年以降に増殖した民族集団間の対立意識は、武力衝突のありかたを変貌させていった（第2章参照）。報道では、このような争いは「民族集団間の衝突」であり、その原因は「ムルレとロウ・ヌエル」のあいだにある敵愾心のためだと報告される。[4] この見方は、歴史的に展開してきた状況や複合的な原因を単純化してしまう恐れがあるが、同時に、この「誤解」もまた戦闘に関与する人びとのリアリティを形成してきた。つまり、現在人びとが経験している紛争は、「民族」対「民族」の構図で枠づけられ、戦いに関与する人びともまた、民族対立を「現実」として生きつつある。[5] 二〇一一年末、ボーでは「野蛮で未開なムルレ」というステレオタイプ的な見方が広まっていた。ムルレの人びとの性規範や衣食住にまつわる慣習についてのさまざま噂――実際にそれがどれほど真実なのかは分からないが――が飛び交い、ボーに住まう人びとの恐怖を煽っていた。[6]

高まるボー・タウンの緊張

「ムルレが怖いよ。もうすぐやってきて、わたしたちを殺すの？」
「クウォスはいるのよ。」（*kuɔth a thin*）
（二〇一二年、ボーに住む家族同士の対話）

二〇一一年一一月、ボー・タウン南部のジャレ（Jalle）地区がムルレと思われる武装集団に襲撃され、人びとのあいだでは緊張感が高まっていた。一二月、ボー・タウン内に暮らす人びとも、徐々にタウンの中心部へと移動を始めていた。毎日のように、ラジオではジョングレイ州の襲撃された村々の場所や被害が報じられた。都市部に住む人びとは、知り合いや親族のセキュリティ・オフィサーを通じてより正確な情報を得ようとしていた。どのくらいのペースや規模でムルレや他の武装集団がボーに迫っているのかを知り、また村落部に住まう親族や友人の安否を確認するためである。

ムルレがボー・タウンに迫っているという噂が広まっていた一二月のある夜、夕食をとっていると家のすぐ近くで銃の撃ち合いが始まった。ムルレによる襲撃かと思い、わたしと子供たちはすぐさま家の中に隠れた。結果的にそれはムルレの襲撃ではなく、単なる隣の敷地に居住するディンカ同士のトラブルであった。だがそのトラブルも、ムルレに対する恐怖からきたものであった。酒に酔って帰ってきた父親が自分の子供を抱えて走り回っているのを近所の者が見て、「ムルレが来た」と勘違いし一斉に発砲したのであった。結局父子ともに無傷で済んだが、あとからやってきた警察によって父親は逮捕されたという。この事件は近隣住民のあいだでは笑い話となったが、当時のボー・タウンにおいて、襲撃に対する緊張はそれだけ高まっていた。

襲撃の恐怖の中、ボー・タウンに暮らすヌエルの人びとは「クウォスはいる」(*kuɔth a thin*) と頻繁に言い合っていた。夜には親族が交代で周辺の見回りをし、ングンデン教会の祭司一家は眠れない夜を過ごしていた。わたしの短いヌエル社会での生活の中で、これほど「クウォスはいる」という表現が聞かれた時期はなかった。

「クウォスはいる」という言葉は、誰よりもムルレの襲撃を心配し恐怖していたわたしに対してかけられた言葉でもある。同様に、親族を失った女性やムルレの恐怖について語る祭司の妻に対し、かける言葉が見つからなかったわたしが、投げかける言葉でもあった。そう声をかけると、相手は特に何かを言うわけでもなく、ただ静かにうなずく――顎をしゃくりあげコッと喉を鳴らす(「分かった」、「はい」、「賛成」などを表現する動作)――ことが多かった。

現代のウシの収奪をめぐる戦いの主体と見なされているのは、村落部の若者によって構成される武装集団である。しかし、この武装集団は村落内で組織されてきた家畜収奪のための「伝統的」な集団とは異なっている。次では、一九九〇年代以降に台頭してきたヌエルの武装集団について概括する。その上で、次節以降では南スーダン独立以降の武力衝突において「予言者」が重要な人物として浮上してきた経緯を論じていく。

「ホワイト・アーミー」の歴史

相次ぐ武力衝突の中、あるヌエルの男性が、武装集団を戦いへと動員したとして南スーダン政府に逮捕された。その武装集団は、「ホワイト・アーミー」と呼ばれている。「ホワイト・アーミー」はヌエル語のデイ・イン・ボル(*dɛi in bor*)[7] の翻訳である。デイ (*dɛi*) は「兵」、イン・ボル (*in bor*) は「白」を指す[8]。

「ホワイト・アーミー」[9]とは、もともと一九九〇年代初頭、第二次スーダン内戦中にラック地方の予言者ウットニャンが組織した武装集団に由来すると言われている。SPLAナーシル派の司令官の一人となったウットニャンは、村落部でウシの収奪を行っていた若者たちを内戦へと動員した[10]。このときの武装集団が、のちに「ホワイト・

アーミー」と呼ばれるようになった。しかし、そのメンバーシップは極めて流動的かつ曖昧である。[11]

ホワイト・アーミーの成員たちはもともと家畜の収奪やコミュニティの治安維持のために組織されていた流動的な若者集団であったが、南スーダン独立前後には、反政府運動や武装解除など、国家が関わる紛争にも関与するようになった。二〇一一年末には、六〇〇〇人から八〇〇〇人にも及ぶロウ・ヌエルの若者たちが隣接する民族集団であるムルレの居住地に攻め入り、一〇〇〇人から三〇〇〇人を殺害した（表11の11）。ここではホワイト・アーミーの動向を、第二次スーダン内戦中の一九九〇年代、包括和平合意が成立した二〇〇五年以降に大別して説明したい。

南北スーダン間で生じた内戦の傍ら、反政府勢力であったSPLAの内部対立が生じると、ヌエルの民間人も戦闘に参加するようになった。ホワイト・アーミーという名で呼ばれるようになったこの武装勢力は、一九九一年にディンカの居住区であるボーを攻撃した。[12]

そして第二次スーダン内戦終了後、特に二〇〇九年以降、ホワイト・アーミーの成員たちの居住区であるジョングレイ州では、家畜の収奪をめぐる大規模な武力衝突が相次いで生じていた。これらの武力衝突の規模は小火器の流通に伴って拡大していたと考えられたため、南部スーダン政府は、市民の武装解除を複数回にわたって試みた。しかし大きな成果を挙げたものは少なく、半ば強制的に行われた武装解除は、むしろ新たな衝突を引き起こすこともあった。二〇一一年以降これらの武力衝突は、ジョングレイ州の北東部に居住するロウ・ヌエルと南東部に居住するムルレのあいだで凄惨化した。

以上のように、「ホワイト・アーミー」は内戦以降、国家的な紛争やその中の複数の武装勢力、そして武装解除という南スーダン（自治）政府の政策と関わる中で台頭してきた武装集団である。[13]「ホワイト・アーミー」という名称がメディアなどで用いられるとき、それは大抵「教育を受けていない問題含みの若者」というニュアンスを帯びる。しかし、次で述べるように、その構造と組織化からは、ホワイト・アーミーは若者のみならずより広い地域共同体に根差しており、かつ近代的行政システムを取り入れながら発達してきた組織であることがわかる。

ホワイト・アーミーの構造と組織化

ホワイト・アーミーは実際にはロウ・ヌエルだけでなく、隣接するヌエルの下位集団であるガーワル・ヌエル、東ジカニィ・ヌエル、一部のディンカ（ディンカ・デュック）も含まれている。ホワイト・アーミーは分節構造を持ち、各分節を束ねるリーダーは「ブノム」（*bunom/bunam*）と呼ばれている[14]。ブノムは組織全体では一名だが、ジョングレイ州の三つの郡にそれぞれ一名、以下、町、村落、大リニィジレベルに一名ずつ存在し、それぞれのブノムが下位のブノムをまとめているという[15]。

各地域のブノムの最も重要な役割のうちの一つは、定期的に開かれる集会を組織することである。集会が開催される頻度は、各地域のブノムや、村々の代表格の若者の居住範囲によって異なる。集会に来る人びとの居住区の範囲が広くなるほど開催頻度は低く、居住区の範囲が狭くなるほど開催頻度が高くなる。大リニィジや村落レベルのブノムの集会は毎週、毎月のように行われるが、郡・州レベルのブノムの会合は数ヵ月に一回程度である。

この集会では、襲撃をどのように、いつ仕掛けるのかなどが話し合われる。議題の中心は、牧草地の割り当てやコミュニティ内で生じた問題、他集団からの襲撃の数や規模についてなど、彼らが日常的に抱える問題とその解決方法である。

しかし、ブノムは成員に対してなんら命令権はなく、地域の末端のブノムから寄せられた不満を聞き、ほかのブノムに報告する程度の権限しか持たない。あくまでも決定は地域社会の合意に基づいてなされるものであり、ホワイト・アーミー全体のブノムが単独で何かを決定することはない。実際、二〇一一年一二月のムルレへの襲撃は、およそ五ヵ月ものブノム間の話し合いを経て、決定された。

ブノムの下には、「副ブノム」(*ran mi guru bunom*)、「書記」(*ran mi guur ŋuok piny*)、「会計」(*käp kuani*) といった役職が存在する。「書記」は地域の行政機関とやり取りをし、「会計」は地域住民から提供されたカネや穀物、家畜を管理する。

近年の南スーダンの軍事組織に関する研究では、第二次スーダン内戦時よりさまざまな武装集団のあいだで軍事システムの借用や戦略の流用があることが指摘されてきた[16]。「副ブノム」、「書記」、「会計」の役職の設置は、近代的な行政システムが取り入れられた結果として考えることができる。しかし、ホワイト・アーミーに見られる先述の役職を、実体を持たない単なる近代的システムの模倣・流用と見なすのは必ずしも適切ではないだろう。例えば「書記」は、集会における決定事項を紙に書き、それを陳述書として行政機関などに提出する役割を持つ。この役職は、読み書きのできる、近代教育を受けた人物が担当しなければならない。この人物が扱う「紙」(*waraga*) は、人びとの不満や欲求を限られた共同体内の問題ではなく、政府 (*kume*) の問題へと接続してゆくための有効な手段である[17]。また、「会計」というヌエル語は直訳すると「食べ物を管理する人」という意味となる (*käp*: 管理する・握る、*kuan*: 食べ物)。彼らの仕事は、組織運営のための現金の支出を管理するというよりも、人びとの生活の基盤である食べ物の分配と共有、集会の際に必要となる供犠獣を確保することである。

また、ホワイト・アーミーは、必ずしも武装した若者集団のみによって成り立つ組織ではない。かつて戦士であった年配者ら (*diit*) は、襲撃の方法やコミュニティ内の問題の解決方法に関する知識を提供する。この集会は、祭司 (*gwan* あるいは *ran mi pal*) による早朝の祈りと供犠に始まり、料理人 (*thaat*) である女性・妻 (*ciɛk*) たちによって調理された供犠獣の肉と、モロコシ料理の共食によって締めくくられる。使者 (*gwanläärì*) は、各地域のホワイト・アーミーの成員をつなぐ役割を担っている。彼らはホワイト・アーミーが自分たちの居住区を超えて活動する際、特に集会が開かれるときには、ブノムの決定などを近隣の成員にその旨を知らせる役目を果たす。それぞれのコミュニティに伝わった決定は、またそのコミュニティの使者によってさらにその下位集団へと伝えられる。

この使者たちの働きは、二〇一一年末の襲撃の際には、数十キロメートルの距離を徒歩で移動し、一万人近くにもなる若者を集めることを可能にした。

新しいシステムの流用

ホワイト・アーミーに導入された一見すると近代的な役職やシステムは、名ばかりの役職としてあるのではなく、人びとの具体的な生活の場面や必要に対応している。

組織の特徴から考えると、ホワイト・アーミーの襲撃は、ブノムや他の指導者の指示と考えるよりも、集会の参加者、ひいては集会を支えるチエン――この場合は「国家」ではなく徒歩圏内にある日常的に顔の見える範囲の地域共同体――の合意に基づくものであると考えた方が妥当であろう。ホワイト・アーミーの組織化において重要なのは、近代的なシステムの運用だけでなく、分節的な社会構造に支えられた情報伝達・共有と、日常的に集会を通じて形成される紐帯である。[18]

ホワイト・アーミーは、都市部の若者組織（Nuer Youth Association）とも連携を組むことがある。南スーダンの都市部には、同じ村落・チエン出身者が、地域を越えた紐帯の維持とコミュニティ内の問題解決を主な役割とする若者組合が多数存在する。この若者組織も、州レベル～大リニィジ、小リニィジレベルまでその規模はさまざまである。

二〇一一年末の襲撃の際、最後までホワイト・アーミーによるムルレの襲撃を引き止めていたのが、都市部で形成されているヌエルの若者組織の成員であった。都市部の若者組合の成員は、故郷の若者たちに「ウシを買うカネをこちらから送るから、それでウシを買え」と説得し襲撃を止めようとしたという。しかし、このような働きかけでは、結局村落部の若者を引き止めることができなかった。この襲撃における若者たちの関係から窺えるように、都市部と村落部の若者たちは居住地を越えた連携を取り合っている。しかしこの連携は、互いの価値規範の違いを表出させ、時に新たな対立を生む契機となる。後述する「予言者」に対する解釈の違いも、都市部、村落部に暮らす者の立場とそれぞれが直面している状況の違いが影響している側面もあるだろう。

例えば村落部の若者たちは、都市部の「書くことを知っている者」(*raan mi ngasi goor*)、いわゆるエリートたちに対しての不満を、わたしに語ることがあった。村落部の若者は、都市に暮らす者たちが、自分たち(村落に住む者)のことを何も分かっておらず、ウシを盗られることの不安や家族を守ることの困難さを何も知らない、といった不満である。一方で都市部の若者たちは、自分たちが引き止めても攻撃に行ってしまう村落部の若者の現状を嘆いていた。

以上に述べたように、独立後南スーダンにおけるホワイト・アーミーによる襲撃は、地域住民の合意と、ブノムによる襲撃の決定に基づき行われたものであった。しかし、政府関係者や報道関係者の関心を惹いたのは、ホワイト・アーミーの成員を超自然的な力によって動員していると噂されたある男だった。その男は、マスメディアなどでは「自称・予言者」(self-proclaimed prophet)と呼ばれた。

では、実際、この「予言者」と見なされた男は、ホワイト・アーミーの襲撃においてどれほどの影響力を持っていたのだろうか。次では、その人物が地域社会において予言者と見なされるようになるまでの過程を報告する。

第3節 「自称予言者」

ダック・クウェスと「奇跡」

二〇一一年八月、ジョングレイ州でロウ・ヌエルとムルレのあいだの武力衝突が激化していた頃、人びとを戦いへと扇動している予言者がいるとの噂が広まった。その人物の名はダック・クウェス(Dak Kueth)といい、三〇代から四〇代のロウ・ヌエル出身の男性である。彼は予言者の家系の出身ではない。そのため、彼の能力は獲得的なものではないかと考えられている。ダックは、一見すると「普通の人」のようだが、肉を食べない、非常に速く走るなどの「人間ばなれ」した行動も見られるのだという。ダックが地域社会で「予言者」ではないかと見なされ始めたのは二〇一一年初旬のことである。そのきっかけとなったのは、ダックの周辺で生じたいくつかの奇跡である。ダックと親戚関係にあり、一時期生活をともにしていた男性は、次の奇跡譚を語った。

〈事例6―1―1〉ダックの奇跡1：死からの回復

ある時、リアル・ベック（*rial bek*）と呼ばれるある鳥がダックの頭に止まった。ダックが鳥をつかまえようとすると、鳥は逃げて彼の左の肩に止まった。それをつかまえようとしたら、今度は右の肩にジャンプした。さらにそれを捕まえようとすると、ダックは倒れて死にそうになってしまった。そこで彼の母方オジ（*naar*）がミ・リアル（*mi rial*）と呼ばれる赤褐色のウシを供犠したら、たちまちダックは回復した。

〈事例6―1―2〉ダックの奇跡2：雷に打たれた者の回復

ある時、誰かが雷に打たれた。そこでダックがミ・ジョック（*mi jok*）と呼ばれる胴体が白、頭部と背部が黒のウシを供犠した。そうしたらその人は治ってしまった。

〈事例6―1―3〉ダックの奇跡3：狂人からの回復

ある狂人がふらりとやってきたとき、ダックはミ・ボル（*mi bor*）という白のウシを供犠した。しばらくすると、その狂人はさも普通の人であるかのように再び人びとの前に現れた。

この三つの奇跡譚に共通しているのは、ウシの供犠を介して、ダック自身または彼の周囲の人びとが何からの異常な状態――死、身体的・精神的な病気――から回復したという物語である。〈事例6－1－1〉から分かるように、供犠を行うのは必ずしもダック自身ではない。予言者の起こした奇跡にまつわる話には、しばしば母方オジが登場する。

ダックはこのような比較的小さな奇跡、つまりクウォスの発現から、徐々に「予言者」としての評判を村落部において獲得していった。

ダックが地域を超えた戦争指導者としての評判を得る決定的な契機となったのが、次に取り上げる奇跡譚である。彼は、二〇一一年八月にムルレによってジョングレイ州のピエリ（Pieri）というロウ・ヌエルの居住地が襲撃される直前、その襲撃を予言するかのような言動をした。次はダックの予言的言動の目撃者の友人からわたしが聞いた話である。

〈事例6－1－4〉ダックの奇跡4：襲撃の予言

ピエリの事件で衝撃的だったのは、それが本当に起こったということだ。その事件が起こる前、ダックは彼のコミュニティに「何かが来ている、そしてそれはお前たちにとって避けることが難しいだろう」と話した。彼は自分自身の足でピエリまで来て、「ホワイト・アーミーを集めて、戦いを避けよう」と言った。しかしサブ・チーフの一人はダックに次のように言った。「お前は嘘つきだ、それは本当のことではないだろう。われわれはお前が本当のことを話すことができる男なんかじゃないことを知っている。お前は自分で言ったことを取り消し、自分の家に戻れ！」。ダックはこう答えた。「あなたはこの地域のリーダーなのですから、もしあなたがわたしの言うことを拒むなら、何かがあなたに起こるでしょう。でも、あなた自身はその事件の中では死なないでしょうね。」二日後、ピエリの事件が起こった。サブ・チーフの親族のうち、九人が殺された。だが、彼自身はその戦いの中では殺されなかった。彼は家の外にある水を入れる亀壺の中に隠れていて、少し怪我をしただけで済んだ。彼は今、ジュバで治療を受けている。

実際、この襲撃では八〇〇人あまりものロウ・ヌエルがムルレによる襲撃の中で命を落とした[19]。何より人びとを驚かせたのは、単に彼がムルレの襲撃を予言したというのではなく、ダックを信じなかったサブ・チーフと、サブ・チーフを実際に襲った不幸を言い当てたためである。携帯電話が普及した現在、この噂はダックの暮らす村を超え、都市部まで広がっていった。

予言者である可能性を秘めた者たち

ダックのように「奇跡」を生じさせた者は、その「奇跡」を目撃した人びとによって「予言者」や「クウォスの持ち主」(*gwan kuoth*)、「薬持ち」(*gwan wal*) などと呼ばれうる。しかし、数回の「奇跡」の発現では、その人物が真にクウォスを持っている「予言者」であるとはなかなか判断されない。政府関係者やマスメディアは、予言者ではないかと噂される人物を指して「自称・予言者」と呼ぶ。彼らは予言者の存在そのものを否定しつつも、当人や周囲の人びとが予言者の可能性のあると信じているためである。では、ヌエルの人びとは、どのようにしてある人物を「予言者」あるいは「予言者の可能性のある者」と見なすのだろうか。やや話がそれるかもしれないが、以下では、わたしが調査の中で出会った予言者である可能性を秘めた者たちを紹介し、予言である可能性を秘めた者たちの特徴を考えてみたい。

〈事例6−2−1〉レイチェル：夢による知らせ

レイチェルは、ある夢を見るまでこれといった「信仰」を持っておらず、日常的にただクウォスに祈っていた。あるとき、レイチェルの夢の中で白いものが西の方に現れて東の方にやってきた。それは動いていた。村にその白いものが辿り着くと、ある女の子を川の向こうに残して去った。白いもののいくつかはまとまって戻り、そのうちいくつかは子供たちの下へと行った。そして、彼女には実際に娘をどこかに残してきたことがあった。この夢を見て彼女は幸せを感じた。なので、その夢を（筆者補足：キリスト教）教会（*luak kuɔth:*「クウォスの牛舎」の意）で話した。また、ある金曜日、レイチェルは飛行機（*riey nhial:*「空の船」の意）の声を聴いた。そして翌月曜日にレモンが落ちる夢を見た。後に、彼女はジョン・ガランが飛行機の事故（実際にはヘリコプター）で死んだと聞いた。レイチェルは、この経験がクウォスの仕事であるかどうかを確かめるために家族とともにキリスト教からングンデン教会へ、そして再びングンデン教会からキリスト教へと改宗を繰り返した。夫は彼女について行けず、もとの伝統的な信仰、つまりクウォスだけを信じるという信仰形態に戻っていった。レイチェルは、自分でもよく分からない、自分の中に現れたクウォスのありかたに戸惑っていた。

予言者であるかもしれない者たちは、レイチェルのように夢やちょっとした奇跡の経験を周囲に確認してまわることがある。また、次の男性のように突如として憑依が生じ、その理由や憑依したクウォスの名が周囲の人びとに探られることもある。

〈事例6－2－2〉ガイ・マニュオンの従者：ングンデンの憑依

わたしはかつてダック・クウェスと行動をともにしていたガイ・マニュオンの信者たちに話を聞く機会を得た。当時、彼らはボー・タウン内のまだ切り拓かれていないブッシュに暮らしており、避難民同然の生活をしていた。彼らの妻たちは、ングンデン教会に通っているニャウェッチ・リーである。彼らがかつて行動をともにしていた「予言者」ガイ・マニュオンは、二〇一〇年、地方警察に「クジュール」であるとして殺害された。ングンデン教会の祭司が何度か彼らをングンデン教会に来て祈るように説得したところ、妻たちは賛成し教会に通い始めるようになった。しかし、男たちは警察を恐れ、ングンデン教会を訪れることはなかった。従者らは、一地域の「予言者」やその人物による「予言」を信じるような者は、警察に逮捕されると思っているという。

彼らが暮らすブッシュを訪ねた際、話題がングンデンの話になると、それまで淡々と語っていた一人の男が急に奇声とともに立ち上がった。そしてわたしの周りをすさまじい勢いで駆け回った。周囲にいた人は、ただ彼の様子を黙って見ていたが、彼の様子が落ち着き始めると、女性たちは水を準備し、彼の下へと持っていった。人間ばなれした走り方でぐるぐるとあたりを駆け巡ったあと、彼は二リットル以上ある水を一気に飲みほした。水を飲むことによって、（クウォスである）「彼」は「落ち着く」ことができるのだという。後に聞いたところでは、このとき、彼はングンデンに捕まれていた（*cε käp*）とのことだった。ングンデンは、彼を通してわたしにメッセージを送ったのだという。ングンデンがどのようなメッセージをわたしに落としたのかは誰も語らなかった。そのメッセージは、ングンデンに捕まえられ、奇声を発し走り回った彼の行為でしかなかった。

ングンデンに「捕まえら」れたこの男性に対し、同席していたングンデン教会の祭司は、「あのように（憑依）したところで、誰も信じようとはしない」とあとでわたしに語った。あとにもさきにも、わたしが「予言者」のような存在とその人物についているクウォスを目撃したのはこの一度だけである。このエピソードが示唆しているのは、一度きりの「憑依」、あるいはクウォスの顕現が、ある人物を「予言者」としてみなすのには十分ではないということである。すでに述べたように、日常的に人びとは「クウォスの顕現」には接しているからである。「クウォスである」と語られるのは、双子の誕生や雨が降るといった現象だけではない。ある人物が突然怒り出したり、ひどくうれしそうにしていたりするときも、「一体何が彼・彼女を捕まえて（*käp*）いるのだろう？」と人びとの間で話題になることがある。人間の日常とは少しでも異なっていると判断された場合、それは本人の内面で生じている問題ではなく、クウォスによって外部から働きかけられている結果であると理解されることがある。つまり、人間の情動一般が何らかのクウォスによる働きかけと見なされるのであれば、その人物が一時的に周りから常軌を逸したと見なされる行動をとったところで驚くには値しない。ただし、ダックのように継続的にクウォスの働きかけと見なされる出来事が彼の周辺で生じ、多くの人の運命に関わるようになると、その人物に対する周囲の目は徐々に変化していく。
事例で取り上げた二名とも、結局ダックのように暫定的な予言者、あるいは「小予言者」(*gok mi tot*)と呼ばれる存在にすらなることはなかった。おそらく予言者と見なされる者たちは、そのはじまりにおいて、彼ら自身の身の回りで起こる出来事がクウォスの顕れかどうか断定できない状態にある。レイチェルのように、夢の中や自身の周辺で生じた奇跡に予言者としての可能性を読み取り、人びとに相談する中で、徐々にそれが「クウォスの仕事」だと明らかになることがある。一方、ガイ・マニュオンの従者のように突如として「クウォスにつかまれ」、周囲の人に予言者としての可能性を見いだされてゆくこともある。ニャデンは自ら「予言者らしく」振る舞っており——あるいはそうコミュニティに見なされ、敬遠をされていた。

予言者(の可能性のある者)が気をつけなければならないのは、自分で自分のことを「わたしは予言者だ」だとか、「わたしはクウォスを持っている」などと言ってしまわないことである。もし、実際自分で予言者だと名乗るような者がいれば、その人物は大抵「本物」の予言者とは見なされない。強力だと見なされる予言者がそうであるように、予言者と見なされるためには、多くの人に「奇跡」の経験を与える力が必要となる。予言者としての力は、あくまでも「実力」と評判によって獲得されなければならない。

いずれにしても、自分の奇跡の経験を周囲の人に相談することから「予言者」であることが明るみになることがある。奇跡の経験が継続的に生じ、周りの人びとにその経験が共有されるようになると、いよいよ「大いなる予言者」(*gok mi dit*)と呼ばれることになるのかもしれない。しかし、「大いなる予言者」と呼ばれる人物は、わたしはングンデンしか知らない。これまでも繰り返したように、ある人物が「予言者」であるかどうかは、コミュニティによって判断されるものであるが、それでも最終的にはそれを判断するのはクウォスしかいないと語られる。

南スーダン独立後のムルレとの戦いにおいて、少なくとも襲撃の開始直後は、ダックの影響力や奇跡を起こす力は、ヌエルの人びとの大きな関心の対象となってはいなかった。それよりも、むしろ人びとが語っていたのは、ングンデンの過去の言動が、いかに現在のムルレとの戦いを予言しているかであった。ングンデンの予言は、のちにダックの「超自然的な力」を正当化する一つの要素ともなってくる。次では、ヌエルの人びとがいかにングンデンの過去の言動と自分たちの祖先との関係を吟味し、自分たちの現在の苦境やムルレとの関係を語っているのかを紹介する。

第4節　再び見いだされた敵

次の予言の語りには、歌や夢、噂話や物語といった要素が多分に含まれている。これまで見てきたように、ヌエルの予言は、こういった要素が区別されない形で結びつきながら、人びとの現実と関わってきた。予言についての語り口は、世代や性別によってさまざまである。ここでは特に年配者や若者が語る予言の特徴を見いだしてゆく。ここではまず、序章で紹介した、五〇分近くものインタビューの多くを歌を歌うことに費やしていた女性ニャナルの語るングンデンの言動とムルレとの関係を見てみよう。

村落部の年配者が語る予言とムルレ

二〇一一年末、アコボ・タウンには村落部から多くの人びとが集まっていた。ウシの頭数が多く、警備も薄い村落部では、いつムルレの襲撃に遭うか分からない。年配者や女性、子供たちは、親族を頼って比較的治安のよいタウンに移り住んでいた。当時、アコボの人びとはムルレの攻撃とングンデンの予言的言動についてよく語っていた。

大抵、年配者は歌についての解説はほとんどしない。調査助手に頼んで歌詞の意味や解釈説明してもらっても、その説明は、わたしや調査助手にとって「理解」できるようなものではないことが多い。あるいは、説明の途中にでも徐々に歌になってゆくため、あまり説明を求めても意味がないこともある。調査助手ドゥオルは、年配者の歌うングンデンの歌に耳をすませながら、「これは」と思ったときには年配者の歌を止め、その年配者に「意味」を確認しながらドゥオルなりの予言の解釈を説明してくれた。

ニャナルの歌うングンデンの予言

ニャナルはアコボに生まれ育った。彼女はこれまでキリスト教教会に行ったことはなく、洗礼も受けていない。彼女の夫もダイヨムである。アコボにはングンデン教会がないので、普段は水曜日に何人かで特定の場所に集まり、ングンデンに祈りを捧げている。彼女の一家は、若い娘を含む全員がングンデンに祈りを捧げているという。

娘と娘の子供たちとともに避難してきた年配女性ニャナルは、わたしが事前にングンデンのことを聞きに行くからと伝えておいたせいもあってか、わたしが彼女の家に入るやいなやングンデンの歌を歌い始めた。彼女が歌について説明してくれた時間はわずかであったが、それでも彼女は次のングンデンの歌と、現在生じているさまざまな出来事との関係を説明した。以下Nnはニャナルによる語りである。またDhは、ドゥオルの語りである。

わたしは南スーダンの独立とそのあとの「問題」（*riɛk*）について彼女に尋ねてみた[20]。すると彼女は独立後の一番の問題は、「ジェベ」（*jɛbɛ*）、つまりムルレであると言った。そしてムルレに関する曲を歌い、ングンデンとムルレとの関係を次のように述べた。

〈事例6－3－1〉ムルレへの襲撃

Nn: ングンデンが生きていたとき、人びとは彼のことをただの馬鹿だと見なしていた。当時人びとは彼のことばを拒否したんだよ。［筆者補足：でも］ングンデンは本当に今ムルレがやっていること［ロウ・ヌエルへの襲撃］について話していたんだよ。ングンデンはこう言った。「お前たち、ムルレよ、わたしを信じなさい。すべてのウシはお前たちの手にある。ウシを持っておけ！　いつか、わたしはお前たちと戦うだろう」と。

さらに、彼女は過去の内戦についてのングンデンの歌を歌い、[21] それにムルレに関する歌が続く。

〈事例6－3－2〉ングンデンによって早朝に送られた兵士

Nn:（歌）「♪ングンデンは朝の早い時間に兵士を送った」。

「兵士」を意味するラスケル（*lasker*）、そして「早朝に」を意味するバウア（*bauwa*）で始まる曲は、「ラスケル・バウア」の曲として、後述する若者の語りにも出てくる。「兵士は早朝に」とは、二〇一一年末の「ホワイト・アーミー」の襲撃を指しているものとして、都市部の若者にもよく知られていた予言である。続いて、彼女が夢の中でングンデンに与えられたという曲を歌った。この曲はまだヌエルの人びとには知られておらず、どの出来事を指しているか分からないのだという。

そして彼女は「クウォスの手」（一つの手）に関する説明を始めた（第5章）。その後再び独立後の問題である「ジェベ」の問題が嘆かれる。

〈事例6－3－3〉太鼓が鳴った後に

Nn: ムルレは人を殺し過ぎる。たとえばこの［自分の娘と孫を指さして］娘や小さな子供だって殺していく。それか、この子の母を殺して、子供をつれてゆく。それで彼らはウシをつれてゆく。［…］ングンデンに毎日毎日祈っている。『あなた、予言者よ、どうしてあなたはわれわれを殺すのですか』と。［…］「ングンデンは（黒と白の）ウシをとって、そのウシについてゆく」、人びとはただ太鼓（*bul*）とともに祈る。ングンデンは「わたしはいろんなところに太鼓を残してゆく、でもいつか、この太鼓はジャッラーバがあふれ出るまで鳴り続けるだろう」と言った。［…］誰も太陽と月を入れ替えない。お前たち、ムルレよ。ウシを持って行け。いつかわたしが戦いに行くと決めたなら、そこに行き、わたしはわたしのウシを取り返す。

彼女はまず、現在のムルレとロウ・ヌエルの戦いの様子を嘆く。彼女自身がムルレの襲撃のために娘や孫たちのところに身を寄せていることもあるだろう。彼女は毎日、ングンデンに祈りを捧げる。祈りの中で彼女が想起するのは、過去の内戦、「北部スーダン人」を意味する「ジャッラーバ」と自分たちの関係について語ったと考えられるングンデンの言動である（「この太鼓はジャッラーバがあふれ出るまで鳴り続けるだろう」）。そしてムルレに対しても同様に、ングンデンによる報復がなされるであろうことが語られている。「太陽と月を入れ替えない」とは、予め決められた物事からは誰も逃れることができないということを意味する。したがって、ムルレがヌエルのウシを奪っていくことも同じほどゆるぎない運命として語られている。「いつかわたしが戦いに行くと……」というングンデンの発言は、ヌエルがムルレからウシを取り返すであろうことを意味すると説明される。

このあとニャナルは歌を歌うことに専念する。大統領サルバ・キールに関する歌、内戦後にエチオピアに集うヌエルに関する歌、再び内戦に関する歌の後、再びムルレについてのングンデンの歌が歌われた。

〈事例6－3－4〉印を持たないムルレ

Dh: ングンデンはこう言った。「わたしはすべての土地に印をつける。」これは、村の少年たちの声を指している。何が少年たちの声かと言うと、額にある瘢痕さ。ムルレは［ヌエルと違って］額に印（瘢痕）を持っていないだろう？

〈事例6－3－5〉ものの食べ方

Dh: ングンデンはこう言った。「一人でものを食べてはいけない。他の人と一緒に食べなさい。もし一人でものを食べるのなら、誰もあなたに給仕する者はないだろう。」これはエル・ゴアル・テレ・マル（*ɛl goal thɛlɛ mal*）というフレーズからわかる。テレ・マルとは、「平和がない」ということだ。

〈事例6－3－4〉は、「土地に印をつける」というングンデンの発言が取り上げられている。ドゥオルは、この発言を少年たちのものであることを指摘し、「印」とは額の瘢痕であるガールを意味するものであると捉えている。ムルレは、ヌエルのように成人儀礼で額に瘢痕を入れることはしない。ドゥオルは「印」の有無を軸として、ヌエルとムルレを対照的な集団として捉え、この対照性が現在の紛争の勃発を示唆するものであるという解釈をした。〈事例6－3－5〉では、「一人でものを食べてはいけない」というングンデンの発言から、おそらくその発言に背いたであろう祖先や、現在のヌエルに「平和」が訪れないことが読み取られている。

第4章で取り上げたングンデン教会の人びとの発話では、自分たちの貧しさや内戦経験という比較的長期間にわたって彼らが抱えてきた問題が、ングンデンの言動や祖先の過ちとともに語られていた。第4章の事例と比べ、ニャナルとドゥオルが予言とともに語っている問題は、より具体的で限定的なものである。この時期アコボで語られていた予言の多くが、ムルレの襲撃に関するものであった。実際、このインタビューの数週間後にはアコボはムルレによって襲撃され、その後数ヵ月のあいだに数百人もの死者を出している（表11の13）。ニャナルは語りの中で、ムルレに対するングンデンの報復を指摘する一方で、祖先とムルレがかつて築いていた関係にも言及している。

ムルレに関するングンデンの予言はいくつか存在するが、なかでも多くの年配者にもっともらしいものとして受け入れられていたのは、ングンデンとヌエルの祖先、そしてムルレの祖先の関係を説明するエピソードである。

他の年配男性はングンデンの言動とかつてのムルレの関係を次のように語った。

〈事例6―4―1〉ムルレの祖先とヌエルの祖先が築いた関係

ある日、ングンデンはビエの上に立っていた。ガージャク［ヌエル］やベンティウ［西ヌエルのこと］も含むすべてのヌエルはともに座っていた。ングンデンはビエの周りに象牙を並べておいて次のように言った。「お前たち、ビエへ登ってきて二本の象牙を頂上に置け。」多くのヌエルは怖がったが、何人かのムルレはビエに登り、二本の象牙を置いた。そしてングンデンは言った、「お前たち、ヌエル！　お前たち全員は象牙を持ってくることを拒んだ。呪ってやろう［…］南スーダンにいるすべてのヌエルはムルレから食糧を得るだろう。」［…］ムルレは自分たちの土地を耕さず、いつもウシの肉ばかり食べている。だから、ムルレが今最も豊かな人びとなのだよ。クウォスは彼らにウシと、ウシを結んでおくための縄を与えた。彼らはたくさんの子供たちを持つだろう［…］これが、ムルレがたくさん（ウシや子供たちを）所有している理由だ。毎年、ムルレは人びとを殺し、その人たちのウシを盗んでいる。今がそのときだ。（しかし）今、ムルレは終わろうとしている。これは、今年がムルレの終わるときになるだろうということを意味している。[22]

この語りでは、かつてングンデンが塚であるビエを作っていたときの様子が描写されている。ングンデンがビエを制作していたとき、ヌエルがングンデンの命令を無視したのに対し、ムルレは命令に従い、象牙をビエの頂上へと持って行った。このときングンデンがヌエルの祖先にかけた呪いのために、現在ヌエルはムルレによって苦しめられている、というのがこの語り手による現在の紛争の説明である。ダンが返還されるときのングンデンの子孫の抗議文（第5章）にもあったように、ングンデンのビエはヌエルによってではなく、「南部人」たちの協働作業によって建設されたものであった。この語り手によれば、このときにムルレが果たした役割、およびヌエルの祖先が見せた臆病さこそが、現在のムルレの襲撃を招いているのだという。

他にも、次のようなエピソードが聞かれた。

〈事例6－4－2〉ムルレの口に塗られた油

ングンデンは黒いウシを殺した。ングンデンはヌエルに、ビエの上にウシの角を持っていくのを指示した。しかしヌエルはそれを拒否した。そこでングンデンは妻を呼び、ウシの油（*lieth*）をスプーン（*tung*）に入れて持ってくるように言った。ングンデンはムルレを呼び、それをムルレの口に塗った。このとき口に塗られた油は、その後ムルレが豊かになってゆくことを示している。[23]

これらの語りは、ングンデン教会の成員たちのものである。彼らの語りの強調点はもちろん、ングンデンや祖先がかつてムルレに対してなした過ち（*duer*）である。これまで見てきたように、その多くはングンデンの発言の無視、軽視、そして拒否であった。独立後の紛争もまた、祖先たちの過ちと自分たちの無知さ、クウォスによってもたらされる災いという枠組みの中で、経験し直されている。しかし、次に見る若者たちの語り口は、やや異なるものである。

教育を受けた若者が語る予言とムルレ

年配者の語りとは対照的に、ドゥオルがそうであったように、若者たちの語りは、わたしたちにとっては「分かりやすい」内容であることが多い。つまりングンデンの歌のあるフレーズを引用し、「このフレーズXは現実のYと対応している」というかたちで「予言」と「解釈」を抽出するからである。

若者たちによれば、ングンデンの歌はとても難しい／強い（*mi buom buom*）ので、年配者の解説がないと分からないことが多いという。彼らは、「難しい」歌や表現の中に見いだされる祖先の過ちよりも、その表現がいかに現実や未来の新たな局面を暗示しているのかを強調する。

〈事例6－5－1〉ムルレによる襲撃の予言

かつて、ングンデンは次のように歌った。「わたしは朝の非常に早い時間（バウア *bauwa*）に進軍を始め、そしてムルレを攻撃する。」ホワイト・アーミーはバウアの季節（筆者補足：一年のはじまり）が来るまで（八月に行われたムルレの襲撃に対する報復を）待った。だからホワイト・アーミーが一二月に報復を行うんだ。[24]

〈事例6－5－2〉「アラブ」の問題の後に

ングンデンの歌に、あるフレーズがある。「ムルレとボー、わたしがアラブ（*maroal*）との問題を終わらせるまで待て。そうしたらわたしはお前たちのところにもどってくるだろう。」これは、独立が達成された後にムルレとボー［ディンカ］との問題が起こることを示唆しているんだよ。[25]

〈事例6－5－1〉の語り手は、ホワイト・アーミーは、この予言のために一二月まで報復のときを待ったのだと主張する。これは、さきの語り手ニャナルが参照したものと同じ予言である。ロウ・ヌエル・ユースの声明書や、ブノムらへのインタビューから明らかになったように、一二月末の報復は複数回にわたる成員間や政府機関との交渉の末に行われたものであり、ングンデンの予言に従って行われたのではない。しかし、この予言は、二〇一一年から二〇一二年にかけて、ボーでホワイト・アーミーの襲撃について説明するときによく語られたものである。

これは〈事例6－3－2〉のニャナルの語りにも出てきたエピソードである。「ラスケル・バウア」で知られるングンデンの歌は、そのまま訳せば、兵士は朝早く（*bauwa*）に出かけてゆくという意味になる。人びとが注目していたのは、この「バウア」（*bauwa*）という語であった。バウアは、朝の非常に早い時間を指す。通常人びとはその時間帯に、ウシを放牧しに行く準備を始める。では、「早朝に兵士を動かす」とはどういうことか。早朝とは、ヌエルの人びとが一日の準備をする時間である。ホワイト・アーミーの成員たちがムルレへの報復にも向かったのは、一二月の末であった。一二月末は、新年を迎えるための準備をする時期である。したがって、一二月末のこの時期も「バウア」と呼ぶことがある。これが、ラスケル・バウアの予言とホワイト・アーミーの攻撃の関係についての説明であった。この予言の物語を多くのヌエルの人びとに語らせたのは、ホワイト・アーミーの襲撃の時期と、ングンデンの発言の「朝早い時間」との「偶然の一致」である。

〈事例6−5−2〉の語り手が注目しているのは、「アラブとの問題」——すなわち内戦や南スーダン独立——のあとにやってきた新たな問題、すなわちムルレ、そして「ボー」との対立である。この予言の語りもよく聞かれたものであったが、「ボー」に関しては、内戦中に戦ったディンカ・ボーのことであるとか、これから戦いが始まるであろう場所、「ボー・タウン」のことを指すものであるなどの複数の見方があった。

この二人の男性は、内戦時にエチオピアの難民キャンプで生活しており、ともにカトリックの教会に通っていた。一人は現在もカトリック教会に通っており、もう一人はングンデン教会に改宗した。二人とも大学を卒業したインテレクチュアルである。

若者たちが強調するのは、ングンデンの予言と現実との思いもよらない符合という「エ・クウォス」の経験である。このような語り手たちの多くが、内戦中に国外で教育を受けたキリスト教徒である。政府関係者やNGO職員として働く彼らにとって、一〇〇年以上前に自分たちの祖先によってなされた予言が今になって「成就」している、というのは大きな驚きであった。もちろん、中にはングンデンに対する信仰に対して否定的な態度をとる者もいる。しかし、彼らがングンデンに懐疑的であればあるほど、その「成就」を目の当たりにすると、「エ・クウォス」と言わざるを得なくなるという事態が生じる。

さらにこの二人に特徴的なのが、それぞれの予言が「将来」(*bɛ bɛn*: 来ていること)に起こりうることを示唆していると強調している点である。年配者の語りでも言及されていたが、それは「ングンデンは報復する」、「平和が訪れる」という「曖昧」なものであったのに対し、若者が指摘する「未来」は、「まさにXの場所で」、「Yの時期に」、「民族集団AとBのあいだに……」という具体的なものであった。このような年配者と若者に見られる語り口の違いはどのようなものであるのだろうか。

二つの語りのレトリックと「受け入れ可能性」

ングンデン教会の成員である年配者と、教育を受けたキリスト教徒である若者たちは、異なるングンデンの予言の受け止め方をしていた。この予言の受け止め方の違いには、本書が掲げた問いの一つ、多様な背景を持つ人びとがどのように予言を「もっともらしい」ものとして語りうるのかという問いに答えるための手がかりが隠されている。

ここまで取り上げてきたさまざまな事例に共通して見いだせるのは、ングンデンの言動のうちの特定のプロットが、現在の状況の一部と「一致している」という点である。その「もっともらしさ」とは、これから訪れる未来との関係において語られるのではなく、すでに起こっている過去や、現在まさに起こっていることとの関係で主張される。

第5章でも取り上げた哲学者のリクールは、ある物語のプロットの運動によってもたらされる帰結——本書の場合は「予言の成就」——は、「予測可能」(predictable) なものであるよりも、「受け入れ可能」(acceptable) なものであると指摘する。[26] ングンデンの予言を語る人びとのあいだで重視されていたのは、「予言・預言」(prophecy, prediction) という語が示唆する未来の予測可能性よりも、ある予言と思しき現象が、いかにクウォスの顕れとして受け入れ可能であるかどうかだった。

おそらく、ングンデンの予言の受け入れ可能性は、それまで個人が生きてきた状況や所属していたコミュニティに強く依存する。これまでアコボで生まれ育った年配者と、難民生活や高等教育を経た若者たちとでは、ある経験の受け入れ可能性を支える要素が異なる地点に配置されていることが考えられる。その「受け入れ可能性」を示すために引き合いに出されたのが、年配者やングンデン教会の成員の語りに見る「祖先の過ち」であり、若者たちの語りに見る過去と現在の「偶然の一致」への驚きであった。

第4章でも見たように、内戦経験を経てきた年配者たちは「祖先の過ち」を見直し、自己を常にクウォスに罰せられる存在として捉えることで、ングンデンの予言をより「もっともらしい」ものにした。一方、第5章で取り上げた住民投票や南スーダンの独立に関する若者たちの語りと同様、さきの語りにおいて若者が注目していたのは、ングンデンの発言や歌のごく一部と、現在起こっている事柄との関連である。若者たちは、ングンデンの過去の言動と祖先の関係そのものよりも、その過去が現在と何らかのかたちで「一致」していると判断したときに初めて、ある出来事を「エ・クウォス」と認めている。

年配者たちの多くがングンデンの「予言の成就」をある意味当然のものと見なし、その具体的な内容を探ろうとしてきたのに対し、若者たちにとっては、この「エ・クウォス」の経験自体がはるかに衝撃的なものであった。だからこそ、教育を受けた若者たちにとっては、その合致性の方が、予言の具体的な中身よりも一層説得力のあるものだったのかもしれない。若者たちにとって、キリスト教の聖書に書かれている預言や南スーダンの政治的状況、そして数々の「偶然の一致」という「証拠」もまた、ングンデンの予言を受け入れ可能にするものとして働いた。言うなれば、これらの受け入れ可能性は、異なる環境の下で生きてきたそれぞれの個人が関わってきたモラル・コミュニティの現れ方の一つである。

では、予言にそれぞれの「もっともらしさ」を見いだす語り手に、突如として現れた「予言者」である可能性を秘めたダックは、どのように受け止められたのだろうか。予言者としてのダックの正当性は、状況とともに流動する人びとの信念と、予言の「もっともらしさ」とともに獲得され、また失われてゆくこととなる。

第5節　交叉するまなざし

ダックは「クジュール」か？「予言者」か？

ここからは、さまざまな立場にある者がダックに向けた疑念と信念を取り上げる。まずは、マスメディアが彼の存在をどのように取り上げたのかを紹介しよう。スーダン地域に関するオンライン・ニュースサイトである『スーダン・トリビューン』(*Sudan Tribune*) は、二〇一二年四月九日、ダックの紛争への関与を資料7の通り報じた。

その後、同年六月二六日、スーダン・トリビューンはダックの逮捕を資料8の通り報道した（資料8）。

この記事の通り、二〇一一年末の襲撃においてダックは「魔術的」な力によって地域住民を煽動したと報じられた。[27]「自称『神に送られた予言者』」や「マジシャン」、「自称スピリチュアル・リーダー」という各報道の言葉遣いからは、前近代的な宗教的指導者や彼らを信ずる「遅れた人びと」という前提の下で記事が書かれていることが窺える。

報道や記事の中で発言者が前提としてきた「前近代的」な「自称予言者」、「自称スピリチュアル・リーダー」、「マジシャン」のイメージは、少なからず都市部に住む政府関係者やヌエルのインテレクチュアルに共有されるものであった。

では、実際にダックはホワイト・アーミーによる襲撃においてはどのような役割を持っていたのだろうか。襲撃に参加したホワイト・アーミーの成員とブノムへの聞き取りに基づき、彼の果たした役割を見てゆこう。

ホワイト・アーミーの襲撃とダック

二〇一一年一一月、ブノムらは同年八月に行われたムルレによる襲撃について話し合うための集会を開いた。翌

資料7

2012年4月9日の記事

地域行政の役人によれば，ジョングレイ州の自称「神に送られた予言者」は地元の人びとにとって大きな影響を持っていると思われる。過去に［筆者補足：ロウ・ヌエルに］誘拐された者によれば，地域的に「マジシャン」として知られるロウ・ヌエルのスピリチュアル・リーダー，ダック・クウェスは，ボディーガードとして行動する武装した若者を備え，近隣の部族（tribe）からウシを奪っているという。［…］SPLAは，ロウ・ヌエルの「マジシャン」，ダック・クウェスのようなスピリチュアル・リーダーに従って，敵対する部族を攻撃するために動く双方のコミュニティの若者を非難している[28]。

資料8

2012年6月26日の記事

自称スピリチュアル・リーダー，ダック・クウェスは，州市民の武装解除が3月に始まるとエチオピアへと逃亡した。クウェスはジョングレイ州北部地域のロウ・ヌエル出身の武装した若者を率いており，また伝えられるところによればエチオピアでも何人かの従者を雇った。火曜日，ダックは南スーダンの国境沿いでのSPLAの待ち伏せ攻撃から逃れる中，エチオピア軍によって捕えられた。［…］［当時のSPLAのスポークスマンは］クウェスを逮捕することの重要性を尋ねられたとき，「彼［クウェス］はジョングレイ州の治安の悪さの原因だった」と，答えた。彼［クウェス］はその従者200人と共に逮捕された――そのうち幾人かはエチオピア国民である。クウェスは水曜日には南スーダンに移送される。ロウ・ヌエルがムルレの居住地であるピボールへと報復攻撃を始めたとき，クウェスはその組織を補助したことで訴えられていた[29]。

月には再び集会が開かれ、ムルレへの報復を決定した。この決定は「使者」らによって各地域のブノムまたは代表者に伝えられ、ものの一週間で六〇〇〇人から八〇〇〇人もの若者が集結した。その後、軍勢は四～五日かけ徒歩でムルレの居住区に向かった。彼らは道中にある民家を燃やし、家畜や武器を収奪しながら進んだ。

軍勢が目的の地域の近くまでたどり着くと、当時南スーダンの副大統領であったヌエル出身のリヤク・マチャールがその地に現れた。マチャールは、ホワイト・アーミーの成員たちの前に立ち、ムルレへの襲撃をやめてそれぞれの村に帰るよう指示した。ブノムたちは急遽集まって会議を開き、マチャールの指示に従うかどうか相談した末、自らの居住地へ戻ることに決めたのだった。[30]

わたしがインタビューを行ったホワイト・アーミーの成員たちによれば、二〇一一年末の襲撃や、それを決定する集会にダックは参加していなかったという。[31] 彼らは、自分たちはダックに率いられたのではなく、自分たちの意思に基づき、ブノムとともに襲撃に向かったのだと主張していた。襲撃時のダックの役割を尋ねると、ダックはただ「予言者の仕事」(*latdɛ gok*) あるいは「クウォスの仕事」(*latdɛ kuɔth*) をしていたに過ぎないという。それはどのような仕事だったのだろうか。

成員たちが主張する「予言者の仕事」とは、コミュニティに必要とされるときに「奇跡」を起こすことである。二〇一一年末の襲撃時にダックが果たしていた役割とは、「奇跡」を起こすことで、ホワイト・アーミーの進軍や攻撃を助けることであった。実際の襲撃の際、ダックの働きかけによって次の「奇跡」が起こったという。

〈事例6－6〉襲撃時の奇跡の助言

ブノムはムルレの居住地に向かう途中、進むべき方向に迷ったときは村に残ったダックに衛星電話を通して連絡をとり、どちらの方向に進むべきか助言を得ていた。驚くべきことに、ダックの言う通りの方向に軍勢が進むと、水たまりのある場所や睡眠がとれる安全な場所に辿り着くことができたり、隠れている「敵」を見つけることができたりした。

このときのダックの働きは、多くのホワイト・アーミーの成員を驚かせた。しかし、この「奇跡」を起こす力のために、ホワイト・アーミーの成員すべてがダックに従っていたわけではない。多くの成員たちが主張していたように、襲撃の決定はあくまでもブノムとホワイト・アーミーの成員、そして地域共同体内の合意に基づいていたのである。

おそらく戦いの仕掛け人、あるいは紛争指導者というダックのイメージの流布にあたり大きな役割を果たしたのは、インターネットや携帯電話をはじめとする近代メディアである。例えば、ダックは二〇一一年末の襲撃の際は村に残り、襲撃に出かけたホワイト・アーミーの成員たちへ祈りを捧げていた。彼が年配者らとともに祈りを捧げ、歌を歌う様子は、携帯電話で動画撮影され、南スーダン国内にすぐさま広がった。筆者は動画サイトに投稿されたこれらの動画を入手したが、それまで予言者の存在を疑っていた若者たちは、しきりに動画を見たがり、何人かは自分の携帯電話にデータを転送するように頼んできた。

しかし、ダックの存在が地域や個々人の信仰を越えて認められるようになったからといって、彼の「クウォスの仕事」、つまり予言者としての能力が多くのヌエルの人びとに認められていたわけではなかった。少なくとも二〇一一年末の襲撃において、ダックは襲撃を指示もしていなければ参加もしていなかった。その後、ダックは政府による武装解除に抵抗し「クジュール」として逮捕されることとなったが、このときダックが率いていた軍勢は二〇〇人程度と言われている。この点からも、数千人にもおよぶホワイト・アーミーをまとめるブノムに比べ、ダックの影響力は非常に限られたものであったということができるだろう。結局ダックの逮捕後も、ムルレ、ロウ・ヌエルの間の武力衝突は止まることはなかった。聞いたところによると、ダックは逮捕後間もなく釈放され、その後村を去ったという。

以上に見てきたように、各種報道で取り上げられたダックの影響力と、実際に襲撃の際に彼が持っていた力には大きなギャップがあった。報道では、ホワイト・アーミーは予言者を盲信し攻撃に加担しているかのように描かれた。では、実際にホワイト・アーミーのメンバーはどのような動機に基づいて攻撃をしかけたのだろうか。

国家への不信——ホワイト・アーミーからの声明文

襲撃にあたって何度も集会を開き、コミュニティの合意の下で襲撃に出かけたホワイト・アーミーの行動原理は、マスメディアをはじめとする外部者の想像力とは別のところにある。ホワイト・アーミーの成員が、襲撃に向かう前に政府や国連関係者に宛てて送った声明文の内容を見てみよう（資料9）。二〇一一年末Eメールに添付して送られた声明文には、襲撃を行うに至った理由や政府に対する不満が書かれていた。あて先は大統領だが、同報（CC）先として副大統領、ジョングレイ州知事、国連関係者、SPLA、各種報道機関とあった。

この声明文で彼らは自分たちのことを「ロウ・ヌエル・ユース」と呼び「ホワイト・アーミー」という名称は用いていない。彼らが声明書の中で何度も主張したのは、これまで彼らはSPLAや国連の軍隊、そして「南スーダンのコミュニティ」を尊重し、攻撃に行くのを待ち続けたのにもかかわらず、政府をはじめとする機関からは何の反応も得られなかったということである。続く文章には、「何度もキール・マヤディット（筆者補足：サルバ・キール南スーダン大統領）に手紙を書いたのにもかかわらず、彼はムルレを武装解除したり、ムルレの年配者たちを平和のために動員し、彼ら（ムルレ）のコミュニティに送って（攻撃をやめるよう）諭そうとしたりはしてくれなかった」とあった。さらに、報道などで指摘されているように、自分たちは単なる「報復」のために攻撃に行くのではないこと、先日SPLAが自分たちを銃で撃ち、ウシを盗んでいったため、SPLAはもはや信用に値しないことなども書かれていた。

ホワイト・アーミーのメンバーも、住民投票の際には投票所に行き、その多くは「一本の手」の方に投票しただろう。「南スーダンのコミュニティ」を尊重し攻撃をやめていた、という主張には、自分たちが選んだ新しい政府を尊重した、という意味が込められている。この声明文からは、彼らがダックの「魔術的な力」に率いられていた

資料 9

> ［…］ロウ・ヌエル・ユース［筆者補足：ホワイト・アーミーのこと］はムルレの非友好的な態度に寛容に辛抱強く耐えた。ヌエルの文化はわたしたちに彼ら（ムルレ）を許し，自分たちのしたことについて考える十分な時間を与えるように教えたのだから［…］数か月前，［ロウ・ヌエルの］若者の代表がロウ・ヌエルとムルレのあいだで平和的解決のための交渉を要求した。［…］しかしムルレ・コミュニティはわたしたちと話すことを拒んだ。わたしたち自身が 2011 年 8 月 18 日［表 11 の 9 の武力衝突］や過去になされた彼らによる攻撃の犠牲者であるのにもかかわらず。［…］何度もジョージ・アトール将軍から［反政府運動に加わるよう］要求があったが，わたしたちはそれを拒んだ。しかし政府はまだこのことをきちんと認識もせず，わたしたちを国家建設［を実現する要素］の一部であると信じこんでいる。こういった継続的な不当な扱いに対してわたしたちが長いあいだ沈黙を貫いてきたのは，怖れのためなどではなく，南スーダンのコミュニティを尊重したからである[32]。

のでも、またムルレに対する報復心によってのみ襲撃を行っていたのでもないことが明らかである。

では、ングンデンの予言を信じるングンデン教会の成員たちは、ダックをどのように捉えたのだろうか。次に、ングンデン教会でなされたダックの力をめぐる議論を紹介しよう。

ングンデン教会の人びとから見たダック

ダックが居住する村からはだいぶ離れているボー・タウンのヌエル・コミュニティでは、ホワイト・アーミーによる襲撃の前後、ダックが本当に「クウォスを持っている」(*tɛɛ kuɔth*) かどうか、つまりダックが本当に予言者であるかが人びとの関心の的となっていた。

カトリックからの改宗者であり、病院の看護師でもあるングンデン教会の祭司は、ダックが「予言者」と呼ばれていることについては当初否定していた。二〇一一年末から二〇一二年にかけてのングンデン教会での礼拝 (*pal*) では、祭司はングンデン以外の予言者は認められない、ということを繰り返し語っていた。祭司の見解によれば、ダックは「予言者 (*gok*) ではなく、ただのダイヨムだ」という。キリスト教徒である高等教育を受けた若者たちも、はじめダックが「予言者」と呼ばれることについて不満を持っていた。ダックが武装解除に抵抗していると噂された際にも、わたしの調査助手を務めてくれた三〇代男性は、「ダックは政府に歯向かうウィッチ」あるいは「シェイタン」であるとして非難していた。「シェイタン」は「長くものを見る」(*guec mi bar*)ことができない。ングンデンは「長くものを見る」ことができるから「シェイタン」ではないのだという。

しかし同時期、ングンデン教会に集う祭司以外の人びと、特に年配者たちは、ダックは予言者ではないのかと語り合っていた。彼女たちのうち何人かは、かつて「クジュール」として放逐されたガイ・マニュオンと行動をともにした者たちであり、ダックもまたそのうちの一人だったからである。

彼女たちによれば、ダック・クウェスの登場は、ングンデンによって予言されていたという。「チエンを食べ皮から離れる」(*cam cieng kuac jien*)というフレーズが、ングンデンの歌にある。このフレーズは、リヤク・マチャールのことを指す予言であるという説もあるが、このとき彼女たちは、これはダック・クエスを指す予言だと主張していた。ただし、その「解釈」は不明である。ダックの存在をングンデンの意志の表れとして捉える成員たちに対し、祭司はよく、「ガイ・マニュオンの信者らは、ングンデンがまだ精霊(spirit)の憑依のようにやってくると信じている。そんなやり方ではングンデンはやってこないのに」と、ダックらの祈り方や信じ方に対して文句を言っていた。この時点で祭司だけは、ングンデンとデンが唯一のクウォスであるというングンデン教会の信念にのっとってダックを理解していたのである。

二〇一一年末、ボー・タウンの近くでも、ムルレによるものと思われる襲撃が頻繁に生じていた。メディアでは、ジョングレイの危機が報じられるようになった。それとともに、祭司以外のングンデン教会の成員は、ムルレの攻撃を受けるであろう村落部の親族に対する思いを、礼拝中の「報告」や「励まし」の際に言及するようになっていった。武力衝突の深刻化に伴ってダックは(真の)予言者ではないかという見方が広まる中、祭司は、祈りのあとにたびたび集会を開き、ングンデン以外は予言者とは見なされないことをしきりに成員たちに教えていた。二〇一二年二月末の祈りで祭司は、次のングンデンの予言を引き合いにだしながら、ダックへの信仰に向かおうとする成員たちを説得していた。

> 「ングンデンはかつて自分の後に登場する予言者らはみんな偽物だと話していた」［…］ングンデンはグエク［ングンデン：ングンデンの息子の一人］が死んだら、わたしの発言はすぐ終わるとも言っていたのだ。[33]

祭司の努力にもかかわらず、襲撃が自分たちの居住区に近づいてきたことを恐れたングンデン教会の年配者らは、携帯電話を用いてダックの従者らに連絡をとり、彼らにどうしたらムルレの襲撃を防ぐことができるのかを尋ねた。ダックの従者らが伝えるところによれば、ダックは「（供犠をするための）ウシを用意しろ」と言った。年配者たちは褐色（*mi yien*）のウシと二頭のヤギを用意し、ダックの指示に従って[34]「自分たちの問題がウシとともになくなっていきますように」という祝福（*lam*）の言葉とともに供犠を行った。供犠は、わざわざ軍事バラックから「ウシの男」を呼んで行われ、その後ウシの肉はその場にいた人びとによって共食された。本来、この供犠はダックの面前で行われるべきだったが、ボー・タウンとダックの居住区のあいだは距離が離れていた。そのため、ングンデン教会はボーでも供犠を行ったが、人びとはダックが村でも供犠用のウシを買えるよう現金を送った。

多くの人がダックを予言者と信じている状況で、祭司もなかなかその信念を批判できなくなっていった。彼自身、ングンデンとダックを混同することは許されないという考えはあるものの、ダックに対して特別批判的な感情を持っているわけでもなかった。その後、ングンデン教会の成員たちは、ダックに衛星電話を送るための資金集めを行うことを決めた。祭司がこの時期説教で繰り返していたのは、ダックは「ただのゴックか、ただのヨンだ」という説明である。「ただの狂人（ヨン）」ならまだしも、「ただの予言者（ゴック）」という表現はわたしたちにとって奇妙に聞こえる。しかしこの説教の中で祭司が言いたかったのは、一時的にクウォスを持つような人はいくらでもいるが、クウォスとともに永遠に存在し「長い目を持つ」（*guec mi bar*）「大いなるクウォス」（*kuɔth diit*）はンググンデンだけだということであった。

揺らぐ信念――武装解除と政府への不信

ボー・タウン内の緊張が高まり、ングンデン教会の成員の信念が揺らいでいる中で、祭司のダックに対する説明は徐々に変化していった。その契機となったのは、二〇一二年三月以降に南スーダン政府が行ったジョングレイ州全体の武装解除とその「失敗」であった。

政府主導で行われた武装解除をめぐって、二〇一一年以前にも数々の戦いが生じてきた[35]。特に、二〇〇五年以降ロウ・ヌエルに対して行われた強制的武装解除は、紛争解決や予防どころか、新たな武力衝突のきっかけにすらなっている[36]。二〇一二年三月の武装解除では大きな武力衝突は起こらなかったものの、その内容や方法は地域住民が十分に納得できるものではなかった[37]。

武装解除の後、不思議なことに、それまでングンデン以外を「予言者」とは認めなかった祭司は、ダックを「良い人物」(*wut mi goaa*)だと評価し始めた。ダックは、政府と衝突を繰り返してきた他の「クジュール」とは異なり、政府と戦わずにただその身を隠しているからだと言う。ングンデン教会の祭司は、武装解除にあたってダックの「書記」と連絡をとった。ダックの「書記」は、ダックに読み書きを教えて、「ングンデン聖書」を読めるように訓練をしているのだという。そのときダックの書記は、「我々はこれから何をすべきか知っている」と言い、ムルレがまず武装解除をするという条件付きで自分たちも武装解除に従うことを伝えたという。

武装解除にあたり問題となったのは、ムルレとロウ・ヌエル、どちらの側から武装解除を始めるかであった。このとき、特に村落部に住むロウの人びとが心配していたのが、武装解除が行われた直後にムルレの襲撃に遭い、抵抗できないまま殺されてしまうことだった。

祭司は、ングンデンとムルレとの関係を語る際、ダックとの関係についても触れるようになった。わたしがング

写真 39（上） 政府，国連に対するロウ・ヌエル・ユースによるランニング・デモ
写真 40（下） ジョングレイ州知事の事務所に到着したデモ隊

ンデンとムルレとの関係について聞くと、祭司は、「ングンデンがかつてムルレに力を与えたために、ムルレは現在こんなに強くなっている。しかし、ングンデンはまた、ムルレをいつか攻撃すること（あるいは終わらせること）についても言っていた」などと説明した。そして祭司はダックについて、彼は（ングンデンのような）「予言者」ではないが、ングンデンの予言を成就させるために現れたのかもしれない、と説明した。

その後ダックが政府に対して抵抗し始めると、祭司は「ダックは政府がどこから来るのか前もって分かるから、捕まえることはできない」などとその超自然的な力について言及し始めた。さらに翌年の二〇一三年にわたしがボーを訪れたときには、以前はダックに対して批判的だった若者までもが、ダックを肯定的に捉え始めるようになっていた。そのきっかけとなったのは、政府による武装解除後に、村落部で自分たちのチエンの成員たちが襲撃された事件であった。二〇一三年二月、ムルレによってロウ・ヌエルの居住区であるワルガック（Walgak）が再び襲撃され（資料11の19）、数百人もが命を落とすこととなった。結局、南スーダン政府は、ムルレの居住区では十分に武装解除を行うことができなかったのである。自分たちの居住区の武装解除の後に起こったこの事件に対して憤慨したボー・タウンに暮らすヌエルの若者たちは、すぐさま政府に対してデモを行った。

一〇〇名あまりの若者たちはロウ・ヌエルのあいだで歌い継がれてきた「戦いの歌」（*diit kor*）を歌い、「リヤク・マチャールを引きずりおろせ！　サルバ・キールを引きずりおろせ！」と叫びながらボーの町中を走り回った（写真39）。彼らは政府に対する不満と要求を書いた「紙」（*waraga*）を掲げ、行政機関や国連施設に押し寄せた（写真40）。最終的に到着したジョングレイ州知事のオフィス、そして国連施設でデモ隊は警察と衝突し、何人かのけが人を出すこととなった。

デモの指導者の一人でもあったわたしの調査助手は、デモが始まる前、「武装解除に抵抗したダックはやはり正しいことをしていたのかもしれない」と語り始めた。ではダックは「予言者」と考えていいのかとわたしが尋ねると、「そうかもしれない」と彼は答えた。デモのあと、わたしが幾人かのキリスト教徒の若者たちにダックを信じ

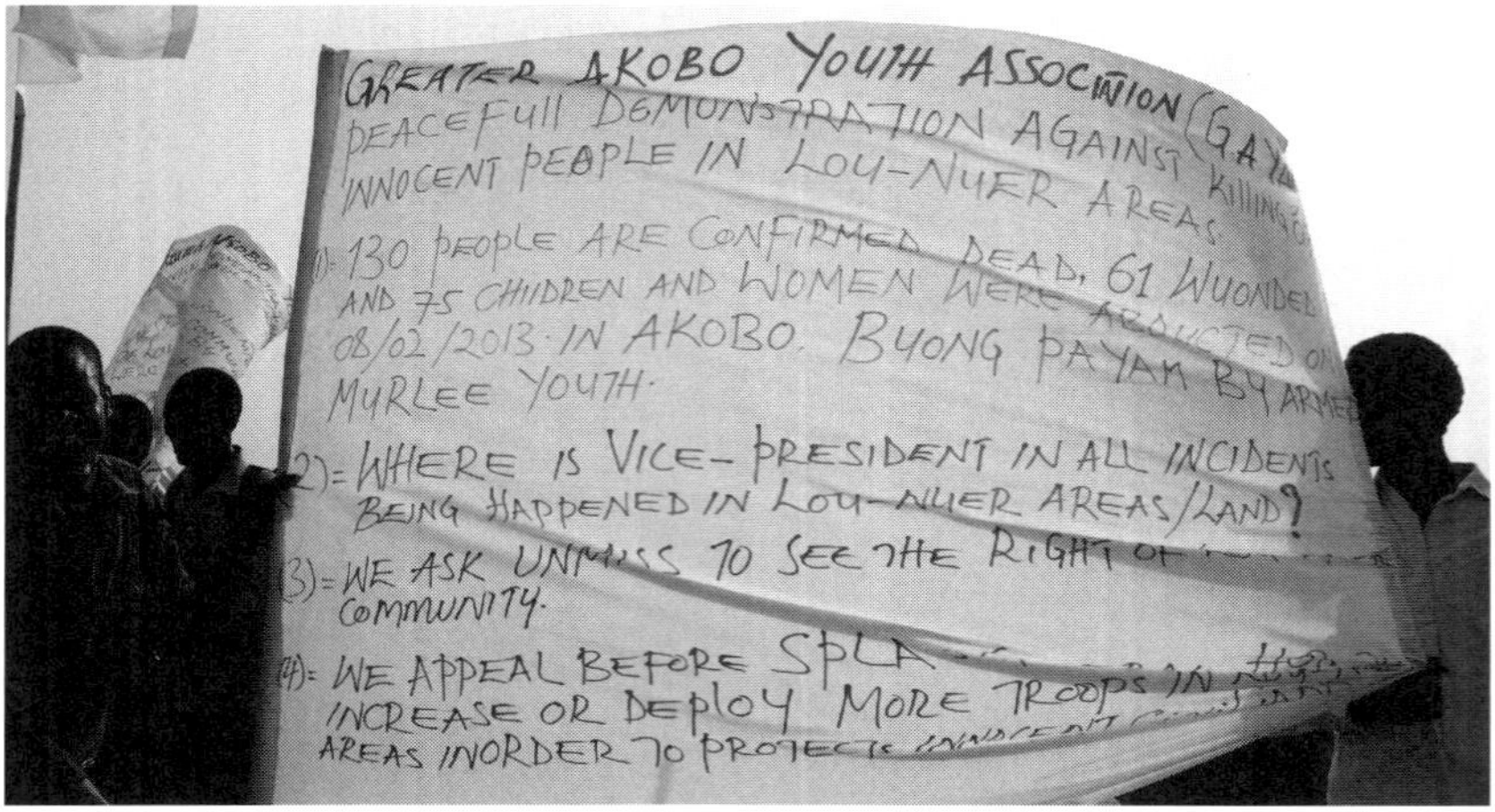

写真 41　デモのときに掲げられた「紙」

るのかと尋ねたところ、彼らは、ダックを「目的があれば信じる（*ngaath*）のだ」と語った。

ングデン教会の祭司や「エリート」たちの不満は、ムルレのみならず、政府や国連に対しても向けられていた。祭司はこの事件に対する怒りを次のように語った。

> 今回のこと［筆者補足：表11の19の襲撃］でわれわれロウは本当に怒っている。この状況で武装解除を行おうとするなんて、どんな政府だ。これに対してロウは戦うだろう。国連が出てきたところで、やつらとも戦うだろう。たとえ、ロウが全滅することになろうとも。一二月のピボール襲撃で政府が介入したとき、ロウはおとなしく政府の命に従い、故郷に戻った。その結果がこれだ。政府はロウが出てきたら「あいつらはマイノリティだから」などと言って攻撃を止めさせようとするが、ムルレの攻撃に対しては何もしない。ボーだけは安全な場所にしているけども、ではなぜロウの地域だけは常に治安が悪いのだ。どんな政府だ。一二月のとき、［表11の11］まともにムルレを攻撃していたならば、とっくにムルレは全滅していたはずだ。今回の武装解除だって、前回のようにロウにだけやってムルレへの解除は失敗するに決まっている。前回のように。それをロウは知っている。それでも無理やり政府が武装解除をしようとするなら、彼らは戦うだろう。たとえ、同じ村の、同じ家族同士で

あっても。［…］以前なら都市にいるわれわれは、村落部の彼らの攻撃を止めるために電話をしたのだろうが、こうなってしまっては、もう（攻撃に）「行け」というほかにはない。［…］ムルレ、あるいは政府軍や国連軍と戦うことになっても当然だ、クウォスはわれわれをサポートするだろう。わたしたちは、肌は黒いが、頭は黒くないのだ。[38]

ボー・タウンにおける若者によるデモ、祭司の怒り、そしてホワイト・アーミーの声明文には、南スーダン新政府に対する不満がありありと現れている。前章で取り上げた住民投票の際、あれほどまでに大きな感動を呼んだ「国家」という新しいチエンは、独立後の混乱の中で徐々に人びとの心から離れていった。その代わりに人びとに「信用に足るもの」として現れたのが、日常的に彼らが接する範囲のチエンであった。しかし、その確からしいチエンさえも、武装解除の中でいつ崩壊するか分からない状況にあった。

本節では、政府関係者、ホワイト・アーミー、都市の若者組織、ングンデン教会の祭司と成員たちという複数のアクターがそれぞれ予言者に対して想像力をめぐらせ、自分の経験との関係を模索し始める様子を記述した。その契機となったのが、新たな紛争の勃発と多くの犠牲者、武装解除の失敗、その中で募った新しい政府への不満である。ダックが「本当の」予言者である可能性を語るときに人びとが吟味していたのは、彼の周辺で起こる出来事の中に、クウォスからの働きかけを見いだせるかどうかであった。新たな紛争とリーダーシップに対する不信の中で、人びとは、既存の予言者や世界に対する見方を再考し、新たな可能性——ダックが予言者でもありうること——に目を向けていた。

第6節　人間のことばを話す者は誰か

すでに見たように、ダックが「本当の」予言者である可能性が検討される際に重要となった要素の一つは、クウォスの顕現の有無であった。しかし、相次ぐ紛争という不安定な状況の中で、彼に対する信頼を支えたのはそれだけではない。予言者としてのダックの可能性を支えることとなったもう一つの要素は、人びとが既存のリーダーシップに対して抱き始めた不信である。

二〇一一年に誕生した南スーダン政府、反政府軍、ホワイト・アーミーのブノム、村落部の年配者など、独立後の南スーダンにはさまざまな集団を率いる複数のリーダーシップが存在していた。当時、絶えない紛争の中を生きていた人びとは、自分たちが従うべきリーダーと、そのリーダーが創り出すコミュニティのありかたを絶えず探っていた。ダックの影響力が浮上してきたのだとしたら、そもそもヌエルの人びとが期待するようなリーダーシップのありかたをまず検討する必要がある。

かつて、「秩序ある無政府状態」[39]と表現されたヌエル社会の人びとが希求するリーダーとは、どのような人物なのだろうか。また、その人物とともに築かれるべきとされる人間関係やモラル・コミュニティとはどのような特徴を持っているのだろうか。ここから、ヌエル社会で一般に政治的なリーダーシップを持つ者として言及されるルイッチ・ナース（*ruic naath*）の特性を、既存の民族誌的資料に基づいて検討したい[40]。

ルイッチ・ナース

すでに述べたように、「ナース」というヌエル語は、「人間」（複数）を意味する。「ルイッチ」は、「話す」という動詞「ルワッチ」（*ruac*）から派生した語で、「（ことばを）話す者」という意味である。したがって「ルイッチ・ナース」とは、「人間のことばを話す者」と翻訳できる。ルイッチと関連する語であるルエッチ（*ruec*）は、政治的な事柄を「話す能力」を指す。現在では、ルイッチ・ナースとは政治家や首長など、それぞれのコミュニティの代表としてことばを話し、紛争を仲裁する者のことをいう[41]。

植民地時代以前、ルイッチ・ナースとは予言者を指す語でもあった。かつては、「クウォスのことば」（*ruacdɛ*

kuɔth）を話す者こそが「正しいことばを話す者」であり、政治的にも力を持つことすらあったという。[42] 植民地期、それまでルイッチ・ナースとされてきた人物は植民地政府に敗れ、以降は地域の長老や代表者、首長がルイッチ・ナースと呼ばれるようになった。

ヌエル出身のW・ドゥアニィ（W. Duany）は、ルイッチ・ナースをヌエル社会の「政治的秩序を維持するのに重要となる、規範的な判断――誰が正しく、誰が正しくないか――をすることができ、問題をはっきりさせることができるような特別な人間」であると指摘する。[43] ヌエルのスポークスマンシップは、「個々人間の問題を回復・維持させ得ることのできる『神を恐れる』人物に与えられた能力を持つ者」によって発揮される。この点を踏まえれば、ルイッチ・ナースは、必ずしも予言者、大地の首長、ウシの男や国家が指定した首長のように特定の職能者として存在するのではないことが分かる。ルイッチ・ナースとは、コミュニティで共有される美徳のモデルであり、その存在価値をコミュニティの成員から認められた者でなければならない。

ホワイト・アーミーからのEメール、若者たちの反政府デモで掲げられたメッセージやングンデン教会の祭司の信念の変化から見えてくるのは、「国家」という新しいチエンの失敗の後に、自分たちのルイッチ・ナースを再び求めざるを得ないという、現在のヌエルの人びとが置かれている状況である。次では、このルイッチ・ナースに必要とされる条件をもう少し詳しく検討しよう。

ンゴット関係

さきに取り上げたドゥアニィは、ルイッチ・ナースの考え方を理解するためには、「ンゴット」（*ngot*）と呼ばれる関係を捉える必要があると指摘する。ンゴットとは、ルイッチ・ナースが解決し、またコミュニティと形成することが期待されている関係を意味する。

ンゴットとは、一種の契約関係である。ンゴットとは、「切る」を意味する動詞である。「切る」という語が、

「契約」を意味するのはいささか妙かもしれない。ヌエルの場合、ある人同士が契約関係を結ぶとき、ウシの供犠が行われる。すなわち、ウシが「切られる」のである。この供犠を通じて、ある者同士、あるいは集団同士の契約関係は、コミュニティに知られるところとなる。ンゴット関係は、供犠獣の体を「切り」(*ngot*)、そしてその切られた部分をともに「食べる」(*cam*) ことによって作られる。ンゴット関係を築くことは、二者間の合意と、そのもとに築かれる本質的な絆を宣言することである。第3章で取り上げたように、供犠を通した問題解決の際に問題となっていたのは、ウシの血である。ドゥアニィは、供犠で流される血の重要さを次のように説明する。

一度ンゴット関係が個人間や集団間で築かれると、ンゴットを違反するような事件の発生によって負った義務からある人物を解放するのは、血が流れることに他ならない。ンゴットへの関与の仕方を変えることは、相互の合意を必要とする［…］このコンテクストでは、血は生命 (life) を表すものであるために重要となる。生命は血の中にあり、それゆえ血が流れるということは、生命に対する何らかの判断を体現するものとなる。[44]

ヌエルの供犠の目的の一つは、供犠獣を「切る」行為によって「邪悪なもの」を「終わらせ」、血の問題を解決することにある。この「切る」行為によって維持されるのは、問題を起こした当事者の生と、当事者の関係する集団の生、第3章で集合的・拡張的自己と呼んだ、祖先と子孫からなる集合的な生のあり方である。これを保証し続けてくれる者が、人びとによってルイッチ・ナースと見なされうる。ある人物がルイッチ・ナースとみなされるためには、このような血の問題を解決し、ンゴット関係を回復へと導く能力を公の場で示す必要がある。[45]

ルイッチ・ナースは、クオム (*kuom*) と呼ばれる椅子に座る。[46] クオムは現在では椅子全般に用いられる用語であるが、もともとは戦いに使う棒状の盾のことを指していた。植民地行政の登場によって、このクオムは、多くの椅子が置かれている役所のシンボルとなり、ルイッチ・ナースの所有物と見なされるようになった。儀礼のときに、

写真42　聖なるクオム（写真奥）に座る「ングンデン」に祈りを捧げる

ルイッチ・ナースがクオムに座ることは、彼の周りの者たちによって「クウォスのところへと持ち上げられる」ことを意味しているのだという[47]。

ある人物の登場とクウォスとのかかわりは、予言者に限らずあらゆるリーダー的人物に期待されている。ルイッチ・ナースと呼ばれる者は誰でも、クウォスに恵まれていて、人間の血の問題を解決できる能力を有する者であると見なされている。しかし、ルイッチ・ナースの能力は、予めある人物に与えられているわけではない。ルイッチ・ナースは、人びとに何かを「話す」ことはできるが、「命令」することはできない。ヌエル語には、「命令する」と訳せるような語はなく、人びとはルイッチ・ナースにお願いをして何かを「話して」もらうのだという[48]。ルイッチ・ナースは、コミュニティに属する人びととンゴット関係を形成することが期待されている人物である。だが、ンゴット関係の形成を見極めることができるような成員間の合意によってしかその能力は判断されない。

南スーダンの独立後まもなく、人びとの生命、あるいは集合的自己の存続は危機にさらされていた。二〇一三年、政府に対するデモが行われていたときにヌエルの人びとが希求していたのは、自分たちとンゴット関係を築き、「邪悪なもの」を終わらせることができるようなリーダー、自分たちのモラルを体現しうるようなルイッチ・ナースではなかっただろうか。「カネを食べて終わらせる」政治家、自分たちを守ってくれない新しい国家や国際機関、もしかしたら本物の予言者かもしれない「自称予言者」――この中で「邪悪なもの」を「終わらせ」、自分たちの生命を保証してくれるような真のルイッチ・ナースは誰なのか。このリーダーシップをめぐる葛藤の中で、ダックの周辺で生じる「エ・クウォス」と呼べる出来事は人びとに吟味されていた。むしろ、ダックのように一地域でしか力を持ちえなかった者が集団を超えた力を発揮し、またそれが期待されたのは、当時ジョングレイ州全体が政情不安を抱えていたためであると言ってもいいのかもしれない。

第4節、第5節で取り上げたように、ある人物が予言者やルイッチ・ナースと見なされるためのエージェントとなったのは、常に「エ・クウォス」と呼ばれる出来事であった。わたしがボーで調査を行った二〇一一年末から二〇一三年にかけて、ヌエルの人びととのあいだでは、「ダックは予言者か」、「クウォスを持っているのか」という議論がよく行われていた。わたしはダックに関するノートを取る際、インフォーマントに「彼を予言者と書いてはいけない」、「彼はシェイタン（悪魔）ではなくてクウォスだ」、「呪医（*gwan wal*）か、マジシャンとでも書きておきなさい」などとよく注意を受けていた。ではなんと書くのが一番良いのかと投げやりに聞くと、大抵周囲の人びとが議論の末にいきつくのは、ダックが予言者かどうか今は誰にも分からない、ということであった。予言者ングンデンが死後にその名声を獲得したのと同様に、ダックについても一〇〇年後になってはじめて彼が予言者であったかどうか分かると多くの人びとは説明した。多くの予言者、そしてルイッチ・ナースがそうであるように、その人物の正当性を知るのはクウォスのみであると言われる。したがって、彼らが予言者であることもまた、多勢の「エ・クウォス」の経験によって判断されるより他ないのである。

第７節　「エ・クウォス」と開かれた問い

前章で取り上げた国家の誕生とは、複数の想像力の統合の中で生まれた新しいチエン、大きなモラル・コミュニティだった。南スーダン独立後新たに生じた問題の中で表出したのは、ジョングレイ州の地域的事情と政府のあいだにある齟齬だった。繰り返される武力衝突と武装解除の失敗の中、大きな期待の中で誕生したはずの「国家」というチエンは、そのチエンらしさ――自分が属する地域共同体である「家」――を失っていった。

本章では、独立後の凄惨な紛争において競合した複数のチエンと想像力のありかたを見てきた。ホワイト・アーミーの成員、村落部の年配者や都市部の若者たちが経験した「エ・クウォス」としての紛争経験は、国連や政府、報道関係者など、より大きなモラル・コミュニティをも包括しながら展開していった。国家の独立が希望に満ちた「エ・クウォス」であったのに対し、このような災いの訪れもまた、ングンデンの「予言の成就」としての「エ・クウォス」として語られていた。

はじめ、ダックはングンデンほどの影響力を持たず、一部のヌエルの人びとには予言者であることすらも認められていなかった。ホワイト・アーミーの成員は襲撃時のダックの役割は認めていたものの、ダックはホワイト・アーミーの成員を動員するほどの力は持っていなかった。一方で、ムルレの攻撃におびえるアコボの年配者は、現在「敵」となったムルレと、過去にングンデンと自分の祖先とが築いた関係を見いだしていた。ボーの若者たちにとっては、過去のングンデンの予言と現在の紛争の「偶然の一致」こそが「エ・クウォス」であった。

しかし、状況が凄惨化し、政府への不満が高まってくると、それまでダックを批判していた人びともダックが予言者である可能性を見いだすようになった。なかでも、武装解除の「失敗」を契機に噴出した新しいチエンへの不満は、それまでダックに懐疑的だった者たちに、新しいルイッチ・ナースに対する想像力を掻き立てる土壌となったのだった。
つまり、いずれの場合も、ルイッチ・ナースとしての予言者を方向づけるエージェントとなったのは、度重なる紛争や改善されない現実とングンデンの言動の合致という「エ・クウォス」の経験である。この「エ・クウォス」によって喚起される想像力は、祖先の過ち、政府、国連、貧困や恐怖を横断し、「偶然の一致」を関連づけ、新たな「意味」を紡ぎだしていた。

複数の「予言者」の範型

ここで、「予言者」なるものをめぐる想像力と、その想像力が実際の「予言者」に働きかける力について考えてみたい。本章で取り上げた場面では、さまざまなアクターが、それぞれの想像力に基づきダックを「翻訳」し、理解しようとしていた。

ダックは、南スーダン政府にとっては排除すべき「クジュール」であり、報道関係者にとっては地域住民を戦いへと動員しうる「自称スピリチュアル・リーダー」であり、またホワイト・アーミーの成員にとっては戦闘を補助する者であった。ダックは、ングンデン教会の祭司やエリートたちには「ウィッチ」と見なされることもあれば、人びとの直面している状況によっては真の「予言者」としての可能性を秘めた存在として語られることもあった。

国家がダックを「クジュール」と見なし排斥しようとしたことは、第1章で取り上げた植民地行政官が、「クジュール」を「マフディー」と同一視し弾圧していたことと似ている。ダックを取り巻く人びとは、多かれ少なかれ、自分たちが持っている既存の理解の枠組みの中でダックを解釈しようとしていた。

エヴァンズ゠プリチャードは、植民地行政官ウィリスが一九二八年に執筆したヌエルの「ウィッチ・ドクター」に関する報告に対し、次のように反論した。

土地に関する職能者、ウシに関する職能者、占い師、病を癒す「医師」、トーテムに付随するさまざまな儀礼の専門家、霊に憑依され人間に病をもたらす妖術師、悪魔祓い、予言者などを「ウィッチ・ドクター」などと翻訳するのは完全な誤りであり、このように「ばかげた」もののように見えるものをすべて一緒にまとめ上げてしまうことは、民族誌的記述にとっても、優れた行政のようなものにとっても、破滅的なことである。[49]

エヴァンズ＝プリチャードは、それまで「ウィッチ・ドクター」や「クジュール」と呼ばれていた予言者たちをヘブライの預言者になぞらえ、ヌエルの宗教観もキリスト教の「神」、「精霊」などの訳語を用いながら説明した。その後ヌエルのゴックについて定着した翻訳が、「預言者／予言者」(prophet) である。

植民地行政官ウィリスが用いたマフディーの例えは、植民地行政がエヴァンズ＝プリチャードに羅列されている前述の職能者を「より良く」把握するための想像力の範型に適合するものであった。同じように、エヴァンズ＝プリチャードによる「預言者／予言者」という翻訳も、読者となる当時のヨーロッパ人がヌエルの「宗教」を「より良く」理解するための想像力の下でなされた仕事であった。しかし、その後のスーダンの政治状況の中、「クジュール」や「呪医／ウィッチ・ドクター」などという「誤解」も、特に行政関係者らにとっては少なからず定着した見方となる。

本章で取り上げたさまざまなアクターがダックを理解する際に参照したのが、植民地期の「クジュール」像、キリスト教的預言者像に基づく「預言者／予言者」像、それに相反する存在としてのシェイタン（悪魔）や呪医という想像力の範型であった。これらのいずれも、目の前のヌエルの「ゴック」である可能性を秘めた人物の登場を理解するために必要な想像力の範型であった。

歴史的に形成されてきた複数の想像力は、エヴァンズ＝プリチャードのいうように、他者を理解するためには「破滅的」なものであるかもしれない。しかし、一方で、一度対象社会に与えられた翻訳は、現地の人びとの想像力に呼応して新たな現実を立ち上げ、その後「予言者」のもっともらしさや疑わしさを支えうるものとなった。[50] つまり、権力者側の「誤解」こそが、歴史状況とともに改変されながら引き継がれる中で、予言者の力を良くも悪くも支えていった。したがって、地域住民が期待する予言者の力と、権力者が想定する予言者／クジュールのあいだにずれがあるのは、ある意味当然の帰結だとも考えられる。

独立後南スーダンにおける武力衝突の中で共在していたのは、反政府軍にはじまり、ホワイト・アーミー、自称予言者ダック・クウェス（マジシャン、スピリチュアル・リーダー）の一団、武装解除を行うＳＰＬＡ、ングンデン教会の成員、都市のエリート・若者など、立場を異にする人びとのモラル・コミュニティだった。さらに、こうした集団を取り囲むのは、国連や国際機関、政府や政治家、報道というさらに大きなコミュニティや、そのあいだで形成されているネットワークである。複数のコミュニティのはざまで、突如として現れたダックをめぐる想像力もまた、せめぎあうものとなった。これらの複数のモラル・コミュニティと、その中で生じる翻訳的実践は、時として衝突、融合しながらダックに対する疑念と信念を形作っていったのである。

人びとが直面した「エ・クウォス」は、ングンデンの予言を現実に関連づけ、またダックの「奇跡」の可能性を見出すための想像力を喚起させた。この想像力が、本章で見たさまざまなチエンの対立関係、ルイッチ・ナースへの不満と不信の上にあるものだとしたら、それはもはや「単なる」想像力でも、個人の想像力でもなく、バイデルマンが言うような他者への働きかけや期待を含む、自身の世界を構築するための「モラル」を含んだ想像力（モラル・イマジネーション）ということができるのではないだろうか。かといって、これを「社会的な想像力」と括ることもまた難しいだろう。「モラル」を含む想像力は、個人や社会に属するものというよりも、むしろ自明とされてきたこれらの区分から離れたところで運動し、こうした範疇を運動の中で生み出してゆく可能性があるものである。

「エ・クウォス」の経験が人びとの想像力のエージェントであるとしたら、その想像力の運動は、自分たちで選んだチエンやルイッチ・ナースへの希望が崩れたのち、新たな現実や新たな他者に向き合いながら自分たちの新しい存在の可能性を探究するものであったのではないだろうか。この、自分たちの存在の新たな可能性の探究へと向かわせるエージェントとなったのが、「エ・クウォス」であり、自分たちを襲う他者、未知の出来事と関わるための想像力であった。

（上）　ジュバのヌエルのキリスト教教会（カトリック）の礼拝の様子
（下）　ヌエルとディンカの子供たち。ディンカ住民が多いボーでは，ヌエルとディンカの間の近所づきあいが多く観察された（2011－2013 年初旬）。

第7章　存在の別様式への気づき

第1節　闖入者の想像力

ところで、これまで本書が予言を語る人びととして扱ってきたのは、ヌエルの予言者について語ってきた植民地行政官や軍人、調査の中で出会ったヌエルの人びとである。これまで触れることはなかったが、本書の視座として参照したバイデルマンは、想像力という語を用いるにあたって、調査者・分析者自身の想像力についても言及している。

バイデルマンは想像力の特質についてまず二点——①人びとの生きている世界のイメージの構築に関するものであること、②実際に彼らが経験している世界とは異なる世界を描き、可能性として彼らのヴィジョンを拡大する方法を提供するものであること——を挙げた上で、最後にその想像力は、③「見知らぬ世界を描き出そうとする人類学者」にこそ求められるものであると主張した[1]。

バイデルマンが強調したのは、「想像力」とは、対象社会の人びとが固有に持っているものではなく、わたしたちが他者に遭遇する場において常に発動されるという点である[2]。自身のモラルを背負いながら、あるモラル・コミュニティへ闖入するフィールドワーカーは、自身を拘束する想像力に対して働きかける努力をする必要がある。この闖入者の想像力は、他者と遭遇する場面でいかに運動するのだろうか。また、複数の想像力が交わる場においいて、それまで所与のものとして捉えられてきた現実や自身の存在はどのように経験され直すのだろうか。

次では、この闖入者であるフィールドワーカーが予言的事象に組み込まれてゆくプロセスを紹介し、わたしの視点から見た「エ・クウォス」の経験について考えてみたい。時は、第5章で取り上げた南スーダン独立に先立って行われた住民投票直前まで遡る。

第2節　予言者の娘

住民投票目前の「予言者の娘」の到来

二〇一一年一月、ジュバの町中では毎日のように、スピーカーを積んだトラックが南部独立への投票を訴えかけるために行き来していた。住民投票のための住民登録まであと二日と迫った一四日の朝、わたしの携帯電話が鳴った。友人からの電話だったが、その突然の電話の内容は、当時南スーダンの副大統領であったリヤク・マチャールの家に来るようにというものだった。わたしはよく意味が分からず何度か聞き直したが、どうやらマチャールの家でングンデン教会の祈りが行われるとのことだった。序章で紹介した通り、当時わたしは「ングンデンの娘」という意味のヌエル名をもらって調査を行っていた。どうやら、そのときわたしは「ングンデンの娘」としての参加を期待されているらしかった。

その後滞在先を出発し、険しい表情をした門番の脇を抜けてマチャールの家に到着すると、すでにングンデン教会の年配女性たち、ニャウェッチ・リーがングンデンの歌を歌っている最中だった。中庭にいたのは二〇〇名ほどのヌエルやディンカの人びとであったが、マチャール自身はまだ来ていなかった。集まったングンデン教会のメンバーに聞くと、マチャールが来るかどうかはまだ分からないとのことだった。ジュバのングンデン教会の成員だけでなく、ボーのングンデン教会の成員も、二〇〇キロメートルもの距離を移動しボーから駆けつけていた。各地の祭司たちはやや緊張した面持ちでそれぞれ説教を行った。

マチャールの登場とダン

その後、二台のワゴン車が中庭に現れた。それに気づくと、一同は起立した。マチャールが車から降りるとまずわたしに英語であいさつをし、握手を求めてきた。マチャールの第二夫人は、ニャウェッチ・リーたちによって首飾りをかけられた。ダンスグループが現れ、ヌエルの伝統的なダンスが披露された。これは若者が中心であり、ングンデン教会の成員たちとは関係がない。若者・文化省（Ministry of Culture and Youth）の職員によって運営されているヌエル・ダンス・グループのメンバーたちだ。メンバーたちは伝統的な衣装ではなく、ングンデンの塚がプリントされたおそろいのTシャツを着て、帽子をかぶっていた。ダンスが披露されているあいだにも説教は続けられたが、人びとの注目はダンスに集まっていた。

マチャールが現れてからは、説教は「ングンデン聖書」を用いたものに切り替わった。読まれたのは「ングンデン聖書」三九番の「旗」の予言だった。その後、ングンデン教会の祭司や成員が次々にマチャールの前でスピーチを行った。

そして、とうとうわたしもスピーチを求められた。ショム（*com*）、「働きかけ」の言葉を副大統領の前で述べなければならない。当時わたしはジュバのングンデン教会に通い始めたばかりで、ショムの述べ方を知らなかった。その後ボーの教会では毎回祈りの度に登壇させられ、ショムを述べる訓練を受けた。おかげで現在少しはその語り口、例えば「クウォスは聞いています」（*kuɔth jaa ling*）、や「おじいさん（祖先）たちはいます」（*gwandong a thin*）などを真似て自分の苦境について説明する方法を知っているが、当時はまるで分からなかった。加えて、自分は「ングンデンの娘」という名前をもらっているだけに、何かを話すとそれが「ングンデンのことば」（*ruac ni Ngundeng*）と捉えられてしまうのではないかという懸念もあった。あるいは、それが期待されているのだとした

写真43　予言（？）をするフィールドワーカー。後ろの椅子には「デンが腰かけている」という。その奥の棒がリエクであり、「デンの通り道」である祠でもある。

ら、何か気の利いたことを言った方がいいのでは、と考えたりもした。

　結局、わたしはそれだけのヌエル語の能力もクウォスの力も持っていなかったので、南スーダンに来てヌエルの研究をするに至った理由などをしどろもどろに述べることしかできなかった。わたしはマチャールの隣に座っていたが、緊張のため何を言ってよいか分からなかった。とりあえずングンデンの予言に興味があるのだということだけ伝えると、マチャールは、「ヌエルは良いものだよ。」（"Nuer is good."）とだけ言って、あとは何も言わなかった。

　その後、マチャールはヌエル語でスピーチを始めた。話の内容は、明後日にせまった住民登録の話が中心であった。一月の住民投票の鍵となるのが、この事前の住民登録である。マチャールは、登録の仕方、そして、親指を用いた住民投票のやり方などを淡々と説明した。

　マチャールの話が終わると、ジョングレイ州から連れてこられたという白に赤褐色の模様のウシが前に出された。ウシの前には、リエク（*riek*）と呼ばれる棒・祠[3]が地面に突き刺さっていた。ングンデンのクウォスであるデンの通り道と言われるリエクは、マチャールの名、リエクと同じである。毛布を掛けたングンデン／デンのための椅子、クオム（*kuɔm*）も設置された。リエクが突き刺されていること以外は、普段のングンデン教会の祈りと変わらない。

しばらくすると、マチャールがゴルフバックを手に取った。いよいよダンが登場するらしい。人びとは緊張してその様子を見守っていた。

ゴルフバックのチャックが開かれ、マチャールがダンに手をかけると、人びとは歓喜の声を上げ、ダンに少しでも触れようと彼の下に駆け寄った。マチャールはダンを両手で持ち、上に掲げた（写真45）。わたしもダンに触りたいと思って近づいたが、ダンを囲む人の輪の中に入ってゆくことはできず、あきらめて写真撮影に徹した。その後すぐにダンはゴルフバッグにしまわれてしまい、触るチャンスは二度となかった。ダンが置かれたテーブルの前には、一南スーダンポンド札から二五南スーダンポンド札までの紙幣が次々と置かれ、コク（*kok*）、つまり供犠された。

その後、大きな興奮の中でウシの供犠（*kam yang, nak yang*）[4]が行われた。年配男性の一人がマーリを歌い、ウシの男と思われる男性が槍（*mut*）を右手に持ちウシに近寄る。ングンデンの歌が歌われる中で、ウシは胸部を一突きにされ、何度か血を吐いて倒れた。どうやら「良い方向」に倒れたようだ。[5]この供犠の興奮に乗じて、マチャールはダンとともに去ってしまったらしい。わたしを含む多くの者は、供犠に夢中でそれに気づかなかった。

マチャールは終始、ングンデンの予言と住民投票、あるいは自分との関係については言及しなかった。これは、マチャールが一部のヌエルの人びとや他の民族集団出身者に、ヌエルの伝統を政治化しているなどと批判されているためかもしれない。しかし、ングンデン教会の祭司をはじめ、セレモニーに集った多くの人びとは、口々にダンの帰還と国家の独立、そしてングンデンの予言との関係を語った。このとき、ダイヨム、若者を含む人びとが説明してくれたのは、極東からのフィールドワーカーの訪れもまた、クウォスの顕れ、あるいはングンデンの意思の一つであるということであった。

写真44（上）　祝賀会におけるマチャールとングンデンのダン
写真45（下）　両手で持ち上げられたダンとそれに触れようとする人びと

受け入れがたい「予言の成就」

冴えないスピーチに加え、マチャールとろくに話もできずに落ち込んでいたわたしは、わたしがングンデンの意思に基づいてやってきたとなぜ判断できるのかと人びとに尋ねた。得られた答えは、クウォスと言う以外に、日本で暮らしていた一人の女性がどうしてングンデンの予言を知り、わざわざ南スーダンにやって来たのかが説明がつかないためだ、というものだった。さらに、ングンデン教会の祭司は、わたしが「ニャジャル・ングンデン」の名を与えられた理由についても、同様に考えられると言った。こうした彼らの説明に対して、わたしはよく次の通り反論を試みた。

わたし：ングンデンの意思は関係ないよ。自分の意志でここに来たんだから。
友人：本当かね？　じゃあどうしてあんたは（エヴァンズ＝プリチャードの）本を手に入れることができたんだい？
わたし：大学生の時、図書館に行ってその本を見つけたんだよ。
友人：じゃあ誰があんたをその図書館に、まさにその瞬間に連れて行ったんだ？　どうして何千もの本の中から、まさにその本を手にとったんだね？
わたし：知らないよ、ただの偶然だし。
友人：それみろ！　それをングンデンの意思とせずになんと説明する！
わたし：ちがうって、ただの偶然だし、それより先の説明なんてないよ。
友人：嗚呼、憐れなニャジャル（調査者）！　あんたがそれをただの偶然だとか運だとしか説明できないんならね、それがングンデンのしわざだって認めるべきなんだよ。

「なぜ日本からやってきたのか」、「なぜングンデンを知っているのか」という質問は調査の中でたびたび受けていた。

写真 46　「ニャジャル・ングンデン」の ID カード。ジュバに事務所を持つ「ヌエル文化信託基金」が発行してくれた。「使用期限」は切れている。カードに記載されたリッチ（*ric, ricdɛ*）とは年齢組のことを指す。

わたしはそのつど、大学生のときにエヴァンズ゠プリチャードやハッチンソンの民族誌を読み、人類学を学ぶ機会を得て現在のフィールドワークに至っていること、つまり、自らが「主体的」に考えた結果この場にいるのだということを主張した。さらに、わたしの「ヌエル名」（*coot nuerɛ*）はジュバの年配者たちが相談し合って決めたことも説明した。

しかし、わたしがこうした説明をいくらしても、「なぜ」わたしが「まさに」その民族誌を手に取ったのかの説明にはなっておらず、彼らに納得してもらえることは少なかった。結局、上記のような出会いや動機についてのいきさつをどれだけ説明したところで、質問者の「なぜ」を解決するような答えはわたしにはひねり出せなかったのである。

これはヌエルの人びとのいつものやり方と言ってもよいかもしれないが、クウォスの意思を少しでも批判的に捉えると、猛烈な勢いで否定される。わたしは繰り返される質問の中で、こうしたことが「クウォスである」ということにしぶしぶ納得し、自分が「蟻」に過ぎないことを認めさせられた。

この対話には、クウォスをめぐる信念と疑念の奇妙な関係、つまりクウォスに対する疑念が、かえって信念を補強するという構造が隠されている。上の対話では、「クウォスの正しさ」は、わたしがクウォスを否定する（「偶然」）こと、そしてその否定が「クウォスである」という説明によって克服されることで保証されている。つまり、ある出来事が（クウォスの意志などではなく）「単なる偶然だ」ということを強調すればするほど、その「偶然」

という現象が、「クウォスの顕れ」以外の説明が適切でないことが示される。

ヌエルの人びとは、ある出来事が、自分たち人間には説明不可能だと暴露することによって、それがかえって「クウォスである」ことを信用する。「クウォスだからクウォスである」という循環しているかのようなレトリックは、繰り返され、さまざまな出来事とともに語られることで、一見すると関係のない出来事同士を相互に関連づけることを可能にする。「偶然」だから「必然」にちがいないという説明は、「予言の成就」の「もっともらしさ」を支える大きな要素である。

前述の通り、対象社会への闖入者であるフィールドワーカーは、人びとの想像力に大いに関与することになった。特にジョンソンによるダンの返還は、ングンデンの予言にまつわる想像力の一部を構成・補完し得るものとなった。同時に、このような闖入者たちの想像力もまた、思わぬところで予言をめぐる人びとの想像力に打ち破られることとなる。

第5章で描いたダン返還のセレモニー中のジョンソンのさまざまな想像力の動きからは、ダンは当初ジョンソンが想像していた以上の反応を呼び起こしたことが窺える。

一方、わたしは確固たる自分の意思に基づいて調査にやってきたという、わたしにとっての「事実」を否定されたことによって、自分自身の新しい存在の可能性について考えなければならなかった。闖入者たちの存在は、ヌエルの人びとにとって「エ・クウォス」であったかもしれないが、自身の行為が思わぬところで対象社会の想像力を掻き立て現実を作り上げてゆく様子は、当の闖入者にとっても「エ・クウォス」という表現が最も似つかわしい経験であった。

第3節　戦争と神話

かつてクウォスは若いウシをヌエル（*naath*）に、歳をとったウシをディンカ（*jaang*）に与えると言った。しかし、ディンカは夜にクウォスの牛舎に来て、ヌエル語で、自分たちがもらえるものについて尋ねた。すると、クウォスはすっかり騙されてしまい、訪ねてきたディンカに若いウシをあげてしまった。[…]そしてクウォスは、ヌエルは永遠にディンカのウシを盗って報復することを命じたのだ。[6]

上の神話は、古くからヌエルとディンカの戦いを説明づけるものとして語られてきた。予言に限らず、「現在」の出来事を語るための神話や口頭伝承は、ヌエルのみならずスーダン地域のほかの民族集団にも見られることが報告されている。[7]

神話や口頭伝承は、極端な主知主義者には「単なる」神話と見なされることがあるかもしれない。このような態度に対し、リーンハートは、オックスフォード大学で行われたナイル系の宗教に関する講義の中で、われわれの歴史の感覚を引き合いに出し、次のように問いを投げかけた。[8]

ディンカにとって神話は大変公的なものであり、[…]隠喩的——おそらくわたしは道徳的（moral）とも言わなければならない——重要性を持つ、出来事の公の場での再創造である。[…]すべてのものが「本当に起こった」——そのうちの幾分しか［筆者補足：実際に］起こっていないとしても——と捉えるわたしたちの歴史の感覚からすれば、「こうしたディンカの観点は、わたしたちのものとは」全く似ていない：しかし、[…]［これはディンカが］極度に現在の状況がナイーブであると確信するように「創り上げられた」ものである。ディンカは神話を詳しく説明しはしないし、神話を昨日自分たちがミルクを絞ったことと同じように語るのである。[…]ディンカのあいだでそれが「本当に起こっている」としたら、それは、「単なる」物語なのだろうか？

わたしたちはヌエルやディンカが神話を引き合いに出して現実を語るとき、それを「単なる」神話だと片づけるかもしれない。しかし、もしそれが歴史であるならば、「単なる」歴史として済まされることは少ないだろう。わたしたちが「単なる……」という表現で取り扱ってきた数々の事象――噂話、夢、占いや物語――が、個人の向き合う現実や、時として社会全体にただならぬ影響を与えてきたことは、わたしたちが経験的に知っていることである。

わたしが、自身の意志による調査と考えていた「事実」がヌエルの人びとからの問いかけによって揺らいだことから窺えるのは、わたしたちが確固たるものとして想定している「事実」は、案外、解釈まみれの「ナイーブ」なものであるということである。この意味で、わたしたちが当たり前のように語っているのもまた、「単なる事実」と表現しても差し支えないものかもしれない。

上述の神話は、一九三〇年代のヌエル社会では「公的」な紛争要因の説明であったかもしれない。さまざまな紛争原因が国際機関の文書を通じて「公的」に発表される現在、神話による説明がどれほど「公的」なものとしての地位を獲得しうるのかは分からない。しかし、少なくとも神話は、語り手の運命や経験、そして社会変動と不可分な形で語られる。

想像力に関する最後の特質として、バイデルマンは人類学者をはじめとする分析者の役割を次のように述べる。

異なる文化を構築する書き手には、それが人類学者であれ比較社会学者であれ、社会的・文学的・芸術的歴史家であれ、想像的な努力が要請される。こうした人物は、新しく幾分異なる世界の構築を可能にするような、彼自身・彼女自身の経験、考え、そして感情から何とか［筆者補足：異なる世界を］描き出さなければならない。もしこの想像的思考の様式が不可能なら、こうした比較研究の分野は存在しえないのである。このような作業は恐るべきものにも思えるが、その可能性をもしわたしたちのうち誰かが完全に否定するのであれば、文化の翻訳などは必要ない。この「想像力の三つの定義のうち」最後の観点は、わたしたちをカグルたちの「世界の」外へと連れ出し、わたしたちの想像的、分析的プロセスがどのように働くのかを示してくれる：カグルを観察し理解するということに関するわたし「分析者」の能力は、この三つ目の洞察力のフォームをどの程度まで洗練することに成功したかにかかっている。[9]

本書の序章でヌエルの人びとがさまざまに語る「予言」のありかたを紹介した。こうした語り口から、「実際に予言されていた部分」、人びとの「解釈」である部分を切り離して論じることは極めて困難であり（便宜上、本書の一部ではそれを切り離して提示したが、あくまでもそれは人びとが切り分けて議論している範囲においてである）、またそれをすることは、人びとの予言の経験を理解する上ではあまり意味を持たない。

日本にいるとき、わたしが予言の研究をしていると言うと、よく「どんな予言ですか」、「本当に予言は当たって（的中して）いるのですか」と聞かれる。また彼らの語りを紹介すると、「彼らは自分たちの都合のいいように予言を解釈しているだけではないのか」と指摘されることもある。

わたし自身、調査の中では、「予言」の「内容」がなかなか見えないことや、「予言」と「解釈」の区別がつかないことにたびたびいらだち、同じ人物が別の日にはまた別の「解釈」を持ち出してくるような「いい加減さ」に辟易することがなかったわけではない。そこでは、わたしがすでに持っていた「予言」、「解釈」、「意味」という分析者側の区分はふさわしくないものであった。しかしその一方で、エリートたちの語りに見られるように、「合理的」、あるいは「キリスト教的」枠組みやイディオムもまた、「予言の成就」を構成するための要素としてあった。ヌエルの予言を取り巻く複数の論理は、人びとに区別されたりされなかったり、適宜組み合わされるものである。このように、分析者から見ると異なる観点を「ともに把握する」ために要請されるのは、ングンデンを語る人びとが同じように注意深く目くばせしているポイント、「エ・クウォス」の経験を吟味することである。

この「エ・クウォス」の経験に沿って「予言」を振り返ると、わずかではあるが、多様な背景を持つ人びとがどのように予言の「正しさ」を確信するのかに迫ることができる。わたし自身が、「エ・クウォス」としての自身の来訪を認めざるを得なかったことも、その一つの「正しさ」である。分析者の持つ「予言」や、予言には「解釈」が存在するという視点から眺めれば、彼らの営みは「非合理的」なものにも映るだろう。[10]この視点に立てば、「予言」そのものを否定することはできるかもしれない。しかし、人びとの「エ・クウォス」の経験を否定し、また誰もが納得可能な形でそれを説明することは、わたしがそうであったように困難である。しかもその説明不可能性は、かえって予言やクウォスの「正しさ」を支える要素の一端となる。この信念の形式は、その力に対する懐疑を含み、あらゆる新鮮な話題に触れてかえって強まってゆくという、託宣や妖術信仰にも似ている。[11]

出来事が生じた「後になって」再発見されてゆくングンデンの言動は、その肯定と否定という、相反する言説を経由し、ヌエルの「予言」のリアリティを理解する上で極めて重要な役割を果たす。「エ・クウォス」の経験は、「予言」を支える一つの疑い得ない、予言に携わるすべての人びとに共有されうる経験である。さらに現代では、この経験はさまざまなアクターの有する「合理性」によって補強され、ますます「予言化」しているとも言える。[12]ングンデンの「予言」の正しさは、この疑い得ない「エ・クウォス」の経験と、それに付随する想像力、あるいは想像力を喚起させる媒体に支えられ、より多くの人にとって確かなものとなると同時に、疑念を生むものともなりうる。「エ・クウォス」をめぐる想像力の運動は、何もヌエルの人びとにだけでなく、フィールドワーカーにすら生じたものであった。

第Ⅱ部でも取り上げたリーンハートは、「われわれ（西洋人）は経験の主体としての自己と経験の対象としての自己でないものの区別」を、対象社会の人びとほどはっきりと行わないと指摘する。[13]これはわたしたちがしばしば、「経験の主体」と「経験の客体」とを混同し、前者があたかも自己であり、後者がそれ以外の「対象」であるかのように「誤解」してしまうことを示唆している。「予言者の娘」となったわたしが直面した「エ・クウォス」の経験とは、まさにこれまで前提としてきた「経験の主体」としての自己が揺らぎ、「経験の対象物としての自己」の可能性を、確信とまではいかないものの垣間見た瞬間だった。つまり、わたしが想像の中で見たのは、他者／クウォスとともにありうるような、本来的な自己の姿だった。目の前で展開していたどこか遠くのものと思われていた出来事の中には、意外な「主体」が潜んでいたのである。

さらにリーンハートは、人類学者は「事実のもの」、「真実のもの」などというこちら側にある枠に彼らの行為を押し込め合理化するのではなく、それらが「混同」ではなく、区別されないでいる状態を暫定的に受け入れ、どのような脈絡で、明らかに自己矛盾に陥っていない経験を再現するものであるのかを探求すべきであると主張した。[14]

もちろん、「シグンデン聖書」に書かれているものを「本当」の予言として紹介することも、物知りの年配者の意見をより「真正」な解釈として提示することもできる。しかし、本書ではなるべくこれまで収集した予言が「正当」な「予言教本」にならないような形で、人びとの語りから抽出してきた。これは「真実の予言」を知りたい人にとっては大変不親切な書き方かもしれないが、このように「予言」なるものを「事実の部分」、「彼らが真実と思っている部分」、「都合の良い解釈の部分」と分けることは、わたしが出会った多様な人びとの「予言」の経験を再現しようとすることとはほど遠い作業でしかない。本書が取り上げた事例の中で、予言の「意味内容」として読める部分はごく限られていたはずである。語りの中で人びとは、「予言されていた」ということばかり繰り返していたり、歌ばかり歌っていたりするからである。

調査地で生じていたこのような事態は、「エ・クウォス」という人びとの経験の観点を取り入れることで、「解釈」や「意味内容」という観察者・分析者の思考の枠組みを強く規定する想像力から、若干逃れることができる。「エ・クウォス」の経験は、必ずしも、分析者や分析者の属するモラル・コミュニティの成員に経験不可能なものであるとは言い切れない。

バイデルマンのねらいの一つは、神話や祖先について頻繁に語るカグルの人びとの実践を人類学者の実践にたとえ、「人類学者カグル人」の視点を習得し、カグルの人びとによる「民族誌的な分析」から社会人類学の理論を導くことでもあった。[15] ここで彼は次のように想像力的な能力の効能について述べる。

もし個々人が何らかの想像的能力を持っているのなら、彼または彼女は実際の経験の脇で存在の他の様式を構築できると確信しているに違いない。語りや民話、すべての系譜学でさえ、このような再構築を反映しているものである。カグルは社会人類学者ではないのだが、彼らの多くは、本当に長きにわたって真剣に自分たちの社会や自分たちを混乱させるような特定の物事についてよく考える。[16]

バイデルマンの表現を借りれば、わたしが経験した「エ・クウォス」、「それはクウォスである」と呼ぶほかにない出来事は、わたしの「実際の経験の脇」で直面した、自分の「存在の他の様式」への気づきだったのではないだろうか。「エ・クウォス」とは、ヌエル独自の経験の様式などではなく、わたしにとってもアクセス可能な経験だった。そしてそれは、わたしに自己と世界の新しい関係を再考させるエージェントとなったのである。

（上）「クウォスである」としてングンデン教会に飾られていた「双子」のカボチャ
（下） ングンデン教会の祭壇。左上に見えるのが「ングンデンの写真」，その下が，神性デンが座っているとされる「デンの椅子」。祭壇にはングンデンの歌を流すためのラジカセと，「供犠」されたカネと作物が置かれる。

終　章　隠された経験の領域

第1節　これまでの議論のまとめ

本書では、歴史・日常生活・出来事という三つの場面から、南スーダンのヌエル社会の予言をめぐる信念について検討してきた。ここでは、まず本書の議論を振り返り、明らかになった点をまとめたい。

本書の冒頭で掲げた問いは、一〇〇年以上も前になされた予言とその信念が、どのような要素によって支えられ、どのようにヌエルの人びとの経験と関わっているのだろうか、というものであった。アフリカの社会変動と宗教的人物や信念に関する先行研究では、社会変動の中でも維持される信仰を分析するために、モラル・コミュニティという概念が多用されてきた。この分析概念は、論者によってさまざまな定義や範疇が想定されている。これらのアプローチの問題点は、端的に言えば、信仰を閉ざされた世界の世界観とするか、アフリカの多元的な「近代」の一形式として捉えるかという極端な還元論的分析にあった。その後、モラル・コミュニティの接合や相互作用に着目する研究においては、分析者のコミュニティ観を前提として議論が展開していた。これらの先行研究に欠けていたのは、複数の教義や実践の接合・相互作用が信仰自体をどのように支えているのか、あるいはその信仰を支える原理が、人間の経験の様式とどのように関わっているのかという観点であった。

本書では、モラル・コミュニティ概念を用いたアプローチの傾向を、一元的モラル・コミュニティ論（モデル

1）、近代多元的モラル・コミュニティ論（モデル2）、接合・相互作用的モラル・コミュニティ論（モデル3）に類別し、その功績と問題点をそれぞれ第Ⅰ部、第Ⅱ部の各章で論じた。その際の手がかりとしたのが、バイデルマンの「想像力」あるいはモラル・イマジネーションという概念であった。

バイデルマンは、想像力あるいはモラル・イマジネーションという概念を、人びとが自らの生きている世界を構築する方法と関わり、新しい経験のヴィジョンを与えうるものとして捉えた。この想像力とは、個人や社会に属するものではなく、他者と相互に関わる中で双方的に作用するものである。バイデルマンの言う想像力は、ある人間が既存の何ものかを外部化・他者化し切り離す力になると同時に、「変化」や「外部」を自らに取り入れる力にもなりうる概念である。

本書が「他者」として扱ってきたのは、次々と人びとが直面する出来事であり、またその中で発見されてゆくクウォスや過去の予言であった。そしてこの観点から、歴史の中で交錯する複数の想像力とともにいかに生成され、いかに人びとが他者への／からのまなざしとともに自らの経験を位置づけているのかを検討してきた。予言者と予言の歴史的展開から見えてきたのは、ある権力や一個の人間が想定する「予言者」のありかたとは別に、過去の予言、特にングンデンのそれは人びとの経験を「もっともらしい」ものとして形作ってゆくものとして存在しているという事実である。

第Ⅰ部では、歴史資料の分析を中心に、ヌエルの「予言者」が、植民地期以降のさまざまな権力者らの想像力に翻弄され、またその中で形作られてきた側面を明らかにした。現在のヌエルの「予言者」の成立に大きな影響を与えたのは、予言者自身の力もさることながら、予言者に対して働く、周囲の人間の想像力であった。

第1章で取り上げた植民地行政官ウィリスの書簡からは、彼が統治の妨げと見なした「クジュール」（魔術師）や「ウィッチ・ドクター」、つまり後の予言者を、「マフディー」——反動的な宗教的指導者の代名詞——の枠組みを通して理解しようとする試みが読み取れた。彼は予言者の反体制的な性格を裏づけるために、スーダン各地で抵抗運動を展開していた「マフディスト（マフディー信者）」を引き合いに出し、いかにこれらの特性が当時の南部スーダンの統治政策――「首長」の権威の確立や「部族的規律」の創出――の遂行の妨げになるのかを繰り返し中央政府へと訴えた。ウィリスは、「クジュール」＝「マフディー」＝「反体制」という想像力の範型にのっとって、うまくいかない統治という現実を、彼自身や植民地政府というモラル・コミュニティにおいて共有されるかたちで位置づけていったのだった。

第2章では、一九五五年にはじまった第一次スーダン内戦から戦後復興期において、予言者が複数のアクターが抱く想像力の中で動かされていった状況を記述した。第一次・第二次スーダン内戦時には、予言者／クジュールの外来性や反体制的態度が強調されていた植民地期とは一転して、彼らの「伝統的」素質がさまざまな紛争主体に注目され、利用されるようになる。複数のリーダーシップや武装勢力に市民が翻弄される中で、SPLAの司令官は予言者を利用し彼らを戦いへと動員しようと目論んだ。この目論見の背後に働いたのは、予言者に従う「伝統に縛られた市民」という「教育を受けた者」たちの想像力だったかもしれない。予言者の利用は、当時スーダン政府に抗していたSPLAの党派対立の中で、司令官らが戦いを「民族紛争」化してゆく手段の一つともなった。ところが、この司令官らの想像力とは裏腹に、予言者たちは必ずしも期待通りの働きを見せたわけではなかった。予言者は一部住民にとって影響力を持ち得たが、それは彼らの有する「超自然的」・「伝統的」な力のためだけでなく、SPLAが予言者に与えた食糧や武器によるところも大きかった。一方で予言者は、複数の勢力を超えた範囲で平和構築者として活動し、政府、分裂を繰り返すSPLA、各民族集団の伝統的権威、キリスト教団体、NGOという複数の紛争主体のあいだを行き来することで、地域や世代を超えた新しいモラル・コミュニティを創出しようとしていた。その際予言者らが戦略としたのは、「伝統的」イディオム――例えば大地のクウォス（*kuoth piny*）や供犠――と「近代的」イディオム――例えば開発援助やキリスト教――を接合することだった。しかし、予言者による試みもむなしく、紛争は凄惨化を極め、彼らの活動は部分的にしか成功しなかった。

以上の議論から、第Ⅰ部では現在のヌエルの予言者を形作っていたのは、さまざまな勢力や個人が有していた「予言者（クジュール）とはこうに違いない」という想像力の範型であったと言える。このことから、予言者や予言をめぐる想像力を支えていたのは、モデル1で前提とされたアフリカ村落共同体的世界観に限らないものであることを指摘した。ヌエルの予言者の力は、村落社会に暮らすヌエルの人びとに限定されない想像力と、その想像力に合わせて現実を創ろうとする権力者たちの実践によって支えられていたのである。一方、分析の中で見えてきたのは、ングンデンによってなされた過去の予言は、その勢力の想像力や予言者自身の力を越えて流通し、より多くの人びとのあいだで認められうる力を獲得していったプロセスである。

時代の権力者の想像力と、ヌエルの人びとの予言者をめぐる信念のズレに注目した第Ⅰ部に対し、第Ⅱ部では、現代的状況を生きるヌエルの人びとの想像力を検討した。具体的には、都市部、村落部、国内避難民キャンプなどさまざまなヌエル社会におけるフィールドワークにもとづき、ヌエルの人びとが新しい状況や他者に出会った際、それを自分たちの経験として位置づけてゆく方法を明らかにした。

第3章で取り上げたのは、さまざまな暮らしを送る人びとが参照していた自己の不滅性や多産性を確保するという原理、そのための方法であった。この方法にとって重要となるのが、相対的な地域集団であるチエン（*ciɛng*）と、父系出自を指すソク・ドゥイル（*thɔk dwil*）とで構成されるヌエルのモラル・コミュニティのありかたである。ヌエルの人びとは、さまざまな危機的状況にあっても、どうにか「終わらない」（*kɛnɛ thɔɔk*）交換媒体や人間関係を確保しようとし、「血」（*riɛm*）の穢れに起因する問題を解決しようとしていた。移動の増加は、父系の出自集団であるソク・ドゥイルを頻繁に確認することを人びとに要請していた。というのも、そうしなければ、血の穢れの問題を回避あるいは解決できず、自身の生と続く子孫の生を脅かすことになるからである。

これらの実践の根幹にあるのは、一度限りの自己の生ではなく、世代から世代へと名前が受け継がれてゆくことで保証される「終わらない」自己、すなわち集合的な自己という原理である。この原理のもとで、個々の「新しい」経験――ウシの喪失、教育、食糧不足、背景の分からぬ他者――は配置され直される。

対象社会の「変化」や「近代化」、「都市化」は、ヌエルの人びとが価値を置く集合的自己の維持とともに想像される経験であった。このような、他者とともに自分たちのありかたを想像する方法は、社会変化を経てもなお残存する「伝統」（モデル1）ではなく、また多元的「近代」として定義されるようなモラル・コミュニティ（モデル2）でもない。これは、ヌエルの人びとが西洋社会との接触以前から、常に他者とともに生きるために参照してきた「自分自身をうまく合わせてゆくやり方」としてのモラルの一局面である。遠くの他者に出会うたび、ヌエルの人びとは、祖先とともにある自身の「家《チエン》」と「小屋の入り口《ソク・ドゥイル》」を振り返り、自身の「確かな」帰属先と存続を確認する。新たな経験が持続的自己や多産性という原理とともに配置し直されることで、ヌエルの人びとは「伝統」とも「近代」とも枠づけられない新しい関係を、他者とともに創り上げていた。

第4章では、こうした他者を位置づける方法と予言者ングンデンの予言とがいかに関係し、予言者の言動が人びとに受け入れられうるものになるのかを、ングンデン教会における実践と語りを事例に検討した。ここで明らかとなったのは、予言と新しい経験とが、相互に生成される過程であった。「ングンデン教会」（*dwil kuɔth Ngundeng*）は、キリスト教教会との接触・対立の中で生まれた。ングンデン教会の実践は、キリスト教教会の実践を模倣したものであり、またングンデンの「真正性」を支えていたのは、近代技術やキリスト教的イディオムであった。しかし、ングンデン教会の成員の語りにおいて繰り返されていたのは、「祖先」・「祖父」と訳せるグワンドン（*gwandong*）の過ち（*duer*）と、その過ちのためにもたらされている現在の苦難の経験だった。この過ちとは、ングンデンが生前に話した言葉を祖先が無視したこと、つまりクウォスの意思に逆らったことである。かつての狂人ングンデンが多くの「真実」をもたらすのは、人びとが自分たちの経験を想像する方法――祖先、自己、クウォス、現在の苦しみの関係を吟味し、人間のパッシオネス（*passiones*）を確認する――を、その奇妙な言動と歌（*diit*）の中で示してくれるからである。人びとの語りの中で確認されるグワンドンは、過去とともに現在を再び経験することを可能にする。この意味で、クウォスであり「祖父」、「祖先」でもあるグワンドンは、祖先よりも古く、現在の自分たちよりも新しい存在であった。

一九九〇年代以降の東アフリカ予言者研究における接合・相互作用論的モラル・コミュニティ論（モデル3）では、口頭伝承や神話に含まれる「予言的伝統」と新しい宗教的要素である「予言的イディオム」との接合状況を捉えるにとどまり、具体的にどのように予言者への信仰が人びとの経験に根づいているのかは十分に明らかにならなかった。確かにングンデン教会においても西洋的・キリスト教的・「近代」的な思想や技術が予言の「正しさ」を支える一助となっているものの、その「正しさ」の根源にあるのは、人びとの苦難の経験と、その経験を区分け、より顕かにしてくれるようなングンデンの予言的言動だった。参与観察の場で見いだされたのは、目の前の出来事や苦しみの経験を、一義的・一時的なものとしては受け止めないという、ングンデン教会に集う人びとの態度である。予言を語ることは、個々人の生の一回性や不妊性を否定し、祖先と自分たちの現在の根源的なつながりを回復することでもあった。

第Ⅲ部では、歴史的出来事の発生とともに予言の解釈のパターンが流動し、ヌエルの人びとが信念と疑念のあいだを往復しながら、予言者のもっともらしさを見いだしてゆく過程を描いた。

二〇一一年、南スーダン共和国は「南部人」(*jinubni*)の大きな期待の中で誕生した。第5章では、国家の誕生前後に噴出したさまざまな立場にある人びとが語る「予言の成就」の物語に注目した。国家の独立に先駆けて出現したのは、「クウォスである」と語られたさまざまな媒体――ングンデンの聖なる杖であるダン、雨、旗、投票用紙のシンボル――であった。これらの出来事は、さまざまな想像力を喚起させるエージェントとなり、その後ングンデンの予言に疑り深かった者も含む多くの人に、「予言の成就」としての国家の誕生の「正しさ」を確信させるものとなった。この確信を可能にしたのは、クウォスの顕れに関係づけられる、個々人が抱えている問題や経験――過去の内戦経験、就職難、政府への不満、現在の貧しさ、祖先の「無知」――であった。予言を語る人びとにとって、新国家は、ングンデンの予言と個々人の経験、内戦以降に育まれてきた「国民的想像力」をはじめとする複数の想像力がともに織り上げてゆく新しいモラル・コミュニティ（チエン）であった。そして、この「エ・クウォス」の経験は、必ずしも予言を「信じる」（*ngaath*）人びとにのみアクセス可能なものではなかった。クウォスの現れは、ある状況の隠された状況を明らかにし、一見すると関連のない出来事群から有意味な統合性を創り出し、それらをともに経験することを可能にする契機となる。

しかし、この新しいチエンとしての国家は、その後相次ぐ紛争の中で、一転してヌエルの人びとにとって疑わしいものとなった。第6章で注目したのは、その中で台頭した「自称予言者」である。ここでは、これまで取り上げたさまざまな位相の想像力——植民地行政官や政治家の予言者に対する想定やさきの「国民的想像力」、そして予言を介した経験の再定位——がせめぎあい、複雑に運動する様子を描いた。世間の注目の的となった「自称予言者」のダックは、「予言者らしさ」を有しながらも、紛争主体の想定に基づきさまざまな性格を付与されていた。大統領にとっては政府に歯向かう排除すべき「クジュール」であり、報道関係者にとっては地域住民を戦いへと動員する「自称スピリチュアル・リーダー」であり、またホワイト・アーミーの成員にとっては「奇跡」をもたらし戦闘を補助する職能者であった。ングンデン教会の祭司やエリートたちには「ウィッチ」と見なされることもあれば、人びとの直面している状況によっては、「真の予言者」としての可能性を秘めた存在としても語られた。いずれにせよ、人びとがダックのもっともらしさとして把握していたのは、彼自身の振る舞いよりも、彼の周辺で見いだされる「エ・クウォス」の経験だった。同じく、第7章で、わたし自身が「予言者の娘」である可能性を垣間見たのも、わたしが否定しえなかったクウォスの存在ゆえであった。

国家の独立と紛争という歴史的出来事の中で、複数の想像力の統合・分離を引き起こすエージェントとなったのは、「エ・クウォス」という予言的出来事の顕現であった。以上をまとめると、予言的知識のない者までもが予言について語りうる、あるいは信じ始める契機となる「エ・クウォス」という経験の特性をもう少し検討する必要がある。

第2節　クウォスの存在論——外在する自己と内在する他者

では、何ものかを「エ・クウォス」、「それはクウォスである」と指摘することは、いったい何をしていることになるのだろうか。

ヌエル語の「エ」（*ɛ*）は、三人称単数（「それ」、「彼・彼女」）、あるいは非人称代名詞 *it* のような役割を果たす。（「エ」（sing. *ɛ*, pl. *kɛ*）とは日本語で「それは〜である」と訳すことができる、英語の（it）is〜のような連結詞である。「エ」は同時に、代名詞としても機能する。[1] しかし、英語のように主語と be 動詞によって対象が明らかになるわけではない。したがって、何ものかが「エ」と表現されているとき、その「エ」が指しているものは、状況依存的に推測・判断される。つまり、「それはクウォスである」の「それ」の中身は、話者によって異なっているのであり、同じ事柄について人びとが対話をしているように見えるときも、実はそれぞれが異なる「それ」について語っている可能性がある。したがって、そもそも「それはクウォスである」として人びとに話題にされている出来事や存在は、（少なくとも分析者にとっては）極めて不明瞭かつバラバラな印象を受けることがある。

「それはクウォスである」と並んでよくヌエルの人びとに使用されるのは、クウォス・ア・シン（*kuɔth a thin*）、「クウォスはいる」という表現である。これは第6章で取り上げた、絶え間ない武力衝突の中で人びとが頻繁に口にしていた表現でもある。

「クウォスはいる」は、「クウォスはともにいてくださる」や「クウォスは守ってくださる」と翻訳してもよい表現かもしれない。しかし、この「クウォスはいる」という表現は、危機的状況にあるときにだけ唱える念仏やお祈りのような「困った時の神頼み」と同一のものとして捉えることは必ずしも適切ではない。なぜなら、繰り返し述べてきたように、クウォスはあらゆるところに遍在し、個人の生と不可分に結びついているものでもあるので、わざわざ「いる」と言わなくても、その存在が疑われることはないのである。この点からすれば、クウォスはそもそも「いる」ので、「クウォスがいる」と言い合うこと自体の意味内容はないように思われる。あるとすれば、その言葉を、あるときある相手に発することである。

「クウォス・ア・シン」は日常的にもさまざまな場面で使われる。例えばひどい病気をしたときは、年配者がやってきて病人の頭に祝福のつばを吹きかけ、祈禱の言葉を述べた後に「クウォス・ア・シン」と声をかけて帰ってゆく。また、ある者がよその町に行くときや自分の国に帰るとき、送り出す人びとは「クウォス・ア・シン」や「クウォスは一緒に歩いて／旅してくれる」（*kuɔth kä jal ɛ kɛl*）というようなことを言う。「クウォス・ア・シン」という表現は、危機的な状況、あるいはそうなる可能性を秘めた状況のときの「クウォス」の所在を確認するものである。

「クウォスはいる」と語る人びとは、クウォスが今この瞬間にも自分とともにある、ということを確認している。この確認は常日頃行われているが、それが頻繁になるのは、病気や災害など、自分たちの生命をクウォスが脅かしていると感じるときである。ここで確認されているのは、遍在しているクウォスというよりも、クウォスとともにある自己の生命である。

したがって、「クウォスはいる」という確認の表現は、必ずしも「生き延びることができる」ということを意味しているのではない（もちろん、この表現を誰かに向かって発する場合、そのような祈りは多分に込められているだろうが）。「クウォスはいる」とは、「クウォスは助けてくれる」という意味ではない。しかし、人間の生き死にはクウォスの決めることなので心配せずとも「大丈夫」、「どうにもできない」というニュアンスも多分に含まれている。「クウォスはいる」という表現は、自分の命はあくまでもクウォスによって与えられているのであり、それはクウォスの意思や自らの悪い行い（*duer*）によっていつでも奪われうるものとしてあることを、自身の生命の揺らぎとともに確認するためのものである。

では、クウォスはどこに「いる」のだろうか。エヴァンズ＝プリチャードは、クウォスは人間の諸事や関心のありようとの関連で、物質化の程度を異にする無数の屈折形であり、あらゆる場に遍在するものであることを述べた。[2] 敬虔なクリスチャンである友人にクウォスについて尋ねると、彼は次のように答えた。

> クウォスは風になってやってくる。そして空気になり、息としてわたしたちの体の内側に入る。そしてまた息となって、体の外側に出ていって、それは風となる。だからすべての中にクウォスはいる。クウォスは一つだが、いろんな色を持っている。わたしたちはその色を決めることはできない。空気が無ければわたしたちは死んでしまうので、これ［筆者補足：命］はクウォスからの贈り物だ。クウォスがわたしたちの中にいるということは、わたしたちが生きている、ということから分かる。わたしたちの歌がクウォスに聞こえたなら、わたしたちが望んでいることがなにか起こるだろう。[3]

クウォスは基本的には上の方（*nhial*）にあるが、大地や川などにも存在する。クウォス（*kuɔth*）は動詞で用いられるときには、「息を強く吐く」という意味となる。上述の友人が説明するように、息をしなければ人間は直ちに死んでしまうため、クウォスは人間の体の中に出たり入ったりすることで人間を存在せしめているものであると考えられる。クウォスは、人間の外部にも内部にも同時に存在しながら、人間の生に深く関与する。言い換えれば、クウォスは他者であるかもしれないが、自己の内にも存在する。

こう考えると、「エ・クウォス」は、ある出来事と、自己、他者とのあいだの原初的な結びつきを人びとに喚起させる表現であるとも言える。「クウォス」と語られるそれぞれの出来事や存在は、それぞれ異なる質量や特徴を持っており、等号で結ばれることのない不揃いなものである。しかし、「エ・クウォス」という表現は、普段はバラバラに経験される事象をクウォスの語のもとに統合する、あるいはその統合を人びとに気づかせる働きを持つ。「それはクウォスである」と繰り返し不揃いな出来事間の同質性が言及されることで、ある出来事や存在とクウォスとが、相互に補強し合う関係となる。つまり、「エ・クウォス」とは、それまで自身の中に存在していたはずの他者の存在に改めて気づき、その自己の一部が、出来事として外部に顕現していることへの驚きの瞬間およびその表現であると言えるのではないだろうか。

第3節　経験をもたらすエージェント

外部であり内部でもあるというクウォスの存在様式を踏まえると、これまで本書が使用してきた想像力／モラル・イマジネーションについてもう少し考察を進めることができる。ここで、想像力という分析概念をもう一度取り上げ、この「予言の成就」、あるいは「エ・クウォス」の経験は一体どこで生じていたのかを考えてみたい。「想像力」ということばを聞くと、わたしたちはそれを「心の中」や「頭の中」で生じているなんらかの思考の運動をイメージする。確かに、これまで取り上げてきた「予言の成就」や「エ・クウォス」と表現される出来事は、単に語り手の「心の中」や「頭の中」で発生していたものにすぎないという考え方もできるかもしれない。一方で、バイデルマンの言う想像の実施・運動（exercise）は、実際に現実や他者に働きかけ、時として社会変化の方向性をも決定づけるような力を持つものであった。この点を踏まえると、予言を「単なる」解釈や思考、つまり心の中の問題にすぎないと位置づけることは難しい。

ここで、人間の「心」の存在論について、哲学者G・ライル（G. Ryle）の議論を参照してみたい。ライルは、「心の中で」という表現は、何を説明するにも不適切で不正確な言葉であるとした上で、一方で分かる人には分かるような「気の利いた表現」（knowing tone of voices）であることを指摘する。[4] ライルは、例えば他人の「頭の中に」

流れている音楽や、「心の中に」描かれている図を、いかなる手法によっても同じものを聞いたり見たりはできないことを挙げた。その上で彼は、ではなぜわたしたちはそのことを確認するまでもないほど知っているのかという問いを投げかけた。つまり、「心の中で」という表現は、文字通り理解されるべきではない。そこで実際に起こっていることと言えば、「心の中で」と表現することで、話者同士は何ものかを「分かっている」あるいは「そんな気がする」という経験を共有しているのであって、そこでは何かが本当に「心の中で」起こっているのかが問題にされているわけではない。[5]

モラルや想像力に注目する近年の人類学的研究が指摘しているように、[6]想像力という用語によって「想像的」と思われているもの（例えば個人の「空想」）とそうでないもの（例えば「事実」）を区別してみても、議論できることは限られている。事実とそうでないものを区別すること自体、ライルが批判し、またバイデルマンが乗り越えようとした既存の心のモデルを自明視していることになる。ヌエルの人びとは、「予言の成就」とされる出来事に遭遇したとき、「ングンデンの言ったこと」を「思い出す」・「考える」を意味する動詞ティム（*tim*）を使わない。彼らはそれをただ「ングンデンの言ったこと」が「来た」（*cɛ bɛn*）と言ったり、「ある」（*a thin*）と言ったり、そして「それはクウォスである」（*ɛ kuɔth*）と驚いたりする。第Ⅲ部で見たように、人びとが予言やクウォスについて語り始める契機は、予言的出来事と発生にあった。「ングンデンの言ったこと」は、誰かが考えたり思い出したりするものであるというよりも、実際に出来事として生じ、ヌエルの人びととの経験や現実を揺るがしうるものであった。バイデルマンは、モラル・イマジネーションという分析概念を用いる効能の一つとして、それはある社会で共有される想像力を明らかにするというよりも、それぞれの想像力自体の根本をなすシステムの一部分に問いを投げかけるものであることを挙げた。[7]予言を語るヌエルの人びとは、事実とそうでないものを「混同」しているのではない。むしろ、その区分が意味を持たず、その区分を前提とする現実理解の枠組みが覆される問いを含むものとして予言を経験している。

人類学的な想像力の問題を取り上げ、『想像の地平』（Imaginative Horizon）という民族誌を書いたV・クラパンザーノ（V. Crapanzano）は、モラル・サイエンスとしての人類学は、分析者自身が属するモラル・コミュニティが、あるものごとを理解するために予め除外してきた領域《プレクルージョン》（preclusion）を問い返す必要があることを指摘する。[8] 彼によれば、ある現実を「うまく」理解するために、予め除外してきた領域は、ある種の「盲目性」となり、既存の現実理解の枠組みを維持するための効果的なレトリックを提供する。

　わたしが取り上げたさまざまな「予言」の語り口を捉える際に妨げとなったのは、わたし自身が有していた既存の「予言–解釈」の枠組み、つまりテクスト（予言）とその意味内容という対応関係が存在するという前提と、これらの表現自体が作り出すレトリックだった。もちろん、「予言」とその「解釈」という枠組みによってのみヌエルの予言的事象を捉えることもできる。実際、ヌエルのインテレクチュアルたちの典型的な語りからは、その枠組みがヌエルの人びとにとっても予言の真実性を語る上で極めて重要なものとなっていたことは否定できない。しかし、この分析枠組みを突き詰め、「予言」とその「解釈」の部分の対応関係を炙り出してゆくことで明らかになるのは、予言の「恣意性」、あるいは、その解釈の「非合理性」や「胡散臭さ」でしかないかもしれない。こうしたアプローチが明らかにしてくれるのは、ヌエルの「予言」ではなく、わたしたちの「解釈」はいつでも「合理的」だという、ある限られた人びとにとって心地の良いレトリックである。そしてそのレトリックによって、既存の現実理解のありかたは維持され続け、除外された領域は気づかれないまま、あるいは「胡散臭さ」を残したまま、二次的な存在であり続ける。

　「望ましい現実」を創り上げるためのレトリックという点では、行政官ウィリスが植民地行政側に共有されていた想像力の範型によって、すぐさま「クジュール」を「効果的に理解」し、実際に「除外」していったのもその一つであろう。こうした想定とレトリックは、わたしたちが無意識のうちに除外してきた理解の枠組みを脅かすものではなく、むしろ可能性として存在するかもしれないヴィジョンを限定し、また外部と内部、事実と虚構、あるいは個人と社会の区別を当然視する効果を生み出しうる。

一方、ヌエルの人びとがある人物を「予言者」と評価するまでに繰り返し重要視したのは、その人物の周辺で生じた奇跡や、自分たちの周辺で生じるさまざまな事態との関係で見いだされる予言の「正しさ」や「受け入れ可能性」であった。人びとがその「正しさ」を確信する契機となったのは、多くの人にとってアクセス可能な「エ・クウォス」の出来事である。この「正しさ」を説明するために人びとが参照したのは、彼らがそれまで接し、帰属してきたモラル・コミュニティで共有されうる知識や「常識」、人間関係、近代技術、「合理性」が有するイディオムやレトリックであった。「エ・クウォス」と呼べる出来事の発生を契機に、人びとの既存の世界の不安定さは暴露され、自分たちと世界とが新しく関係を結ぶ方法と可能性が開かれたのである。

この出来事によって喚起される想像力は、自分たちと他者や未知の出来事との新しい関係を発見することを可能にする。その想像力は、新しい経験を一方で確信させ、他方で疑惑を生むものでもあり、想像力が共有されるモラル・コミュニティの統合と分離をも引き起こすエージェントとなった。

ヌエルの予言者は、アフリカ村落社会の「伝統」の残存ではなく、また西欧社会によってもたらされる「近代的」な観念に支えられる存在でもなく、せめぎ合う複数のモラル・コミュニティで立ち上がる想像力のあいだで、その性格を付与されてゆく存在であった。この状況において、予言をめぐる信念は、分析者の前提とする「伝統」と「近代」の区分、「変化」と「持続」の接合や相互作用という説明によっては十分捉えることはできない。予言は、絶えざる社会変動にさらされている人びとが、他者との出会いによって自己の生を想像し、また他者の見方を想像するという想像力の運動や実施、そして期待の中で醸成されてきた信念である。予言は、ヌエルの人びとが新しい状況や他者との出会いを想像し自分の経験としてゆくやり方——自己の不滅性や祖先、それを支えるモラル・コミュニティ——と連動するものであるからこそ、人びとの深い納得を引き起こすものとしてあった。

予言者の言動は、個人と集団、集団と集団、クウォスと人間存在をつなぐものである。特に、ングンデンは、ヌエルの人びとが向き合う現前の経験の可能性を切り開き、その経験をクウォスへと接続する方法を照らし、経験にそれ以上の意味を与える存在であった。予言をめぐる想像力の運動と「正しさ」の確信のプロセスの中で暴かれるのが、語り手たちがそれまで自明視してきた既存の現実理解の方法とその不安定さである。言い換えれば、予め除外されてきた経験の領域に対する問いを開いてゆくのが想像力であり、他者との隠れた関係が顕かになる「エ・クウォス」の瞬間である。

新しい状況とともに経験の隠された領域に気づき、クウォスとともにある「正しい」現実のありかたを発見することを可能にする想像力は、自らの経験の領域の限界と向き合い、それを揺るがし、新しい現実のありかたを探究するものとして、いわば拡張してゆく。ングンデンは、永遠にこの想像力とともにある可能性を秘めた存在であり、多くの人に新しい生のヴィジョンやヴァージョンを与えてくれる。

クウォスと呼ばれる出来事に直面したとき、人びとは、既存の世界から距離を取り、それを精査するという想像力の実践によって、新たな経験のヴァージョンに気づいた。この経験は、必ずしもヌエルの予言を信じる者のみに共有されるものではなかった。既存の現実を疑い、他者の見方を想定しながら世界を語ろうとするさまざまな人間に、この想像力は働きかける。この想像力を導くのが、他者と相互に関わり、推定と内省を繰り返す、人間《ナース》が出遭う「エ・クウォス」の出来事なのである。

あとがき

二〇一三年一二月一五日、わたしのフィールドワークは、突如として終わりを迎えることとなった。五回目の調査を始める直前、滞在していた首都ジュバで、激しい武力衝突が生じた。「ジュバ大虐殺」とのちに呼ばれるようになった（ヌエルの人びとは「ヌエル大虐殺」と呼ぶ）事件のあと、南スーダンは再び内戦状態に陥った。

　政治的対立がもととなって生じた紛争は、徐々にヌエルとディンカのあいだで「民族紛争」化していった。ジュバの戦火は、瞬く間にジョングレイ州、上ナイル州など南スーダン全域に広がった。わたしが調査期間の大半を過ごしたボーの「ヌエルが来た村」（本文では「シ・ヌエル・ベン」と記載）とングンデン教会は、真っ先に政府軍の攻撃対象となり、ものの一日で焼け野原となったと聞いた。

　わたしを居候として受け入れてくれたングンデン教会の祭司一家をはじめ、「ヌエルが来た村」の人びとは、わたしが日本から持ってくる写真とフォトアルバムをいつも楽しみにしていた。

「ジョングレイに来てはいけない。日本に帰りなさい。ただし、去年のフォトアルバムはきちんと保存しておいて、また持ってくるように。」

　武力衝突の開始直後、携帯電話を通じて祭司と交わした最後の会話だった。

　二〇一二年分の写真の入ったフォトアルバムは、今もわたしの手元にある。あれから四年。わたしはまだ、このフォトアルバムを開くことができない。

　大学二年か三年生の時、図書館でたまたま『ヌアー族の宗教』（エヴァンズ＝プリチャード著）を手に取ってから、一〇年以上が経過した。はじめて読んだ民族誌には、「双子は鳥である」とか、「雄牛はキュウリだがキュウリは雄牛ではない」などと書いてあった。この民族誌に大いに感動し、わたしはヌエル族の調査をはじめることにした――と書きたいのはやまやまだが、正直に言えば、当時は「何が何やら分からない」という感想しか持つことができなかった。それどころか、その「分からなさ」に苛立ちすら覚えたような記憶がある。

その後、ひょんなことから、ヌエルの人びとの暮らすスーダンという国が、長らく内戦を経験していたことを知った。「双子は鳥である」などと語っていた人びとは、内戦経験をどのように語るのだろうか――これが、わたしが本研究のごくはじめに抱いた素朴な疑問だった。

二〇〇八年、初めて訪れた南部スーダンで出遭ったアメリカ帰りのヌエルの青年は、過去の内戦を「それはクウォスである」と語っていた。彼が熱心に語っていたのは、予言者ングンデンが一〇〇年前になした予言の「正しさ」であった。

その話を聞いた日の午後、民族集団同士の関係など何も知らなかった当時のわたしは、滞在していたホテルの経営者であったディンカ人に、何気なくこの話をしてみた。すると彼は、ングンデンは「正しい」予言者かもしれないが、彼の予言がいつも「正しい」とは限らないんだよ、と教えてくれた。その時彼がほのめかしたのは、一九九一年にヌエルの武装集団とSPLAナーシル派によって行われたディンカの虐殺、いわゆる「ボー大虐殺」であった。この出来事もまた、ングンデンによって予言されていたと言われている。

この、ングンデンの予言の「正しさ」をめぐる二つの解釈が、わたしが経験した二度目の「分からない」であった。

その後、数えきれないほどの「分からない」に直面し、そのつどヌエルの人たちに説明してもらってはさらに頭を抱える、という調査は続いた。本書を書き終えた今も、「分からない」は一向に解決されず、むしろ謎は深まり続けているような気さえする。

もともと、本書はヌエルの人びとの予言をめぐる語りの分析を中心に据える予定であった。予言に関するグランド・ナラティブと、その変位系である話者独自のレトリック、話者同士の社会関係、語りのモード、それらが受け継がれ、他者の経験を巻き込みながら拡張してゆく過程を明らかにすることで初めて、予言の現実構成力なるものを主張できると考えたからである。しかし、語りの書き起こしに本格的に取り組もうと思った調査開始の矢先、さきに触れた「ジュバ大虐殺」が生じ、調査どころではなくなった。当のヌエル人でも「理解不可能」と言われる予言の歌や「詩的表現」のあやを捉えるためには、語りの書き起こしの作業をヌエルの人びとの感性とともに丹念に行ってゆくことが不可欠である。本論で断片的に示すことができた語りや対話には、「歌」、「民話」、「表現」、「解釈」、「応答」――こうしたカテゴリーに沿って区別できるか分からないが――が入り混じっている。今後、人びとの語り口から新しい現実の相が立ち上がるさまを分析することで、日常における何気ない会話から、時として武力衝突に至るような「真実」の運動を見ることができるのではないかと考えている。これについてはまた次の機会を待つこととする。

それでも本書では、「国家」という新しいモラル・コミュニティが出現する時期に調査を行ったことで、歴史への絶大な期待と、裏切りのなかで流動する予言と人びとの生、そして「エ・クウォス」の経験の一局面を捉えることができたのではないかと考える。現代における「クジュール」の排斥運動を目の当たりにしたことで、これが単に現代の問題ではなく、植民地期より展開してきた想像力の問題であることに気付くことができた。第Ⅰ部で指摘しえたことはその端緒に過ぎないが、今後さらなる歴史資料の検討を通じてこの点を深めてゆくことができるのではないかと考える。

また、都市部、村落部、難民定住区などさまざまな地に暮らすヌエルの人びとの暮らしに参与したことで、現代のヌエルがどのような原理のもとで「社会変化」を経験しているのかを垣間見ることができた。第Ⅱ部における着想の多くは、エヴァンズ＝プリチャード著『ヌアー族の親族と結婚』、ハウエル著『ヌエルの法の手引き』、リーンハート著『神性と経験』、ハッチンソン著『ヌエルのジレンマ』から得た。先人たちの詳細な事例の記述と見事な分析がなければ、ヌエルの人びとが現代においても固執する原理に気づくことができなかった。ただ、紛争による慢性的なウシ不足のため、婚資の受け渡しや財産の継承など具体的な実践の場面を観察することができなかったのは残念である。

本書は、二〇一四年度に一橋大学大学院社会学研究科に提出した博士論文を大幅に改稿したものである。本書で提示したデータの一部は、すでにいくつかの論考として発表ずみであるが、いずれも大幅に改稿している（第5章の一部（橋本2011, 2012）、第6章の一部（Hashimoto 2013a, 2013b, 橋本 2014, 2016））。博士論文の執筆にあたり、指導教員である元一橋大学の岡崎彰先生に大変お世話になり、また多大なご迷惑をおかけした。岡崎先生には、修士課程在学時から一貫して、論文執筆はもとより、フィールドワークでの「分からなさ」に正面から向き合うことの苦痛と快楽を学ばせていただいた。紛争勃発時、岡崎先生は、ほとんどパニックを起こしていたわたしのことばにも真摯に耳を傾けてくださり、冷静な判断を行ってくださった。感謝の言葉もない。

大学学部時代の恩師である東京学芸大学の吉野晃先生には、「古典」とされる民族誌を読むことの魅力を教えていただき、本研究の端緒となった東アフリカ牧畜民の紛争に関する卒業研究を指導していただいた。博士論文の副指導教員となってくださった一橋大学の児玉谷史朗先生、大杉高司先生には、ゼミ発表や論文執筆の過程で、数多くの有益なご助言をいただいた。そのほか、一橋大学の社会人類学教室の先生方や院生の方々からは、合同ゼミなどで刺激的な意見をたくさんいただいた。博士論文の外部審査員となっていただいた大阪大学の栗本英世先生には、初めての南部スーダンへの渡航時から、学会・研究会発表、そして博士論文に至るまで、スーダン地域に関する深い知見とご経験から様々なコメントをいただくことができた。また、九州大学の浜本満先生には、日本学術振興会特別研究員（PD）の受け入れ教員となっていただき、博士論文提出後の研究活動を支えていただいた。博士論文の改稿にあたり、博論提出後の研究会や論文執筆の過程で頂戴したご意見を参考にした。なかでも、熊本大学の慶田勝彦先生、島根大学の出口顯先生、名古屋大学の佐々木重洋先生、横浜国立大学の松本尚之先生には、本書の議論にとって重要となる数々のご助言をいただいた。もちろん、本書の文責はすべて筆者にあるが、本書の議論における発想や執筆手順、分析の技法など細部にわたってご指導いただいたみなさまに、深く感謝を申し上げたい。

大著『ヌエルの予言者』の著者であるダグラス・ジョンソン先生、オックスフォード大学のウェンディ・ジェームズ先生には、二〇一〇年の調査開始時より、たびたび南スーダンや学会でお会いし、研究について励ましをいただいた。またオックスフォード大学のデイヴィッド・パーキン先生、ジュディス・オークリー先生、ダーラム大学のジャスティン・ウィリス先生、コペンハーゲンIT大学のキャスパー・イェンセン先生には、論考や発表原稿に目を通していただき、今後の研究活動に関わる重要な示唆をいただいた。研究にまったく自信が持てなかったわたしにとって、世界的に活躍されている先生方からの励ましが、どれだけ精神的な支えとなったか分からない。

南スーダンでの初期の調査は、ジュバ大学・平和開発研究センターに所属しながら行った。わたしを研究員として快く受け入れてくださった、元センター長のサイモン・モノジャ先生、シリシオ・オロモ先生に感謝したい。また、NGO団体をはじめとする日本の援助関係者の方々には、調査地への移動手段の確保からセキュリティ情報の共有まで、多方面にわたって調査にご協力いただいた。二〇一一年末、および二〇一三年末の緊急避難にあたっては、NGO関係者、国連職員の方々、南スーダンの地方政府職員の方々、在南スーダン日本領事館職員の方々の連携によって迅速にヘリコプターやチャーター機を手配していただいた。これらのご協力がなければ、本書の完成はおろか、無事に調査を終えることができたかも分からない。

なによりも、わたしのフィールドワークは、多くの南スーダン人、ヌエルの人びとのご厚意に支えられたものである。なかでも、Char Chot Chaar 氏、Nibol Bol 氏、Simon Deng Bol 氏、Jima Duoth Kong 氏、Nyagai Chuol 氏、David Ruon Nieth 氏、James Batbany 氏、Gatluak Chuol 氏には、調査から日々の生活、人生や人間関係の悩みに至るまで、さまざまな局面で助けていただいた。

二〇一〇年から二〇一六年にかけて実施した南スーダン、ウガンダ、イギリスにおけるフィールドワークと文献調査をはじめとする研究活動は、以下の研究助成金により可能となった。関係者のみなさまに厚くお礼申し上げたい。

・日本学術振興会、特別研究員研究奨励費「内戦以降のスーダンにおける予言の流通と新たなリアリティの出現に関する人類学的研究」（研究代表者：橋本栄莉、二〇一〇年四月〜二〇一三年三月）
・トヨタ財団、研究助成プログラム「独立後南スーダンにおける若者組合の「再編」と多様性の中で育まれる「共同性」に関する人類学的研究——若者のヴィジョン構築と地域社会の再建にむけて」（研究代表者：橋本栄莉、二〇一三年一〇月〜二〇一六年一〇月）
・公益信託澁澤民族学振興基金、大学院生等に対する研究活動助成「独立後南スーダンにおける「民族紛争」の変化と「土着の予言者」に関する人類学的研究」（研究代表者：橋本栄莉、二〇一三年〜二〇一四年）
・日本学術振興会科学研究費補助金、基盤研究（A）「ケニア海岸地方のスピリチュアリティおよび宗教性に関する人類学的国際学術研究」（研究代表者：慶田勝彦（熊本大学）、二〇一一年四月〜二〇一六年三月）
・日本学術振興会科学研究費補助金、基盤研究（S）「アフリカの潜在力を活用した紛争解決と共生の実現に関する総合的地域研究」（研究代表者：太田至（京都大学）、二〇一一年四月〜二〇一六年三月）
・日本学術振興会、特別研究員研究奨励費「現代アフリカの紛争における信念編成に関する人類学的研究：ヌエルの予言を事例に」（研究代表者：橋本栄莉、二〇一五年四月〜二〇一七年三月）

本書の出版は、日本学術振興会平成二九年度科学研究費助成事業（科学研究費補助金）（研究成果公開促進費・学術図書、課題番号 JP17HP5128）の交付を受けることで可能となった。本書の価値を繰り返し述べてくださり、わたしのつたない文章にお付き合いいただいた九州大学出版会の永山俊二氏にも記して感謝を申し上げたい。このほか、本書の完成にあたって数えきれないほどの方々にお世話になった。すべての方のお名前を記すことができないことをお詫び申し上げるとともに、深い感謝を記したい。

毎年、ヌエルの「虐殺記念日」とされる一二月一五日には、世界各地でヌエルの人びとがクウォスに祈りと歌を捧げる様子が、フェイスブックを通してわたしに伝わってくる。あの武力衝突から、二〇〇万人以上が故郷から離れ、南スーダン内外で難民・避難民としての生活を余儀なくされている。

いっときは毎日のように日本の報道で目にしていた「南スーダン」の文字も、最近ではめっきり見かけなくなった。内戦、難民、民族対立、脆弱国家、失敗国家……などの語とともに語られていた南スーダンであるが、その実、その地に暮らす人びとの考え方に関心が持たれることは多くはない。「平和構築」や「紛争解決」が叫ばれる中で、「平和」とはいったい何を指すのか、問われることもあまりない。

二〇一三年以降、わたしはウガンダに避難したヌエルの難民コミュニティでフィールドワークを行っている。ウガンダの難民定住地では、すでに新しいングンデンの予言が「発見」され、難民経験や紛争経験と予言との関係が「エ・クウォス」と語られていた。

当然のことながら、わたしたちにとっての「平和」が、彼らの「平和」と同じだとは限らない。しかし、本書が描いた予言語りや祈りの実践からは、断片的ではあるが、マル（*mal*）という語で表現される、ヌエルの人びとにとっての「平和」、「平穏」、「安寧」に対する考え方を窺い知ることができる。もし、彼らが大切にし、日々語っている事柄を「取るに足らないもの」とみなすならば、彼らの「平和」について思いをはせることは難しいことのような気がする。

「ヌエルが来た村」の人たちは、わたしが南スーダンに戻るたび、「おまえの本はもうできたか、まだ書けないのか」とわたしの研究の進度を気にかけてくれた。おそらく、本書は彼らの望むような内容にはなっていない。わたしが出会った人びとの一部は、わたしの「本」に、自分たちの運命についての「真実」、つまり「正しい予言」が書かれることを期待していた。「真実」が何かわたしには分からない。本書が描くことができたのは、その「真実」が彼らによって語られ、常に彼らと「ともにあった」ということだけである。

「ジュバ大虐殺」から逃れてきた生存者と電話で話すたび、彼らは心配するわたしをよそに、「問題ないよ、クウォスはいるさ」などと、なんだかこちらが拍子抜けしてしまうような調子で答えてくれる。もちろん、クウォスはいるのだろう。しかし、本書で述べた通り、「クウォスがいる」ことは、「クウォスが救ってくれる」ことを意味しない。人間《ナース》は今も受難の道を歩いている。ただしその道は、「クウォスがともに歩いてくださる」(*kuɔth ɛ jal ɛ kɛl*) 道なのである。

最後に、これまでわたしの人生と考え方を鍛え支えてくれた日本の家族や親戚、わたしの「本」の完成を楽しみにしていてくださった、今はなき「ヌエルが来た村」に暮らしていたみなさん、シャール・ショットの家族とニャガイ・シュオルの家族一人ひとりに心からの感謝を込めて、この本を捧げたい。

二〇一七年一二月

橋本栄莉

〈著者紹介〉
橋本栄莉（はしもと・えり）
1985年，新潟県生まれ。一橋大学大学院社会学研究科博士課程修了。博士（社会学)。日本学術振興会特別研究員（PD，九州大学）を経て，現在，高千穂大学人間科学部助教。専攻は文化人類学。著書に *Contemporary African Societies and Cultures*（Dahae Publishing, 2017年，共著)，主な論考に「現代ヌエル社会における予言と経験に関する一考察」『文化人類学』80（2)：200-220（2015年)，「テント入口に響く声――南スーダンでみた誘拐，民族紛争，武装改除のもう一つの顔」『SYNODOS』（2016年）などがある。第5回 若手難民研究者奨励賞（難民研究フォーラム）受賞（2017年)，第12回 日本文化人類学会奨励賞（日本文化人類学会）受賞（2017年)。

エ・クウォス
南スーダン・ヌエル社会における予言と受難の民族誌

2018年3月5日　初版発行

著　者　橋本　栄莉

発行者　五十川　直行

発行所　一般財団法人　九州大学出版会
〒814-0001 福岡市早良区百道浜3-8-34
九州大学産学官連携イノベーションプラザ305
電話　092-833-9150
URL　http://kup.or.jp/
印刷・製本／シナノ書籍印刷（株）

ISBN978-4-7985-0222-9

索　引

サ行

タ行

ナ行

ハ行

マ行

ヤ行

ラ行

ン

参考文献

文書館資料

英国ダーラム大学東洋図書館スーダン文書館所蔵資料（SAD.）
（Sudan Archive, Oriental Library, University of Durham, England）
英国オックスフォード大学ピット・リヴァーズ博物館所蔵資料
（Pitt Rivers Museum, University of Oxford, England）
スーダン文書館では主にウィリス，ワイルド，コリアットのコレクションを閲覧した。
ピット・リヴァーズ博物館ではリーンハートのコレクションを閲覧した。

行政書簡（資料のタイトルは文書館のカタログの表記に基づく。）

Coriat, P.

1930 Reference Dual Diu's statement. SAD. 764/11/27.

Struvé, K.C.P.

1926 Handing over notes for C. A. Willis incoming governance 1926 Aug.11. SAD. 212/9/1-14.

Willis, C. A.

1926 C.A.Willis's notes on the various areas of his province, including reports on treks, covering Renk, Kodok, Eastern District, Western District, Southern District, Akobo, Pibor, Malakal, Melut, Nasser, Gaigas, Tonga, Fangak, Duk Faiwel District, Jonglei, Shambe, Ful kwaich, also missions, agriculture, law and order, trade, medical service, education, communications. SAD. 212/9/15-92.

1927a Upper Nile Province Handing over Notes on the reorganization of province administration of tribal lines by C. A. Willis Introduction and Letters on the general situation on the province and proposed comprehensive scheme for the policy province in February 1928. SAD. 212/11/7-17.

1928a Report on the possible effects of the Sudd Project of immigration on the local population by C. A. Willis., with covering latter describes the area, possible effects on individual areas, an native administration and general piddens [sic]. SAD. 212/5/7-31.

1930 Upper Nile Province Handing over Notes: Some suggestions for the future on native administration, labor, drinks, the economic problem, trade, arms, the future of the districts education, future organization of the province. SAD. 212/15/1-24.

1931 Upper Nile Province Handing over Notes Chap. 1. SAD. 212/12/1-40.

Wyld, W. G.

1928 Account by Wyld of a punitive patrol against the Nuer, notably the Gun Lau, led by

their witch doctor Guek Wundeng, the Mor Lau and the Gaweir, under Dwal Diu, in retaliation for Nuer raids on the Dinka of Bor District. During the main battle Guek Wundeng was slain. SAD. 779/6/19-29.

その他の文書館資料

Lienhardt, G.

1950 Notes for a course of lectures on Nilotic Religions. Hilary Term 1950.Institute of social anthropology, University of Oxford.Pitt Rivers Museum, Lienhardt Box 6/6/5（Research notes, lectures and unpublished writings）.

Willis, C. A.

1927b Draft of article entitled ‘Imitation’ concerning on the murder of V. H. Fergusson in 1927. SAD. 212/16/1-8.

n.d. Sidelights on the Anglo-Egyptian Sudan. SAD. 646/1/1-172.

映像作品

Gardner, R. and H. Harris

1971 *The Nuer*. Harvard: The Film Study Center at Harvard University, color, 73 min.

Ryle, J. and T. C. Bapiny

1994 *The Price of Survival: A Journey to the War Zone of Southern Sudan*. London: Bright Star Productions, color, 42 min.

著書・論文

Abdin, H.

1985 *Early Sudanese Nationalism, 1919-1925*.（Institute of African & Asian Studies no.14）. Khartoum: Khartoum University Press.

阿部年晴・小田亮・近藤英俊（編）

2007 『呪術化するモダニティ』東京：春風社。

Abusharaf, R. M.

1997 Sudanese Migration to the New World: Socio-Economic Characteristics. *International Migration* 35（4）: 513-536.

2002 *Wanderings: Sudanese Migrants and Exiles in North America*. New York: Cornell University Press.

Ahmad, A. G. M.

2003 *Anthropology in the Sudan: Reflections by a Sudanese Anthropologist*. Utrecht: International Books.

Ali, A. A. G., I. A. Elbadawi and El-Batahani, A.

1999 Sudan’s Civil War. In Ali, T. M. A. & Matthews, R. O.（eds.）. *Civil wars in Africa: Roots and Resolution*. pp. 193-220, Montreal: McGill-Queen’s University Press.

Alier, A.

1990 *Southern Sudan: Too Many Agreements Dishonoured*. Exeter: Ithaca Press.

Allen, T.

1991 Understanding Alice: Uganda's Holy Spirit Movement in Context. *Africa* 61（3）: 370-399.

アンダーソン，B.

2000（1983）『想像の共同体――ナショナリズムの起源と流行』白石隆・白石さや訳，東京：NTT 出版。

Anderson, D. and D. H. Johnson（eds.）

1995 *Revealing Prophets: Prophecy in Eastern African History*. London: James Currey.

Anon.

1928 Obituary Captain V. H. Fergusson. *Sudan Notes and Records* 11: 241-242.

Archibald, E.

1997 *A Sudanese Family*. Minnesota: Lerner Publications Company.

Arens, W.

1983 Evans-Pritchard and the Prophets: Comments on an Ethnographic Enigma. *American Anthropologist* 78: 1-16.

Arensen, J. E.

1991 *Aspects of Language and Society among the Murle of Sudan*. Ph.D. thesis, Wolfson Collage.

綾部恒雄

1993「建設的民族論のために：名和克郎氏の批判に応える」『民族学研究』58（1）: 88-93.

バランディエ，G.

1983『黒アフリカ社会の研究：植民地状況とメシアニズム』井上兼行訳，東京：紀伊國屋書店。

Barth, F.（ed.）

1969 *Ethnic Groups and Boundaries: The Social Organization of Culture Difference*. Boston: Little Brown.

Beattie, J.

1963 Sorcery in Bunyoro. In Middleton, J. and E. H. Winter（eds.）, *Witchcraft and Sorcery in East Africa*. pp. 27-56, London: Routledge and Kegan Paul.

Beidelman, T. O.

1966 The Ox and Nuer Sacrifice: Some Freudian Hypotheses about Nuer Symbolism. *Man* 1（4）: 453-467.

1968 Some Nuer Notions of Nakedness, Nudity, and Sexuality. *Africa* 38（2）: 113-131.

1971 Nuer Priests and Prophets: Charisma, Authority, and Power among the Nuer. In T.O. Beidelman（ed.）, *The Translation of Culture: Essays to E.E. Evans-Pritchard*, pp.375-415, London: Tavistock Publications.

1986 *Moral Imagination in Kaguru Modes of Thought*. Bloomington: Indiana University Press.

Bernardi, B.

1959 *The Mugwe: A Failing Prophet*. London: Oxford University Press.

Bouth, C. N.

2007 *Post War Reconciliation in Greater Upper Nile*. A Dissertation of Postgraduate diploma, Center for Peace and Development Studies, University of Juba.

Brewer, C.

2010 *Disarmament in South Sudan*. Case study No.7, Center for Complex Operations, Washington: National Defence University.

Burton, J. W.

1975 A Note on Nuer Prophets. *Sudan Notes and Records* 56: 95-107

1978a Living with the Dead: Aspects of the Afterlife in Nuer and Dinka Cosmology (Sudan). *Anthropos* 73 (1/2): 141-160.

1978b Ghost Marriage and the Cattle Trade among the Atuot of the Southern Sudan. *Africa* 48 (4): 398-405.

1981 Ethnicity on the Hoof: On the Economics of Nuer Identity. *Ethnology* 20 (2): 157-162.

Buxton, J. C.

1973 *Religion and Healing in Mandari*. Oxford: Clarendon Press.

Chadwick, N.

1952 *Poetry and Prophecy*. Cambridge: Camgridge University Press.

コーエン，A. P.

2005（1985）『コミュニティは創られる』吉瀬雄一訳，横浜：関東学院大学人文科学研究所選書。

Cohen, R.

1978 Ethnicity: Problem and Focus in Anthropology. *Annual Review of Anthropology* 7: 379-403.

Collins, R. O.

1999 Africans, Arabs, and Islamists: From the Conference Tables to the Battlefields in the Sudan. *African Studies Review* 42 (2): 105-123.

Comaroff, J. and J. L. Comaroff

1993 Introduction. In J. Comaroff, J. and J. L. Comarroff (eds.), *Modernity and its Malcontents: Ritual and Power in Postcolonial Africa*. pp. xi-xxxvi, Chicago: University of Chicago Press.

Comaroff, J. and J. L. Comaroff (eds.)

1999 *Civil society and the Political Imagination in Africa: Critical Perspectives*. Chicago: University of Chicago Press.

Coriat, P.

1939 Gwek the Witch-Doctor and the Pyramid of Dengkur. *Sudan Notes and Records* 22 (2):

221-237.

Crapanzano, V.

2004 *Imaginative Horizons: An Essay in Literary-Philosophical Anthropology*. Chicago: University of Chicago Press.

Crazzolara, J. P.

1933 *Outlines of a Nuer Grammer*. Modling bei Wein: Studia Instití Anthropos.

Davis, J.

1994 Foreword. In D.H. Johnson, *Nuer Prophets*. pp. v-vi, Oxford: Oxford University Press.

出口顯

2007 「E-Pを読み直す：オカルトエコノミー論を越えて」，阿部年晴・小田亮・近藤英俊（編）『呪術化するモダニティ：現代アフリカの宗教的実践から』pp.151-178，東京：風響社。

Deguchi, A.

1996 Book Review on Nuer Prophet. *Nilo-Ethiopian Studies* 3 & 4: 69-70.

Deng, L. A.

2013 *The Power of Creative Reasoning: The Ideas and Vision of John Garang*. Bloomington: iUniverse.

ダグラス，M.

1983 『象徴としての身体』江河徹ほか訳，東京：紀伊國屋書店。

Duany, W.

1992 *Neither Palaces nor Prisons: The Constitution of Order among the Nuer*. Ph. D. Dissertation, Indiana University, viewed 12 October 2014, via Digital Library of The Commons.

Dubois, J. W.

1992 Meaning without Intension: Lessons from Divination. In Jane Hill and Judith T. Irvine (eds.), *Responsibility and Evidence in Oral Discourse*. pp. 48-71, Cambridge: Cambridge University Press.

Durkheim, E.

1965（1912） *The Elementary Forms ofthe Religious Life*.Trans. J. W. Swain, New York: The Free Press.

Evans-Pritchard, E. E.

1935 The Nuer: Tribe and Clan. *Sudan Notes and Records* 17（1）: 1-57, 18（1）: 37-87.

1940 *The Nuer: A Description of the Modes of Livelihood and Political Institutions of a Nilotic People*. Oxford: Clarendon.

1956 *Nuer Religion*. Oxford: Clarendon Press.

エヴァンズ＝プリチャード，E. E.

1978（1940） 『ヌアー族―ナイル系―民族の生業形態と政治制度の調査記録』向井元子訳，東京：岩波書店。

1982（1956） 『ヌアー族の宗教』向井元子訳，東京：岩波書店。

1986（1951）『ヌアー族の親族と結婚』向井元子・長島信弘訳，東京：岩波書店。
Evens, T. M. S.
1978 Leopard Skins and Paper Tigers: ‘Choice’ and ‘Social Structure’ in the Nuer. *Man* 13（1）: 100-115.
Falge, C.
2008 Countering Rupture: Young Nuer in New Religious Movements. *Sociologus* 58（2）: 169-195.
Fernandez, J. W.
1982 *Bwiti: An Ethnography of the Religious Imagination in Africa*. Princeton: Princeton University Press.
Fernandez, J. W. and M. T. Huber
2001 *Irony in Action: Anthropology, Practice and the Moral Imagination*. Chicago: University of Chicago Press.
Feyissa, D.
2009 A National Perspective on the Conflict in Gambella. In *Proceedings of the 16th International Conference of Ethiopian Studies*. pp.641-653, Department of Social Anthropology, Norwegian University of Science and Technology, Trondheim.
Fisiy, C. and P. Geschiere
1991 Sorcery, Witchcraft and Accumulation: Regional Variations in South and West Cameroon. *Critique of Anthropology* 11: 251-78.
フーコー，M.
2012（1969）『知の考古学』慎改康之訳，東京：河出書房新社。
1975（1972）『狂気の歴史』田村俶訳，東京：新潮社。
福井勝義
1984「戦いからみた部族関係――東アフリカにおける牛牧畜民 Bodi（Meken）を中心に」『民族学研究』48（4）: 471-480.
福井勝義（編）
2005『社会化される生態資源――エチオピア絶え間なき再生』京都：京都大学学術出版会。
Fukui, K. and D. Turton（eds.）
1979 *Warfare among East African Herders*（Senri Ethnological Studies 3）. Osaka: Natianal Museum of Ethnology.
Gador, K. W. W.
2007 The Impact of Factionalism within SPLM/SPLA and Conflict Resolution In Southern Sudan. A Dissertation of Post Graduate Diploma, Center for Peace and Development Studies, University of Juba.
Gai, G. R.
2008 *Christian-Muslim Relations in Sudan: A Study of the Relationship Between Church and State (1898-2005)*. Khartoum: Azza House.

ギアツ，C.
1991（1983）『ローカル・ノレッジ：解釈人類学論集』梶原景昭ほか訳，東京：岩波書店。
Geschiere, P.
1988 Sorcery and the State: Popular Modes of Action in Southern Cameroon. *Critique of Anthropology* 8（1）: 35-63.
1997 *The Modernity of Witchcraft: Politics and the Occult in Postcolonial Africa*. Charlottesville: University of Virginia Press.
2003 On Witch Doctors and Spin Doctors: The Role of 'Experts' in African and American Politics. In B. Meyer and P. Pels（eds.）, *Magic and Modernity: Interfaces of Revelation and Concealment*. pp. 159-182, Stanford: Stanford University Press.
Glickman, M.
1972 The Nuer and the Dinka: a Further Note. *Man* 7（4）: 586-594.
Gough, K.
1971 Nuer Kinship: ARe-examination. In T.O. Beidelman（ed.）, *The Translation of Culture: Essays to E.E. Evans-Pritchard*, pp.79-121, London: Tavistock Publications.
Greuel, P. J.
1971 The Leopard-Skin Chief: An Examination of Political Power Among the Nuer 1. *American Anthropologist* 73（5）: 1115-1120.
Haley, R. I.
1968 Benefit Segmentation: ADecision-oriented Research Tool. *The Journal of Marketing* 32（2）: 30-35.
浜本満
1986a「異文化理解の戦略 -1- ディンカ族の「神的なるもの」と「自己」の観念について」『福岡大学人文論叢』18（2）: 381-407。
1986b「異文化理解の戦略 -2- ディンカ族の「神的なるもの」と「自己」の観念について」『福岡大学人文論叢』18（3）: 521-543。
2007「妖術の近代 —— 三つの陥穽と新たな展望」，阿部年晴・小田亮・近藤英俊（編）『呪術化するモダニティ —— 現代アフリカの宗教的実践から』pp.113-150，東京：風響社。
2014『信念の呪縛』福岡：九州大学出版会。
橋本栄莉
2011「『真実』の転移と新たなリアリティ：南部スーダン，ヌエル社会における『予言の成就』の語りを事例に」『くにたち人類学研究』6: 1-25.
2012「内戦，住民投票と『神話』の動態：南スーダン，ヌエル社会における予言の語りの分析」『アフリカ研究』81: 31-43.
2014「ヌエルの予言者と『ホワイト・アーミー』：独立後南スーダンにおける武力衝突を事例として」『社会人類学年報』40: 121-132。
2016「テントの入口に響く声 —— 南スーダンでみた誘拐，民族紛争，武装解除のも

う一つの顔」『SYNODOS』 http://synodos.jp/international/16957
Hashimoto, E.
2013a Reviving Powers of the Past with Modern Technology: Aspects of Armed Youth and the Prophet in Jonglei State. *Sophia Asian Studies* 31: 161-173.
2013b Prophets, Prophecies and Inter-communal Conflict in Post-independence South Sudan. *Nilo-Ethiopian Studies* 18: 37-44.
Hayley, A.
1968 Symbolic Equations: The Ox and the Cucumber. *Man* 3（2）: 262-271.
Hazama, I.
2012 Daily Life as Poetry: The Meaning of the Pastoral Songs of the Karimojong in North-eastern Uganda. *Nilo-Ethiopian Studies* 17: 27-49.
稗田乃
2006 『ナイル語比較研究の諸問題 ── ナイル語西方言における名詞の語形成法を中心に』アジア・アフリカ言語文化叢書 45，東京外国語大学アジア・アフリカ言語文化研究所。
ホブズボウム，E.・T. レンジャー（編）
1992（1983）『創られた伝統』前川啓治・梶原景昭ほか訳，東京：紀伊國屋書店。
Hodgkin, T.
1956 *Nationalism in Colonial Africa*. London: Frederick Muller Ltd.
Holbraad, M.
2012 *Truth in Motion: The Recursive Anthropology of Cuban Divination*. Chicago: University of Chicago Press.
Hollis, M. and S. Lukes（eds.）
1982 *Rationality and Relativism*. Oxford: Basil Blackwell.
Holtzman, J. D.
2000 Dialing 911 in Nuer: Gender Transformations and Domestic Violence in a Midwestern Sudanese Refugee Community. In N. Foner, R.G. Rumbaut and S.J. Gold（eds.）, *Immigration Research for a New Century: Multidisciplinary Perspectives*. pp.390-408, New York: Russell Sage.
2008 *Nuer Journeys, Nuer Lives: Sudanese Refugees in Minnesota*. Massachusetts: Allyn & Bacon.
Honwana, A.
2003 Undying Past: Spirit Possession and the Memory of War in Southern Mozambique. In B. Meyer and P. Pels（eds.）, *Magic and Modernity: Interfaces of Revelation and Concealment*. pp.60-80, Stanford: Stanford University Press.
Howell, P. P.
1954 *A Manual of Nuer Law*. Oxford: Oxford University Press.
Howell, P. P. and B. A. Lewis
1947 Nuer Ghouls: A Form of Witchcraft. *Sudan Notes and Records* 28: 157-168.

Howell, P. P. and W. P. G. Thompson
1946 The Death of a Reth of the Shilluk and the Installation of his Successor. *Sudan Notes and Records* 27: 5-85.

Hutchinson, S. E.
1980 Relations between the Sexes among the Nuer: 1930. *Africa* 50 (4): 371-388.
1985 Changing Concepts of Incest among the Nuer. *American Ethnologist* 12 (4): 625-641.
1990 Rising Divorce among the Nuer, 1936-1983. *Man* 25 (3): 393-411.
1992a Dangerous to Eat: Rethinking Pollution States among the Nuer of Sudan. *Africa* 62 (4): 490-504.
1992b The Cattle of Money and the Cattle of Girls among the Nuer, 1930-83. *American Ethnologist* 19 (2): 294-316.
1996 *Nuer Dilemmas: Coping with Money, War, and the State*. Berkeley: University of California Press.
1998 Death, Memory and the Politics of Legitimation: Nuer Experiences of the Continuing Second Sudanese Civil War. In R.Werbner (ed.), *Memory and the Postcolony. African Anthropology and the Critique of Power*. pp. 58-70, London: Zed.
2000a Identity and Substance: the Broadening Bases of Relatedness among the Nuer of Southern Sudan. In J. Carsten, (ed.), *Cultures of Relatedness: New Approaches to the Study of Kinship*. pp.55-72, Cambridge: Cambridge University Press.
2000b Nuer Ethnicity Militarized. *Anthropology Today*16 (3): 6-13.
2001 A Curse from God? Religious and Political Dimensions of the Post-1991 Rise of Ethnic Violence in South Sudan. *The Journal of Modern African Studies* 39 (2): 307-331.
2005 Spiritual Fragments of an Unfinished War. In N. Kastfelt (ed.), *Religion and African Civil Wars*. pp.28-53, London: Hurst.

Hutchinson, S. E., and J. M. Jok
2002 Gendered Violence and the Militarization of Ethnicity. In R. Werbner (ed.), *Post-colonial Subjectivities in Africa*. pp. 84-107, London: Zed.

Ibrahim, H.
1979 *The Shaiqiya: the Cultural and Social Change of a Northern Sudanese Riverain People*. Wiesbaden: Steiner.

石井美保
2005 「もの／語りとしての運命――ガーナの卜占アファにおける呪術的世界の構成」『文化人類学』70 (1): 21-46。
2007 『精霊たちのフロンティア：ガーナ南部の開拓移民社会における“超常現象”の民族誌』東京：世界思想社。

Jackson, H. C.
1923 The Nuer of the Upper Nile Province. *Sudan Notes and Records* 6 (1): 59-107, 6 (2): 123-189.
1954 *Sudan Days and Ways*. London: Macmillan.

James, W.

1988 *The Listening Ebony: Moral Knowledge, Religion, and Power among the Uduk of Sudan*. Oxford: Clarendon Press.

1997 The Names of Fear: Memory, History, and the Ethnography of Feeling among Uduk Refugees. *Journal of the Royal Anthropological Institute* 3 (1): 115-131.

Johnson, D. H.

1979 Colonial Policy and Prophets: the "Nuer Settlement", 1929-30, *Journal of the Anthropological Society of Oxford* 10 (1): 1-20.

1981 The Fighting Nuer: Primary Sources and the Origins of a Stereotype. *Africa* 51 (1): 508-527.

1982a Tribal Boundaries and Border Wars: Nuer–Dinka Relations in the Sobat and Zaraf Valleys, c. 1860–1976. *The Journal of African History* 23 (2): 183-203.

1982b Evans-Pritchard, the Nuer and the Sudan Political Service. *African Affairs* 81 (323): 231-246.

1994 *Nuer Prophets: A History of Prophecy from the Upper Nile in the Nineteenth and Twentieth Centuries*. Oxford: Oxford University Press.

1995a *The Upper Nile Province Handbook: A Report on Peoples and Government in the Southern Sudan, 1931 compiled by C. A. Willis*. Oxford: Oxford University Press.

1995b The Prophet Ngundeng and the Battle of Pading: Prophecy, Symbolism and Historical Evidence. In D. Anderson and D. H. Johnson (eds.), *Revealing Prophets: Prophecy in Eastern African History*. pp. 196-220, London: James Currey.

2003 *The Root Causes of Sudan's Civil Wars*. Bloomington: Indiana University Press.

Johnson, D. H. (ed.)

1993 *Governing the Nuer: Documents by Percy Coriat on Nuer History and Ethnography 1922-1931*, Journal of the Anthropological Society of Oxford Occasional Papers No. 9.

Jok, J. M.

2005 War, Changing Ethics and the Position of Youth in South Sudan. In J. Abbink, and W. M. J.van Kessel (eds.), *Vanguard or Vandals: Youth, Politics and Conflict in Africa*. pp.145-162, Leiden: Brill.

Jok, J. M. and S. E. Hutchinson

1999 Sudan's Prolonged Second Civil War and the Militarization of Nuer and Dinka Ethnic Identities. *African Studies Review* 42 (2): 125-145.

Kapferer, B.

2002 *Beyond Rationalism*. Oxford: Berghahn Books.

Karp, I. and K. Maynard

1983 Reading The Nuer [and Comments and Reply]. *Current Anthropology* 24 (4): 481-503.

川田順造・福井勝義　(編)

1988 『民族とは何か』東京：岩波書店。

慶田勝彦
1989 「ヌアー族の供犠 —— 神，人間，牛の関係性と経験の位相」『九州大学比較教育文化研究施設紀要』40: 61-72.

Kelly, R. C.
1985 *The Nuer Conquest: the Structure and Development of an Expansionist System*. Michigan: University of Michigan Press.

Kiggen, J.
1948 *Nuer- English Dictionary*. London.

木村敏
2009（1982）『時間と自己』東京：中公新書。

北村弘明
1996 「予言と預言 —— 『言語機構分析』におけるモノとコトの探究」『聖徳大学総合研究所論叢Ⅳ』4: 135-162.

小馬徹
1984 「超人的力としての言語と，境界人としての指導者の権威 —— キプシギス族の行政首長再考」『アフリカ研究』24: 1-21.

栗本英世
1996 『民族紛争を生きる人びと —— 現代アフリカの国家とマイノリティ』東京：世界思想社。
2000 「『上からの平和』と『下からの平和』 —— スーダン内戦をめぐって」『NIRA政策研究』13（6）: 46-49.
2002 「植民地行政，エヴァンズ＝プリチャード，ヌエル人」，山路勝彦，田中雅一（編）『植民地主義と人類学』pp.45-69，兵庫：関西学院大学出版会。
2005 「スーダン内戦の終結と戦後復興」『海外事情』53（4）: 2-21.
2006 「ジョン・ガランにおける『個人支配』の研究序説」，佐藤章（編）『アフリカの「個人支配」再考』pp.105-122，東京：アジア経済研究所。
2012 「内戦下で人びとはなにを食べていたのか —— 南部スーダンにおける生業，市場，人道援助」，松井・名和・野林（編）『グローバリゼーションと〈生きる世界〉：生業からみた人類学的現在』pp. 251-295，京都：昭和堂。

Kurimoto, E.
1992 An Ethnography of ‘Bitterness’: Cucumber and Sacrifice Reconsidered, *Journal of Religion in Africa* 22（1）: 47-65.

栗本英世・井野瀬久美恵（編）
1999 『植民地経験：人類学と歴史学からのアプローチ』京都：人文書院。

栗田禎子
2001 『近代スーダンにおける体制変動と民族形成』東京：大月書店。
2009 「『移行期』のスーダン政治 —— 南北和平・民主化・ダルフール危機」『地域研究』9（1）: 68-89.

Lamphear, J.

1976 Aspects of Turkana Leadership during the Era of Primary Resistance, *Journal of African History* 17 (ii): 225-243.

Lan, D.

1985 *Guns and Rain: Guerrillas and Spirit Mediums in Zimbabwe*. London: University of California Press.

Leriche, M. and M. Arnold

2012 *South Sudan: From Revolution to Independent*. London: Hurst.

Levitt, J. H. (ed.)

1997 *Poetry and Prophecy: The Anthropology of Inspiration*. Michgan: The University of Michgan Press.

Lewis, B. A.

1951 Nuer Spokesmen: A Note on the Institutionofthe "Ruic". *Sudan Notes and Records* 32 (1): 77-84.

Lienhardt, G.

1958 The Western Dinka. In G. Lienhardt, J. Middleton and D. Tait (eds.), *Tribes without Rulers: Studies in African Segmentary Systems*. pp. 97-135, London: Routledge & Kegan Paul Ltd.

1961 *Divinity and Experience: The Religion of the Dinka*. Oxford: Clarendon Press.

1982 The Sudan: Aspects of the South Government among Some of the Nilotic Peoples, 1947-52. *British Society for Middle Eastern Studies* 9 (1): 22-34.

1997 Anthropology and the View from Afar. *Journal of the Anthropological Society of Oxford* 28 (1): 83-89.

リーンハート, G.

1970 (1956) 『社会人類学』増田義郎・長島信弘訳，東京：岩波書店。

Lowrey, W. O.

1997 Passing the Peace: The Role of Religion in Peacemaking among the Nuer in Sudan. In A. C. Wheeler (ed.), *Land of Promise: Church Growth in a Sudan at War*. Faith in Sudan No.1, pp.129-150, Nairobi: Paulines Publications Africa.

Madsen, R.

1993 The Public Sphere, Civil Society and Moral Community: a Research Agenda for Contemporary China Studies, *Modern China*19 (2): 183-198.

真木悠介

2013 (1997) 『時間の比較社会学』東京：岩波書店。

増田研

2001 「武装する周辺：エチオピア南部における銃・国家・民族間関係」『民族学研究』65 (4): 313-340.

松田素二

1999 『抵抗する都市——ナイロビ移民の世界から』東京：岩波書店。

ムビティ, J.

1970（1969）『アフリカの宗教と哲学』大森元吉訳，東京：法政大学出版局。
McLaughlin, J.
1967 Tentative Time Depths for Nuer, Dinka, and Anuak. *Journal of Ethiopian Studies* 5（1）: 13-27.
Meyer, B.
2003 Ghanian Popular Cinema and the Magic in and of Film. In B. Meyer and P. Pels（eds.）, *Magic and Modernity: Interfaces of Revelation and Concealment*. pp. 200-222, Stanford: Stanford University Press.
Meyer, B. and P. Pels（eds.）
2003 *Magic and Modernity: Interfaces of Revelation and Concealment*. Stanford: Stanford University Press.
Middleton, J.
1960 *Lugbara Religion: Ritual and Authority among an East African People*. London: Oxford University Press.
Middleton, J. and E. H. Winter（eds.）
1963 *Witchcraft and Sorcery in East Africa*. London: Routledge and Kegan Paul.
Moore, S. F.
1999 Reflections on the Camaroff Lecture. *American Ethnologist* 26（2）304-306.
ムアヘッド，A.
1970『白ナイル――ナイル水源の秘密』篠田一士訳，筑摩書房。
長島信弘
2008「〈書評〉近藤英俊・小田亮・阿部年晴（編）『呪術化するモダニティ――現代アフリカの宗教的実践から』（風響社，2007年）（その2）」『貿易風』4: 301-316。
中島成久
2003「序文」，中島成久（編）『グローバリゼーションのなかの文化人類学案内』pp.3-8，東京：明石書店。
仲尾周一郎
2012「ジュバ・アラビア語」，塩田勝彦（編）『アフリカ諸語文法要覧』pp.123-135，大阪大学世界言語研究センター。
名和克郎
1992「民族論の発展のために：民族の記述と分析に関する理論的考察」『民族学研究』57（3）: 297-317.
Newcomer, P. J.
1972 The Nuer are Dinka: An Essay on Origins and Environmental Determinism. *Man* 7（1）: 5-11.
1973 The Nuer and the Dinka. *Man* 8（1）: 109-110.
Nyaba, P. A.
1997 *Politics of Liberation in South Sudan: An Insider's View*. Kampala: Fountain Publishers.

Obeyesekere, G.
1992 *The Apotheosis of Captain Cook: European Mythmaking in the Pacific.* Princeton, New Jersey: Princeton University Press.

小田亮
1983 「報復闘争と暴力」『社会人類学年報』9: 83-110.

Okamura, J. Y. and M. Glickman.
1972 Kinship and Credit among the Nuer（*Africa*, October 1971, pp. 306–19）. A Comment by J. Y. Okamura, with Rejoinder by Maurice Glickman. *Africa* 42（4）: 338-341.

岡崎彰
2010 「持続可能な戦争――スーダンの内戦を通して考える」足羽與志子，濱谷正晴，吉田裕（編）『平和と和解の思想をたずねて』pp.300-314，東京：大月書店。

大塚和夫
1995 『テクストのマフディズム：スーダンの「土着主義運動」とその展開』東京：東京大学出版会。

Otterbein, K. F.
1995 More on the Nuer Expansion. *Current Anthropology* 36（5）: 821-823.

Peristiany, J. G.
1975 The Ideal and the Actual: the Role of Prophets in Pokot Social System, In J. H. M. Beattie and R. G. Lienhardt (eds.), *Studies in Social Anthropology*. pp. 167-212, Oxford: Clarendon.

ポランニー，M.
2001（1962）『個人的知識――脱批判哲学をめざして――』長尾史郎訳，東京：ハーベスト社。

Power, D. V. and D. J. Shandy
1998 Sudanese Refugees in a Minnesota Family Practice Clinic. *Family Medicine- Kansas City* 30（3）: 185-189.

Ranger, T. O.
1968 Connections Between Primary Resistance Movements and Modern Mass Nationalism in East and Central Africa. *Journal of African History* 9（3）: 437-453（part1）, 9（4）: 631-641（part2）.
1985 *Peasant Consciousness and Guerrilla War in Zimbabwe*. London: James Currey.
1986 Religious Movements and Politics in Sub-Saharan Africa. *African Studies Review* 29（2）: 1-69.
1997 The Invention of Tradition in Colonial Africa. In Grinker, R. R., Lubkemann, S. C. and Steiner, C. B. (eds.), *Perspectives on Africa: A Reader in Culture, History, and Representation*. pp. 450-461, New Jesey: John Wiley & Sons.

Riches, D.
1973 The Nuer and the Dinka. *Man* 8（2）: 307-308.

Ricoeur, P.
1981 *Hermeneutics and the Human Sciences: Essays on Language, Action and Interpretation*. Trans. J. B. Thompson, Cambridge: Cambridge University Press.
ロバートソン－スミス , W.
1969（1889）『セム族の宗教』永橋卓介訳，東京：岬書房。
Rosaldo, R.
1986 From the Door of His Tent: The Fieldworker and the Inquisitor. In J. Clifford and G. E. Marcus（eds.）, *Writing Culture: The Poetics and the Politics of Ethnography*. pp.77-97, Berkeley: University of California Press.
Ryle, G.
1949 *The Concept of Mind*. London: Penguin Books.
ライル，G.
1987（1949）『心の概念』坂本百八・宮下治子・服部裕幸共訳，東京：みすず書房。
Sacks, K.
1979 Causality and Chance on the Upper Nile. *American Ethnologist* 6: 437-448.
佐川徹
2011 『暴力と歓待の民族誌 ―― 東アフリカ牧畜社会の戦争と平和』京都：昭和堂。
Sahlins, M. D.
1961 The Segmentary Lineage: An Organization of Predatory Expansion1. *American Anthropologist* 63（2）: 322-345.
1995 *How "Natives" Think: About Captain Cook, for Example*. Chicago: University of Chicago Press.
サーリンズ，M. D.
1993（1985）『歴史の島々』山本真鳥訳，東京：法政大学出版局。
佐久間寛
2013 『ガーロコイレ：ニジェール西部農村社会をめぐるモラルと叛乱の民族誌』東京：平凡社。
Scott, J. and G. Marshall（eds.）
2009 *A Dictionary of Sociology*. Oxford: Oxford University Press.
Scroggins, D.
2002 *Emma's War: An Aid Worker, Radical Islam, and the Politics of Oil -A True Story of Love and Death in the Sudan*. New York: Pantheon.
Shandy, D. J.
2005 Nuer in the United States. In Ember, M. and Skoggard, I.（eds.）. *Encyclopedia of Diasporas*. pp. 1046-1054, New York: Springer Science and Business Media.
2007 *Nuer-American Passages: Globalizing Sudanese Migration*. Florida: University Press of Florida.
Shandy, D. J. and K. Fennelly
2006 A Comparison of the Integration Experiences of Two African Immigrant Populations in

a Rural Community. *Journal of Religion & Spirituality in Social Work: Social Thought* 25（1）: 23-45.

Shaw, R.

2003 Robert Kaplan and "Juju Journalism" in Sierra Leone's Rebel War: The Primitivizing of an African Conflict. In B. Meyer and P. Pels（eds.）, *Magic and Modernity: Interfaces of Revelation and Concealment*. pp.81-102, Stanford: Stanford University Press.

シップリー，J. T.

2009（1945）『シップリー英語語源辞典』梅田修・眞方忠道・穴吹章子訳，東京：大修館書店。

Simonse, S. and E. Kurimoto

2011 *Engaging Monyomiji: Bridging the Governance Gap in East Bank Equatoria*. Nairobi: Pax Christi Horn of Africa.

Skedsmo, A., Kwong, D. and Hoth, G. L.

2003 The Changing Meaning of Small Arms in Nuer Society. *African Security Studies* 12（4）: 57-67.

新共同（訳）

1987 『旧約聖書』東京：日本聖書協会。

新村出（編）

1998 『広辞苑 第5版』東京：岩波書店。

Southall, A.

1976 Nuer and Dinka are People: Ecology, Ethnicity and Logical Possibility. *Man* 11（4）: 463-491.

スペルベル，D.

1979（1974）『象徴表現とは何か：一般象徴表現論の試み』菅野盾樹訳，東京：紀伊國屋書店。

武内進一（編）

2000 『現代アフリカの紛争 —— 歴史と主体 —— 』東京：アジア経済研究所。

竹沢尚一郎

2007 『人類学的思考の歴史』東京：世界思想社。

寺澤芳雄（編）

1997 『英語語源辞典』東京：研究社。

Thomas, E.

2015 *South Sudan: The Slow Liberation*. London: Zed.

Thomas, N.

1991 *Entangled Objects: Exchange, Material Culture and Colonialism in the Pacific*. Cambridge: Harvard University Press.

Van Dijk, R. A. and P. Pels

1996 Contested Authorities and the Politics of Perception: Deconstructing the Study of Religion in Africa. In T.O. Ranger and R. Werbner（eds.）, *Postcolonial Identities in*

Africa. pp. 245-270, London: Zed Books.
Verdon, M.
1982 Where Have All Their Lineages Gone? Cattle and Descent among the Nuer. *American Anthropologist* 84（3）: 566-579.
Verrips, J.
2003 Dr. Jekyll and Mr. Hyde: Modern Medicine Between Magic and Science. In Meyer, B. and P. Pels（eds.）, *Magic and Modernity: Interfaces of Revelation and Concealment*. pp. 223-240, Stanford: Stanford University Press.
ウォーラーステイン，E.
2008（2006）『ヨーロッパ的普遍主義：近代世界システムにおける構造力的暴力と権力の修辞学』山下範久訳，東京：明石書店。
ウェーバー，M.
1996（1920）『古代ユダヤ教（上）（中）（下）』内田芳明訳，東京：岩波文庫。
Wills, C. A.
1928b The Cult of Deng. *Sudan Notes and Records* 11: 195-208.
Willis, C. A. and D. H. Johnson（ed.）
1995 *The Upper Nile Province Handbook: A Report on Peoples and Government in the Southern Sudan, 1931 compiled by C. A. Willis*. Oxford: Oxford University Press.
Willis, M. S. and J. S. Buck
2007 From Sudan to Nebraska: Dinka and Nuer Refugee Diet Dilemmas. *Journal of Nutrition Education and Behavior* 39（5）: 273-280.
Wilson, B. R.（eds.）
1970 *Rationality*. Oxford: Basil Blackwell.
ウィンチ，P.
1987（1972）『倫理と行為』奥雅博・松本洋之訳，東京：勁草書房。
山路勝彦・田中雅一（編）
2002『植民地主義と人類学』兵庫：関西学院大学出版会。

NGO・国連・政府刊行資料

African Development Bank Group
2013 South Sudan: An Infrastructure Action Plan. Temporal Relocation Agency, Tunisia: African Development Bank Group
Bradbury, M., J. Ryle., M. Medley and Sansculotte-Greenidge, K.
2006 *Local Peace Processes in Sudan: A Base Line Study*. Rift Valley Institute, The Department for International Development of the United Kingdom.
Food and Agriculture Organization of the United Nations（FAO）
2005 Sudan Nutrition Profile-Food and Nutrition Divisions, FAO.
2014 *Crops and Food Security Assessment Mission to South Sudan*. 20 Febrary 2014. Rome: Food and Agriculture Organization of the United Nations.

Gordon, R.

2014 *In the Eyes of the Storm: An Anyalysis of Internal Conflict in South Sudan's Jonglei State*. Working paper No.11, March, Massachusetts: Feinstein International Center.

Human Rights Watch

1994 *Sudan: The Lost Boys*. Human Rights Watch / Africa, Human Rights Watch Children's Right Project. Vol.6 No.4, November, New York: Human Rights Watch.

International Crisis Group

2009 Jonglei's Tribal Conflicts: Countering Insecurity in South Sudan. Africa Repost No. 154, 23 December, International Crisis Group.

2014 *South Sudan: A Civil War by Any Other Name*. Africa Report, No. 217, 10 April, International Crisis Group.

Jok, J. M.

2011 *Diversity, Unity and Nation Building in South Sudan*. Special Report No. 287, Octber 2011. Washington D. C.: United States Institute of Peace.

Muvawala, J. and F. Mugisha

2014 South Sudan 2014. African Economic Outlook, the African Development Bank, the OECD Development Centre and the United Nations Development Programme.

National Bureau of Statistics

2011 *South Sudan Statistical Yearbook 2011 FINAL*. The Republic of South Sudan.

Pact and South Sudan Law Society

2012 *Rethinking Jonglei*. Briefing note prepared by Pact and South Sudan Law Society（SSLS）, South Sudan.

Southern Sudan Commission of Census

2009 *Statistics and Evaluation, 5th Sudan Population and Housing Census-2008 Priority Result*. The Republic of South Sudan.

South Sudan Referendum Commission（SSRC）

2011 *South Sudan Referendum Final Results Reports*. 7 February 2011, The Republic of South Sudan.

Small Arms Survey

2007 *Responses to Pastoral Wars: A Review of Violence Reduction Efforts in Sudan, Uganda and Kenya*. HSBA Issue Brief No.8, Geneva, September. Small Arms Survey.

2012 *My Neighbor, My Enemy: Inter-tribal Violence in Jonglei*. HSBA Issue Brief No.21, Geneva, October, Small Arms Survey.

United Nations Mission in South Sudan（UNMISS）

2013 *UNMISS Issues Preliminary Account of Akobo Base Attack*. 20 December 2013, Juba: UNMISS.

United Nations Office for the Coordination of Humanitarian Affairs（UNOCHA）

2012 *Weekly Humanitarian Bulletin, 30 December 2011-5 January 2012, South Sudan*. 5 January 2012, Juba: UNOCHA South Sudan.

Young, J.
2007 *The White Army: An Introduction and Overview*. June 2007, Geneva: Small Arms Survey. .
2010 *Jonglei 2010: Another Round of Disarmament*. Situation Report, 4, May 2010, Institute for Security Studies.

その他の記事

Johnson, D. H.
2009 "The Return of Ngundeng's Dang"
（http://www.sssuk.org/NgundengsDang/rndi.php）より一部閲覧可能（2014年7月1日最終閲覧）。
2012 "What Did Ngundeng Really Do?" March 17-March 23, 2012, pp.26-27, The Pioneer, Juba: Pioneer Professional Publishers.
Lou Nuer Youth
2012 "The Lou Nuer Youth in Murle territories rejected inappropriate labeling of their anticipated self defence against the Murle community in Jonglei", 1 January 2012, Pibor: Lou Nuer Youth.
Ngundeng's Family
2009 "Press Release from Ngundeng's Family" 2009 May 18, Juba: Ngundeng's Family.

地図

United Nations
2000 "Sudan" September 2000, Map No. 3707 Rev.5.
UNOCHA
2009 "Distribution of ethnic groups in South Sudan" 24 December 2009, Code: SS-0132.
2011 "Sudan-Reference map" 26 September 2011.
2011 "South Sudan-Reference map" 26 September 2011.

ウェブサイト

Hutchinson, S. E.
2012 "A Guide to the Nuer of Jonglei State".（http://www.cmi.no/file/1962-Nuer.pdf）2014年10月2日最終閲覧。
Quiro, E.
2013 "South Sudan Meteorological Services", Ministry of Transport, Republic Of South Sudan. 16 April 2013.（http://www.wmo.int/pages/prog/wcp/wcdmp/documents/southsudan.pdf）2014年10月28日最終閲覧。
SUDAN TRIBUNE
18 May 2009 "Vice President of S. Sudan in fight over Prophet Ngundeng's rod", Sudan

Tribune, 18 May.（http://www.sudantribune.com/spip.php?article31212）2014 年 10 月 11 日最終閲覧。

2011 “South Sudan Referendum Voting Process 9”, Sudan Tribune, January 2011.（http://www.sudantribune.com/spip.php?article37536）2014 年 10 月 11 日最終閲覧。

24 February 2012 “South Sudanese Christians plan “prophesied” pilgrimage to Israel”, Sudan Tribune, 24 February.（http://www.sudantribune.com/spip.php?iframe&page=imprimable&id_article=41707）2014 年 10 月 11 日最終閲覧。

9 April 2012 “Jonglei “Magician” Influential in Inter-ethnic Conflict”, Sudan Tribune, 9 April.（http://www.sudantribune.com/spip.php?article42180）2014 年 10 月 11 日最終閲覧。

26 June 2012 “Ethiopian Army Captures Jonglei Spiritual Leader-SPLA Says”, Sudan Tribune, 26 June.（http://www.Sudan Tribune.com/spip.php?article43051）2014 年 3 月 29 日最終閲覧。

United Nations in South Sudan

n.d. “About South Sudan”.（http://ss.one.un.org/country-info.html#anchor-states）2014 年 10 月 28 日最終閲覧。

YOUTUBE

2 October 2009 “Naath Community Early hours in before the Dang Ngundeng Celebration 20090711 Created by Dak Machar”, uploaded on 2 October 2009.（https://www.youtube.com/watch?v=WsgguOBAcT4 ）2014 年 7 月 17 日最終閲覧。

注

凡例

1　口語アラビア語方言は，ハルツーム・アラビア語，ジュバ・アラビア語を含むものとする。ハルツーム・アラビア語，ジュバ・アラビア語の関係については仲尾（2012: 123-124）を参照。

2　Crazzolara 1933.

3　Kiggen 1948.

序章　動乱の時代と予言

1　エヴァンズ＝プリチャード著『ヌアー族』，『ヌアー族の親族と結婚』，『ヌアー族の宗教』の三作。

2　本書では，「預言」ではなく「予言」という表記を用いる。「預言」という語は，わたしたちにキリスト教やイスラームの預言者が話すことば，つまり「神からの預かりもの」であることばを想起させる。一方「予言」は，占いをはじめ広く未来の言い当て一般を指す語である（北村 1996: 148)。広辞苑によれば，「預言」(prophecy）は「キリスト教や啓示宗教で，神から預けられた言葉を人々に伝えること，またその言葉」であり，「予言」(prediction）は「未来の物事を推測して言うこと。またその言葉」であるという（新村（編）1998: 2748)。といっても，実際わたしたちは両者を厳密に定義づけて使用しているわけではない。そもそも神託としての「預言」も未来のことを指すものであり，その点で「予言」という表記は，「預言」を含む，より包括的な概念を示すものと考えてよいだろう。また，「予言」という概念をアフリカの事例に当てはめるときに生ずる翻訳の問題についても慎重になるべきである。本書では「予言」という表記を用いるが，これは「預言」やほかの宗教的諸概念を否定するものではなく，あくまでも植民地支配や大宗教の流入など文化接触のさまざまな局面で生成され，意味づけられてきた複合的な概念であることを前提として議論を進めたい。

3　本書では括弧付きの「予言」と予言という 2 種類の表記を用いるが，前者の場合は特にヌエルの人びとが語るところの予言というニュアンスを持つ。これは後述する「ングンデンの仕事」や「ングンデンの言ったこと」と置き換え可能である。一方，括弧のついていない予言は，わたしたちが通常用いる予言・預言概念に近いものとして暫定的に用いる。

4　ヌエルの予言に限らず，多くのアフリカ社会の予言に関する諸宗教実践には，簡単には「理解」，「解釈」できない人物の振る舞いや詩的な表現や発声などの記述できないものが，信仰の「正しさ」を担保してきた側面が指摘されている（cf. Chadwick 1952: 27-30)。

5　リン（*ling*）は，「聴く」を意味すると同時に，「分かる」，「理解する」，「了解す

る」,「知る」という意味でも用いられる。

6 「インテレクチュアル」と呼ばれる人びとには，政治家，NGO関係者，行政に携わる者が含まれる。村落部では大学や専門学校などを卒業した者もそう呼ばれることがある。

7 e.g. Middleton 1960.

8 レンジャーは，アフリカの宗教運動を理解する上で,「現場の人類学者」の視点と,「社会・宗教的歴史家」の2つの観点から事象を読み解くことが不可欠であることを指摘している（Ranger 1986: 52)。

9 e.g. エヴァンズ＝プリチャード 1978（1940）；Evans-Pritchard 1956; Middleton 1960; Lienhardt 1961.

10 e.g. ダグラス 1983（1970）；小馬 1984.

11 この予言者観には少なからずウェーバーのカリスマ論（ウェーバー 1996（1920））が影響している。しかし特に東アフリカを対象とした研究で「予言者」と表現されてきた人物には，霊媒師，雨乞い，占師，呪医，妖術師，一時的に精霊に憑依された者など多様な者たちが含まれており，ウェーバー的なカリスマの表象によってのみこれらの人物を説明づけることは難しい。

12 e.g. Peristiany 1975; Bernardi 1959; Middleton 1960; Lamphear 1976; バランディエ 1983。

13 19世紀後半から20世紀初頭の植民地期のアフリカにおいて，抵抗運動を率いた予言者をはじめとするアフリカの宗教的指導者の多くは，植民地政府に対する抵抗運動を率いたとして弾圧された。このような運動の例として，1880年代北部スーダンのマフディー運動や，1900年代初頭，水を飲むと「白人」の放つ銃に当たらなくなるという信仰に支えられたタンザニアのマジマジ反乱，流行病の治療から抵抗運動にまで発展したウガンダのヤカン・カルトなどが挙げられる。

14 e.g. ホブズボウム・レンジャー（編）1992（1983)。

15 e.g. Hodgkin 1956; Abdin 1985.

16 Comaroff and Comaroff 1993: xii.

17 他にも，次の「近代的」状況と呪術や憑依などのアフリカの宗教的諸実践が注目された。例えば,「市民社会」(Comaroff and Comaroff 1999),「グローバルマーケット」(Meyer 1988),「ジャーナリズム」(Shaw 2003),「政治家の台頭」(Geschiere 1997, 2003),「内戦」(Honwana 2003),「近代医療」(Verrips 2003),「シネマ」(Meyer 2003）などが挙げられる。

18 Meyer and Pels（eds.）2003: 3-5.

19 e.g. Geschiere 1988; Fisiy and Geschiere 1991.

20 Comaroff and Comaroff 1993; Geschiere 1997.

21 その後コマロフ夫妻らの視点に対して寄せられた数々の批判については以下を参照（Moore 1999; Kapferer 2002; 阿部・小田・近藤（編）2007；石井 2007)。

22 Van Dijk and Pels 1996: 247-250.

23 Durkheim 1965（1912）: 62.

24 Scott and Marshall 2009: 488.

25 コマロフ夫妻は，公共空間や国民国家，市民権，民主主義などの新しい概念の流入は同時に，これらの理念の改革を求める市民の草の根的な声やユートピア的イデーを喚起させ，国家に抗する社会，任意団体，ブルジョワ的公共空間などさらに新しい概念を発展させることを指摘している（Comaroff and Comaroff 1999: 1-2)。こうしたグローバリゼーションや市民社会の議論の登場により，モラル・コミュニティは，時空間的な広がりを背景に形成されるものとして用いられるようになった。ほかにも，市民社会や公共空間にまつわる議論において用いられている（e.g. Madsen1993)。

26 Anderson and Johnson 1995.

27 共著者のジョンソンはヌエルの予言者に関する歴史研究の大著『ヌエルの予言者――19-20世紀上ナイルの予言の歴史』（Johnson 1994）を同様の観点から執筆している。これはエヴァンズ＝プリチャードのヌエル3部作を補完する作品としてハッチンソンの『ヌエルのジレンマ』（Hutchinson 1996）と並び高い評価を受けた（e.g. Davis 1994; Deguchi 1996)。

28 同書の論者らは，予言者という呼び名自体が植民地期以降与えられてきた西洋社会が前提とする予言者像が強く反映されているものであると指摘する。予言が東アフリカの諸社会において「伝統的」・「近代的」な諸概念といかに絡み合いながら展開してきたかに注目し，これがどのように人びとを暴力的行為へと誘い，人びとが新しい状況を理解するための手段となったのかを明らかにしようとした。論者らは既成の「預言者」概念を抜け出すため，このような人物をマンティック（mantic）という語で説明した（Anderson and Johnson 1995: 1-14)。

29 e. g. Beidelman 1986; James 1988.

30 例えば，「モラル・ノレッジ」（moral knowledge）という語を民族誌に用いたジェームズは，人類学において「モラル」が慣習の形態学として認識され，暗号化された宗教，法，親族などに必然的に合同するものとして捉えられてきたことを指摘し，「かけ離れた文化」として「モラル」という語を使うことを批判した（James 1988: 144-151)。

31 Beidelman 1986: 2.

32 「モラル」の語源については諸説ある。モス（*mos*）を頼りに，ギリシア語のエティコス（*ethikos*,「倫理的」(ethical）に関連する）をキケロが翻訳した造語モラリス（*moralis*,「道徳的」の意）とするものもあれば（シップリー 2009（1945）: 530)，フランス語のモラレ（*morale*,「士気」「説法」の意）の影響を受けた語であるとする説もある（寺澤（編）1997: 923)。バイデルマン自身も「モス」という語が語源であるとする説に反論があることも言及している（Beidelman 1986: 2,10)。

33 Ibid.: 1-10, 200-215.

34 Ibid.: 1-2.

35 Ibid.: 1-10.

36 Ibid.: 2.

37 e.g. Evans-Pritchard 1956; Beidelman1986; Fernandez 1982; Crapanzano 2004; 佐久間 2013；浜本 2014.

38 Southern Sudan Commission of Census 2009.

39 本書で用いる州・町・村区分は，2013年末の紛争以前のものであることを断っておく。

40 本書では，カウンティ，パイヤム，ボマをそれぞれ，郡，町，村と記述する。

41 United Nations in South Sudan n.d.

42 Food and Agriculture Organization of the United Nations（FAO）2005: 8. なお，中部から南部にかけては標高1500m～3000mにもなる丘や山地が見られる。

43 Quiro 2013 また本書の表1も参照。

44 National Bureau of Statistics 2011.

45 最も人口の多いディンカは総人口の約35%を占めるとされる（Jok 2011）。

46 村落部における生業や経済活動についてはエヴァンズ＝プリチャードが詳細に報告している（エヴァンズ＝プリチャード1978（1940）: 77-152）。後述するように，筆者は村落部に暮らす人びとに対して十分な調査ができなかったため，こうした人びとの暮らしについて直接観察する機会は少なかった。本書では「都市部」をジュバ，ボーなどの首都・州都を指すものとし，「村落部」をアコボやナーシルなど郡レベルのものを指す語として使用している。しかし，治安上の問題で筆者が訪れることができたのは各郡において中心となるタウンのみである。

47 African Development Bank Group 2013: 109.

48 ヌエルが居住する地域の植生については以下を参照（エヴァンズ＝プリチャード1978（1940））。

49 紛争と結婚，婚資については本書の第3章を参照。

50 モロコシの粉末を水に溶かし，発酵させて薄く焼いたもの。肉や野菜のシチューなどに付けて食べる。都市部ではトウモロコシ粉から作ることが多い。

51 なかでもアメリカ在住のヌエルのディアスポラについては以下に詳しい（Shandy 2007; Holtzman 2008）。

52 エチオピアに暮らす東ジカニィ・ヌエルやエチオピアでの難民経験を持つ者に多い。

53 ディンカ語，ムルレ語をそれぞれ話すヌエルはそれらの言語を母語とする人びとの暮らす地域の近くに居住している。

54 例えば，ドゥオップ・プル・ドゥオップ（Duop Pur Duop）やニャクマ（Nyakuma）などのポップ・ミュージシャンや，伝統的なハープを用いて南部スーダンの政治的な問題について歌うゴードン・コアン・ドゥオス（Gordon Koang Duoth）などが人気である。

55 植民地行政官によるヌエル社会の報告については以下を参照（Jackson 1923; Willis 1928b; Coriat 1939）。

56 エヴァンズ＝プリチャードの民族誌は，アメリカの人類学者らを中心に痛烈な批判を受けることになった（e.g. Arens 1983; Rosald 1986; 中島 2003）。しかし，特にヌエ

ルの予言者に関する記述からは，予言者の外来性と，当時予言者がおかれていた政治状況が見いだせる。また，*Nuer Religion*（1956）（邦訳『ヌアー族の宗教』）では周辺の民族集団から流入してきたクウォスに関しても詳述されており，これらの批判は必ずしも妥当とは言えない。エヴァンズ゠プリチャードをはじめとするイギリス社会人類学批判に対する批判については以下を参照（Lienhardt 1997; 出口 2007；長島 2008）。

57 例えば，次のトピックについて再解釈が加えられている。ヌエルの歴史的な移動（Gough 1971; Kelly 1985; Otterbein 1995），社会構造や政治体系（Sahlins 1961; Newcomer 1972, 1973; Burton1981; Verdon 1982; 小田 1983），アラブ人による奴隷狩りの影響（Sacks 1979），婚資の変化（Glickman 1972; Riches 1973; Kelly 1985），権力やジェンダーについての象徴分析（Beidelman 1966, 1968, 1971; Burton 1978a, 1978b），リーダーシップについての再解釈（Lewis 1951; Greuel 1971; Burton 1975; Evens 1978; Duany 1992），宗教的諸実践についての再解釈（Howell and Lewis 1947; Hayley 1968; Burton 1975; 慶田 1989; Kurimoto 1992），慣習法（Howell 1954），ヌエルとディンカの関係（Lienhardt 1958; McLaughlin 1967; Southall 1976），植民地状況（Johnson 1981,1982a, 1982b, 1994）。

58 ハッチンソンの業績については以下を参照（Hutchinson 1980, 1985, 1990, 1992a, 1992b, 1996, 1998, 2000a, 2000b, 2001, 2005 ; Hutchinson and Jok 2002; Jok and Hutchinson 1999）。

59 ヌエルのディアスポラに関する研究については以下を参照（Abusharaf 1997, 2002; Archibald 1997; Power and Shandy 1998; Holtzman 2000, 2008; Shandy and Fennelly 2006; Shandy 2007; Falge 2008）。

60 近年のヌエル社会の治安問題や，関連するヌエルの「伝統的」リーダーシップのありかたに関しては以下を参照（e.g. Skedsmo, Kwong and Hoth 2003; Young 2007）。

61 本書では「ヌエル」や「ディンカ」という南スーダンの「トライブ」（tribe）とされている集団については，基本的には民族集団，あるいは括弧付きの「民族」と表記するが，例えば植民地行政官の書簡などに出てくるものについては「部族」としている。また南スーダン人の語り（英語）などに出てくる場合はトライブというカタカナ表記を用いる。

62 人類学における民族論については以下を参照（Barth 1969; Cohen 1978; 川田・福井（編）1988；名和 1992；綾部 1993）。また近年のアフリカの民族をめぐる紛争の動向とその理論的検討に関しては以下を参照（松田 1999，武内（編）2000）。さらに，スーダン地域の紛争における部族の問題と，「部族」を創出するのに人類学者が果たした役割については，スーダン人による批判がある（Ahmad（ed.）2003）。

63 Howell 1954: 56. ただし，内戦以降これらの区分がどのように流動していったのかについてはさらなる調査の必要がある。

64 ハウエルの記述によれば，1940 年代，すでにヌエルの人びとは彼らにとって「何も知らない他者」に対しては「わたしたちはヌエルだ」（*kɔn nuerɛ*）と言っていたようである（ibid.: 7）。

65 ヌエルとディンカに関する先行研究において，サーリンズ（Sahlins 1961）やニューカマー（Newcomer 1972, 1973），グリックマン（Glickman 1972）がその違いを強調したのに対し，サウゾール（Southall 1976）は二つの民族集団の同一性と類似性を指摘している。

66 2013年末の紛争勃発以降，「民族対立」化した状況下で，瘢痕を持つ者たちは新たな危機に直面している。これについては別稿で論ずる予定である。

67 松田 1999: 94.

68 ヌエル社会の分節的な社会構造については以下に詳しい（エヴァンズ＝プリチャード 1978: 216-376）。

69 cf. 栗本 1996; Johnson 2003.

70 したがって，本書で登場するヌエルの人びとのほとんどが中央ヌエル，東ジカニィ・ヌエル出身者である。西ヌエルの出身者に対する調査は十分ではないため，今後の調査の機会を待つこととする。

71 乾期のただ中では，ジュバ―ボー間は四輪駆動車で4時間半程度，乾期のはじめには8時間近くもかかるときがある。

72 Southern Sudan Commission of Census 2009.

73 近年の南スーダンの経済事情については Muvawala and Mugisha（2014）に詳しい。

74 ボル，ボアなどとも表記される。

75 Southern Sudan Commission of Census 2009.

76 2013年12月に生じた武力衝突の中でボー市内のヌエルの居住区が中心的に攻撃されたため，現在ではこの地区はほとんどの人が住んでいない廃墟となっている。

77 ボー・タウン内の認可済み宗教関連施設とその数（[ ] 内）は2010年4月の時点では以下の通りである。スーダン米国聖公会（ECS: Episcopal Church of the Sudan）[24]，スーダン長老派教会（PCOS: Presbyterian Church of the Sudan）[3]，英国国教会（AC: Anglican Church）[3]，スーダンペンテコステ教会（SPC: Sudan Pentecostal Church）[3]，アフリカ内陸教会（AIC: African Inland Church）[3]，セヴンスデー・アドベンチスト教会（SDA: Seventh Day Adventists）[3]，改革教会（RC: Reformed Church）[2]，福音ローマ教会（GAC: Gospel Apostolic Church）[2]，ムスリム用のモスク [2]，ローマカトリック教会（RCC: Roman Catholic Church）[1]，世界貧困者救済財団（WORMF: World Out-Reach Ministries Foundation）[1]，ファー・リーチ財団（FRM: Far Reach Ministries Foundation）[1]，長老派福音教会（PEC: Presbyterian Evangerical Church）[1]，福音派契約教会（ECC: Evangerical Covenent Church）[1]，レジームド・クリスチャン・チャーチ・オブ・ゴッド（RCCG: Redeemed Christian Church of God）[1]，アフリカ・スーダン友愛福音ペンテコステ（FEPASu: Fraternity of Evangelical Pentecostal in Africa Sudan）[1]，ウィナーズ・チャペル（WC: Winner Chapel）[1]，スーダン・セヴンス・デー教会（CGSDSu: Church of God Seventh Day in Sudan）[1]（南スーダン共和国ジョングレイ州社会発展省宗教関連・文化遺産担当者への聞き取りに基づく）。

78 ナシール，ナシル，ナッスル，ナッセルと表記されることもある。

79 予備調査2週間（2008年12月～2009年1月：ジュバ），第1回目調査9ヵ月（2010年6月～10月：ジュバ，2010年11月～12月：ナーシル，2011年1月～2月：ジュバ），第2回目調査5ヵ月（2011年11月～12月：ボー，2012年12月：アコボ，2013年1月～3月：ボー），第3回目調査3ヵ月（2012年12月：ボー，2013年1月～2月：アヨッド），第4回目調査1ヵ月弱（2013年12月：ジュバ）。

80 ニャジャルは，「歩く・旅する」（*jal*）「娘」（*nya-*）という意味である。

81 女性を名前で呼ばず，父の名前をとって「～の娘」とするのはその女性への敬意の現れでもある。既婚女性はもっぱらそのように呼ばれる。

第1章　予言者／魔術師の成立

1 ムビティ1970（1969）：200。ほか，以下を参照（Anderson and Johnson 1995；竹沢2007：83）。

2 植民者によるアフリカ諸社会の「慣習」や「伝統」の発明については以下を参照（Ranger 1997；松田1999；栗本・井野瀬（編）1999；山路・田中（編）2002）。

3 エヴァンズ＝プリチャード1978（1940）；Evans-Pritchard 1956.

4 e.g. Johnson 1979, 1981, 1982, 1993, 1994.

5 ここでは便宜的に植民者の想像力と被植民者の想像力という二項対立的な枠組みで分析してゆくが，これはこの時代には2つの想像力のみがあったことを指すわけではない。他にもさまざまな文化接触があり，多様なアクターの想像力が渦巻いていたと考えられる。植民地状況とその後のアフリカ諸社会の宗教的事象をめぐる想像力を扱ったものとして浜本（2014）が参考になる。

6 Johnson 1994: 5-10. ただし，「クジュール」の語の起源についてはスーダン・アラビア語ではなく周辺の民族集団の言語に由来しているという説もある（Dr. Mohamed Omer Abdin, personal communication, 14 October 2014）。この点については更なる調査が必要である。

7 ジョンソンの著作の中でも特に以下を参照した（Johnson 1981, 1994）。

8 本章は，イギリス・ダーラム大学のスーダン文書館を中心に行った文書館調査で得た史資料を中心に執筆している。なかでも，行政官ウィリスに関するコレクション，行政官ワイルドに関するコレクションを参照した。

9 マフディーの語義は「神によって正しく導かれた者」（新村（編）1998: 2524）。スーダンにおけるマフディーの概念については以下を参照（大塚1995，栗田2001）。

10 ムアーヘッド1970（1983）: 250。

11 大塚によれば，19世紀後半のエジプトほど「近代」にさらされていなかったスーダンでは，「マフディー」というイスラーム的イディオムが「革命」的運動のイデオロギーの中心を占めることができたという（大塚1995:185）。

12 大塚1995: 59-63.

13 Johnson 1994: 24-25.

14 栗田2001: 268。

15 南部政策がのちのスーダンの内戦に与えた影響については以下を参照（Alier 1990; Ali, Elbadawi and El-Batahani 1999）。

16 Johnson 1994: 8-9.

17 Johnson 1981: 512, 1994: 5.

18 Johnson 1994: 16. この動きの中で，北部スーダンの牧畜民のシェイクや「首長」と目された者たちは，徐々に法的な地位と定義を与えられるようになった。

19 Ibid.:23.

20 「伝統」や「慣習」を用いた統治は，当該社会への介入（intervention）と，同時にその社会の発明（invention）の両側面を持っていたことをジョンソンは指摘している（ibid.: 17）。

21 Ibid.: 16-17.

22 例えば，ナーシル地域に派遣されたJ. リー（J. Lee）やアヨッド地域のP. コリアット（P. Coriat）は，警察などに頼らずヌエル語を学んでヌエルと個人的に連絡を取り合い，政府により信用できる情報を与えようと試みた（ibid.: 16）。コリアットが残したヌエル社会の記述についてはJohnson（ed.）（1993）を参照。

23 例えば，マイェン・マシアング（Mayen Mathiang）を指導者とする反乱（1902年），ディウ・アラム（Dhieu Alam）を指導者とする反乱（1917年），デン・クー（Deng Kur）を指導者とする反乱（1921年），アテル・ウォル（Ater Wol）を指導者とする反乱（1921年），ボル・ヨル（Bol Yol，またはアリアンディット Arianhdit）を指導者とする反乱（別称「ディンカの乱」，1921-22年），グエク・ングンデン（Guek Ngundeng）とドゥアル・ディウ（Dual Diu）の反乱（別称「ヌエルの乱」，1928-30年）などである。

24 Johnson 1994: 26.

25 Ibid.: 259.

26 Ibid.: 259-260.

27 彼は1921年に予言者ングンデンの息子グエク・ングンデンと接触した経験を持つ。

28 Jackson 1923: 90-91.

29 Johnson 1994: 26.

30 「1924年革命」については以下に詳しい（栗田 2001: 177-247）。

31 Willis, "Upper Nile Province Handing over Notes"（1931）, SAD.212/12/1-40. 以下，文書館史料については，著者，簡易化したタイトル，発行年，資料番号の順に記す。

32 Johnson 1994: 17.

33 そのおよそ20年前の1902年，当時の行政官ブレウィットは，ングンデンに対する懲罰パトロールを行っている。

34 ヌエルの慣習法についてはハウエルによる詳細な報告がある（Howell 1954）。したがって必ずしもこのウィリスの判断が妥当であったとは言えない。

35 Willis 1931; cf. Johnson 1995a.

36 Johnson 1994: 18.

37 グエクの反乱の詳細については以下を参照（Johnson 1994: 164-203; Willis 1928b）。

特に「クジュール」ドゥアル・ディウのプロパガンダについては以下を参照（Willis 1930）。一方，コリアットは攻撃の責任がドゥアルにあることについては単に「ヌエルの噂」にすぎない可能性を指摘し，疑わしいという見解もウィリスに寄せていた。Coriat, “Reference Dual Diu’s statement”（1930）, SAD.764/11/27.

38 Struvé, “Handing over Notes for C.A.Willis”（1926）, SAD. 212/9/1-14; cf. Johnson 1994: 14.

39 Johnson 1994: 18-20.

40 Willis, “Upper Nile Province Handing over Notes”（1927a）, SAD. 212.11/7-17.

41 Willis, “Upper Nile Province Handing over Notes”（1927a）, SAD. 212/11/9.

42 エヴァンズ＝プリチャード 1978：289-290。

43 ほかの決定事項は次の通り。アブウォング（Abwong）地方の実験的な「原住民行政」，（首長の権威に関する許可 ―― 協力（貢献）してくれたことに対する報酬システムの確立，必要な場合は軍事力によって首長の権威を支えること，この地域で農業を行うことができるかどうかについての試験の実施，部族民のセクションごとに段階的な武装解除を行うこと）。

44 のちに「クジュール」，「ウィッチ・ドクター」などと呼ばれるドゥアル・ディウについても，ストゥルベの書簡の中で「首長」として言及されている。Struvé, “Handing over Notes from C. A. Willis”（1926）, SAD. 212.9/6.

45 「クジュール」についてのみならず，ウィリスはヌエルとディンカの関係についても独自の理解を示していた。当時の上ナイルの調査官は，ヌエルとディンカが継続的に戦争状態である，とすることは完全に事実と反していることを報告していた（Johnson 1994: 20-21）。しかしながら，ワイルドやウィリスはこの点を無視し，ヌエルとディンカを分離して統治するために，ヌエルとディンカのあいだにある敵愾心を強調した。

46 Johnson 1994: 222-233.

47 ガーワルの「クジュール」とされたドゥアルについては，その動向を把握するためにウィリスやワイルド，コリアット他各地のディストリクト・コミッショナーのあいだで何度も書簡のやり取りがなされた（e.g. Willis 1930）。Coriat, “Reference Dual Diu’s Statement”（1930）, SAD. 764/11/27.

48 Johnson 1994: 22.

49 Ibid.:29.

50 e.g. Evans-Pritchard 1935.

51 Johnson 1994: 29.

52 この点についてはまだ検討の余地がある。エヴァンズ＝プリチャード自身も，北部のマフディー運動が予言者の出現に関係していると言及している（エヴァンズ＝プリチャード 1978（1940）: 291）。

53 Willis 1928b: 199. 一方で，同論文でウィリスはヌエルの神性とキリスト教の類似性も指摘している（ibid.: 195）。

54 Ibid.: 202-207.

55　この論文では，グエクがヌエル社会の既存の婚姻の規定（特定の血縁関係にある者との結婚）に違反した彼の友人を免除したことが挙げられている（ibid.: 200）。

56　ヌエル社会で行政的，あるいは首長的な人物がいないことは，予言者の活動によって説明された。つまり，かつてヌエル社会には首長がいたが，「クジュール」が首長たちの力を衰えさせ，その力を後ろに追いやったという説明が正当化されるようになった（Johnson 1994: 25）。

57　ウィリスは，コリアットが担当し，1918 年以降政府と友好的な関係を築いてきたガーワル・ヌエルに対し，1927 年以降軍事作戦を開始した。ウィリスは，ガーワル・ヌエルがライフル銃や「クジュール」をかくまっていると見なした。またワイルドは 300 名ほどのディンカの「友好的な人びと」を連れて，ガーワルの予言者ドゥアル・ディウの下へと送った。そのあとすぐにガーワル・ヌエルはディンカと政府の部署に報復攻撃を仕掛けた（ibid.: 21-22）。

58　ファキ（*fakir*: スーダン・アラビア語）とは，「貧者」であるスーフィーを意味する「ファキール」と「イスラーム法学者」を意味する「ファキーフ」から構成された語彙（Ibrahim 1979: 129）。学校の先生や呪文などを使う呪術師的な人物も含めて「ファキ」と言われることもある。また，スーダンではウラマー的要素とスーフィー的要素とを兼ね備えた人物を「ファキー」とする言い方があるという（大塚 1995: 54）。

59　Jackson1923: 91. このジャクソンの指摘は，エヴァンズ＝プリチャードにも引き継がれた（Evans-Pritchard 1956）。

60　スーダン・ノーツ・アンド・リコーズ（*Sudan Notes and Records*）に寄せられた「死亡記事」では，ファーガソン大佐は現地住民の暮らしや考え方に大変関心を持ってヌエルの民話について調べるなどしており，「原住民の真の友人」と評されている（Anon.1928:241-242）。このような人物が現地住民に殺害されたことは，植民地行政にとって大きな衝撃であっただろうことは想像に難くない。

61　Willis, “Draft of article entitled ‘Imitation’ ”（1927b）, SAD. 212/16/1-8.

62　Wyld, “Account by Wyld of a punitive patrol against the Nuer”（1928）, SAD.779/6/19-29.

63　Johnson 1994: 22.

64　ファーガソン殺害の詳細については以下を参照（Ibid.: 243-269）。

65　Willis, “Handing over notes”（1927a）, SAD. 212/11/7-17.

66　Willis, “Handing over notes”（1927a）, SAD. 212/11/7-17.

67　この時期，他のさまざまな地域で宗教的集団や指導者による反乱が生じていた。例えばアザンデの「秘密結社」による反乱（1919 年）やアトウォットの「聖なる湖」の顕れ（1921 年）などである。これらの運動のあいだに直接的な関係は認められなかったものの，行政官らはなんとか関係を見いだそうとしていた（Johnson 1994: 27）。

68　Willis, “Sidelights on the Angro-Egyptian Sudan”（n.d.）, SAD. 646/1/1-172.

69　Ibid. 646/1/59-60.

70　Ibid. 646/1/144-145.

71 Ibid. 646/1/35.

72 「マホメット教徒」とは，ムスリムに対する侮辱的な言い方である。大塚は，当時のこのようの言い回しに対して「イスラームを邪教として排斥し，イスラームへの敵対心をむき出しにしていた時代ならこのような『誤解』も十分通用していたであろう」と指摘している（大塚 1995: 52）。

73 例えば，上ナイル地方に入っていたミッショナリーの働きに関する報告では，ミッショナリーが読み書きのできる現地の役人を育てられないことに対して不満を述べていた。彼が「読み書きのできる役人を育てるべき」と主張するのに報告書の中で引き合いに出したのも，「もしマホメット教信者によって政府を動かされたくないのなら」という表現に見られるような，マフディーの例えだった（Willis, "C.A. Willis's note on the various areas of his province"（1926), SAD. 212/9/27.）

74 ウィリスの断定に対して，ほかの行政官は，予言者と接触する中で「予言者らしくない」振る舞いをする彼らの窺い知れなさについても報告していた。1907 年，マシューとストゥルベは「クジュール」デン・ラカ（Deng Laka）に会いに行った。そのときのデン・ラカの奇妙な振る舞いは，行政官らを戸惑わせることとなった。

75 Wyld, "Accounts by Wyld of a punitive patrol against the Nuer"（1928), SAD. 779/6/19-29. 傍線部は筆者による。

76 Johnson1995b: 218.

77 例えば 1899 年 1 月，マフディー反乱の経験から，植民地政府はすでに北部のスーフィー神秘主義者のように非合法なムスリムの動きについての政策を打ち出していた。この際「ファキーは人びとの迷信的な無知を食い物にしており，スーダンの一つの災いの元であり，反抗のすさまじい手段の原因にもなる」などと非難され，モスクなどの再建も禁止された（Johnson 1994: 24）。この政策はスーフィー実践者に対して宣言されたものであったが，このスーフィーたちの例えはしばしば南部のクジュールにも当てはめられた（ibid.: 24）。

78 この点については「アマチュア人類学者」としての行政官の役割に注目している栗本（2002）が参考になる。

79 Johnson 1982b.

80 Evans-Pritchard 1935.

81 エヴァンズ゠プリチャードは西欧社会で使用される諸観念を用いてヌエルの「宗教」を理解することの限界を指摘しながらも，その観念を介した比較の可能性を提示した。彼による翻訳以降の民族誌や論文において，ヌエルの「ゴック」には「預言者・予言者」(prophet）の訳が用いられている。

82 さきのウィリスの書簡において，ウィリスは「ファキ」や「クジュール」らが，彼らの力を表現するのに「キリスト教の預言者」の比喩を用いていたことに対して侮蔑的な見方を示していた。例えば，彼はアブデュル・ガデールが「自分のことを預言者イエス（prophet Isa）と名乗っている」という報告を取り上げた。また，コルドファンの人びとが「聖なる男」の誕生日を祝っていることについて，「それが本当の誕生日かさえも知らないくせに」という記述も見られた（Willis, "Sidelights on

the Angro-Egyptian Sudan”（n.d.), SAD. 646/1/58-66）。さらに南部の運動（ここで例として挙げられたのは，ザンデの居住区を中心に展開していたビル／ビリ（Bil/Biri）と呼ばれる「不穏な聖なる運動」）については，「フリーラブと単純で胸糞が悪くなる儀礼を含んでいる」とし，ケニアのマウマウ運動などと比較しつつその前近代性を強調した（Ibid. 646/1/115）。

83 それでも行政官らがいやいや予言者と書くときには，クオテーションマーク付きの‘予言者’とされたという（Johnson 1994: 30）。

84 Beidelman 1986: 1-2.

85 Ibid.: 1-2.

86 Johnson 1994: 17-21.

87 Ibid.: 25.

88 Ibid.: 23-24.

89 例えばJ. ミドルトン（J. Middleton）（1960）は，ウガンダのルグバラ（Lugbara）の人びとが常に神話や祖先，神，精霊との関係で社会変化を捉えていることから，この理解の体系が継続的な世界の変化を捉えようとするルグバラの認識的構造をなしていることを指摘した。彼は神話や祖先を介して形成されるルグバラ人のモラル・コミュニティを捉えるため，社会変動，生態学的な変動，そしてヨーロッパとの接触以前の文化交流というルグバラが経験した変化の局面と，それらを神話や祖先を介して理解する伝統的認識という持続的な局面を見出そうとした。ミドルトンはこのアプローチによって，ヨーロッパ人であるなら区別している神話（神，祖先）と現実の社会的環境を，ルグバラ人は分けることをせず，一つの概念的スキーマを援用し，新しい出来事――ヨーロッパ人，彼らが任命した首長の現れ――を捉えていると指摘する（Middleton 1960: 230-233, 267-268）。

90 e.g. Bernardi 1959; Peristiany 1975; Lamphear 1976.

第2章　内戦・平和構築と予言者

1 e.g. Johnson 1994; James 1997.

2 「国家」や「ゲリラ兵士」などさまざまな新しいアクターが，既存の宗教的諸実践を通して概念化されるダイナミズムを民族誌の中で描き出したのがD. ラン（D. Lan）である。ランは，1890年代に発生したジンバブエの独立運動を，農民たちとゲリラ，霊媒，祖先の霊，神話，政府側の兵士といった複数のアクターの視点から描き出した（Lan 1985）。この民族誌で描かれているのは，国家の独立前後の政府，政府軍，ゲリラ，反政府軍，政府が任命した「首長」，キリスト教教会の権力者などが創り出す霊媒の力と，祖先とのつながりを確認する歌や信仰の力である。この視点は，従来のように，宗教的職能者をカリスマ的指導者，あるいは植民地政府に対する抵抗運動の首謀者として見なすのではなく，住民の視点も含めた複合的なアクターが関与するものとして，霊媒や祖霊に対する信仰を軸とした抵抗運動や武力衝突を捉え直すことに成功した例であると言える。

3 e.g. Ranger 1986; Allen 1991.

4 Jok and Hutchinson1999: 131.

5 栗本 2005: 5-7.

6 同上 : 5.

7 栗本 1996，2005，Jok and Hutchinson 1999; Johnson 2003.

8 栗本 1996: 38-43.

9 Johnson 2003: 30.

10 労働者には，ヌエルの人びとだけでなく，上ナイル地方やバハル・エル・ガザル地方出身のシルックやディンカの人びとも含まれていた（Johnson 2003: 50）。

11 栗本 1996: 62-73.

12 1991 年に分裂するまで，SPLA は 10 万人から 12 万人もの成員によって成り立っていた（Ali et al. 1999: 202）。

13 Nyaba 1997; Jok and Hutchinson 1999.

14 Human Rights Watch 1994: 22.

15 Collins 1999: 112.

16 Hutchinson and Jok 2002.

17 第二次スーダン内戦が「民族紛争化」していった様子や，その中でのエスニック・アイデンティティの動きについては以下に詳しい（Nyaba 1997: 122-130; Jok and Hutchinson 1999）。

18 Johnson 2003: 114.

19 南スーダンに隣接するエチオピア西南部の牧畜民や農耕民に関する研究では，レイディングやその他の武力衝突に関する研究が多い（e.g. Fukui and Turton（eds.）1979; 福井 1984，福井（編）2005，増田 2001）。これらの研究では，共同体内で行われるウシの供犠やさまざまな儀礼に焦点が当てられ，その実践の中で形成される「われわれ意識」のありかたが明らかにされている。またレイディングの近年の特徴や動向については（佐川 2011）を参照。

20 エヴァンズ＝プリチャード 1978（1940）。

21 Jok and Hutchinson 1999: 133-138.

22 Jok and Hutchinson 1999: 138.

23 Johnson 2003: 115-116. 他にもこの三角地帯はワート（Waat）やパニャゴウ（Panyagor）などその周辺の地区の名で言及されることがある（e.g. LeRiche and Arnold 2012: 102）。

24 ヌエルの分節的で流動的な社会構造は，このレイディングにおけるルールが守られること，そして紛争当事者間で紛争解決の儀礼が行われることで保たれるものであった。しかし第 6 章で取り上げるように，内戦以降のレイディングも，このような固定的な民族集団間の対立として捉えられがちである。

25 国際連合をはじめとする外部機関が紛争と関わっていた経緯と，それを取り扱った研究については，以下の論考に詳しい（Johnson 2003: 143-166; 栗本 2012: 275-276）。

26 Johnson 2003:115-118.

27 cf. Bradbury, Ryle, Medley and Sansculotte-Greenidge 2006.

28 1996年以降，政府などが主体となって行われた「内側からの平和」(peace from within/Arab. *salaam min al dakhal*) については以下を参照 (Johnson 2003:121-126; Bradbury et al. 2006)。

29 ケニアの北部の町，ロキチョキオ (Lokichokkio) で行われた。

30 ウンリット平和構築会議については以下に詳しい (Lowrey 1997; 栗本 2000)。

31 Bradbury et al. 2006: 41-43.

32 外部介入や外部から押し付けられたイメージが戦争に加担しうる点については以下に詳しい (岡崎 2010; cf. ウォーラーステイン 2008 (2006))。

33 アラブ人を意味するアラビア語「ジャッラーバ」は，南部人のあいだではしばしば否定的なニュアンスを持つ語として用いられる。詳しくは栗本 (2012: 265) を参照。

34 ここでは第二次スーダン内戦の開始からSPLA内部分裂までの期間を初期と呼んでいる。

35 Johnson 1994: 302.

36 何人もの「予言者」や「クジュール」は，内戦中に不慮の死を遂げた。彼らは結局，ングンデンの予言を「真似する」ことを除いてはコミュニティに平和をもたらすことはできなかった (ibid.:304)。

37 Ibid.: 303.

38 Ibid.: 324.

39 Ibid.: 324-326.

40 ナーシルに滞在していた司令官やディンカのチーフ，ガランから離反したウィリアム・ニュオン・バニィ (Willium Nyuon Bany) などに停戦を呼びかけに行った (Johnson 1993: 348-351)。

41 Young 2007; Feyissa 2009.

42 Johnson 1994; James 1997.

43 Hutchinson 1996; 栗本 1996; Scroggins 2002.

44 Scroggins 2002: 256.

45 Ibid.: 257.

46 このときの平和構築の様子については以下を参照 (栗本 1996: 280-283; James 1997: 117-120)。また，ウットニャンに関しては映像資料がある (Ryle and Bapiny 1997)。

47 栗本 1996: 280.

48 同上 : 281.

49 ウットニャンのほかにも，1990年代後半，デン・ロス (Deng Loth) と呼ばれる予言者がヌエル，ディンカ，SPLA，SSIA (Southern Sudan Independent Army) のあいだで活動していた。彼はヌエル，ディンカ両民族集団の間でも奇跡を起こす「雨乞い師」として有名であった。当時，飢饉に苦しんでいた人びとを見かねたディンカのキリスト教教会関係の指導者たちは，デンに助けを求めるため，「敵地」であるヌエルの居住区まで赴くという，当時にしては大変危険な旅を行った。彼らはデンの家を訪ね，ウシを供犠した。デンの周辺に暮らす人びとが驚いたのは，ディンカ

の一行が訪れたときデンはその場におらず，またその訪れを知る機会もなかったのに，デンは彼らの存在を地域のSSIAに報告したとのことであった。デンは，訪問者たちをSPLAのスパイと見なしたのだった。ディンカの一行が平和と健康を期待していたのにもかかわらず，デンがそのような行動をとったのは，彼が自分自身をSSIAから守るためでもあったと言われている（Jok and Hutchinson 1999: 139-140）。

50 Johnson 2003; 栗田 2009；岡崎 2010.

51 政府が援助によって避難民の動きを統制し，避難先での食糧生産力を確保しようとしていたのに対し，SPLAは避難民をもとの居住区に戻しその土地で援助を遣い経済を活性化させることを目論んでいた（ibid.: 144-162）。

52 Johnson 2003: 145.

53 ウットニャンの演説についてはハッチンソン（1996: 341-345）を参照。

54 Hutchinson 1996: 121.

55 少なくとも，はじめのヌエルのキリスト教徒は1940年代から1950年代にかけて存在していたあるロウ・ヌエル出身の家畜の病を治癒する職能者だった。その人物は，よくングンデンの歌や発言と列王記やレビ記とを比較していたという（Johnson 1994: 315-316）。

56 Johnson 1994: 316.

57 キリスト教徒による供犠の拒絶は，ウシと人間の平等性といった価値観についても影響を及ぼした。この点については以下に詳しい（Hutchinson 1996: 299-338）。

58 1970年代から80年代までのヌエル社会におけるキリスト教の広がり，地域的な差異についてはハッチンソンの民族誌を参照（Hutchinson 1996: 299-321）。

59 Ibid.:341.

60 ヌエルのリーダーシップ（*riuc naath*）と予言者の関係については第6章で議論する。

61 Johnson 1994: 351.

62 栗本 1996: 282-283.

63 Johnson 1994: 297-304.

64 Ibid.: 346.

65 Falge 2008: 175.

66 Ibid.: 340.

67 Johnson1994: 113.

68 Falge 2008: 183.

69 Bradbury et al. 2006: 36.

70 Hutchinson1996: 338.

71 栗田 2001: 476-487。ガランのライフ・ヒストリーについては栗本（2006），彼が掲げた具体的な政治的ヴィジョンについてはDeng（2013）に詳しい。

72 瘢痕を入れていない成人男性が抱えるジレンマについては以下を参照（Hutchinson 1996: 270-298）。

73 Johnson1994: 346.

74　Scroggins 2002: 263-265.
75　2009年1月，ジュバにて。当時，上ナイル州の知事はヌエル出身者であった。
76　2013年1月，アヨッド，国内避難民の年配男性。
77　Beidelman 1986: 21, 201-204.
78　コーエン 2005（1985）: 5, 75.

第3章　多産と時間

1　Evans-Pritchard 1956: 123-143.
2　Ibid.
3　彼女は「グローバル」という語を，「2つの内戦に基づいた複雑な社会的・政治的要因に伴うウシや労働マーケットの拡大，政府の行政ネットワークの設立，読み書きと政府の学校制度の導入，キリスト教・イスラームの改革の力に関連したより広範囲の歴史的過程を示唆するもの」と定義した上で議論している（Hutchinson 1996: 29）。
4　ただし，民族誌で描かれているヌエルの人びとの営みとは，果たして彼女が定義した「グローバル化」の一形態だったのだろうか，という疑問は残る。
5　Beidelman 1986: 1-2.
6　浜本 2007: 143-144.
7　ギアツ 1991（1983）: 4.
8　Lienhardt 1961: 147, see also 浜本 1986a, 1986b.
9　エヴァンズ＝プリチャード著『ヌエル』（邦題『ヌアー族』）の冒頭で描かれたエヴァンズ＝プリチャードとヌエルとのやり取りの中で，チュオルが執拗にエヴァンズ＝プリチャードの「父」の名を尋ねている。エヴァンズ＝プリチャードは自分の名前を聞かれた際に，ファミリー・ネーム，つまり父の名前を先に言ってしまったことから，インフォーマントの混乱を誘ったと考えられる。
10　現在ヌエルの人びとの多くはクリスチャン名を持っている。ただしその名前を日常的に使用しているかどうかは人による。
11　エヴァンズ＝プリチャード 1978（1940）: 298.
12　同上 : 211-212.
13　同上 : 184.
14　同上 : 312.
15　日常的に接する人びとが実際の関係よりも近い親族名称で呼ばれることが多いことは，エヴァンズ＝プリチャードも報告している（エヴァンズ＝プリチャード 1986（1951）: 266-268）。
16　「ラジョール」とは，ヌエルの起源とされる西の方から現在の東ジカニィと呼ばれる人びとを率いていったとされる人物の名前である。この名から，わたしは彼が東ジカニィの出身であると思い込んでおり，そして実際彼の拠点はアッパーナイル州の州都マラカルであった。しかし，彼の父系親族にはディナイが含まれていることから，彼はロウ・ヌエルであることが分かる。

17 図3のシャールの母方の父系の祖先の中に，女性が含まれている。これは，この女性の祖先の夫がディンカであり，ヌエルの土地に長くとどまらなかったためである。ディンカ出身の者であっても，妻子とともに一定期間過ごせば，自分の名前を残すことができるという。

18 現在では，母親が暮らしている場所が，そのまま自分の出身地であるチエンに該当する場合も少なくはないはずである。母系の祖先の記憶に関しては父系のように体系だったものはないが，日常的な居住空間であるチエンに関連したものになっていることが推察できる。これはヌエルの母方居住式の生活と関係しているのではないかと考えられる。母系の祖先の記憶とチエンの名称の関係については，今後さらなる調査を行う必要がある。日常生活で観察される限りでは，特に母や祖母の記憶は，子供の母親に対する深い愛情や，第5節で述べる「女の仕事」に関係しているのではないかと考えられる。

19 Evans-Pritchard 1940: 14.

20 エヴァンズ＝プリチャード 1978（1940）: 23-76。

21 Hutchinson 1996: 56.

22 ハッチンソンは「血」は「息」（*yiëë*）や「魂」（*tiiy*）と並んで，人間の生命力の根源とされているが，この中でも「血」は，著しく社会的なものであると指摘している（ibid.: 75）。

23 Ibid.: 56-67.

24 国内避難民の多くは，ニロル（Nirol），ウロル（Uror）カウンティ出身のロウ・ヌエルやデュック（Duk）カウンティのディンカである。わたしが調査を行ったのは2012年末から2013年1月までの1ヵ月足らずのあいだであったが，そのあいだにもキャンプ周辺にはぞくぞくと村落部から移動してくる者たちによって多くの仮設住居が建設されていった。

25 2011年だけで死者は1000人以上，国内避難民は10万人以上にものぼった（Small Arms Survey 2012）。

26 Hutchinson 1996: 66-67.

27 人間を怖がるウシはよく訓練されたウシであるという。特にムルレのウシは特に人間を怖がると評判がよい。

28 1南スーダンポンドは，2014年10月の時点で日本円にして24円程度であった。

29 2013年1月，国内避難民キャンプの食糧や治安を管理する地域行政の担当者への聞き取りに基づく。

30 国内避難民キャンプは2011年以降頻発した民族集団間の武力紛争によって発生した避難民に対して建設されたものであったが，2012年の雨季には洪水被害のためジョングレイ州の村落部は壊滅的な被害を受けた。それ以降，魚などをとって生活していた村落部の人びとも乾期が近づき，水たまりが干上がるにつれ国内避難民キャンプを訪れるようになった。

31 ヌエルの婚資はウシである。女性のタイプ（身長・美しさ・教育レベルなど）によってもさまざまだと言われているが，たいてい花嫁1人につき30頭前後のウシ

が必要とされる。現在は現金で婚資を支払うことも多いが，その場合でも，現金は「ウシ 1 頭，2 頭……」と数えられる。婚資の支払いの変化については以下を参照（Hutchinson 1996: 56-102）。

32 以下，特に記述のない限りインフォーマントはロウ・ヌエル出身者である。いずれも筆者が 2013 年 1 月から 2 月にかけてアヨッドの国内避難民キャンプで行ったインタビューによる。以下の事例は，彼らの語りをわたしがまとめたものである。

33 Hutchinson 1996: 56-74.

34 ヌエルの女性は男性に比べ，ウシの頭数自体を把握していることが少ないという。

35 エヴァンズ＝プリチャード 1985（1951）: 148-149.

36 Hutchinson 1996: 164.

37 一方で，腹一杯に食べ物を食べることは良くないことであると見なされている。

38 アコップ，ピエシともにまずモロコシ（都市部ではトウモロコシ）を粉末状にしてそれに水を加え，米粒状にする。それをアコップの場合は肉や野菜とともに炒め，ピエシの場合はおかゆのように煮てそれにミルクや砂糖などを加えて食べる。これらはモロコシビールの酒粕からも作ることができる。

39 エヴァンズ＝プリチャード 1985（1951）: 204。しかし，ハウエルの報告によれば，この相互扶助の関係や互酬的義務の意識は，すでに 1940 年代に政府の介入によりは崩れかけていたという（Howell 1954: 233）。

40 そのほか，国内避難民キャンプ内には，村落部にあるものと同様，チーフやサブ・チーフなどの役職が設定されていた。

41 食糧は，基本的には妻・母が自分の子供たちと食すもの，夫が夫の仲間たち（場合によっては夫の親族）と食すものとに分けて料理される。全体が大きな親族関係にあるキャンプ内においても，基本的には，母が自分の子供たちに食べ物を提供するのは変わらない。

42 2013 年 1 月，アヨッドにて。

43 通常，寡婦の経済的な面倒を見る義務があるのは死んだ夫の兄弟たちである。

44 アヨッドの地元住民と国内避難民キャンプに暮らす人びとの交流の場となっているのが，モロコシビール売り場である。モロコシビールを売っているのは裕福な家庭の女性もいれば，寡婦もいる。特に内戦後の南スーダン社会では，モロコシビールは寡婦の貴重な現金収入源である。

45 Howell 1954: 198.

46 そのほかの店主の出身地は以下の通りである。145 店舗中，アヨッド出身者 47 名，エチオピア出身者 14 名，ケニア出身者 4 名，ハルツーム出身者 4 名，ほか 9 名であった。

47 この関係形成はアヨッドだけでなくボーのマーケットでも見られた。

48 2013 年 1 月，アヨッドにて。

49 2013 年 1 月，アヨッドにて。

50 Evans-Pritchard 1956: 215-230.

51 1930 年代から 1980 年代にかけてのインセストのカテゴリーの変化，および地域的

差異については次に詳しい（Hutchinson 1996: 237-269）。

52 ボーではウシによって1頭3000南スーダンポンド（およそ36000円）から5000南スーダンポンド（およそ60000円）で売られていた（2013年）。鶏は一羽250南スーダンポンド程度と，村落部に比べかなり高価である。

53 大地司祭の家系の者にしか与えられない名前，例えば「皮」を意味するクワッチ（*kuac*）などがあるため，都市部においても人脈を辿って大地司祭の知識を持つ者を探すことは比較的容易である。

54 ウシの代わりに野生のキュウリを供犠することは1930年代にも行われていた。詳しくは以下を参照（Evans-Pritchard 1956: 274-283）。またヌエルのキュウリの供犠と周辺民族集団のキュウリ供犠の比較検討については以下を参照（Kurimoto 1992）。槍によって半分にされたキュウリを当事者の属するチエンで所有しておくことによって，この血の問題は解決される。

55 食事を作らないことは離婚の理由にもなりうる。また，妻が夫に文句があるときは，食事を作らないことで間接的にそれを表現することができる。女はウシに対する支配者ではありえないが，ウシの乳搾り，バターの生成，肉の調理をはじめ，男たちの生命をつくる栄養は女性たちの手によって作られている。特にウシの乳搾りについては，成人した男性がやると「血」の穢れによって死んでしまう（Hutchinson 1996: 196）。

56 しかし近年都市部などでは，自分で料理をする男性もいる。こうした男性は自分の食べ物の用意をしてくれる親族女性を持っていない場合が多い。

57 南スーダンの都市部で暮らす者の多くのヌエルの人びと，特に女性は，英語よりアラビア語（スーダン，ジュバ方言）を話す傾向にある。

58 その場合，生まれた子供の生物学的な父親は「男になった女性」の兄弟であることが多い。女性婚の詳細については以下を参照（エヴァンズ＝プリチャード 1985（1951）: 164-166，170-171）。

59 Hutchinson 1996: 75-76.

60 コマロフ夫妻らに対する批判については序章の注21を参照。

61 エヴァンズ＝プリチャードがかつて描いたヌエルの社会構造は，しばしば，社会の動態的な側面を描いておらず，「純粋培養の『民族』がどこかに存在しているという幻想に基づくもの」であると批判の対象になっている（中島 2003: 6, see also Rosald 1986）。しかし，エヴァンズ＝プリチャードが描いたのは，抽象的な体系としてではなく，具体的な参照点――生業，地域の空間，人間関係――として存在する時間の概念だった。その具体的な参照点は，日常の生活空間，自然，親族集団として日々人びとが目で見，手で触れられるものからなる。エヴァンズ＝プリチャードは，現代と比べて比較的移動の少ない時代の調査でこのモデルを提示したわけだが，本章の事例から，彼が提示したモデルはむしろ，「純粋培養の『民族』」という「幻想」を真っ向から否定する可能性を持つものであることが指摘できる。

62 アフリカの宗教的概念と時間の関係について論じたJ. ムビティ（J. Mbiti）も，「前に行く」と同時に「後退する」といったアフリカ人の時間意識に関して似たような

指摘をしている（ムビティ 1970）。

第4章　不妊と予言

1　ングンデンの塚の名称。

2　曲中で使用されているヨン（*yong*）という語は「狂人」という意味であるが，特に差別的な意味合いで用いられることが多い。

3　ングンデンの出自についてはいくつかの説がある（e.g. Evans-Pritchard 1935: 56; Johnson 1994: 73-82）。ここでは主にジョンソン（1994）の記述を参考にした。

4　Evans-Pritchard 1935: 56.

5　Ibid.: 57.

6　Johnson 1994: 79.

7　ジョンソンの記述によれば，彼は生前にも多少は予言者として見なされていたようだが，後述の事例にもあるように，現在では「ングンデンは，生前は狂人として周囲の人びとに扱われていた」というのがヌエルの人びとの定説として語られている。

8　Gardner and Harris 1971.

9　Johnson 1994: 101.

10　川や女性にまつわるクウォスの名前。

11　学名カロトロピス・プロケラ（*Calotropis gigantea*），カガイモ科カロトロピス属の常緑低木。

12　Johnson 1994: 101-102.

13　この歌の歌詞はナーシルで手に入れた。

14　実際にニャウェッチ・リーの歌はキリスト教の讃美歌の旋律を模して作曲されたという（Falge 2008: 186）。

15　2010年11月，ナーシル，年配男性。

16　特に携帯電話会社の一つであるジェムテル（Gemtell）の南スーダンへの進出は，ングンデンによって予言されていたとも言われていたという。

17　彼女らの多くは文字の読み書きができないので，ショート・メッセージ機能はほとんど使われていない。その場合人名はアイコンで分類され，認識される。

18　2013年2月，ボー，30代の政府関係者。

19　わたしがマーケットで確認できたのは3曲のングンデンの歌である。もっとも，ングンデンの曲は1曲，2曲と数えることができず，それぞれの歌にタイトルもない。「曲」として分類できるのかは果たして分からない。売っているものは，カセットテープに録音されているものをさらに録音するか，電子データ化して取り込んだものである。「曲」の区切りは大抵ランダムであった。

20　ただし彼らの持っている携帯電話は常に使用できるとは限らない。一般家庭にはふつう発電機はないので，慢性的に「テレ・マッチ」（*thɛlɛ mac* 電池がない），「テレ・ヨウ」（*thɛlɛ yiou* カネ・チャージがない）状態にある。「マッチ」（*mac*）は「火」を意味する語だが，「銃」や「電気」にも同じ語が使用される。

21 EvansPritchard 1956: 306-307.

22 ヌエルの人びとのキリスト教の経験については以下を参照（Hutchinson 1996:311-312, 325）。

23 ロウ・ヌエルの男性の語り，1970 年代（Johnson 1994:316）。

24 以下のガンベラの難民キャンプの記述は，ヌエルの国外避難民の調査をしたファルゲ（Falge 2008: 181-190）の記述に沿ったものである。

25 ファルゲは，はじめにングンデン教会が建てられたのが調査地であるフニドか，アメリカか，それともスーダンなのかはよく分からないと言及している（ibid.: 184）。しかしボーのングンデン教会の祭司に聞いたところ，はじめはエチオピアのフニドであるらしい。

26 Ibid.:182.

27 その予言者が殺された後，従者らは逃げるようにピボール（Pibor）やリコアンゴレ（Likoangole）に移り住んだ。しかしその後，今度はロウ・ヌエルとムルレとのあいだで衝突が起こった。すると，これまで良好な関係を築いてきたムルレの人びととの関係も悪くなり，最終的にはボーに来ることになったという。

28 Evans-Pritchard 1956: 123-125.

29 子ヤギは杭に縛られて，その杭とともに水をかけられる。そして祭司による祈禱，参列者によって歌が歌われると，年配男性，あるいはウシの男によって首に槍が入れられる。後述するウシの供犠でも段取りは同じだが，ウシの場合は，ウシの男が槍でウシの右側の胸部を一突きにする。ヤギの首に槍が入れられた後，人びとは暴れるヤギと大地に流れる血とを見守る。その後，ヤギはその場で解体され，一部直接火であぶったものは細かくされて男性から先に食べられる。その後，内臓などの部位は女たちによって調理された。

30 Falge 2008: 185.

31 キリスト教教会の祈りにおいては，ドラムの音に合わせて讃美歌が歌われる。

32 老人たちはングンデンのライフ・ヒストリーや奇跡譚，内戦や難民キャンプに関する予言や彼らのリニィジの起源神話などを集め，それを歌にしたという（ibid.: 186）。

33 Ibid.: 186.

34 このトゥクルはアメリカ合衆国のングンデン教会の成員からの送金によって建てられたという（ibid.: 186）。

35 このうち，ジュバ，ボー，ナーシルの教会の特徴は，わたし自身の観察に基づくものである。他の地域のングンデン教会の特徴は，各地の教会の祭司と頻繁に連絡を取り合っているボーのングンデン教会の祭司に聞いたものである。

36 ングンデン教会の女性成員の夫の多くは，かつて「魔術師」としてコミュニティに殺害されたガイ・マニュオン・グループのメンバーとしてムルレの地にいた。しかしガイ・マニュオンが殺されると，追われるようにボーに逃げてきた。もともとングンデンの信者であるため，祭司は何度か彼らに自分の家にある教会を訪れるように誘った。

37 各ングンデン教会の祭司たちはそれぞれ友人同士である。日常的に連絡をとり，新

しいングンデンの歌のカセットテープを送り合ったり，ングンデンの予言の解釈などを話し合ったりしている。

38 2011年4月の時点で，ボー・タウン内には，登録されているだけで52ものキリスト教教会が存在し，モスクも2つ存在していた。社会開発省の担当者によれば，1991年にすべてのディンカ・ボーはそれまでの伝統的な信仰を捨て，キリスト教に改宗したという。そしてタウン内に3つ存在する長老派の教会には，多くのヌエルの信者，アニュアク，ムルレ，少数のディンカが集っている。また，1つある福音長老教会には，ヌエル，ムルレ，ジエなどが集まっている。もちろん未登録の教会も多数存在する。ングンデン教会もそのうちのひとつである。またいくつかの教会は建物を持たず，大きな木の下などで祈りを捧げている。シ・ヌエル・ベンでは毎週日曜，20〜30人程度のカトリックの人びとが木の下に集まり祈りを捧げる。50〜100人程度が入る長老派の教会は，ングンデン教会のすぐ近くに位置している。

39 祭司はボーに暮らすヌエルの人びとや，近所のディンカの人びとが具合の悪いときには，無償で治療を行っていた。また，彼は元キリスト教徒（カトリック）であった。この点で，彼はキリスト教徒，ングンデン教会に集う人びとの双方に対してとても信頼が厚い人物である。祭司には2人の妻がおり，両方ともキリスト教徒である。そのうち一人の妻は同州アコボ郡にいる。彼には6人の子供がおり，そのうちの4人がボー，2人がアコボにいる。ングンデン教会に通うのは家族の中では彼だけで，残りはキリスト教徒である。

40 ングンデンは死後3日目に太陽の中で復活した，と言われている。したがって「三番目の日」（*cang-kä dhiok*），つまり水曜日が祈りの日とされた。

41 この椅子はングンデン教会や祈りのために特別に作られたものではなく，普段は食事をしたりお茶をしたりする際には誰にでも使用される。

42 クウォス・ピニィに関する説明は以下を参照（Evans-Pritchard 1956: 63-105）。

43 Hutchinson 1996: 284-285.

44 空に向けて銃を連射する。近年では治安上の問題から政府によって新年の発砲は禁止されている。

45 Evans-Pritchard 1956: 81, 212, 45-46, 153.

46 「売る」と「買う」が同じ単語であるのは妙であるが，最近では調音によってこの2つの語は区別されているという。

47 Johnson 1994: 45. 西ヌエルの土地には大きなコットの木があり，すべての人間はそこからやってきた，という神話も残されている（Howell 1954: 7）。

48 2011年から2012年にかけて，国内避難民が大量に流入したボーでは一時的に水・食糧不足に陥っていた。

49 ダン（*dang*）はングンデンがかつて使用していた聖なる杖。詳しくは第5章参照。

50 2013年2月，ボー，長老派キリスト教教会の祭司。

51 Evans-Pritchard 1956: 9.

52 Falge 2008: 190-191.

53 2010年11月，ジュバ，ングンデン教会の祭司。
54 Evans-Pritchard 1956:12, 26, 45- 46; Gai 2008: 178-184.
55 2010年11月，ジュバ，ニャウェッチ・リー，50代の女性。
56 ングンデンの遺品のこと。イギリス植民地政府によって奪われたものだが，その一部はのちにハルツーム政府に渡された。2009年にそのうちの聖なる杖（*dang*）がイギリスから返還された（第5章参照)。「今は守られている」というのは，その杖が現在は南部スーダン政府に保護されている，ということを指す。
57 Falge 2008.
58 語り手によっては4種とも言われる。ファルゲもエチオピアのングンデン教会で語られていた「赤」にまつわる話を報告している（Falge 2008: 184)。
59 Hutchinson 1996: 109.
60 デン・ラカの活動については以下を参照（Johnson 1994: 126-163)。
61 クウォスへの近づき方やクウォスを呼ぶ方法は，地域の歴史や成員たちが共有してきた経験によって異なっているかもしれない。この点についてはさらなる調査が必要だろう。
62 e.g. 石井 2005, Holbraad 2012.
63 Holbraad 2012: xviii.
64 リーンハートはディンカの神性を〈力〉(Power, powers)，イメージ（image）などの概念を用いて説明した。これはエヴァンズ=プリチャードが「神」,「霊」,「精霊」など読者にとって「分かりやすい」概念でヌエルの神性を説明したのと対照的である。
65 Lienhardt 1961: 148-152.
66 Ibid.: 151-152.
67 真木 2013: 163, 284-298.
68 エヴァンズ=プリチャード 1978（1940): 165.
69 Hutchinson 1996: 338-350.
70 カトリック教会だけは多少異なり，エチオピアで避難民経験を持つ者が多い。彼らはエチオピアでカトリック教会に行っており，カトリックと他の宗派の違いについても知っている。
71 ビエ建設の背景については（Johnson 1994: 88-92）参照。
72 Eavns-Pritchard 1956: 306.
73 Johnson 1994: 90.
74 ボー・タウン内の大半はディンカの人びとであり，またディンカとの混住地域に住んでいた人もおり，多くのダイヨムやニャウェッチ・リーはディンカ語を話すことができる。
75 Evans-Pritchard 1956: 117.
76 Evans-Pritchard 1956: 114-122.
77 もちろん同じ名前であっても由来が異なることも多い。ここで挙げたのはあくまでも典型的な由来である。

78 近年は成人儀礼が行われることが少なくなったため，年齢組の名称も地域や世代によってばらつきのあるものとなっているという。また，「正式」な年齢組の名称とは別に，愛称を持つ年齢組も存在する。例に挙げた「カプ・ショウ・ジャイ」も，出身地が異なる人にとっては愛称のように聞こえるという。

79 Lienhardt 1961:149.

80 他にも名前と出来事に関しては興味深いエピソードがある。新しく物が入ってきたときの名づけにも彼らは気をつける。ヌエル語には「机」を指す語，ベール（*beer*）があるが，オフィスの机などはベールと呼ばず，アラビア語のタルベット（*talbet*）という語を使っている。ヌエルの友人の説明によれば，このベールはそもそもダンスをするときに使っていた机のようなものを指し，その言葉には「ダンスをしたくなるような気持ちよさ」が入っているのだという。オフィスの机を見ても当然そんな気持ちにはならない。もし，その机に手をかけている男が女を見てダンスをしたくてたまらないような気持ちになったら，その机はベールと呼べるかもしれない。友人はこのようなヌエル流の物の名づけ，あるいは翻訳の仕方を，物を「尊敬」（*thɔk*）する方法だと説明した。

81 日本語を事例として，これと同様の観点をしてきたのが木村敏（2009）である。木村は日本語の「こと」，「ことば」，「もの」を事例として，もの化されたこととしての「ことば」のありかたについて検討している。木村は，奈良・平安時代以降，それまで未分化であった事と言とが分化し，「言」は「コト（事）のすべてではなく，ほんの端にすぎないもの」を表す「ことのは」，「ことば」として事から独立したことに注目している（同上：14-24）。

82 Lienhardt 1961: 151-152.

83 Ibid.: 151-152.

84 Lan 1985; James 1988.

85 James 1988.

86 フーコー 2012（1969）。

87 James 1988: 2.

88 Ibid.: 5-6.

89 Ibid.: 145-146.

90 Anderson and Johnson 1995.

91 e.g. Levitt（ed.）1997.

92 フーコー 1975（1972）: 540-550.

第5章 「予言の成就」としての国家の誕生

1 アンダーソン 2000（1983）: 24-26.

2 Jok and Hutchinson 1999: 137.

3 Evans-Pritchard 1956: 236.

4 Johnson 1995b.

5 行政官ウィリスによるグエク・ングンデンの討伐については第1章参照。

6 この語りを入手したファルゲは，Godという語を使用している。おそらくクウォスの翻訳であると考えられるが，ここでは「神」と訳している。

7 Falge 2008: 183.

8 Ibid.: 183.

9 Johnson 1994.

10 Johnson 2009. 筆者は ジョンソンが岡崎彰教授に送付した原稿を入手した。ページ番号はその原稿のものである。なお，掲載・翻訳にあたり本人の許可は得ている。

11 Johnson 1995.

12 Ibid.: 84.

13 建設が打診されていたエチオピアにつながる道路の名称（Johnson 2009:5）。

14 主人，首長の意（Lienhardt 1961:50）。

15 Sudan Tribune 18 May 2009 "Vice President of S. Sudan in fight over Prophet Ngundeng's rod".

16 現南スーダンの大統領でディンカの出身。この日のセレモニーには「偶然」にも参加することができなかった。

17 第 2 章参照。

18 Johnson 2009: 7.

19 Sudan Tribune18 May 2009 "Vice President of S. Sudan in fight over Prophet Ngundeng's rod".

20 Sudan Tribune 24 February 2012 "South Sudanese Christians plan 'prophesied' pilgrimage to Israel".

21 『旧約聖書』，イザヤ書 18 章 3 節・7 節（新共同訳 1987 年），pp.1259-1260.

22 Sudan Tribune 24 February 2012 "South Sudanese Christians plan "prophesied" pilgrimage to Israel".

23 Evans-Pritchard 1940.

24 Kelly 1985.

25 Johnson 1993.

26 Johnson 1994.

27 Jackson 1954.

28 実際には 1929 年。

29 父系の祖先を遡り自身のソク・ドウィルを確認する方法については第 3 章参照。

30 実際にはジョンソンはアメリカ合衆国出身である。

31 Johnson 2012 "What Did Ngundeng Really Do?" *The Pioneer*, March 17-March 23, 2012, Juba, pp.26-27.

32 ホワイト・アーミーについては第 6 章参照。

33 ジョンソンは，ヌエルの歴史家としてヌエルの人びとのあいだでは非常に信頼の厚い人物であるが，同時に，さきのングンデンの子孫のような批判を受けることもある。実際，ングンデン教会では当初ジョンソンの著書『ヌエルの予言者』が「ングンデン聖書」だったが，植民地時代の歴史が主ということでのちに彼ら自身の作っ

たングンデンの歌や言動を記した「ングンデン聖書」に取って代わられた（Falge 2008: 186）

34 国民という新しい共同体の概念が生み出されるにあたって，アンダーソンは新聞や書籍などの出版物の役割を指摘している（アンダーソン 2000: 76-90)。

35 Southern Sudan Commission of Census 2009.

36 「紙」，「書くこと」が持つ権威については第3章およびハッチンソン（Hutchinson 1996: 283- 285）参照。

37 YouTube 2009 "Naath Community Early hours in before the Dang Ngundeng Celebration 20090711 Created by Dak Machar", uploaded on 2 October 2009. <https://www.youtube.com/watch?v=WsgguOBAcT4>, 2014年7月17日最終閲覧。

38 Evans-Pritchard 1956: 124-125.

39 South Sudan Referendum Commission 2011.

40 当時のスーダン共和国の大統領，オマル・ハサン・アフマド・アル＝バシール（Omar Hasan Ahmad al-Bashīr)。

41 礼拝の姿勢が前の人の肛門に向かって祈っているように見えるため。

42 Hutchinson 1996: 348-350.

43 2010年12月22日，ジュバにて。

44 以下の記述と分析は，筆者が2010年から2011年にかけてジュバ市で行ったインタビューに基づいている。これらの回答は，筆者の「ングンデンを知っているか」，「ングンデンの予言について知っていることはあるか」という内容の質問に対して得られたものである。以下に示すインタビューの内容において，1~3文までの短い文章の省略は［…］で示した。

45 2010年6月26日，ジュバにて。

46 南部スーダンの地域の旗のもとになったのは，SPLAの旗である。

47 レイクス州の州都。

48 2010年7月30日，ジュバにて。語り手は50代の男性で，政府関係者である。

49 彼の語りの背景にあるのは，ジュバにおける雇用状況であると考えられる。内戦以降，ジュバでは多くの援助団体が活動しており，それに伴って高級ホテルやレストランなどが設置され，雇用は増えた。しかし長いあいだ内戦状態の中で生活してきたスーダン人は職業訓練を受けておらず，このような施設ではケニアやウガンダ，エチオピアから流れてきた出稼ぎ移民たちが中心となって働いている。

50 2011年1月15日，ジュバにて。カナダで修士号を習得したのち南スーダンに帰還し，政府関係の仕事に携わってきた。また彼はクリスチャンでもある。

51 2011年1月20日，ジュバにて。彼は敬虔なクリスチャンでもある。

52 実際には1930年代後半にエチオピアはイタリアの統治下にあったが，植民地統治期の長さはスーダン地域の比ではない。

53 2010年11月，ナーシルにて。

54 Ricoeur 1981: 277.

55 Ibid.: 278.

56　アンダーソン 2000（1983）: 32.

第6章　「エ・クウォス」の経験をめぐる真と偽

1　後述するが，例えば2005年12月から2006年3月にかけて，ロウ・ヌエルを中心に市民の武装解除が行われたが，このときSPLAはヌエルの武装した市民――のちに「ホワイト・アーミー」と呼ばれる――の激しい抵抗にあっている。回収された武器は3000ほどであるが，このとき市民とSPLA併せて1600人もの死者を出すことになった（市民側は約1000人）（Small Arms Survey 2007; Brewer 2010）。

2　UNMISS 2012: 8.

3　レイディングの持続と変容については別稿を参照（橋本 2016）。

4　e.g. UNMISS 2012: 5.

5　近年の南スーダンにおける武力衝突に関する多くの報告が従来のウシの略奪との違いを強調している（Hutchinson and Jok 2002; Pact 2012）。

6　ボーの病院で看護師をしているングンデン教会の祭司は，よく患者に「お前はムルレか」と聞かれるので困っていた。数年前に，この病院ではムルレだという理由だけで数名の患者が殺害されていた。祭司はヌエルの瘢痕ガール（*gaar*）を額に入れておらず，下前歯を抜いている。ムルレのイニシエーションで，男性は下前歯を抜く。もちろん南スーダンの他の民族集団出身者でも，イニシエーションまたは単なる「ファッション」として上下の前歯などを抜くことがある。しかしこの時期，人びとは身の回りに「ムルレ」と思しき者がいないかをわずかな手がかりから見いだそうとしていた。

7　ホワイト・アーミーという名の由来には諸説あり，若い男性がダンスのときに着る白いタンクトップや彼らの持つメタルの槍から来ているとも，虫に刺されるのを防ぐために体に塗る牛糞を燃やした灰から来ているとも指摘されている（Young 2007: 13）。他にもヌエルには「ブラック・アーミー」（*dɛi in car*）と呼ばれる集団があり，これはSPLAの兵や警察などの国家（*kume*）に属する兵を指す。

8　日本の報道では「白軍」，「白い軍」，「白い軍隊」などと訳されることもあるが，本書では現地の人びとのあいだや南スーダン内外の報道でよく使用される英語の「ホワイト・アーミー」を用いる。

9　以降の記述において「ホワイト・アーミー」と表記するときは基本的には括弧を外すが，この名称は常に括弧に括って理解されるべきである。この名称自体が外部者によって与えられたものであり，また「村落部のやっかいな若者」などというイメージを作り上げてきたことも否定できない。

10　Young 2007.

11　成員たちはわたしがインタビューを行った2013年1月には「ロウ・ヌエル・ユース」と自らのグループを呼んでいた。しかしその名称の「キャッチーさ」（Thomas 2015）ゆえか，「ホワイト・アーミー」がロウ・ヌエルの武装勢力であるかのように語られるようになった。

12　Hutchinson 2001: 318; Johnson 2003: 111-118.

13 2013年12月，南スーダンの首都ジュバでは，政治的な対立がもととなり，ヌエルとディンカのあいだで大規模な戦闘が生じた。とりわけ国際機関をはじめとする外部者に衝撃を与えたのは，ヌエル出身の若者武装集団による国際連合平和維持活動部隊施設の襲撃である。これはのちに，「ホワイト・アーミー」によるものと見なされた（UNMISS 2013）。

14 地域によってはブナム（*bunam*）と発音する。この語はもともとヌエル語ではなく，隣接する民族集団であるアニュアクからの借用語であるという（Thomas 2015: 196）。

15 ただし，すべてのリーダー格の人物が「ブノム」と呼ばれるわけではない。一部地域では「若者の首長」とも呼ばれる。

16 e.g. 栗本 1996; Johnson 2003; Leriche and Arnold 2012.

17 「紙」の重要性については第3章および（Hutchinson 1996）を参照。

18 内戦以後の南スーダンの軍事組織について論じる際に重要となるのは，年齢階梯組織や在来の伝統的権威と近代的な軍事システム間の相互作用・共存関係である（cf. Simonse and Kurimoto 2011）。ヌエル社会の場合，家畜の収奪における年齢組組織（*ric*）の役割はさほど重要ではないことが指摘されてきた（Evans-Pritchard 1956）。もちろん襲撃に出かけるのは若い男性であるが，その組織化は年齢組に沿って行われるのではない。現在，若者たちの年齢組への帰属意識は希薄である。近代教育の普及や，政府からの瘢痕禁止の通達により，若者の間ではヌエルの瘢痕を刻む成人儀礼を刻むことは敬遠されている（cf. Hutchinson 1996: 270-271）。

19 Small Arms Survey 2012.

20 リヤク（*riek*）と「問題」（*riɛk*）は発音が近いためよくダジャレのように使われ，マチャールは「ドクター・プロブレム」などと揶揄されることもある。

21 このとき彼女が歌った歌は次の通り。
もしわたし（のところ）が焼けるのならば，それをやっているものはすべてアラブだ（…）もし北のやつらがウシのボトルとモロコシのボトルを見分け，もしわたしが首を絞めるならば，わたしはダンとともに焼ける

22 2011年12月21日，アコボにて，年配男性。

23 2012年3月，ボーにて，年配者。

24 2011年12月，ボーにて，政府関係者。

25 2011年12月，ボーにて，30代看護師の男性。

26 Ricoeur 1981: 277.

27 ムルレにも同じような「スピリチュアル・リーダー」がいると記事にはあった。わたしが当時聞いたのは，ムルレではニャンディト（Nyandit）と呼ばれる神性が暴れており，それに捕まえられた人間がダック・クウェスのように人びとを戦いへと誘っている，という噂を聞いたことがある。

28 Sudan Tribune 9 April 2012 “Jonglei “Magician” Influential in Inter-ethnic Conflict”.

29 Sudan Tribune 26 June 2012 “Ethiopian Army Captures Jonglei Spiritual Leader-SPLA Says”.

30 ホワイト・アーミーはこのときマチャールの命に従って引き返したと報道された。マチャールは村落部の若者に対してリーダーシップを発揮したかのように見なされた。

31 2013年1月の時点でアヨッドの国内避難民キャンプに暮らしていたホワイト・アーミーの成員による。

32 Lou Nuer Youth 2012.

33 2012年2月，ボーのングンデン教会における説教。

34 ただし，実際に成員たちと話していたのはダック自身ではなく，ダックの周辺にいて彼にングンデンの予言を教える，ダックの「書記」としての役割を持つ人物であったという。

35 Brewer 2010.

36 なかでも凄惨を極めたのが，2006年のロウ・ヌエルによる強制的武装解除である。このとき市民は激しく抵抗し，SPLA側約600人，「ホワイト・アーミー」を含むロウ・ヌエル側は約1000人の犠牲者を生むことになった。このとき，市民の武器を取り上げに来たSPLAの多くの成員もロウ・ヌエルの出身者だった。「銃を守るため，わたしたちは自分の家族に銃を向けなければならなかった」，「兄弟同士で殺し合いをした」。彼らは当時のことをこのように表現する。それまで，近隣の集団間で報復が行われることはあったが，それはあくまでも相対的な集団間の一時的な対立であり，敵対集団によって，「味方」の範囲は決定されるものであった。一方，武装解除によるチエン内の成員の衝突は，流動的なチエンとは関係ないところで，例えば，隣のトゥクルに暮らすSPLA下級兵士がいつ自分に銃を向けるかわからないという状況をもたらした。武装解除にあたって，人びとは複数の潜在的な「敵」に向き合わなければならなかった。

37 2012年3月の武装解除の詳細については以下を参照（橋本 2016）。

38 2013年2月，ボーのングンデン教会の祭司の語り。

39 エヴァンズ＝プリチャード 1978.

40 ヌエルの人びとが自分たちのコミュニティやリーダーシップのありかたについて再考するとき，本来あるべき「ヌエルの文化」（*ciɛng nuerɛ*）が回顧されることがある。ングンデンの遺族の抗議文（第5章）やホワイト・アーミーのEメールがそうであっただけでなく，ヌエル・ディンカ出身者によって書かれた学術論文や著作にも，自分たちの「文化」や「伝統」によって現在の政治状況や紛争・平和構築の問題を捉えようという観点が見られる（e.g. Bouth 2007; Gador 2007; Gai 2008）。

41 Howell 1954: 32.

42 Ibid.: 31.

43 Duany 1992: 59.

44 Ibid.: 54-55.

45 さらに，ドゥアニィはンゴット関係の原則を次の通り紹介する。「ンゴット的関与に関係して，ヌエル社会に異邦人を受け入れることを許可すること，ある個人をその優位的な地位から除籍すること，という2つの原則がある。[…] 特にこの除籍

の原則は，ヌエルの神観念の本質に基礎づけられている。クウォスが愛すことができ，そしてクウォスが怒ったり，その行為や保護を撤回したりすることができるので，その仲裁者［筆者補足：ルイッチ・ナース］は，他のヌエルがそのオフィスの持ち主を尊敬している限りにおいて存続できる」(Duany 1992: 59)。

46 このコームは，隣接するシルックの王の椅子から伝わったとも言われている(Howell and Thompson 1946)。

47 Howell 1954:32.

48 ヌエルの人びとがこのような人間に「話す」ことをお願いするときは，実際の親族関係とは関係なく「わたしの親族よ」，などと呼びかける。通常このようなときに助言をくれるのはチエンの長老だからである（Howell 1954: 27-36)。

49 Evans-Pritchard 1935: 54-56.

50 この点は，近年の東アフリカの紛争・暴力と宗教的職能者の関係についての研究において，地方行政などの権力を持つ側の「誤解」こそが，しばしば住民の認識とずれながらも地域の信仰や実践を支えてきたことが明らかにされていることからも窺える（e.g. 浜本 2014)。

第７章　存在の別様式への気づき

1 Beidelman 1986: 1-2, 26, 212-215.

2 Ibid.: 202.

3 Evans-Pritchard 1956: 152-153, 162, 200, 220.

4 カム・ヤン（*kam yang*）は「ウシを与える」，ナク・ヤン（*nak yang*）は「ウシを殺す」の意味。

5 ウシの倒れる方向の重要性については以下を参照（Evans-Pritchard 1956: 211-212)。

6 Evans-Pritchard 1935: 2.

7 e.g. Lienhardt 1961; Arensen 1992; Buxton 1973.

8 Lienhardt 1950 “Lectures on Nilotic Religions (Lecture3)”, Institute of social anthropology, University of Oxford, Hilary term, Lienhardt Box 6/6/5.

9 Beidelman 1986: 2.

10 相対化された西洋近代起源の「合理性」については次の議論を参照（Wilson (eds.) 1970; Hollis and Lukes 1982; スペルベル 1979 (1974))。

11 ポランニー2001 (1958): 270-275，エヴァンズ＝プリチャード 2001 (1937): 360-370，ウィンチ 1987 (1972)。ほか，妖術が現実に働きかけ，現実の問題が解消されてゆくさまざまな事例については以下を参照（Lienhardt 1951: 318; Beattie 1963; Middleton and Winter 1963)。

12 こうした対象社会，つまり「彼らの」側の論理と「われわれ」の側の論理が共に生成し合う「合理性」や「現実」を扱ったものとして次の論争が有名である（サーリンズ 1993 (1985)，Sahlins 1995; Obersekere 1992; Thomas 1991)。

13 リーンハート 1970 (1956)。彼はその後自らの民族誌（1961）でディンカに働きかける主体としての自己以外の世界，そして客体あるいはパッシオネスとしての自己

の可能性を述べた。これについては第４章で触れた。

14　リーンハート 1970（1956）。

15　Beidelman 1986: 67, 102-103, 204.

16　Ibid.: 204.

終章　隠された経験の領域

1　Crazzolara 1933:89.

2　Evans-Pritchard 1956:4, 87-91, 107-126, 196.

3　この点についてはエヴァンズ＝プリチャードも同様の説明をしている（Evans-Pritchard 1956: 1-10）。

4　ライル 1987（1949）: 42, Ryle 1986（1949）: 38.

5　同上 : 371-377.

6　e.g. Fernandez 1982; Fernandez and Huber 2001; Crapanzano 2004; 佐久間 2013，浜本 2014.

7　Beidelman 1986: 1-2.

8　Crapanzano 2004: 4.